普通高等教育"十一五"国家级规划教材

21世纪高等院校工程管理专业教材

U0674696

国际工程承包

GUOJI GONGCHENG CHENGBAO

（第五版）

赵莹华 许焕兴 编著

东北财经大学出版社
Dongbei University of Finance & Economics Press

大连

图书在版编目（CIP）数据

国际工程承包／赵莹华，许焕兴编著 . —5 版 . —大连 ： 东北财经大学出版社，2020.4

（21 世纪高等院校工程管理专业教材）

ISBN 978-7-5654-3748-9

Ⅰ. 国…　Ⅱ.①赵…②许…　Ⅲ. 国际承包工程-高等学校-教材　Ⅳ.F746.18

中国版本图书馆 CIP 数据核字（2020）第 006854 号

东北财经大学出版社出版

（大连市黑石礁尖山街 217 号　邮政编码　116025）

网　　址：http：// www. dufep. cn

读者信箱：dufep @ dufe. edu. cn

大连永盛印业有限公司印刷　　东北财经大学出版社发行

幅面尺寸：148mm×210mm　　字数：518 千字　　印张：15.75

2020 年 4 月第 5 版　　　　　　2020 年 4 月第 1 次印刷

责任编辑：李　彬　　　　　　　责任校对：王　娟

封面设计：张智波　　　　　　　版式设计：钟福建

定价：35.00 元

教学支持　售后服务　联系电话：(0411) 84710309

版权所有　侵权必究　举报电话：(0411) 84710523

如有印装质量问题，请联系营销部：(0411) 84710711

21 世纪高等院校工程管理专业教材编写委员会

主 任

王立国　教授，博士生导师

委 员

（以姓氏笔画为序）

马秀岩　王全民　王来福　刘　禹　刘秋雁

李　岚　张建新　宋维佳　武献华　梁世连

总　序

　　8 年前，我们依照建设部高等院校工程管理专业学科指导委员会制定的课程体系，组织我院骨干教师编写了"21 世纪高等院校工程管理专业教材"。目前，这套教材已出版的有《工程经济学》《可行性研究与项目评估》《工程项目管理学》《房地产经济学》《项目融资》《工程造价》《工程招投标管理》《工程建设合同与合同管理》《城市规划与管理》《国际工程承包》《房地产投资分析》《土木工程概论》《投资经济学》《建筑结构——概念、原理与设计》《物业管理理论与实务》《建筑力学》《建筑施工——技术、管理与组织》等 17 部。

　　上述教材的出版，既满足了校内本科教学的需要，也满足了外院校和社会上实际工作者的需要。其中，一些教材出版后曾多次重印，深受读者的欢迎；一些教材还被选入"普通高等教育'十一五'国家级规划教材"和"'十二五'普通高等教育本科国家级规划教材"。从总体上看，"21 世纪高等院校工程管理专业教材"已取得了良好的效果。

　　为进一步提升上述教材的质量，加大工程管理专业学科建设的力度，新一届编委会决定，对已出版的教材逐本进行修订，并适时推出本科教学急需的新教材。

　　组织修订和编写新教材的指导思想是：以马克思主义经济理论和现代管理理论为指导，紧密结合中国社会主义市场经济的实践，特别是工程建设的管理实践，坚持知识、能力、素质的协调发展，坚持本科教材应重点讲清基本理论、基本知识和基本技能的原则，不断创新教材编写理念，大力吸收工程管理的新知识和新经验，力求编写的教材融理论性、操作性、启发性和前瞻性于一体，更好地满足高等院校工程管理专业本科教学的需要。

　　多年来，我们在组织编写和修订"21 世纪高等院校工程管理专业教材"的过程中，参考了大量的国内外已出版的相关书籍和刊物，得到中华人民共和国国家发展和改革委员会、中华人民共和国住房和城乡建设部等部门的大力支持。同时，东北财经大学出版社有限责任公司的领导、编辑为这套系列教材的及时出版也提供了必要的条件，并做了大量的工作，在此一并致谢。

编写一套高质量的工程管理专业的系列教材是一项艰巨、复杂的工作。由于编著者的水平有限，书中的缺点与不足在所难免，竭诚欢迎同行专家与广大读者批评指正。

21 世纪高等院校工程管理专业教材编委会主任　王立国

第五版前言

国际工程承包是一门边缘学科，涉及的范围十分广泛，不但包括工程技术、经济贸易、金融财务、税收保险，还包括社会政治、法规制度、自然环境、经济地理等诸多方面，它是自然科学与社会科学的综合。本书在理论上对国际工程承包作了比较深入的阐述，采纳了经证明行之有效的实践经验，全面介绍了国内外工程承包的基本动态、运作方法和常用技巧，对实际业务具有较强的指导性和操作性。因此，本书既可作为高等院校相关专业的教材，又可作为实际工作人员的培训教材和工作参考书。

本次再版充分总结了作者数年来使用本教材的心得和积累，综合分析了各方使用者的意见和建议。在全书不同章节增设了 5 个二维码链接，为读者提供免费增值服务，手机扫一扫即可阅读拓展知识内容。

本书第一、二、三、四、五、六、八、九章由赵莹华编写。第七章由许焕兴、赵莹华共同编写。在编写过程中，我们参阅和借鉴了许多优秀教材、专著和有关文献资料，在此一并致谢。

受作者的学识水平所限，书中难免出现错误和疏漏，欢迎读者批评指正。

编著者

2019 年 11 月

目　　录

第一章　国际工程承包概论 ……………………………………… 1
　学习目标 …………………………………………………………… 1
　第一节　国际工程承包的基本概念 …………………………… 1
　第二节　国际工程承包市场 …………………………………… 14
　第三节　国际工程承包策略 …………………………………… 23
　关键概念 ………………………………………………………… 32
　复习思考题 ……………………………………………………… 32
第二章　国际工程招标 …………………………………………… 33
　学习目标 ………………………………………………………… 33
　第一节　招标承包制 …………………………………………… 33
　第二节　国际工程招标承包的惯常做法 ……………………… 51
　第三节　国际工程招标前的准备工作 ………………………… 58
　第四节　国际工程招标通告 …………………………………… 64
　第五节　国际工程招标的资格预审 …………………………… 69
　第六节　国际工程招标文件 …………………………………… 79
　关键概念 ………………………………………………………… 83
　复习思考题 ……………………………………………………… 83
第三章　国际工程投标 …………………………………………… 84
　学习目标 ………………………………………………………… 84
　第一节　投标决策前的准备工作 ……………………………… 84
　第二节　投标决策的分析方法 ………………………………… 91
　第三节　投标过程中的工作 …………………………………… 94
　第四节　投标策略研究 ………………………………………… 106
　第五节　投标文件的编制 ……………………………………… 114
　关键概念 ………………………………………………………… 125
　复习思考题 ……………………………………………………… 125

第四章　国际工程投标报价 …………………………………………… 126
　学习目标 …………………………………………………………… 126
　第一节　国际工程投标报价概念 ………………………………… 126
　第二节　国际工程投标报价程序 ………………………………… 131
　第三节　国际工程投标报价编制 ………………………………… 174
　第四节　国际工程投标报价失误与风险 ………………………… 212
　关键概念 …………………………………………………………… 221
　复习思考题 ………………………………………………………… 221
第五章　国际工程评标 ……………………………………………… 222
　学习目标 …………………………………………………………… 222
　第一节　开标 ……………………………………………………… 223
　第二节　评标 ……………………………………………………… 225
　第三节　定标 ……………………………………………………… 235
　关键概念 …………………………………………………………… 239
　复习思考题 ………………………………………………………… 239
第六章　国际工程承包合同 ………………………………………… 240
　学习目标 …………………………………………………………… 240
　第一节　国际工程承包合同概述 ………………………………… 240
　第二节　国际工程承包合同的内容 ……………………………… 262
　第三节　国际工程承包合同的订立 ……………………………… 281
　第四节　国际工程承包合同的履行 ……………………………… 289
　第五节　国际工程承包常用的标准合同格式 …………………… 313
　关键概念 …………………………………………………………… 335
　复习思考题 ………………………………………………………… 335
第七章　国际工程风险和风险管理 ………………………………… 336
　学习目标 …………………………………………………………… 336
　第一节　国际工程风险 …………………………………………… 336
　第二节　国际工程风险管理 ……………………………………… 341
　关键概念 …………………………………………………………… 347
　复习思考题 ………………………………………………………… 347
第八章　国际工程承包保险 ………………………………………… 348
　学习目标 …………………………………………………………… 348
　第一节　国际工程承包保险概述 ………………………………… 348

第二节　国际工程承包保险种类 ················· 371

第三节　保险公司的选择 ······················· 396

第四节　保险索赔与理赔 ······················· 409

关键概念 ··································· 413

复习思考题 ································· 413

第九章　国际工程承包索赔 ··················· 415

学习目标 ··································· 415

第一节　国际工程承包索赔概述 ················· 415

第二节　国际工程承包索赔内容 ················· 427

第三节　国际工程承包索赔程序 ················· 451

第四节　国际工程承包索赔计算 ················· 468

关键概念 ··································· 488

复习思考题 ································· 488

主要参考文献 ····························· 490

第一章 国际工程承包概论

学习目标

理解工程、国际工程、国际工程承包的基本概念；了解国际工程承包市场的形成与发展；了解国际工程的各种管理模式；研究占领国际工程承包市场的策略。

第一节 国际工程承包的基本概念

一、工程

工程，按其字面的意义理解，就是工作的程序，或者称工作的计划；从名词角度理解，就是按一定计划进行的工作。

工程是一个通用的名词，其含义十分广泛，我们不能简单地给它一个确切的定义。

（一）广义的概念

工程是指将自然科学的原理应用到工农业生产部门中去而形成的各学科的总称。这些学科是运用数学、物理学、化学等基础科学的原理，与生产实践中所积累的技术经验相结合而发展起来的，其目的在于利用和改造自然来为人类服务。例如，土木建筑工程、水利工程、冶金工程、机电工程、化学工程等。

（二）狭义的概念

（1）工程是指某一项具体的建设工作，如建筑工程、安装工程、道路工程、修缮工程、市政工程、园林工程等。

（2）工程是指某一项特定用途的项目，如工业建设项目、民用建设项目、军用建设项目等。

（3）工程是指某一项单体建设对象，如三峡工程、小浪底工程、上海宝钢工程、首都机场改造工程、南水北调工程等。

（4）工程是指根据需要对建设项目的具体划分，如单项工程、单位工程、分部工程、分项工程等。

国际工程承包课程中的工程是狭义概念上的工程。

二、国际工程

（一）国际工程的概念

国际工程是指一个建设项目从咨询、融资、采购、承包、管理及培训等各个阶段，由国际上若干个国家参与的，并按照国际上通用的工程项目管理模式进行管理的工程。

（二）国际工程的两大市场

（1）国外市场。国际工程的国外市场是指国外的地区、国家或国际组织允许外国公司参与投标承包工程建设的市场。例如，中东市场、亚洲市场、欧洲市场、非洲市场、北美洲市场、大洋洲市场、拉丁美洲市场等。

（2）国内市场。国际工程的国内市场是指一个国家允许国际组织或国外公司到本国来投资或实施工程建设的市场，也就是我们说的"涉外工程"。随着我国改革开放深入发展，以及加入世界贸易组织（WTO）后，我国的建设市场必将扩大对外开放。所以，我们研究国际工程，不仅是走向国外市场的需要，也是巩固和占领国内市场的需要，同时还是我国建筑业的管理加强与国际接轨的需要。

（三）国际工程的两大行业

1. 国际工程咨询行业

国际工程咨询行业是以高水平的智力劳动为主的服务行业，是运用多学科知识和经验、现代科学技术和管理方法为主业的投资决策与实施提供咨询服务，以提高宏观和微观的经济效益。国际工程咨询包括：

（1）建设项目投资机会研究。建设项目投资机会研究是进行可行性研究前的预备性调研，花费比较短的时间（1～2个月），比较小的经费（总投资的1‰～2‰），将项目设想变成初步的项目投资建议（项目建议书），探讨项目建设的必要性和可能性。

（2）可行性研究。

①预可行性研究（即可行性初步研究）。预可行性研究是对机会研究阶段提出的项目方案通过技术和经济分析做出鉴别和估价，判断投资建议是否可行，进行详细可行性研究是否必要。预可行性研究所需时间为2～3个月、经费占总投资1.25‰～2.5‰、投资估算精确度约在20%。

②可行性研究（详细可行性研究）。可行性研究是对预可行性研究确定的项目进行全面深入的技术经济论证，为投资决策提供扎实的基础。

③辅助研究。辅助研究是对大型投资项目在可行性研究阶段中进行的专题研究，如市场、原材料供应、项目规模、设备选择等专题。

（3）项目评估。完成可行性研究报告之后，一般都要委托另一家咨询公司对上述报告进行评估，包括项目目标、资源、实施条件、效益等方面的评估，根据评估报告，业主才能最后做出是否立项的投资决策。

（4）项目实施前的准备工作。项目正式立项后，要进行项目实施前的一系列准备工作，包括：①协助组建项目实施机构；②协助做好资金筹措工作；③协助选定项目地址；④协助搞好勘察设计工作；⑤协助搞好工程施工招标投标工作；⑥协助搞好设备的采购供应招标投标工作；⑦协助搞好合同谈判、签订工作；⑧协助搞好计划进度安排。

2. 国际工程管理行业

工程管理水平的高低，直接决定了建设项目的经济效果，因此多年来各国政府、国际组织和私营机构对工程项目的管理模式和方法一直不断地进行研究、创新和完善。比较常见的工程管理模式有以下八种：

（1）传统的项目管理模式。这种项目管理模式在国际上比较通用，世界银行、亚洲开发银行贷款项目和采用国际咨询工程师联合会（FIDIC）土木工程施工合同条件的项目，均采用这种模式。传统的项目管理模式如图 1-1 所示。

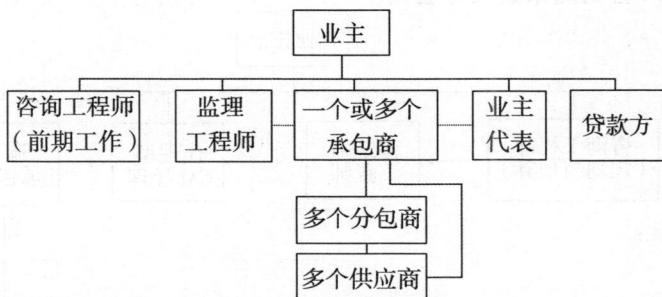

注：①"——"表示合同关系；②"┈┈"表示协调关系。

图 1-1　传统的项目管理模式

传统模式的优点是管理方法比较成熟，业主可自由选择咨询设计人员，对设计要求可控制；可自由选择监理人员；可采用熟悉的标准合同文本，有利于合同管理、风险管理和减少投资。缺点是项目周期较长，业务管理费用较高，前期投入大，变更时容易引起较多索赔。

（2）建筑工程管理模式（construction management approach，CM 模式）。这种模式又称阶段发包方式或快速轨道方式，是近年来在国外广泛流行的一种管理模式。CM 模式可以有多种组织形式，常见的两种形式如下：

① 代理型建筑工程管理模式（如图 1-2 所示）。代理型 CM 经理模式，CM 经理是业主的咨询和代理，业主和 CM 经理是以固定酬金加管理费签订服务合同，而业主在各施工阶段和承包商签订工程施工合同。业主采用这种形式的优点是：业主可自由选择建筑师、工程师；在招标前可确定完整的工作范围和项目原则；可以有完善的管理与技术支持。其缺点是在明确整个项目的成本之前投入较大；CM 经理不对进度和成本做出保证；可能索赔与变更的费用较高，即业主方风险较大。风险型 CM 经理模式，实际上是 CM 经理模式与传统模式相结合的方式。采用这种方式 CM 经理同时也担任施工总承包商的角色，业主要求 CM 经理提出保证最大工程费用以保证业主的投资控制，最后结算如果超出，由 CM 公司赔偿，如节约，则归业主所有。业主向 CM 经理支付佣金及各分包商所完成工程的直接成本。CM 经理由于额外承担了保证施工成本风险而能够得到额外收入。这种方式，业主风险小、任务轻，但可供选择的高水平的风险型 CM 公司较少。由此可见，代理型 CM 公司大多来自咨询公司或设计公司，风险型 CM 公司均来自大型公司。

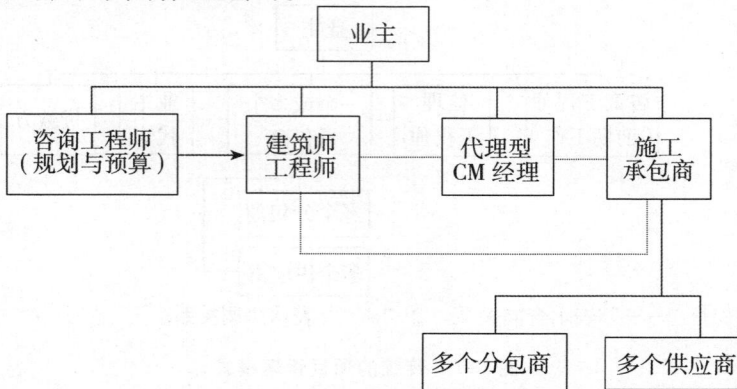

注：①"——"表示合同关系；②"……"表示协调关系；③"→"表示单向关系。

图 1-2　代理型建筑工程管理模式

②风险型建筑工程管理模式（如图 1-3 所示）。

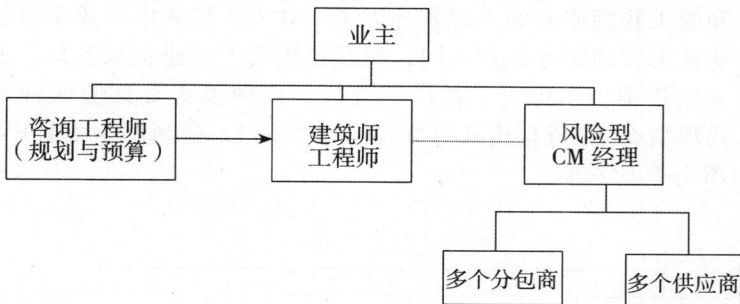

注：①"——"表示合同关系；②"……"表示协调关系；③"——→"表示单向关系。

图 1-3　风险型建筑工程管理模式

（3）设计-建造与交钥匙工程管理模式（如图 1-4 所示）。这是一种比较简练的管理模式，通过专业咨询公司确定项目原则后，业主只需选定一家公司负责项目的设计和施工即可。设计、建造总承包商对整个项目成本负责。近年来这种模式在国外比较流行。

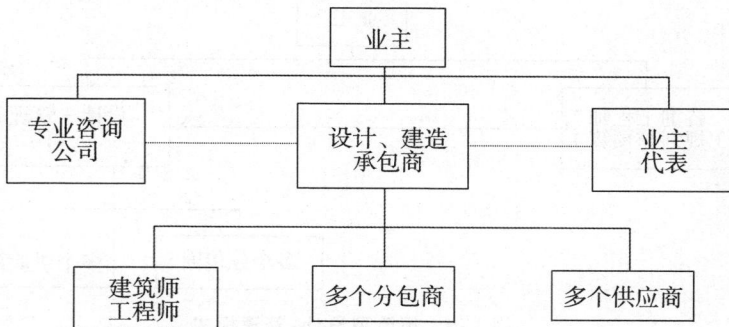

注：①"——"表示合同关系；②"……"表示协调关系。

图 1-4　设计-建造与交钥匙工程管理模式

在选择承包商时，把设计方案的优劣作为主要评标因素，可保证业主得到比较满意的高质量的工程项目。这种方式的优点是连续性好，项目责任单一，减少管理费用，减少设计变更；但业主无法参与建筑师、工程师的选择，细节控制能力降低。

（4）设计-管理模式。这种模式通常是指类似于 CM 模式，但更为复杂的由同一实体（即设计机构与施工管理企业的联合体）向业主提供设计和施工管理服务的工程管理方式。在 CM 模式中，业主分别就设计和专业施工管理服务签订合同，而在该模式中，业主只签订一份既包括设计又包括类似 CM 服务在内的合同。该种模式常见的两种形式如下：①代理型设计-管理模式（如图 1-5 所示）；②风险型设计-管理模式（如图 1-6 所示）。

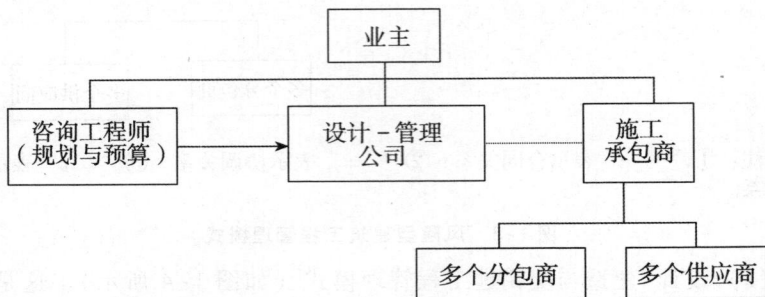

注：①"┉┉"表示协调关系；②"──▶"表示单向关系。

图 1-5　代理型设计-管理模式

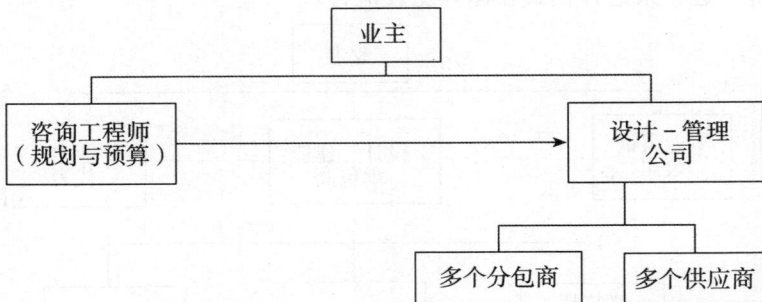

图 1-6　风险型设计-管理模式

（5）管理承包模式。业主可以直接找一家公司进行管理承包（如图 1-7所示）。

（6）项目管理模式。当一个业主在同一时间内，有多个工程处于不同阶段实施时，所需执行的多种职能超出了建筑师以往主要承担的设计、联络和检查的范围，这就需要项目经理。项目经理的主要任务是自始至终对一个项目负责，由项目经理负责项目全面管理。项目管理模式如图1-8所示。

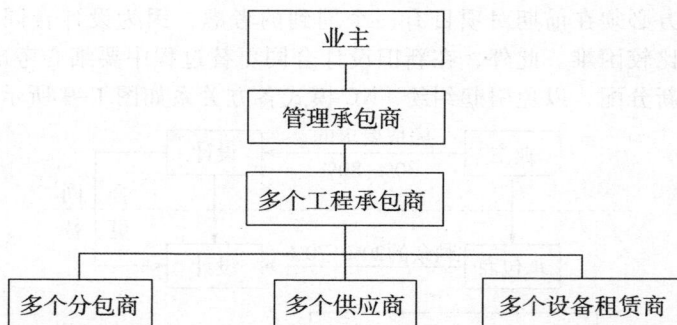

图 1-7　管理承包模式

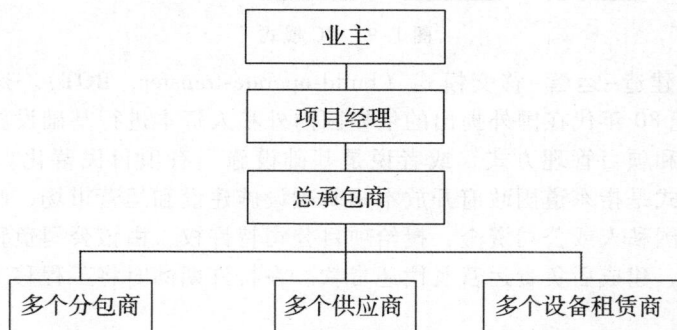

图 1-8　项目管理模式

（7）更替型合同模式（novation contract，NC）。NC 是一种新的项目管理模式，即用一种新合同更替原有合同，而二者之间又有密不可分的联系。业主在项目实施初期委托某一设计咨询公司进行项目的初步设计，当这一部分工作完成（一般达到全部设计要求的 30% ~ 80%）时，业主可开始招标选择承包商，承包商与业主签约时承担未完成的设计与施工工作，由承包商与原设计咨询公司签订设计合同，完成后一部分设计。设计咨询公司成为设计分包商，对承包商负责，由承包商对设计进行支付。

这种方式的主要优点是既可以保证业主对项目的总体要求，又可以保持设计工作的连贯性，还可以在施工详图设计阶段吸收承包商的施工经验，有利于加快工程进度、提高施工质量，还可减少施工中设计的变更，由承包商更多地承担这一实施期的风险管理，为业主方减少了风险。后阶段由承包商承担了全部设计建造责任，合同管理也较易操作。采用 NC 模式，业主方必须在前期对项目有一个周到的考虑，因为设计合同转移后，变更就会比较困难。此外，在新旧设计合同更替过程中要细心考虑责任和风险的重新分配，以免引起纠纷。NC 模式各方关系如图 1-9 所示。

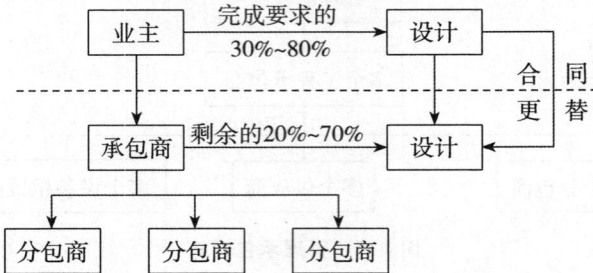

图 1-9　NC 模式

（8）建造-运营-移交模式（build-operate-transfer，BOT）。这种模式是 20 世纪 80 年代在国外提出的依靠国内外私人资本进行基础设施建设的一种融资和项目管理方式，或者说是基础设施国有项目民营化。**BOT 项目管理模式**是指东道国政府开放本国基础设施建设和运营市场，吸收国外资金、本国私人或公司资金，授给项目公司特许权，由该公司负责融资和组织建设，建成后负责运营及偿还贷款。在特许期满时将工程移交给东道国政府。

在世界上还有多种由 BOT 演变出来的类似的模式。例如，BOOT（build-own-operate-transfer）建设-拥有-运营-移交；BOO（build-own-operate）建设-拥有-运营；BOS（build-operate-sell）建设-运营-出售；ROT（rehabilitate-operate-transfer）修复-运营-移交等。这些模式的基本原则、思路和结构与 BOT 并无实质差别，下面简要介绍 BOT 的有关内容。

目前，世界上许多国家和地区都在研究或已开始采用 BOT 方式。最早完工的 BOT 项目是 1992 年的中国香港第一海底隧道工程，其他如菲律宾和巴基斯坦的电厂项目，泰国和马来西亚的高速公路，英法海底隧道和澳大利亚的悉尼隧道等数十个 BOT 项目也已运营或在建。在中国内地，第一个参照 BOT 模式建成运营的是深圳沙角电厂 B 厂，运行以后建设的深珠高速公路、上海延安东路隧道和来宾电厂二期都采用 BOT 模式。

下面对 BOT 模式的结构框架、运作程序及项目主要参与方的职责和义务作一简介：

①BOT 模式的结构框架和运作程序：图 1-10 是 BOT 模式的典型结构框架。

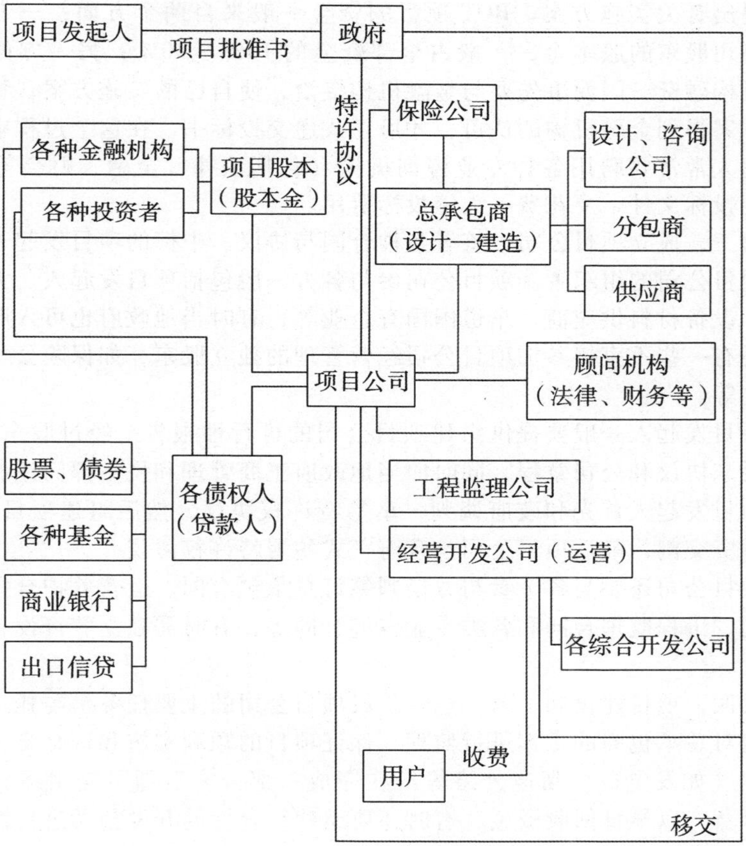

图 1-10　BOT 模式

第一，项目的提出与招标。拟采用 BOT 模式建设的基础设施项目，大型项目由中央政府部门审批，一般项目由地方政府审批，往往委托一家咨询公司对项目进行了初步的可行性研究，随后，颁布特许意向，准备招标文件，公开招标。BOT 模式的招标程序与一般项目招标程序相同，包括资格预审、招标、评标和通知中标。

第二，项目发起人组织投标。项目发起人往往是强有力的咨询公司和大型的工程公司的联合体，它们申请资格预审并在通过资格预审后购买招标文件进行投标。BOT 项目的投标显然要比一般工程项目的投标复杂得多，需要对 BOT 项目进行深入的技术和财务的可行性分析，才有可能向政府提出有关实施方案。BOT 项目的资金一般来自两个方面：一方面是项目公司股东的股本金，一般占全部资金的 10%～30%；另一方面则向金融机构融资，因而事先要与金融机构接洽，使自己的实施方案，特别是融资方案得到金融机构的认可，才可正式递交投标书。在这个过程中，项目发起人常常要聘用各种专业咨询机构（包括法律、金融、财会等）协助编制投标文件，要花费一大笔投标费用。

第三，成立项目公司，签署各种合同与协议。中标的项目发起人往往就是项目公司的组织者。项目公司参与各方一般包括项目发起人、大型承包商、设备材料供应商、东道国国有企业等，有时当地政府也可入股。此外，还有一些不直接参加项目公司经营管理的独立股东，如保险公司、金融机构等。

项目发起人一般要提供组建项目公司的可行性报告，经过股东讨论，签订股东协议和公司章程，同时向当地政府工商管理和税务部门注册。

项目发起人首先和政府谈判，草签特许权协议，然后组建项目公司，完成融资交割，最后项目公司与政府正式签署特许权协议。

项目公司还要与各个参与方谈判签订总承包合同、运营养护合同、保险合同、工程监理合同和各类专业咨询合同等，有时需独立签订设备供货合同。

第四，项目建设和运营。这一阶段项目公司的主要任务是委托工程监理公司对总承包商的工作进行监理，保证项目的顺利实施和资金支付。有的工程（如发电厂、高速公路等）在完成一部分之后即可交由运营公司开始运营，以早日回收资金，有时还要组建综合性的开发公司进行综合项目开发服务以便从多方面盈利。

在项目部分或全部投入运营后，即应按照原定协议优先归还金融机构的贷款和利息，同时逐步考虑向股东分红。

第五，项目移交。在特许期满之前，应做好必要的维修以及资产评估等工作，以便按时将 BOT 项目移交政府运行。政府可以仍旧聘用原有的运营公司或另组运营公司来运行项目。

②BOT 项目有关各方面的职责和义务。

第一，主要参与方，包括以下三个：

A. 政府：政府是 BOT 项目的最终所有者，其职责为：确定项目，颁布支持 BOT 项目的政策；通过招标选择项目发起人，颁布 BOT 项目特许权；批准成立项目公司；签订特许权协议；对项目进行宏观管理；特许期满后接收项目；委托项目运营管理部门继续项目的运行。

B. 项目公司的主要职责有：项目融资；项目建设；项目运营；组织综合项目开发经营；偿还债务（贷款、利息等）及股东利润分配；特许期终止时，移交项目与项目固定资产。

C. 金融机构：金融机构包括商业银行、国际基金组织等。一般一个 BOT 项目由多个国家的财团参与贷款以分散风险。金融机构的职责如下：确定对项目贷款的模式、条件及分期投入方案；在发起人拟订的股本金投入与债务比例下，为项目的现金流量偿债能力做出分析，确定财团投入；必要时利用财团信誉帮助项目公司发行债券；资金运用监督；与项目公司签订融资抵押担保协议；组织专项基金会为某些重点项目融资。

第二，其他参与方，包括以下八个：

A. 咨询公司：专业咨询公司负责项目的设计，为项目融资方案等提供咨询。法律顾问公司替政府（或项目公司）谈判签订合同。

B. 总承包商：此处指负责项目设计–施工的总承包商，一般也负责设备采购。

C. 工程监理公司：对总承包商的工作进行监理。

D. 运营公司：主要负责项目建成后的运营管理、收费、维修、保养。收费标准和制度由运营公司与项目公司签订。

E. 开发公司：负责特许权协议中其他项目的开发，如沿公路房地产、商业网点等。

F. 代理银行：东道国政府代理银行负责外汇事项。贷款财团的代理银行代表贷款人与项目公司办理融资、债务、清偿、抵押等事项。

G. 保险公司：为各个参与方提供保险，担保特许权协议无法预计的其他风险。

H. 供应商：负责供应材料、设备等。

（四）国际工程的特点

（1）国际工程的系统性。国际工程不仅是一个跨学科的系统工程，而且它本身就是一个跨专业和跨学科的新学科，还是一个不断发展和创新的学科。从事国际工程的人员不但需要掌握某一专业领域的技术知识，还需要掌握涉及法律、合同、外贸、保险、财会等方面的其他专业知识。国际工程是一个对人才素质要求很高的复杂的系统工程。

（2）国际工程的综合性。国际工程包含的内容复杂，包括设计、专利转让、设备材料采购、施工安装、人员培训、资金融通等，而每项内容又包含复杂的过程。国际工程一般来说项目规模大、投资数额大、涉及范围广泛，是一项综合性很强的工作。

（3）国际工程的先进性。国际工程对技术和管理水平要求高，总的趋势是：从劳动密集型向技术密集型转化，从低、中级技术水平向中、高级技术水平发展，国际工程的技术和管理先进性越来越突出。

（4）国际工程的长期性。国际工程一般来说都是大、中型项目，甚至特大项目，其运行时间大多在1年以上，甚至10年、20年以上。国际工程的长期性是一种普遍现象。

（5）国际工程的规范性。国际工程一般都要求采用在国际上被广泛接受的各种规范、规程、技术标准，以保证工程能够顺利完成。

（6）国际工程的单件性。国际工程地点的固定性决定了国际工程的单件性。由于工程的不可移动性，工程必须适应所在国家或所在地区的实际情况及要求，这就决定了工程实物形态的千差万别，决定了工程必然各具特色。

三、国际工程承包

（一）国际工程承包的概念

国际工程承包是以工程建设为对象，在国际范围内，由业主通过招标投标或议标洽商的方式，委托具有法人地位和工程实施能力的承包商，完成建设任务的经济活动。

国际工程承包是一种国际经济交易活动，是国际经济合作的一个重要组成部分。

（二）国际工程承包的特点

（1）跨国的经济活动。国际工程承包涉及不同地区、不同国家、不同民族、不同组织、不同政治背景、不同经济背景、不同参与单位、不同经济利益、不同经济关系、不同经济纠纷，是一项复杂的跨国经济活动。

（2）严格的合同管理。国际工程承包涉及面广，参与对象众多，不可能依靠行政管理的模式进行管理，必须采用国际上多年来业已形成惯例的、行之有效的一整套科学管理方法。

（3）高风险和高利润。国际工程承包一般来说都是投资巨大、规模巨大的项目，业主要求高，竞争激烈，充满了风险，稍有不慎，就可能发生巨额亏损，这也是国际上每年都有不少的工程公司倒闭的原因。但高风险又伴随着高利润，如果决策正确，报价合理，订好合同，科学管理，不但能赢得声誉，还能获得高额利润，这也就是国际上每年都有一批新的工程公司成长发达起来的原因。

（4）进入和占领市场的艰巨性。国际工程承包市场的形成和发展，均与西方发达国家多年前的国外大量投资、咨询和承包分不开的。西方发达国家凭借雄厚的资本、先进的技术、高水平的管理和多年的经验，占据了国际工程市场的大部分份额。因此，我们要进入和占据这个市场的一定份额，必须认清其艰巨性，做好充分的准备，付出艰辛的努力。

（5）业务范围广泛。国际工程承包的业务范围非常广泛，几乎涉及国民经济的各个领域，既有工业项目，又有农业项目；既有基础项目，又有高科技项目；既有民用项目，又有军事项目等。

（6）资金筹措渠道多。一般由国际银行、国际财团、国际金融机构与工程所在国政府一道安排项目开发资金或为承包者提供贷款，支持其承揽或实施项目。

（7）咨询设计先进。项目主办单位通常聘请掌握世界同类项目最先进技术的咨询公司来规划设计，保证项目的先进性和合理性。

（8）竞争激烈。国际工程承包的竞争机制能充分发挥作用，按照择优汰劣的原则，尽可能利用国际承包商的技术和人才优势，保证工程建设的顺利进行。

（9）有充分挑选余地。国际工程承包的物资采购具有国际化特征，业主或承包商可在全球范围内寻求价廉物美的材料设备。

（10）劳动力资源充足。由于劳动力资源丰富，承包商既可在当地挑选劳动力，也可以由本国或其他国家选派素质较高的劳动力。

（11）选用法律公平合理。国际工程承包的合同条款大多以国际法律、惯例为基础，项目实施过程中出现的问题一般都能得到比较合理的解决或处理。

（12）受国际政治、经济因素影响大。除了工程本身的合同义务和权利外，国际工程承包可能受到国际政治和经济形势变化的影响。例如工程所在国的政策变化，项目资金来源的制约，政治上的制裁、禁运、内乱、战争、政治派别的斗争等，都对国际工程承包有重大的影响作用。

（13）费用支付的多样性。国际工程承包与国内工程承包有明显的差别，进行工程费用结算时，肯定要使用多种货币。承包商要用国内货币支付其国内应缴纳的各种费用及内部开支；要用工程所在国的货币支付当地的费用；要用多种货币支付不同来源地的设备、材料采购费用等。国际工程承包的支付方式，除了现金和支票支付手段外，还有银行信用证、国际托收、银行汇付等不同方式。因此，开展国际工程承包业务必须熟悉和研究国际范围内的各种汇率和利率的变化，必须随时审度和分析国际金融形势，否则，就可能出现严重不良后果。

（14）国际工程承包市场的相对稳定性。国际工程市场分布于世界各地，虽然各地区的政治与经济形势不一定十分稳定，但就全球来说，只要不发生世界大战，尽管国际资金流向可能有所变动，但用于建设的投资还是巨大的。所以说，国际工程市场总体来说是稳定的。因此，我们应加强调查研究，善于分析市场形势，不断适应市场的变化，才能立于不败之地。

第二节　国际工程承包市场

一、国际工程承包市场的形成与发展

（一）国际工程承包市场的概念

国际工程承包市场是指在国际范围内，进行国际工程跨国经营，包括咨询、评估、规划、勘察、设计、施工及其他相关业务的发包与承包的商务活动及其形成的经济关系。

（二）国际工程承包的早期市场

资本主义发达国家的资本输出是国际工程承包市场产生的根本原因。远在 19 世纪中叶，欧美工业发达国家，凭借炮舰外交攫取的特权，纷纷在国外开辟市场，承包工程，为本国垄断资本的扩张开道。

我国及一切殖民地半殖民地国家主要铁道、桥涵与早期工商工程的营造兴建，就是这段历史的最好见证。

随着科学技术与生产力的迅速发展，一般商品输出已经不能满足发展经济的需要，客观上要求发展科技工程贸易，与此同时，资本主义发达国家为了争夺生产原料和牟取最大利润，向不发达国家输出大量资本。一方面资本输出通过获得廉价原材料与劳动力赚取大量利润；另一方面，投资国的建筑师、营造商、现代施工技术和工程承包管理体制也随之进入接受投资国。众多的工业发达国家竞相染指一些国家和地区，这样就使这些国家和地区形成激烈竞争的早期的海外承包市场。我国上海从19世纪中叶到抗日战争爆发这段期间的建筑业发展状况，就是国际承包市场孕育、形成和发展的典型。

（三）第二次世界大战后的国际工程承包市场

第二次世界大战期间，国际建筑市场很自然地受到战争影响而衰落。战后，许多国家集中于医治自己国内的战争创伤，建设规模巨大，建筑业得到蓬勃和迅猛发展。但到了20世纪50年代的中后期，一些发达国家在战后恢复时膨胀发展起来的建筑工程公司和专业工程公司，因其国内任务相对减少而不得不转向国际市场。这时的国际资本也开始向不发达国家寻求原料资源，加上联合国开发机构和国际金融组织纷纷给发展中国家提供贷款和援助，国际工程承包市场又开始活跃起来。

（四）20世纪70年代中东地区的国际工程承包市场

中东地区尽管在历史上曾经有过其辉煌的一刻，但是由于大片土地是人烟稀少的沙漠腹地和海滩，气候炎热，水源匮乏，土地贫瘠，人民生活极为贫困；加上宗教派别矛盾严重，部落酋长割据统治，在近代较长时期内被视为世界上落后和偏僻的地方。20世纪50—60年代发现这一地区蕴藏的石油为全球之冠，特别是70年代，许多资本主义发达的大国石油公司争相投资开采，使中东国家成了全世界注目的焦点。1973年，世界石油价格大幅度上涨，中东的产油国家外汇收入剧增，石油美元的积累使中东国家有了雄厚的资金用来改变其长期落后的面貌。除了大力兴建油田、炼油厂和相应的石油化工工厂外，还大规模修建输油管道、港口、码头、公路、铁路、机场，以及与石油有关的各类工业和能源、水源项目；另外，还在过去人烟稀少的海滩和沙漠腹地建造起一座座现代化的新城市。70年代的中东和北非地区，特别是海湾地区的产油国，每年的工程承包合同金额达数百亿美元。这些国家既缺乏生产、设计和施工的技术，又缺乏熟练的劳动力，因此，各国的咨询设计、建筑施工和专业安装公司以及各类设备和材料的供应商随之云集，数百万名外籍劳务人员也涌入中东，使这一地区成了国际工程承包商竞争角逐的中心场所，出现了国际工程承包史上的黄金时代。

（五）20 世纪 80 年代后的国际工程承包市场

中东建筑市场繁荣在 1981 年达到了顶峰，这一年中东地区国际工程承包合同总金额达到 800 多亿美元，比 1980 年猛增 76.5%。但是，从 1982 年以后，国际市场石油滞销，石油价格回落，加上伊拉克和伊朗战争持续多年的影响，中东各国石油生产和出口大幅度下降，石油收入锐减，给中东各国经济发展带来了严重困难。随后的伊拉克和科威特的战争，不仅导致油田被破坏，而且战争开支庞大，在中东地区收入锐减和连年财政赤字的压力下，再加上地区局势不稳定，中东各国不得不大力压缩发展项目，削减建设投资，放缓建设速度，这就使繁荣了 10 多年的中东国际工程承包市场逐渐低落下来。

建筑业的兴旺与低落，总是同经济发展形势紧密联系的，在中东经济回落的 20 世纪 80 年代后期和 90 年代前期，东亚和东南亚地区利用外资的步伐加快，新加坡、马来西亚、泰国、印度尼西亚、韩国等国以及中国香港和中国台湾地区的经济增长率远远高于世界其他地区。日本和发达国家积极将劳务密集型工业、可利用当地资源的项目以及可以在当地占领销售市场的产品转移到这些国家和地区，这不仅进一步促进了这些国家和地区的经济繁荣，还带来基础设施如能源、电力、水源、通信、交通及其他配套服务设施，如城市住房、商业和办公建筑的相应发展，使这一地区每年的国际工程承包合同金额增长率及在全世界的合同总金额中所占比例均高于中东及其他地区。

2018 年美国《工程新闻记录》（ENR）发布的全球最大的 250 家国际工程承包企业排名中，有 69 家中国内地企业上榜，其国际营业额占比达 23.7%，较上年提升 2.6 个百分点。历史上第一次有三家中国承包工程企业进入前 10 强榜单，分别为中国交通建设股份有限公司、中国建筑股份有限公司及中国电力建设股份有限公司，中国承包工程企业的国际影响力和竞争力不断提升。受"一带一路"沿线国家/地区新签大项目陆续实施、新项目开发放缓等因素影响，2018 年中国对外承包工程新签合同额有所下降，但营业额保持平稳增长。根据商务部统计数据，2018 年 1—11 月，中国对外承包工程新签合同额 1 853 亿美元，完成营业额 1 380 亿美元，与上年同期基本持平。新签合同额 5 000 万美元以上项目同比增加 47 个，合同总额占新签合同总额的 84%。对"一带一路"沿线国家/地区投资合作稳步推进。1—11 月，中国对外承包工程企业在"一带一路"沿线国家/地区新签合同额 904 亿美元，占同期总额的 49%；

完成营业额 737 亿美元，占同期总额的 53%。亚洲和非洲作为中国对外承包工程业务的主要市场，其业务占行业总体业务的八成以上，其中，尼日利亚、埃及、印度尼西亚、澳大利亚、阿联酋、刚果（金）、孟加拉国、越南等国别市场表现突出。由中国土木工程集团承建的阿布贾城铁于 2018 年 7 月正式开通，这是西非地区开通的第一条城铁。2018 年 3 月，由中国建筑股份有限公司承建的埃及国家重点工程——新首都中央商务区项目正式开工，埃及住房部长穆斯塔法·马德布利表示，该项目是引领埃及进入全新时代，与世界上众多现代化城市竞争的重大项目之一。

　　从当前世界政治和经济发展的总趋势来看，尽管在苏联解体和东欧剧变之后，过去数十年来的两极尖锐对抗的形势业已改变，但地区性的民族、国家之间和内部的斗争仍然激烈，局部性战争此起彼伏，政治形势并非完全稳定；世界经济在相当长的时间内可能是处于低速增长和调整改变之中。因此，国际建筑市场不可能指望出现 20 世纪 70 年代中东地区那种集中和急剧增长的态势。由于不同国家和地区出现经济不平衡发展的格局，国际工程承包市场肯定会出现分散化和起伏变动的局面。

二、国际工程承包市场形势分析

（一）国际工程承包市场的发展情况

　　随着全球经济的持续增长，国际投资呈现持续增长的趋势，国际工程承包市场依然充满活力。欧洲、亚太、中东和北美地区国际工程发包量占全球总量的 86%，是全球国际工程承包最活跃的地区，交通运输、普通房建、石油化工、电力、环保等领域将继续保持较快增长的态势，所占份额将超过 75%。受国际经济和政治环境变化的影响，国际工程承包市场呈现出新的发展趋势：

　　（1）工程规模大型化。随着国际直接投资的不断增加、投资主体结构的变化、承包商经营管理大型项目能力的不断提高，国际工程承包市场发包的单项工程正在朝着大型化、复杂化的方向发展，业主愈来愈希望由一家大型承包商或承包商联合体来承担设计、采购和施工的全部责任。设计采购施工（EPC）、项目管理总承包（PMC）等一揽子式的交钥匙工程，建设-经营-转让（BOT）、公共部门与私人企业合作模式（PPP）等带资承包方式，成为国际大型工程项目广为采用的模式。

知识扩展 1-1
巴基斯坦
TENGA49.5MW
风电项目

（2）科技革命与标准化。建筑业及其相关产业的科技开发投入加大，科技含量成为国际竞争的新的杠杆；同时，信息技术的广泛应用使工程管理技术日益提高。预期未来几年，国际服务贸易的标准化对工程承包商的资质要求和对服务的质量标准要求，将成为市场准入的新的技术壁垒。

（3）产业分工体系深化。国际工程承包市场在半个多世纪的发展中已经初步形成其独特的产业分工体系。以美国为首的欧美国家基本上控制了高科技含量的制高点；日本由于工业制造技术的发达和相对低廉的成本，基本控制了建筑工程相关的设备供应的主动权；南斯拉夫和土耳其等早期进入国际工程承包市场的发展中国家，在大型项目的实施总承包市场已经占据优势的基础上，正在向技术含量高的项目设计和咨询方面发展。

（4）承包和发包方式发生变革。由于世界经济总量不断增加，对建筑服务的需求扩大，因而，全球建筑市场的投资者主体结构正在发生变化。国际金融机构的投资增长缓慢，各国政府项目在亚洲金融危机以后有所减少，而伴随国际直接投资的增加，私人资本对基础设施的投资明显增加。业主结构的变化，也使承发包方式发生了重大的变革，带资承包成为普遍现象，项目融资在 21 世纪将呈现出不可阻挡的发展势头。这将大大提高业主对承包商的素质和能力的要求。

（5）国际承包商之间的兼并与重组愈演愈烈。国际承发包方式的变化，使得承包商的角色和作用都在发生变化，承包商不仅要成为服务的提供者，而且要成为资本的运营者和投资者。尤其在大型和超大型项目的运作方面，一般企业很难独立承担。近年来，国际工程承包业的兼并和重组不断发生，最大的国际工程承包商在兼并中获得了新的金融和技术支持，竞争力不断提高。

（6）大型承包商管理日益科学化、信息化、规范化。为降低成本、提高效益和走向规范化，一些大型承包商都制定了一套集团特有的运营体系，规范整个集团的管理模式。通过资金控制，直接将管理延伸到各机构以及各执行项目上。依托信息技术建立管理系统，对各分部、机构以及项目进行管理和成本控制，利用这个庞大而强有力的管理系统，不但可以方便掌握和控制整个集团的运营情况，还可以根据此系统的数据对集团财务状况进行分析，从而找出盈利或亏损的原因，为集团的决策提供依据。

（7）融资能力逐渐成为承揽工程承包业务的关键因素。随着国际直接投资的增加、业主结构的变化，工程发包方式也发生了重大的变革，带资承包成为普遍现象，项目融资呈现出不可阻挡的发展势头。据估算，当前带资承包项目占国际工程承包市场的 65%，这意味着承包商如果没有强有力的金融支持将很难有所作为，项目融资能力逐渐成为承揽工程承包业务的关键因素。

（8）工程安全和绿色工程逐渐为各国所重视。可持续发展是当前全球关注的问题，如何在发展国民经济的同时注重"以人为本"和保护环境，将绿色工程的原则融入项目的规划、设计和施工，已经成为建设工程领域的新兴潮流。同时，全球最主要的业主和承包商都认为工程现场零事故是可以实现的，并在安全保护方面投入巨资，使得事故率大大下降。

（二）国际工程承包市场的发展阶段

从 20 世纪 80 年代开始到现在，国际工程市场大致可以分为四个阶段：

第一阶段（1980—1993 年）：波动上升阶段

1981 年 ENR225/250 家国际大承包商的合同成交额（营业额）达1 299亿美元，达到历史最高水平。1982 年以后，石油供过于求，价格暴跌，产油国收入锐减，西方发达国家经济低速增长，拉美发展中国家债务沉重，非洲地区连续遭受自然灾害，经济困难，国际承包市场逐渐收缩。1988 年，世界经济开始进入新一轮景气循环，国际直接投资迅猛增长，国际建筑市场也随之出现较大增长，在 1993 年 225/250 家国际大承包商的合同额达到历史最高纪录的 1 552.0 亿美元。在此阶段，虽然世界经济增长速度趋缓，且时有反复，但总体保持增长势头未变。

第二阶段（1994—2001 年）：低位徘徊阶段

世界经济增长和全球化水平的日益提高推动了国际工程承包市场的发展，国际工程承包市场经历了 20 世纪 90 年代前期的短暂增长，中期的基本稳定后，由于亚洲金融危机所引发的新兴市场经济衰退而在 20 世纪末期发生动荡。及至 2001 年发生在美国纽约的"9·11"恐怖袭击事件，作为全球经济增长火车头的美国经济陷入了衰退，殃及发展中国家，国际工程市场进一步收缩。

第三阶段（2002—2013 年）：高速增长阶段

2002 年之后，由于国际经济的持续繁荣发展，种种不确定的因素开始明朗化，被压抑的需求开始释放，被推迟的项目逐渐解禁。整体经济形势的好转带动了国际建筑业的增长。尽管也面临着各种问题，如石油价格的不确定，全球反恐战争的开展，以及大规模 SARS 疫病的流行，但国际工程市场仍呈现出高速增长态势。但 2008 年次贷危机的爆发，使得建筑业陷入倒退的危险，全球范围内的许多工程被取消或延迟，使得这种持续增长放缓。在 2010 年，随着世界经济的复苏，国际工程市场摆脱了世界性的经济衰退的不利影响，再现高速增长的态势。到 2013 年达到营业额为 5 438.4 亿美元的历史顶峰。

第四阶段（2014—至今）：衰退阶段

2014 年至今，国际工程市场陷入了一个新的低潮期，营业额连续三年持续下滑，下滑幅度分别为 4.2%、6.7% 和 3.8%。2016 年，225/250 家国际承包商新签海外工程合同额与上年度同比下降 2.3%。这表明国际工程市场在未来还会继续萎缩下去。值得一提的是，在这三年中，中国的国际承包商逆市发展，仍然保持着 13.5%、4.4%、5.4% 的增幅。

20 世纪 90 年代以来，随着科学技术的进步和各国经济的飞速发展，国际工程承包市场遍及世界各地。就目前来看，世界上已形成了亚太、欧洲、北美、中东、拉美和非洲六大地区工程承包市场。其中，亚太、欧洲、北美地区市场规模较大，集中了大部分的国际承包商。

（三）中国对外承包工程的市场情况

随着经济全球化的迅速发展和国家"走出去"战略的实施，我国对外承包工程规模日益扩大，市场多元化体系已经形成，合作领域不断拓宽，国际竞争力明显增强。未来 5 ~ 15 年，是我国大力发展对外承包工程的重要战略机遇期，随着促进政策体系的不断完善和外部环境的优化，我国的对外承包工程面临着广阔的发展前景。

（1）世界经济总体复苏，带动国际建筑市场蓬勃发展。2009 年国际工程的整体情况要比全球经济的整体情况好，主要是非洲、拉丁美洲、中国市场的增长。中东市场值得期待，但是 2009 年中东市场保持了平稳的状态。这些市场的增长，一方面是由于发展的进度低于发达国家，有大量的基础设施建设需求；另一方面在金融危机之后，各国出台一系列的经济刺激方案，主要集中在政府支出的基础设施建设。

根据英国国际商业监测机构 BMI 在线的预测，全球建筑市场 2010 年企稳回升，非洲、中东、亚洲是自 2010—2013 年建筑市场增速最快的地区。亚太（包括澳大利亚）地区中国的增速最快，其次是印度、澳大利亚。我国工程承包企业的市场集中在亚洲、非洲、中东，采用 IMF 预测的 GDP 增速看，这几个地区在 2010 年都处于高速增长，其后两年仍将维持相对高速的增长，整体市场情况乐观。

这些发展客观上为中国的工程建筑企业实施"走出去"战略，参与国际大竞争提供了广阔的舞台。

（2）市场多元化深入发展，市场格局得到优化。亚洲和非洲一直是我国对外承包工程的主要市场，占我国对外承包工程总营业额的 70% 左右。从"十五"期间各地区新签合同额的对比情况看，亚、非地区市场的增长趋势更为明显。由于近年来接连在非洲签订超大型项目，特别是中非合作的进一步加强，可以相信，未来几年非洲市场所占比例将会大幅度升高。而随着中国与拉美国家多（双）边经贸关系及政治关系的发展，拉美地区将成为我国对外承包工程新的增长点。

（3）合作模式日趋多样化。未来几年，以 EPC 为代表的总承包模式、BOT 融资模式将越来越多，实物支付模式亦将会增多。随着国家对经济外交日益重视，中国政府将同更多的国家签订双边合作协定，中国开展对外承包工程的宏观环境将得到改善，对于以往多年难以开拓的市场将会在政府合作框架下得以集群式、成批量开发。中国政府承诺今后将向发展中国家提供更多的优惠贷款和对外援助，并主要用于发展中国家的基础设施建设和工业项目，为对外承包工程的发展提供了更多机遇。

（4）以资源开发合作为导向的工程承包增长迅速。由于人口众多，目前又处于经济高速发展时期，我国对资源需求量大，资源供应相对不足，国内经济发展对国外市场和资源的依赖度不断增加，未来一段时期内，以资源开发合作为导向的工程项目将会迅速增加。需要特别指出的是，中国与安哥拉等国开展资源、贷款、经贸一揽子合作，该模式得到了亚非拉等其他发展中国家的欢迎，将会得到迅速推广。除了政府合作框架下的"工程换资源""贷款换资源"等模式外，以企业为主导的资源开发合作亦将迈上新台阶。

知识扩展 1-2
哈萨克斯坦
PKOP 炼油厂 EPC
总承包项目

（5）产业结构调整与境外投资的拉动作用将越来越大。随着我国工业化水平的提高，中国企业在大型机电设备、成套设备制造等方面的竞争力增强，这势必推动中国公司对国际工程承包市场的开拓。未来几年内，我国对外投资年增长速度约为 40%，其对工程承包的拉动作用将越来越明显。无论是以资源开发合作为导向的投资，还是以出口贸易为导向的加工制造领域的投资，都将大大推动我国对外承包工程的发展。

（6）在国际承包工程领域，我国基本上形成了由多行业组成、能与外国大承包商竞争的队伍，并得到了世界范围内同行的普遍认可，竞争环境向着有利于中国企业的方向发展。当前，中国企业已经能够设计、建造世界上最长的桥，最高的楼，最大的水电站，海拔最高的铁路等。由于中国公司实力的增强，许多国家专程到中国进行项目推介，希望中国公司参与其国家建设。

（7）"一带一路"建筑市场分析。2013 年 9 月和 10 月，中国国家主席习近平在访问哈萨克斯坦和印度尼西亚时，分别提出共建"丝绸之路经济带"和"21 世纪海上丝绸之路"（简称"一带一路"）的构想。以政策沟通、设施联通、贸易畅通、资金融通、民心相通等为主要内容。共建"一带一路"倡议和共商共建共享的核心理念已经写入联合国等重要国际机制成果文件，已有 103 个国家和国际组织同中国签署 118 份"一带一路"方面的合作协议。2017 年首届"一带一路"国际合作高峰论坛在北京成功举办，29 个国家的元首和政府首脑出席，140 多个国家和 80 多个国际组织的 1 600 多名代表参会。"一带一路"倡议从提出开始便受到世界各国的广泛关注，超过 60 个国家表现出了对于加入"一带一路"倡议的浓厚兴趣。"一带一路"是世界跨度最长的经济大走廊和最具发展潜力的经济带，将东亚、东南亚、南亚、中东、中亚、欧洲南部、非洲东北部的广大地区联系在一起。该区域覆盖 64 个国家，沿线国家 26 个，总人口约 44 亿，经济总量 21 万亿美元，分别占全球的 63% 和 29%。

综合比较"一带一路"沿线国家，可以发现"一带一路"沿线国家除欧洲部分地区外，基础设施发展程度总体偏低，东欧、中亚、中东、非洲和亚洲的基础设施都还有很大的发展空间。中东和非洲的铁路公路发展程度还远远不够。2013—2030 年间将需要大量基础设施投资，亚洲开发银行预测到 2030 年亚洲地区每年大概需要基础设施投资 1.7 万亿美元，非洲发展银行预测未来非洲每年需要基础设施投资 1 300 亿到 1 700 亿美元。据初步估计，全球将投入 67 万亿美元用于基础设施建设，而超过 60% 将集中于"一带一路"沿线区域，基础设施建设将成为我国实现"一带一路"倡议的主要突破口。"一带一路"倡议，是未来十年我国企业"走出去"的重大政策红利，将进一步推动能源、基础设施、高端制造等领域的合作，加快推进周边地区基础设施互联互通的建设，实施更多的政府框架和商贷项目，为中国企业的国际化经营和转型升级创造重大机遇。

"一带一路"沿线国家业务快速增长，到 2018 年 8 月，我国同"一带一路"沿线国家贸易总额超过 5 万亿美元，在沿线国家建设境外经贸合作区 82 个，累计投资 289 亿美元。中国企业参与"一带一路"沿线国家市场开拓更加活跃，2016 年项目投标议标的数量同比增长 58%，金额同比增长 52%。与"一带一路"沿线国家新签承包工程项目合同 8 158 份，合同总额 1 260.3 亿美元，占同期行业新签合同总额的 51.6%，同比增长 36%；完成营业额 759.7 亿美元，占同期总额的 47.7%，同比增长 9.7%。中国通过与"一带一路"沿线国家进行产能和装备制造合作，有利于我国企业对外输出技术与服务，推动企业转型升级、提高竞争力，形成新的经济增长点。

第三节　国际工程承包策略

　　能否成功地进入和占领国际工程承包市场，其影响因素很多，但正确的宏观战略决策、合理地配置承包力量、科学地分析新形势新特点、有针对性的应对策略，则是其主要的决定性的因素。

知识扩展 1-3
中国建筑在海外
项目掠影

一、新形势、新特点

　　在新旧世纪交替之时，国际工程承包市场面临着新形势，出现了许多新的特点。

　　（一）市场竞争更为激烈

　　市场竞争加剧的主要原因有三：一是在东西方军事对抗体制瓦解后，经济矛盾上升，区域经济合作加强，使保护主义以多种形式出现；二是发展中国家的工程公司崛起，这些国家的工程项目对外国公司的限制增多，特别是一般的土木工程项目承包，当地公司占有绝对的优势；三是大型工程项目、技术复杂和先进的项目要靠技术和资金实力竞争。

　　（二）垫资承包或投资合作项目增多

　　由于工程所在国资金短缺，现在许多地区和国家不仅不付给承包商预付款，反而要求外国公司带资承揽工程或者接受以实物作为支付手段；有的还要求承包商参与投资，特别是技术复杂的工程项目，甚至允许以技术转让作为出资。这使那些融资能力强和拥有专门技术的发达国家的承包商占有绝对优势。

　　（三）发展中国家的基础设施建设多采用建造–运营–移交的 BOT 方式

　　BOT 方式是一种新的投资方式，它特别适合于投资金额巨大而且收回投资期限很长的大型基础设施，如港口、码头、铁路、高速公路、机场、电力系统等能源交通项目。过去，这些大型基础设施多由国家投资建设，由于发展中国家的资金短缺而又急需加快发展其薄弱的基础设施，于是政府特许交给民间或外商的投资者组织项目公司主持融资和进行建造，并允许其经营若干年，通过向使用者收费来偿还投资和获得利润回报后，再将这些基础设施移交给政府部门。BOT 投资方式的基本特点是，政府对投资的回收不作担保，政府原则上也不予投资，仅在土地使用权、收费和税收政策、运营年限等方面给予一定的特许权利。BOT 方式不仅在发展中国家获得成功（如马来西亚的南北高速公路），也在发达国家作为"公用设施私有化"的一种手段被采用（如英法海峡的海底隧道等），并取得了良好效果。

（四）技术密集工程和资金密集工程增多

各国的技术和资金密集性质的工程呈明显上升趋势，例如石油和天然气工程、石油化工工程、冶金工程、环境工程、通信工程、核能利用工程等明显增多。这一方面表明各国重视发展基础设施和基础工业；另一方面是由于一般性的土木工程（如住房、办公建筑、商厦建筑等）都可以由本国的工程公司承担，无须面向国际招标。随着科学技术的进步和发展，这种趋势将会刺激增长。

（五）为增强公司实力，联合和兼并盛行

国际工程承包市场凭借资金和实力在竞争中取胜的形势越来越明显，加上中小公司的利润率下降而难以维持，为了扩大经营规模和发挥综合优势，许多公司寻求联合和合并的出路。特别是对于大型工程项目，过去处于竞争对手位置的公司现在反过来携手合作，他们组成联合集团或者单个项目合资夺标。例如，中国香港新机场工程是一项总价超过 200 亿美元的超大型工程，尽管该工程又划分为填海和场地准备、客运大楼建筑、海底隧道、跨海大桥、多条高速公路等多个子项工程，其每个子项工程的合同金额也很高，有的达二三十亿美元，参加这些子项工程投标竞争的都是多国的公司组成的联合集团。

（六）对劳务的技术要求提高

在劳务合作方面，技术劳务需求增长，而普通劳务需求相对下降。除传统的劳务短缺的中东市场仍需普通劳务外，其他各地区多系劳务输出国，他们对普通劳动力的入境限制越来越严。即使在中东，由于普通劳动力云集，劳务价格下降，普通劳务也面临激烈的价格竞争。至于技术劳动力的需求虽有上升，但要求条件也在提高，要求专业技术对口（例如电脑软件、工程技术、医疗卫生、农艺、生产工艺等），还要求有一定外语（主要是英语或当地语言）水平。

二、正确评估国际工程承包市场

（一）国际工程承包市场评估依据

1. 自然条件

自然条件是指承包市场所处地理位置及气候条件等。地理位置对承包商的物资运输将产生很大影响，因为国际运输的主要手段是海运，故地理位置条件主要指海运条件。但从广义上讲也应包括陆运条件，例如工程地点是否处于闹市，一旦中标承包某一工程将会遇到什么样的不利条件，如因处于战争波及地区要增加多大的开支和将可能面临的风险等。气候条件对承包工程也产生很大影响，例如由于气候的原因，每年有多长的时间无法施工，在恶劣条件下所面临的困难等，这些因素直接影响施工人员的身体健康和施工进度甚至工程成本。例如，西伯利亚地区，每年至少有 3 ~ 4 个月的冰冻期无法施工；非洲的撒哈拉以南地区，因酷暑而影响施工人员的身体健康和在恶劣气候条件下进行作业所必然产生的工效降低和工程费用增加等。

2. 资金来源

有无资金来源直接决定工程发包的可能性。如果不考虑资金来源，光从经济建设需要方面考虑，整个世界充满了项目，尤其是亚非拉地区，无一不需要建设。但是由于受资金来源限制，决定了大部分需要建设的地区目前尚不能开展建设，没有资金就没有建设。中东地区自 20 世纪 70 年代初期以来充满活力就是因为其有石油美元。非洲及加勒比海地区市场发展缓慢，根本原因就是其资金筹集困难。

3. 后续项目

有无后续项目，直接反映了一个地区的承包远景。如果不考虑未来，仅仅为了一个项目（即使是超级巨型项目）而不惜工本，那是不合算的。后续项目如果不成问题，即使承包的第一个项目亏本了，还有机会在以后的项目中挽回损失。靠孤注一掷必然冒极大风险：报价高不能中标；报价低，又会冒亏本危险。因此，有无后续项目对于评估一个承包市场相当重要。对承包工程的效益估算绝不能单独就事论事，必须全面综合分析。

4. 技术要求

从技术角度看，当前国际上发包工程基本上可分为三大类型：

（1）高技术标准的工程。欧洲、北美及日本等发达的工业国，他们的基础建设任务业已完成，现在拟实施的工程虽然很具诱惑力，但因其要求的技术难度大，许多承包商是可望而不可及的，如日本的海洋工程。

（2）中等技术难度的工程。这类工程常见于已完成基本建设任务正向工业化目标努力的市场，如中国香港、新加坡、巴西、墨西哥等国家和地区，甚至包括某些发达国家如西班牙。这类工程既有一定的难度，又要求大量的中等技术劳务，要求承包商具备一定的实力，无论是技术设备还是人员素质，都要达到一定的标准，不能仅凭一支只会卖苦力的施工队伍就指望占领市场。

（3）无特殊技术要求的工程。当然这类工程最易施工，但恰好因为其无技术难度，因而也就不易赚钱。一支没有技术而只会卖苦力的承包队伍是绝不可能发达的，因为谁都会干的工程，造价决不会高。当然这并不是说这类工程无钱可赚，利润还是有的，不过单位利润较其他项目低，但这类工程还是有可取之处，那就是亏本风险较小。另外，这类工程常见于欠发达国家和地区，而我们的技术在这些国家恰好大有用场，尽管单位利润低，但由于工程量大，亦有盈利可能。

5. 工程性质

工程性质主要指工程是属于普通工程还是专业性强的工程，是单一工种还是需要多工种配合。例如，土木建筑通常是土建加机电安装，但如果涉及大型成套设备或交钥匙或交产品的大型工程，则情况又不一样。因为这样往往需要多种技术配合，常常碰到的问题是合作对象问题，如果由中国多家公司联合竞标，常常是竞争力不强，因为我们的设备工艺尚未取得必需的国际声望，如果与外国公司联合则又存在一个谁多赚谁少赚，甚或谁赚谁亏的问题，如果处理不好，可能会出力不讨好。

6. 投资要求

当前世界承包市场最主要的特点就是项目需求过甚而资金供应不足。这主要是因为广大发展中国家蕴藏有大量的各种资源，而开发利用能力不足，尤其是资金匮乏。因此，其工程发包常常是附有条件的，即要求带资投标。带资投标所引起的问题并不单单是一个资金筹集问题，更主要的是能否平安地收回本利，而且承包商的自有资金常常也是有限的。因此，市场对投资的需求程度必然影响市场的价值。

7. 业主的支付能力

工程承包是一种以营利为根本目标的商业性活动。付出代价而赚不到钱，这是任何一个承包商都不甘接受的。因此，工程业主的支付能力将直接影响承包商的决策，即使工程的预期利润很高，但如果业主无能力支付，一切就都成为泡影。承包商进入一个市场之前的最主要工作就是了解业主的支付能力。有的国家口称友好，并希望中国公司承揽其工程，且发包给中国公司的项目款额巨大，而付款却很迟缓，甚至长期拖欠，使我国公司背上沉重的债务包袱，而一旦发生意外（如战争），就使全部应付工程款遥遥无期。在支付方面碰到的另一个问题就是实物支付，这里面的主要问题在于所支付的实物是否属于承包商急需产品，如果不属急需产品，承包商还得转卖，这就加大了承包商的负担和风险。

8. 货币的稳定性

货币不稳定对承包商是一大风险，尤其是一些对外汇实行管制的国家，如为数众多的使用非自由外汇的国家，签合同时，他们一般都拒绝在合同中写上汇率保值条款，声称汇率由其中央银行决定，业主无权过问，从而使承包商冒险签订合同，以至于有些承包商签完合同后不到两年，工程亏损竟达一半之多。这类教训我国众多公司体会颇深，因此，在评估一个承包市场时，切不可根据表面现象轻率做出决定。外国承包公司在中国缔约都以美元计价就是明显的例证。

9. 工资物价水平

世界经济的发展是不平衡的，各国的工资物价水平相差甚大，同样的工程在不同的国家造价可以相差 10 倍以上。因此了解差价非常重要，特别是具有带动物资出口可能性的承包项目。由于我国实行的是低工资、低物价，因此向高工资高物价地区派出施工人员并出口物资对我们非常有利。例如普通房屋工程，在埃及每平方米的造价仅 200 美元，而在阿尔及利亚则可达 600 美元以上。如果实施同样工程量的工程，假定盈利占同样的百分比，所取得的利润总和将相差非常大。

10. 政局稳定程度

一个国家的政局是否稳定是承包商决定是否进入该市场的前提。不考虑这一点而盲目进入就可能使承包商陷入进退两难的境地。当今的世界除了发达国家充分行使国家权力使经济领域受政治干扰较少外，大部分发展中国家都存在一个政局变化即导致经济政策变化的风险，尤其是欠发达国家和地区。虽然近 10 年来我国的外交政策比较灵活，但也难免业主因政局发生变化而使工程实施受影响。同时，国际合同法中也规定了专制行为条款，规定承包商如遇工程发包国政府干预必须首先服从等义务。除了政权更迭会导致承包商蒙受损失外，凡按行政法签订的国家合同或公共合同还存在一个经主管部门批准方能生效的问题。中外承包商都有过因已签字的合同被业主主管部门拒批，从而使承包商已做好的实施合同的准备工作徒劳的教训。我国公司在这方面有过不少教训。

11. 经营基础

在一个市场开拓业务，有没有良好的经营基础非常重要。有了良好的基础，可以事半功倍，而没有良好的基础就恰好相反。经营基础首先取决于承包商在当地是否已取得良好的信誉，是否有可靠的代理人，同当地政府及有实力、有地位的公司是否有较好的合作，能否得到其支持等。国际招标的判标通常是全面评定，而不是单纯根据标价。报价最低而不能中标的事屡见不鲜，何况投标书中明文规定投标人理解业主不接受最低标这一条款。有良好的基础可使承包商在各种环境下变被动为主动，甚至起死回生，尤其是在行使合法权利方面，虽然承包商可以据理力争，但如果得不到对方的同情和理解，或没有人帮助从中调解，理由再充分也无济于事。

12. 市场的隶属性

分析市场的隶属性对于承包商制定策略非常必要。中国的承包公司必须以守约、保质、薄利、重义作为取胜的指导方针，但如果不分析对方的具体情况而一味压价，就必然要吃大亏。因此，任何时候都必须冷静地分析对方，巧妙地运用策略，以智取胜。

13. 市场现状

忽视市场的现状，单纯根据其市场潜力硬往里钻，常常不会取得好结果。有些市场从其建设计划和远景规划看，似乎大有希望，但由于该市场已强手林立，先来者无论在能力、信誉、影响诸方面都已打下了良好的基础，基本上没有后来者立足之地。在这种情况下，如果承包商的实力的确很强，尚有挤走先来者而立住阵脚的可能，但这要付出很大的代价。例如，20世纪60年代日本诸多公司在全球同欧美竞争，以低价甚至赔本而赢得立足之地。但我国的承包公司尚不具备这种实力，因此，我们应对市场的现状有一个客观的估计，不可盲目行动。

（二）国际工程承包市场评估方法

在评估市场时，当然不能千篇一律地对各种因素所起的作用都等同看待。通常情况下，采用加权打分办法，即先确定各项因素的权重，然后对各项因素分别打分，再乘以权重，看总分能否达到自己过去成功地进入某一市场所必需的最低总分；或者根据新的形势和本公司的中长期规划，规定进入一个市场所必须达到的最低总分，从而判定是否可以进入该市场。在进行市场比较时，应采用相同办法加权计算，以求出优先顺序。评估方法举例见表1–1和表1–2。

表1–1　　　　　　　　　　**承包市场评估依据简表**

序号	评估依据	权数	等级	得分	有无风险
1	自然条件	5	优越 一般 差劣	10 0 -10	有风险
2	资金来源	10	充足 一般 困难	10 0 -10	有风险
3	后续项目 （远景规则）	10	足够 能争取 无指望	10 0 -10	有风险
4	技术要求	5	无难度 有难度 难度大	10 5 0	
5	工程性质	5	简单 一般 复杂	10 5 0	
6	投资要求	10	无要求 一般 要求苛刻	10 0 -10	有风险
7	业主的支付能力	10	良好 一般 差劣	10 0 -10	有风险
8	货币的稳定性	10	稳定 一般 不稳定	10 5 -10	有风险

序号	评估依据	权数	等级	得分	有无风险
9	工资物价水平（与国内相比）	10	高 比较高 一般	10 5 0	
10	政局稳定程度	10	很稳定 比较稳定 不稳定	10 5 −10	有风险
11	经营基础	5	良好 一般 无基础	10 5 0	
12	市场隶属性	5	无隶属性 一般 隶属性质	10 5 0	
13	市场现状	5	无强手 竞争一般 强手多	10 5 0	

注：表中关于不利因素的评分有两种，即0分和−10分，标明负分数主要是因为有风险，遇到这种风险时，承包商要付出额外的代价，而没有风险的情况下，最差的结果只是不能盈利，故有这种方法区别。

表1-2　　　　　　　　　　承包市场评估计算表

序号	评估依据	权重	A区		B区		C区		D区	
			分数	加权评分	分数	加权评分	分数	加权评分	分数	加权评分
1	2	3	4	5（3×4）	6	7（3×6）	8	9（3×8）	10	11（=3×10）
1	自然条件	5	5	25	−10	−50	5	25	10	50
2	资金来源	10	10	100	10	100	10	100	0	0
3	后续项目	10	0	0	10	100	0	0	10	100
4	技术要求	5	0	0	10	50	10	50	10	50
5	工程性质	5	0	0	10	50	10	50	10	50
6	投资要求	10	10	100	10	100	0	0	−10	−100
7	业主支付能力	10	10	100	0	0	0	0	−10	−100
8	货币稳定性	10	10	100	−10	−100	−10	−100	−10	−100
9	工资物价水平	10	10	100	5	50	10	100	5	50
10	政局稳定程度	10	10	100	10	100	5	50	0	0
11	经营基础	5	0	0	10	50	5	25	10	50
12	市场隶属性	5	5	25	10	50	0	0	10	50
13	市场现状	5	0	0	10	50	5	25	10	50
14	总计	100	70	650	75	550	50	325	45	150

注：A区假定为发达国家某承包市场；B区假定为需求量较大的某承包市场；C区假定为比较发达国家的某承包市场；D区假定为不发达国家的某承包市场。

三、正确评估国际工程承包公司

（一）国际工程承包公司评估依据

（1）技术力量。技术力量主要指人力与物力，即公司所拥有的人才及其技术水平和拥有的设备及固定资产，能承担多大规模的工程。

（2）竞争水平。竞争水平系指历次竞标的实际能力，取胜概率等。

（3）经营水平。经营水平是指承包公司的经营能力，尤其是在条件差劣的情况下的盈利能力、对合同的管理水平及索赔能力等。

（4）队伍素质。队伍素质主要是指承包队伍的综合能力及施工人员能否吃苦耐劳，经营意识如何，是主人翁姿态还是单纯的雇佣思想，整个队伍的文化素质、技术素质及年龄结构等。

（5）出资能力。出资能力是指承包公司的带资承包能力，能否以投资、施工和经营综合方式承揽和实施工程。

（6）政治优势。政治优势通常是指在一个承包市场，承包商有多大的政治影响，知名度如何，信誉如何，能否取得议标可能，能否借助政治优势得标或者利用政治优势而获取为夺标所需的起码条件和基础。

（7）当地的代理关系。承揽国际工程离不开当地代理关系，否则将会一事无成。虽然不少国家三令五申禁止使用中间人，但承包商如果不依靠得力的代理或中间人，几乎不可能获取工程。问题是承包商能否有效地借助代理或中间人得利，这是一个非常微妙的问题。在对自己的能力进行评估时，切不可忽视代理关系的作用。法国某公司与法国另一公司在投标竞争承揽一项巨型工程时，就因为前者没有效地利用当地的代理（秘密代理）而被后者将几乎到手的项目夺走了。这一事实颇能说明建立各种形式的代理关系对承包商的实力评估具有何等重要作用。

（8）地理条件优越程度。评价地理条件是否具有优越性主要根据两点：①工程发包国的地理位置距承包公司总部的距离；②承包商的国际布局能否发挥作用。

这两点非常重要，如果在一个孤立无援的小角落实施承包工程，即使单位利润很高，但物资运输、材料供应等因地理条件不便而无法妥善解决，价格优势也就会自然消失。

（9）应变能力。应变能力是指承包商适应各种外界自然或人为因素变化的能力。任何一个国际承包商都必须具有应变的能力，在顺利的时候，要准备应付不利的局面，应付突如其来的变化，如战争、外敌入侵、自然灾害及业主人为造成的变故，致使承包商可能需要承受长期或暂时的巨额损失；否则，一旦发生不利于承包商的事件，承包商就只能一筹莫展，甚至破产倒闭。有没有应变能力是决定承包商能否承担风险的重要条件，因为在国际工程承包领域，风险与利润常常是并存的。不能承担风险，就有失去盈利的可能。

（10）成本价格。成本价格高低是决定承包商能否盈利的关键因素之一，尤其是当前竞争标价一压再压，甚至压到亏本警戒线以下水平。如果承包商在进入所选定的市场之前，没有足够的可能或手段保证最经济的成本开支，自然将失去这方面的竞争能力。

除上述因素外，还有其他因素也对承包商的自我评估产生一定的影响，承包商在进行自我评估时，应根据具体情况认真考虑。

（二）国际工程承包公司评估方法

国际工程承包公司的自我评估可采用分项打分、加权汇总的办法，也可以根据具体情况侧重于某一方面。例如，根据承包商的目前形势和处境，手头有无项目，是否面临着无事可做，急需开拓市场或手头有足够的资金可以带资承包等情况，采取不同的评估方法，进行实事求是的自我评估。总之，承包商应对当前的国际市场进行认真的分析，对自己的实力进行客观的评估，制定出切实可行的方针，采取必要的手段，努力实现自己的目标。

关键概念

工程　国际工程　BOT 项目管理模式　国际工程承包

复习思考题

1. 常见的国际工程管理模式有哪些？
2. 国际工程的特点是什么？
3. 国际工程承包有哪些特点？
4. 制约国际工程承包市场发展的主要因素有哪些？
5. 如何正确评估国际工程承包公司？

第二章　国际工程招标

理解招标承包制的基本概念；了解国际工程招标承包的基本程序、四大特征和招标方式；熟悉国际工程招标承包的惯常做法；掌握资格预审的程序、内容和招标文件的编制方法。

第一节　招标承包制

一、招标承包制的基本概念

（一）招标的概念

招标的广义概念包括招标和投标两个方面，招标的狭义概念是指与投标相对应的一方。

招标是指招标人对工程、货物或服务项目，事先公布采购的条件和要求，以一定的方式邀请不特定或者一定数量的自然人、法人或者其他组织投标，而招标人按照公开规定的程序和条件确定中标人的行为。

投标是指投标人对工程、货物或服务项目，响应招标人公布的条件和要求，参加投标竞争的行为。

（二）承包的概念

承包的广义概念包括发包和承包两个方面，承包的狭义概念是指与发包相对应的一方。

发包是指业主按照一定的程序，采用一定的方式和方法，选定承包商完成工程、货物或服务项目等采购任务的经济活动过程。

承包是指承包商根据业主的要求，按照一定的程序、采用一定的方式承接工程、货物或服务项目等任务的经济活动过程。

（三）招标承包制的概念

招标承包制是对工程、货物或服务项目的采购，采用招标投标进行发包承包的一系列活动所依据的原则、程序、方式、方法、法规、制度等的总称。

招标承包是一项复杂的、涉及范围非常广的经济活动，其主要相关当事人有以下各方：

（1）业主（owner）。业主是工程项目的提出者、组织论证立项者、投资决策者、资金筹集者、项目实施的组织者，也是项目的产权所有者，并负责项目生产、经营，偿还贷款。业主可以是政府部门、社会法人、国有企业、股份公司、私人公司以及个人。

业主的性质影响项目实施的各个方面，许多国家制定了专门的规定以约束公共部门业主的行为，尤其是工程采购方面。相对而言，私营业主在决策时有更多的自由。

英文中，employer（雇主）、client（委托人）、promoter（发起人、创办人），在工程合同中均可理解为业主。开发房地产的业主称为发展商（developer）。

（2）业主代表（owner's representative）。业主代表指由业主方正式授权的代表，代表业主行使在合同中明文规定的或隐含的权利和职责。业主代表无权修改合同，无权解除承包商的任何责任。

在传统的项目管理模式中，对工程项目的具体管理均由（监理）工程师负责。在某些项目管理模式中（如设计-采购-建造-交钥匙项目），不设工程师，业主代表要执行类似工程师的各项监督、检查和管理工作。总之，业主代表的具体权利和职责范围均应在合同条件中明确规定。

（3）承包商（contractor）。承包商通常指承担工程项目施工及设备采购的公司、个人或他们的联合体。如果业主将一个工程分为若干个独立的合同（separate contract），并分别与几个承包商签订合同，凡直接与业主签订承包合同的都叫承包商。如果一家公司与业主签订合同，将整个工程的全部实施过程或部分实施过程中的全部工作承包下来，则叫总承包商（general contractor，main contractor，prime contractor）。

在国外有一种工程公司（engineering company），它可以提供从投资前咨询、设计到设备采购、施工等贯彻项目建设全过程的服务。这种公司多半拥有自己的设计部门，规模较大，技术先进，在特殊项目中，这类大型公司有时甚至可以提供融资服务。

（4）建筑师/工程师（architect/engineer）。建筑师/工程师均指不同领域和阶段负责咨询或设计的专业人员。他们的专业领域不同，在不同国家和不同性质的工作中担任的角色可能不一致，如在英国，建筑师负责建筑设计，而工程师则负责土木工程结构设计。在美国也大体相似，建筑师在概念设计阶段负责项目的总体规划、布置、综合性能要求和外观，结构工程师和设备工程师负责完成设计以保证建筑物的安全。但是在工程项目管理中建筑师或工程师担任的角色和承担的责任是近似的。在各国不同的合同条件中可能称该角色为建筑师（工程师、咨询工程师）。各国均有严格的建筑师/工程师的资格认证及注册制度，作为专业人员必须通过相应专业协会的资格认证，而有关公司或事务所必须在政府有关部门注册。

咨询工程师一般简称工程师，指的是为业主提供有偿技术服务的独立的专业工程师。服务内容可以涉及各自专长的不同专业。

建筑师/工程师提供的服务内容很广泛，一般包括：项目的调查、规划与可行性研究，工程各阶段的设计，工程监理，竣工验收、试车和培训，项目后评价以及各类专题咨询。在国外，对建筑师/工程师的职业道德和行为准则都有很高的要求，主要包括：努力提高专业水平，运用自己的才能为委托人提供高质量的服务；按照法律和合同处理问题；保持独立和公正；不得接受业主支付的酬金之外的任何报酬，特别是不得与承包商、制造商、供应商有业务合伙和经济关系；禁止不正当竞争；为委托方保密等。

建筑师/工程师虽然本身就是专业人员，是专家，但是由于在工程项目管理中涉及的知识领域十分广泛，因而建筑师/工程师在工作中也常常要雇用其他的咨询专家作为顾问，以弥补自己知识的不足，使其工作更加完善。

（5）分包商（subcontractor）。分包商是指那些直接与承包商签订合同，分担承包商与业主签订合同中的一部分任务的公司。业主和工程师不直接管理分包商，他们对分包商的工作有要求时，一般通过承包商处理。

国外有许多专业承包商和小型承包商，专业承包商在某些领域有特长，在成本、质量、工期控制等方面有优势，数量上占优势的是大批小承包商。如在英国，大多数小公司人数在15人以下，而占总数不足1%的大公司却承包了工程总量的70%，从宏观来看，大小并存和专业分工的局面有利于提高工程项目建设的效率。专业承包商和小承包商在大工程中一般都是分包商的角色。

　　分包商在国内也称二包商，下面还有分包商，在国内称为三包商（sub-subcontractor）及四包商（sub-sub-subcontractor）等。

　　指定分包商（nominated subcontractor）是业主方在招标文件中或在开工后指定的分包商或供应商，指定分包商仍应与承包商签订分包合同。

　　广义的分包商包括供应商与设计分包商。供应商是指为工程实施提供工程设备、材料和建筑机械的公司和个人。一般供应商不参与工程的施工，但是由于设备安装要求比较高，有一些设备供应商往往既承担供货，又承担安装和调试工作，如电梯、大型发电机组等。供应商既可以与业主直接签订供货合同，也可以直接与承包商或分包商签订供货合同，视合同类型而定。

　　（6）工料测量师（quantity surveyor）。工料测量师是英国、英联邦国家以及中国香港对工程造价管理人员的称谓，在美国叫造价工程师（cost engineer）或成本咨询工程师（cost consultant），在日本叫建筑测量师（building surveyor）。

　　工料测量师的主要任务是为委托人（client）（一般是业主，也可以是承包商）进行工程造价管理，协助委托人将工程成本控制在预定目标之内。工料测量师可以受雇于业主，协助业主编制工程的成本计划，建议采用何种合同类型，在招标阶段编制工程量表、计算标的，也可在工程实施阶段进行支付控制，甚至编制竣工决算报表。工料测量师受雇于承包商时可为承包商估算工程量，确定投标报价或在工程实施阶段进行造价管理。

　　以上介绍的是工程项目实施的主要参与方，合同类型不同，项目管理模式不同，有不同的参与方，即使是同一个参与方（如建筑师），也可能在不同的合同类型和不同的实施阶段中承担不同的职责。

二、国际工程招标承包基本程序

　　国际工程有多种多样的项目管理模式，但是作为一种跨国的商务活动，一般业主方都采用招标方式来进行采购，特别是世界银行、亚洲开发银行的贷款项目，更是要求通过公开的竞争性招标来优选承包商或供应商。长此以往，在国际上形成了一套招标程序的惯例。具体到每个项目，在执行时可以改动。

　　下面我们介绍 FIDIC1994 年编制并推荐使用的"招标程序"，将该"招标程序流程图"（以下简称"流程图"）做了一些修改，放在图2-1、图 2-2 和图 2-3 中，并对其作一简要的说明。

推荐使用的投标人资格预审程序

节	业主 / 工程师	承包商
2.0 确定项目策略	项目策略的确定包括： ● 采购方式 ● 招标方式 ● 时间表	
2.1 编制资格预审文件	编制资格预审文件，包括： ● 邀请函 ● 资格预审程序介绍 ● 项目信息 ● 资格预审申请	
2.2 资格预审邀请	在有关的报刊、大使馆发布资格预审广告，说明： ● 业主和工程师 ● 项目概况（范围、位置、计划、资金来源） ● 颁发招标文件和提交投标书日期 ● 申请资格预审的最低要求 ● 承包商资格预审资料的提交时间	
2.3 颁发和提交资料 预审文件	颁发资格预审文件及调查表，要求每个公司 / 联营体提交如下资料： ● 组织机构 ● 在本项目的工作类型和所在地区的经验 ● 来源、管理、技术、劳务、设备等方面情况 ● 财务报表 ● 现有合同任务 ● 诉讼史	索取资格 预审文件 完成和提交 资格预审文 件和调查表
	回函收到	
2.4 评审资格预审 文件	评审资格预审文件： ● 公司 / 联营体结构 ● 经验 ● 资源 ● 财务能力 ● 总体适合性	
2.5 选择投标人	选定投标人名单	
2.6 通知申请人	将被选中的投标人 名单通知所有申请人	被选中的投标人回函 确认提交投标的意图
	投标人名单	

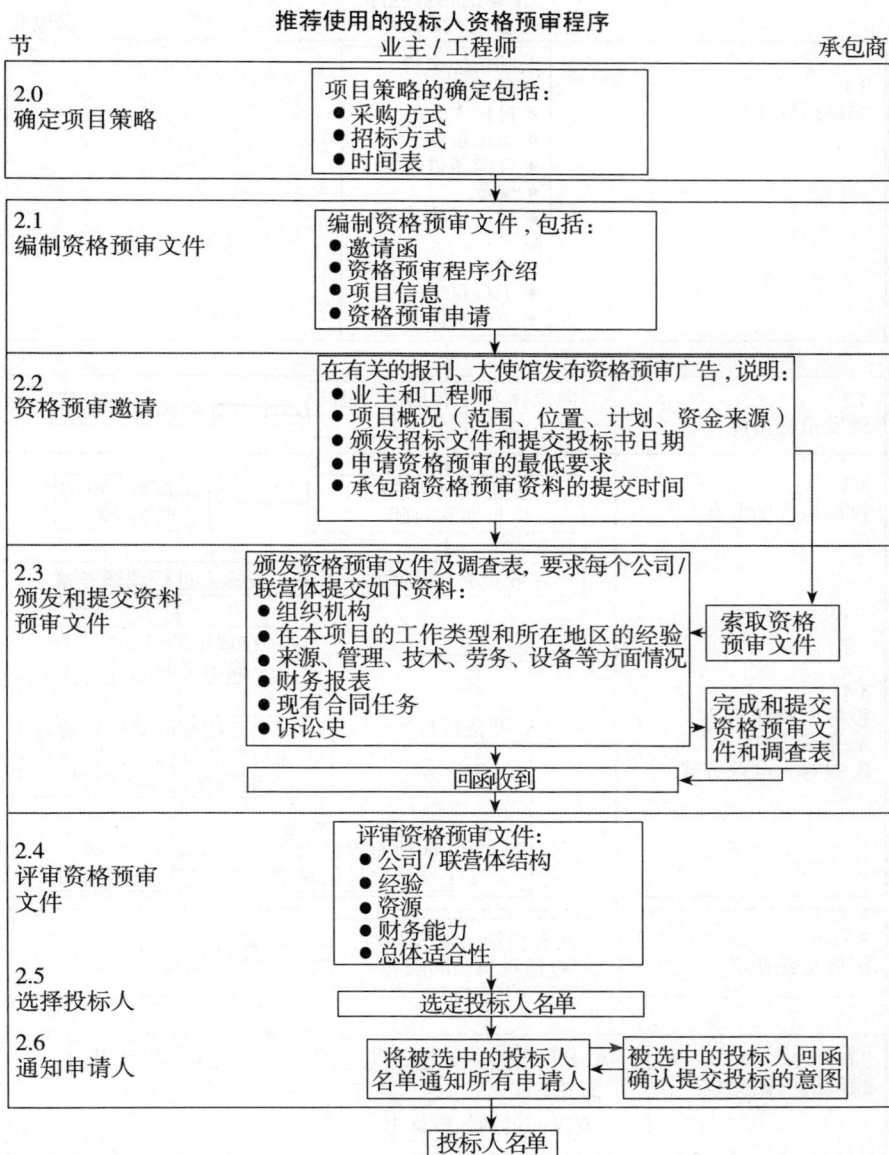

图 2-1　招标程序流程图（一）

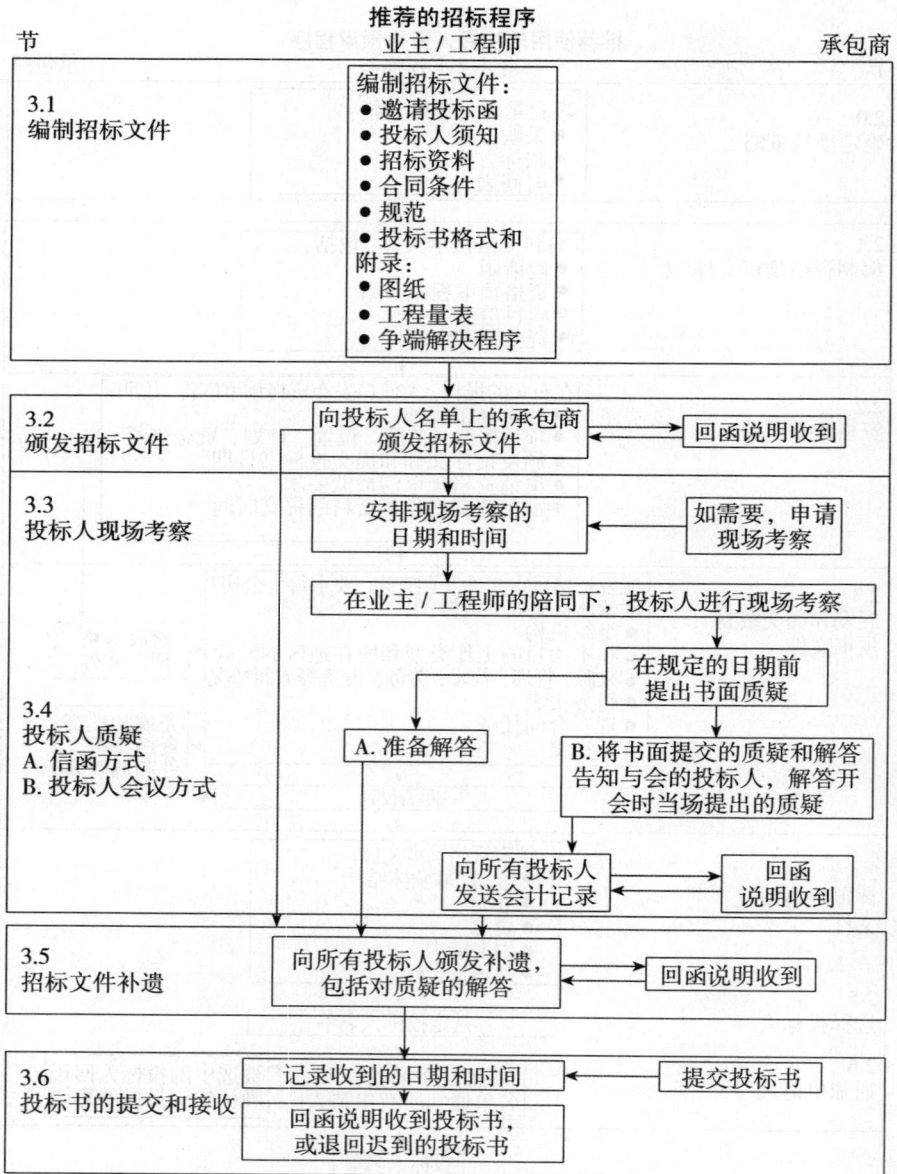

图 2-2 招标程序流程图（二）

推荐的开标和评标程序

节	业主 / 工程师	承包商
4.1 开标	采用公开或限制性方式开标 • 宣布并记录投标人名称以及标价， 　包括替代性投标的标价（如适用时） • 宣布并记录因投标书迟到或未到 　而被取消投标资格的投标人名称（如果有的话）	参加公开或 限制性开标
5.1 评审投标书	确定投标书的符合性与完整性， 拒绝实质上不符合要求的投标	
5.2 包含有偏差的 投标书	评价偏差，澄清内容，并 按评价结果对投标书排队	提供澄清 内容
5.3 对投标书的 裁定 5.4 废标	• 根据评价标准来评估投标书 • 提出需要进一步澄清的各点（如果有的话） • 完成评价 • 与提供资金的机构一起审查 • 拒绝不符合要求的投标书并通知有关投标人	提供澄清 内容
6.0 授予合同	决定授予合同，如果必要， 进行授予合同前的谈判	如果被要求，参加 授予合同前的谈判
6.1 签发中标函	签发 中标函	回函说明收到 中标函
6.2 履约保证	从承包商处 获得履约保证	提供 履约保证
6.3 编制合同协议	编制合同协议 合同签字	合同 签字
6.4 通知未中标的 投标人	通知未中标的投标人， 退回他们的投标保证 （如果提供的话）	未中标的投标 人回函说明 收到

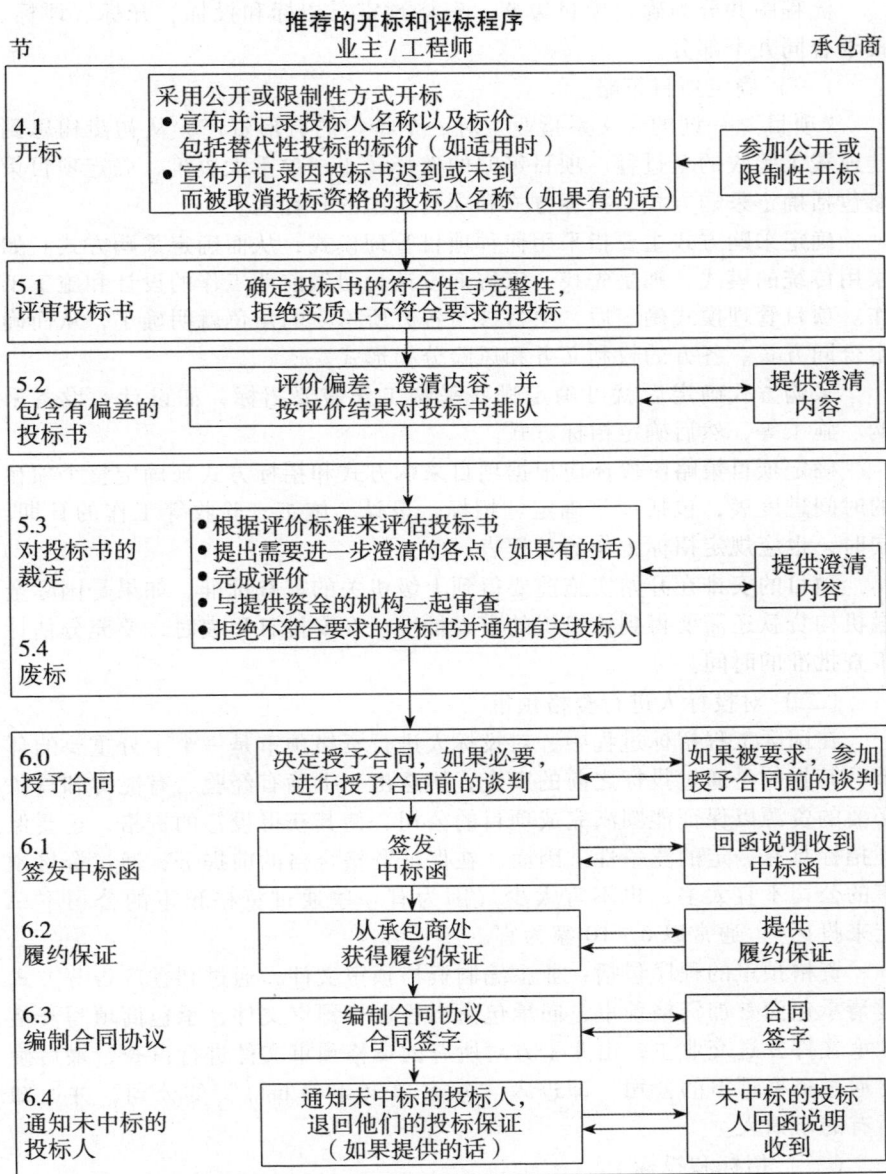

图 2-3 招标程序流程图（三）

流程图共分为确定项目策略、资格预审、招标和投标、开标、评标、授予合同九个部分。

（一）确定项目策略

"项目"一词的含义系指业主对一个特定的有形资产，从初步构思到建成竣工验收的全过程。项目策略的选择属于一项重大决策，确定项目策略包括确定采购方式、招标方式和项目实施的日程表。

确定采购方式主要指采用何种项目管理模式，从而确定采购方式。如采用传统的模式，则是先找一家咨询设计公司做前期工作的设计和施工工作。项目管理模式确定后，项目参与各方所扮演的角色就明确了，从而确定合同方式、各方的权利义务和风险分担形式。

采购方式确定后就可确定哪些采购工作需要招标，如设计、设备采购、施工等，然后确定招标方式。

确定项目策略阶段还应根据项目采购方式和招标方式来确定整个项目的时间进度表，包括项目确定、招标、设计、施工、验收等工作的日期。同时，也应规定招标工作的日程表。

项目的安排在开始实施前要得到上级机关的审查批准，如果是国际金融机构贷款还需要得到该组织的审查批准。在安排日程表时，要充分估计审查批准的时间。

（二）对投标人进行资格预审

在国际工程招标过程中，对投标人进行资格预审是一个十分重要的环节。其目的是通过投标之前的审查，挑选出一批确有经验、有能力和具备必要的资源以保证能圆满完成项目的公司，使其获得投标的资格，还要保证招标具有一定的竞争性。因而，在保证资格合格的前提下，通过资格预审的公司不宜太多，也不宜太少（因为有一些通过资格预审的公司不一定来投标），通常以 6~10 家为宜。

资格预审的程序包括：业主编制资格预审文件，通过刊登广告等方式邀请承包商参加资格预审，向承包商出售资格预审文件，承包商填写资格预审文件并送交业主，由业主方对所有的资格预审文件进行审查，最后确定通过资格预审的公司，即进入"短名单（short list）"的公司，并通知所有的申请人。

（三）招标和投标

1. 招标

（1）招标文件的内容。招标是业主准备在市场中进行采购的一种方法。工程采购即通过招标在市场中优选一家合格的承包商来完成合同要求的工程项目实施的有关工作。

招标工作正式开始前的准备工作十分重要，其中最主要的是编写一份高水平的招标文件。招标文件可以被视为合同的草案，是制定合同的基础，其中95%左右的内容是将要成立正式合同的内容，因而对业主和承包商双方来说，招标文件十分重要。

业主在大多数情况下都是聘请咨询公司编制招标文件的。招标文件内容包括：投标邀请书，投标人须知，招标资料表，合同条件（通用、专用），技术规范，图纸，投标书，工程量表，投标书附录和投标保函，协议，其他保函等。一般投标邀请书和投标人须知不列入合同文本。

（2）招标文件的颁发。招标文件的颁发一般采取出售形式。招标文件只出售给那些通过资格预审的公司。

2. 投标人现场考察

投标人现场考察是指业主在投标人购置招标文件后的一定时间（一般为1个月左右），组织投标人考察项目所在现场的一种活动。其目的是让投标人有机会考察、了解现场的实际情况。

一般现场考察都与投标人会议一并进行，有关组织工作由业主方负责，投标人自费参加该项活动。

3. 投标人质疑

投标人质疑有信函答复方式或召开投标人会议两种方式，或两者同时采用。

一般均采用现场考察与投标人会议相结合的方式。可以要求投标人在规定时间内将质疑的问题书面提交业主，也允许在会议中提问。业主在会议上应回答所有的问题，向所有的投标人（无论与会与否）发送书面的会议纪要以及对所有有关问题的解答，但问题解答中不应提及问题的质疑人。

业主应说明此类书面会议纪要及问题解答是否作为招标文件的补遗。如果是，则应将之视为正式招标文件的内容。

4. 招标文件补遗

招标文件补遗应编有序号，并应由每个投标人正式签收，因为招标文件补遗是构成正式招标文件的一部分。

补遗的内容多半出于业主对原有招标文件的解释、修改或增删，也包括在投标人会议上对一些问题的解答和说明。

一般业主应尽量避免在招标期的后一段时间颁发补遗，这样将使承包商来不及对其投标书进行修改，如果颁发补遗太晚就应延长投标期。

5. 投标书的提交和接收

投标人应在招标文件规定的投标截止日期之前，将完整的投标书按要求密封、签字之后送交业主。业主应有专人签收保存。开标之前不得启封。如果投标书的递交迟于投标截止日期，一般将被原封不动地退回。

（四）开标

开标指在规定的正式开标时间（一般应为提交投标书截止日期后），业主在正式的开标会上启封每一个投标人的投标书，业主在开标会上宣读投标人名称、投标价格、备选方案价格和检查是否提交了投标保证，同时也宣读因迟到等原因而被取消投标资格的投标人的名称。

一般开标应采取公开开标，也可采取限制性开标，只邀请投标人和有关单位参加。

（五）评标

评标包括以下几部分工作：

（1）评审投标书。其主要工作是审查每份投标书是否符合招标文件的规定和要求，也包括核算投标报价有无运算方面的错误；如果有，则要求投标人一同核算并确认改正后的报价。如果投标文件有原则性违背招标文件之处或投标人不承认其投标书报价运算中的错误，则投标书应被拒绝并退还投标人。投标保证金将被没收。

（2）澄清有偏差的投标书。在评审投标书后，业主一般要求报价最低的几个投标人澄清其投标书中的问题，包括投标书中的偏差。业主可以接受此投标书，但在评标时由业主将此偏差的资金价值采用"折价"方式计入投标价。

如果因投标书包含的偏差太大而不可能决定偏差的资金价值，则一般认为该投标书不符合要求，应将其退还投标人。除非投标人声明承认偏差，并不对投标价作任何修改，业主才接受此投标书。

（3）对投标书裁定。对投标书的裁定简称决标，指业主在综合考虑了投标书的报价、技术方案以及商务方面的情况后，最后决定选中哪一家承包商中标。

如果是世界银行、亚洲开发银行等贷款项目，则要在贷款方对业主选中的承包商进行认真严格的审查后才能正式决标。

（4）废标。废标是指由于下列原因而宣布此次招标作废，取消所有投标，这些原因包括：每个投标人的报价都大大高于业主的标底；每一份投标书都不符合招标文件的要求；收到的投标书太少，一般不多于3份。此时业主应通知所有的投标人，并退还他们的投标保证金。

（六）授予合同

授予合同包括以下四个步骤：

（1）签发中标函。在经过决标确定中标人之后，业主要与中标人进行深入的谈判，将谈判中达成的一致意见写成一份谅解备忘录（memorandum of understanding，MOU）。此备忘录经双方签字确认后，业主即可向此投标人发出中标函。如果谈判达不成一致，则业主即与评标价第二低的投标人谈判。谅解备忘录将构成合同协议书的文件之一并优先于其他合同文件。

（2）履约保证。履约保证是指投标人在签订合同协议书时或在规定的时间内，按招标文件规定的格式和金额，向业主提交的一份保证承包商在合同期间认真履约的担保性文件。如果投标人未能按时提交履约保证，则投标保证金将被没收，业主再与第二个投标人谈判签约。

（3）编制合同协议书。一般要求业主与承包商正式签订一份合同协议书，业主应准备此协议书。协议书中除规定双方基本的权利、义务以外，还应列出所有的合同文件。

（4）通知未中标的投标人。只有在承包商与业主签订了合同协议书并提交了履约保证后，业主才将投标保证金退还承包商。招标工作至此正式告一段落。此时业主应通知所有未中标的投标人并退还他们的投标保证金。

（七）组织工程实施

承包工程合同签妥后，承包商即应着手进行施工准备。业主向承包商移交工地，发出开工指令，承包商开始施工，工期也就从业主发出开工指令开始计算。承包商应定期向业主报告施工情况。工程竣工后，经业主验收合格并发给合格证书，承包任务才算完成。

（八）竣工付款及维修期满付款

按照国际惯例，在签订承包合同后若干天内，业主要预付一部分工程款以便承包商做好开工准备。以后按月根据施工进度支付工程款。所付款项中按一定比例扣除工程预付款和一定比例的保留金（作为工程维修费用）。工程竣工后，业主要将承包人以前缴纳的履约保证金全部退还给承包人，同时把每月扣下的保留金总额的 50% 付给承包人，另外 50% 的保留金要等维修期满后才付给承包人。

（九）试车和试生产过程

国际承包工程如果是工业建设，则工程竣工后还有一道程序，就是进行一定时期的试车，检验工程项目是否顺利运转。试车先由单机试运转，然后进行系列试运转，最后进行全面试运转。试车合格后才能转入试生产和验收。

试生产可全面检查和验证项目的生产效果，是对项目建设的总考验。在试生产中，设备运行正常，达到了双方同意的计划指标，试生产即告完成。随后进行竣工验收，移交整个工程，双方关系至此结束。

三、国际工程招标承包的特征

国际招标、投标与其他国际贸易方式相比较，具有组织性、公开性、一次性和公平性四大特征。

（一）国际招标与投标的组织性

国际招标与投标是一种有组织的商业交易。其组织性表现在以下四点：

（1）有固定的招标组织人。招标组织人即准备通过招标采购物资的买方或工程项目的主办人或其代理人，称为国际招标机构。该机构负责国际招标的全部进程，直至招标结束。

（2）国际招标场所固定。招标场所一般为国际招标机构所在地。国际招标各阶段进行的地点，如投标地点、投标咨询地点、开标地点等，均在招标机构所在地或招标机构规定的场所。

（3）国际招标时间固定。招标开始的时间与结束的时间、招标各阶段开始的时间，均按招标机构预定日程举行。

（4）国际招标规则和条件固定。招标规则即招标程序细则。招标条件相当于谈判成交时的交易条件。招标规则和条件由招标机构事先拟定，卖方在投标时，必须按有关规则和条件报价；否则其投标将被招标机构视为无效。

综上所述，国际招标与投标是一种有组织、有计划的商业交易，其进行过程须按照预定招标人的规定，在一定的地点和一定的时间内，依照预定的规则和条件进行。相比之下，以谈判方式成交的贸易方式不具备这种组织性，交易人可以变更，交易的地点可以任意选择，交易规则和条件在谈判过程中经常改变。

（二）国际招标与投标的公开性

买方运用国际招标的目的是在世界范围内征寻合适的卖主。为此，招标机构要通过各种途径广泛通告有兴趣、有能力投标的供货商或承包商。另外，国际招标还要求招标机构对投标人说明交易规则和条件，以及国际招标的最后结果。这样，有关国际招标的买方、卖方、成交条件、成交价格等信息都被广泛地发布出去，成为一种真正的开放性采购。而通过谈判成交的贸易方式的各项条件和进程情况都仅被有关交易方了解，其他人无从知晓。

（三）国际投标与投标的一次性

国际投标与投标的一次性表现在以下两点：

（1）贸易的主动权掌握在招标人手中。招标机构对最后卖主的选择，是通过对各报价的筛选结果决定的。所以，投标人报价后是否能与招标机构达成交易，完全取决于投标的质量。只有投标中的各项条件能够迎合招标机构的需要，且价格低廉，招标机构才会与之成交。假如投标质量低，即报价条件不够优惠，投标人即失去成交的机会。因此，卖方达成贸易合同的关键在于做好投标书。

（2）投标人没有讨价还价的权利。在传统的贸易方式中，经济合同在交易双方反复洽谈中形成，任何一方都可以提出自己的交易条件，双方可以讨价还价。而参加国际投标时，投标人只能应邀进行一次性递价。标书投递之后，一般不得撤回或修改。在国际工程承包的招标中，常见投标人在竞标阶段或签订合同时与招标人就某些合同的条件进行商谈。应当说，投标人在这类商谈中基本处于被动地位，商谈的范围、项目取决于招标方，因此，它与非招标贸易方式的讨价还价有着根本的区别。

（四）国际招标与投标的公平性

按照国际惯例，国际招标与投标须本着公平竞争的原则进行。在国际招标通告发出后，任何有能力履行合同的卖主都可参加投标。招标机构不得将国内投标人与国外投标人区别对待，也不得根据投标人的不同政治或经济背景采取歧视性政策。

招标机构在最后取舍投标人时，要完全按照预定的招标规则进行。对投标人的评审和对各项投标报价的审查要公正。另外，国际招标所具有的组织性和公开性本身，也是使国际招标公平、合理的有效保证。

四、国际工程招标承包的方式

（一）国际竞争性招标

国际竞争性招标（international competitive bidding，ICB）是指在国际招标中，招标人邀请几个乃至几十个投标人（bidder）参加投标，通过多数投标人竞争，选择其中对招标人最有利的投标人达成交易的方式。

国际竞争性招标在国际范围内、采用公平竞争方式，决标时按事先规定的原则，无任何偏向，对所有具备要求资格的投标商一视同仁，根据其投标报价及判标的所有依据，如工期要求，可兑换外汇比例（指按可兑换和不可兑换两种货币付款的工程项目），投标商的人力、财力和物力及其拟用于工程的设备等因素，进行判标、决标。采用这种方式可以最大限度地挑起竞争，形成买方市场，使招标人有最充分的挑选余地，取得最有利的成交条件。

国际竞争性招标是目前世界上最普遍采用的成交方式。采用这种方式，业主可以在国际市场上找到最有利于自己的承包商，无论在价格和质量方面，还是在工期及施工技术方面都可以满足自己的要求。按照国际竞争性招标方式，招标的条件由业主（或招标人）决定，因此订立最有利于业主，有时甚至对承包商很苛刻的合同是理所当然的。国际竞争性招标的另一个特点是公开选标。原则上这种做法较之其他方式更能使投标人折服。尽管在评标、选标工作中不能排除全部不光明正大的行为，但比起其他方式，国际竞争性招标毕竟因为影响大，涉及面广，当事人不得不有所收敛等原因而比较公平合理。

1. 国际竞争性招标的适用范围

根据不同的资金来源，它适用于：①由世界银行及其附属组织国际开发协会和国际金融公司提供优惠贷款的工程项目；②由联合国多边援助机构（如联合国开发计划署）和地区性金融机构（如亚洲开发银行）提供援助性贷款的工程项目；③由某些国家的基金会（如科威特基金会）和一些国家政府（如日本）提供资助的工程项目；④由国际财团或多家金融机构投资的工程项目；⑤两国或两国以上合资兴建的工程项目；⑥需要承包商提供资金即带资承包或延期付款的工程项目；⑦以实物（如石油、矿产或其他实物）偿付的工程项目；⑧发包国拥有足够的自有资金但自己无力实施的工程项目。

根据不同性质的工程，它适用于：①大型土木工程，如水坝、电站、高速公路等；②施工难度大，发包国在技术或人力方面均无实施能力的工程，如工业综合设施、海底工程等；③跨越国境的国际工程（如非洲公路），连接欧亚两大洲的陆上贸易通道；④现代超级规模的工程，如拉芒什海峡的海底隧道，日本的海下工程等。

2. 国际竞争性招标的两大类型

（1）公开招标。**公开招标**又称无限竞争性公开招标（unlimited competitive open bidding）。这种招标方式是业主在国内外主要报纸上及有关刊物上刊登招标广告，凡对此招标项目感兴趣的承包商都有均等的机会购买资格预审文件，参加资格预审，预审合格者均可购买招标文件进行投标。

这种方式可以为一切有能力的承包商提供一个平等的竞争机会，业主也可以选择一个比较理想的承包商（既有丰富的工程经验、必要的技术条件，也有足够的财务条件），同时也有利于降低工程造价，以合理的最低价采购合适的工程、货物或服务，保证采购按事先确定的原则、标准和方法公开进行，提高招标透明度，防止和减少贪污腐败现象的发生。因此，一般各国的政府采购，世界银行、亚洲开发银行的绝大部分采购均要求公开招标。

这种方式的不足之处是从准备招标文件、投标、评标到授予合同均要花费很长的时间；文件较烦琐；如果是货物采购，设备规格可能会多样化，从而影响标准化和维修。此外，也要防止一些投机商故意压低报价以挤掉其他态度严肃认真而报价较合理的承包商。这些投机商很可能在中标后，在某一施工阶段以各种借口要挟业主。

如要用这种方式，业主要加强资格预审，认真评标。

（2）邀请招标。**邀请招标**又称有限竞争性选择招标（limited competitive selected bidding）。这种方式一般不发布广告，业主根据自己的经验和资料或请咨询公司提供承包商的情况，然后根据企业的信誉、技术水平、过去承担过类似工程的质量、资金、技术力量、设备能力、经营能力等条件，邀请某些承包商来参加投标。邀请一般5~8家为宜，但不能少于3家。如果投标者太少则缺乏竞争力。这种方式的优点是邀请的承包商大都有经验，信誉可靠。其缺点则是可能漏掉一些技术上、报价上有竞争力的后起之秀。

国际有限邀请招标是国际竞争性招标的一种方式。这种方式通常适用于以下情况：①工程量不大，投标商数目有限或有其他不宜进行国际竞争性招标的正当理由，如对工程有特殊要求等。②某些大而复杂的且专业性很强的工程项目，如石油化工项目。可能投标者很少，准备招标的成本很高。为了既能节省时间，又能节省费用，还能取得较好的报价，招标可以限制在少数几家合格企业的范围内，以使每家企业都有争取合同的较好机会。③由于工程性质特殊，要求有专门经验的技术队伍和熟练的技工以及专用技术设备，只有少数承包商能够胜任。④由于工期紧迫或保密要求或其他原因不宜公开招标。⑤工程规模太大，中小型公司不能胜任，只好邀请若干家大公司投标。⑥工程项目招标通知发出后无人投标，或投标商数目不足法定人数（至少 3 家），招标人可再邀请少数公司投标。

（二）国际非竞争性招标——议标

议标，也称谈判招标（negotiated bidding）或指定招标。议标是一种非竞争性招标，严格来说，这不算是一种招标方式，只是一种"谈判合同"。最初，议标的习惯做法是由发包人物色一家承包商直接进行合同谈判，只是在某些工程项目的造价过低，不值得组织招标，或由于其专业技术为某一家或几家垄断，或因工期紧迫不宜采用竞争性招标，或者招标内容是关于专业咨询、设计和指导性服务或专用设备的安装维修以及标准化，或属于政府协议工程等情况下，才采用议标方式。

随着承包活动的广泛开展，议标的含义和做法也不断发展和改变。目前，在国际承包实践中，发包单位已不再仅仅是同一家承包商议标，而是同时与多家承包商进行谈判，最后无任何约束地将合同授予其中一家，无须优先授予报价最优惠者。

议标给承包商带来较多好处：首先，承包商不用出具投标保函，议标承包商无须在一定的期限内对其报价负责；其次，议标毕竟竞争性小，竞争对手不多，因而缔约的可能性较大。议标对于发包单位也不无好处：发包单位不受任何约束，可以按其要求选择合作对象，尤其是当发包单位同时与多家议标时，可以充分利用议标的承包商的弱点，以此压彼；利用其担心其他对手抢标、成交心切的心理迫使其降价或降低其他要求条件，从而达到理想的成交目的。

当然，议标毕竟不是招标，竞争对手少，有些工程由于专业性过强，议标的承包商往往是"只此一家，别无分号"，自然无法获得有竞争力的报价。

然而，我们不能不充分注意到议标常常是获取巨额合同的主要手段。

综观近 10 年来国际承包市场的成交情况，国际上 225 家大承包公司中名列前 10 名的承包公司每年的成交额约占世界总发包额的 40%，而他们的合同竟有 90% 是通过议标取得的。由此可见议标在国际承发包工程中所占的重要地位。

采用议标形式，发包单位同样应采取各种可能措施，运用各种特殊手段，挑起多家可能实施合同项目的承包商之间的竞争。当然，这种竞争并不像招标那样必不可少或完全依照竞争法规。议标合同同样可以通过广告渠道或官方报纸的告示栏发布通知。不过，多数国家不公开发通知。

同竞争性招标一样，参与议标而当选的承包商，任何时候都不得以任何理由要求报销其为议标项目而支付的费用。另外，即使发包单位接受了某议标承包商的报价，但如果上级主管部门拒不批准并且同另一家报价更高的承包商缔约，被拒绝的承包商也无权索取赔偿。

议标合同的谈判方式和缔约程序没有什么特殊规定，发包单位不受任何约束。合同形式的选择，特别是合同的计价方法，是缔约不变总价合同还是单价合同，全由发包方决定。

议标通常在以下情况下采用：①以特殊名义（如执行政府协议）缔结承包合同。②按临时价缔结且在业主监督下执行的合同。③由于技术的需要或重大投资原因只能委托给特定的承包商或制造商实施的合同。这类项目在谈判之前，一般都事先征求合同委员会的意见。近年来，凡由提供经济援助的国家资助的建设项目大多采取议标形式，由受援国有关部门委托给供援国的承包公司实施。这种情况下的议标一般是单向议标，且以政府协议为基础。④属于研究、试验或实验及有待完善的项目承包合同。⑤项目已付诸招标，但没有中标者或没有理想的承包商。这种情况下，业主通过议标，另行委托承包商实施工程。⑥出于紧急情况或急迫需求的项目。⑦秘密工程。⑧属于国防需要的工程。⑨已为业主实施过项目且令业主满意的承包商重新承担基本技术相同的工程项目。

按议标方式缔结的合同基本如上所述，但这并不意味着上述项目不适用竞争性招标方式。

凡行政法管辖的议标合同，不管其总价金额大小，都必须经过主管合同委员会预先批准，但私法管辖的议标合同则无须预先经上级批准。

议标合同的签字程序、合同批准通知书的规定期限及相应的手续、缔约候选公司的权利放弃等与招标合同一样。

（三）两阶段招标

关于两阶段招标（two-stage bidding），《联合国贸易法委员会货物、工程和服务采购示范法》（以下简称《示范法》）、《亚洲开发银行贷款采购准则》（以下简称《准则》）都有明确规定。两阶段招标实质上是无限竞争性招标和有限竞争性招标结合起来的招标方式，因此，也可称为两阶段竞争性招标。第一阶段，按公开招标方式进行招标，经过开标和评标之后，再邀请最有资格的数家投标人进行第二阶段投标报价，最后确定中标者。其具体过程及有关注意问题是：

（1）《示范法》规定，两阶段招标过程中的第一阶段，投标人要提交列明其建议但不列投标价格的初步投标书。招标文件可征求有关货物、工程或服务的技术、质量或其他方面特点的建议以及关于供应的合同规定和条件方面的建议，列明投标人的专业、技术能力和资格。《准则》规定，大型和结构复杂的合同可能遇到投标技术不平等的问题，为加快评标，可采用两阶段投标程序，第一阶段首先要邀请投标人按要求递交不报价格的技术提案以及其他对投标的要求，然后由有关的招标人、借款人及其咨询专家进行讨论，以定出一个可以接受的技术标准，发给每个投标人。

（2）《示范法》规定，两阶段招标过程中的第二阶段，招标人应邀请符合条件进入第二阶段的投标人，对单一一套标准技术规格提出列明价格的最后投标。招标人对最后投标做出评审和比较，以确定最后的中标者。《准则》规定，第二阶段邀请投标人递交标价提案，然后以可接受的技术标准为基础进行评标。其实，《示范法》和《准则》规定的意思是相同的，即投标者根据具有标准技术规格的最终的招标文件进行投标，随后进行的程序与公开招标相同。

此外，两阶段也适用于这样的情况：在第一阶段报价、开标、评标之后，如最低标价超出标底20%，且经过减价仍然达不到要求时，可邀请标价最低的数家商谈，再做第二阶段投标报价。

（四）双信封投标

某些类型的机械设备或制造工厂的招标，当其技术工艺可能有选择方案时，可以采用双信封投标方式（two-envelope bidding procedure），即投标人同时递交技术建议书和价格建议书。评标时首先开封技术建议书，并审查技术方面是否符合招标的要求，之后再与每一位投标人对其技术建议书进行讨论，以使所有的投标书达到所要求的技术标准。如由于技术方案的修改致使原有已递交的投标价需修改时，将原提交的未开封的价格建议书退还投标人，并要求投标人在规定期间再次提交其价格建议书，当所有价格建议书都提交后，再一并打开进行评标。

亚洲开发银行允许采用此种方法，但需事先得到批准，并应注意将有关程序在招标文件中写清楚。世界银行不允许采用此种方法。

（五）保留性招标

招标人所在国为了保护本国投标人的利益，将原来适合于无限竞争性招标方式招标的工程留下一部分专门给本国承包商。这种方式适合于资金来源是多渠道的，如世界银行贷款加国内配套投资的项目招标。

（六）地区性公开招标

由于项目的资金来源属于某一地区的组织，例如阿拉伯基金、地区性开发银行贷款等，因此，该项目的招标只限于该组织的成员国。

（七）排他性招标

在利用政府贷款采购物资或者建设工程项目时，一般都规定在借款国和贷款国同时进行招标，只有借贷两国的供应商和承包商才可以参加投标，第三国的供应商和承包商不得参加。这种招标方式称为排他性招标。其招标方式可以采取公开招标或谈判招标等方式进行。

第二节 国际工程招标承包的惯常做法

在国际范围内，工程招标承包的主要方式可以归纳为以下四种，即世界银行推行的做法、英联邦地区的做法、法语国家和地区的做法、独联体成员国的做法。

一、世界银行推行的做法

世界银行作为一个权威性的国际多边援助机构，具有雄厚的资本和丰富的组织工程承发包的经验。世界银行以其处理事务公平合理和组织实施项目强调经济实效而享有良好的信誉和绝对的权威。世界银行已积累了数十多年的投资与工程招投标经验，制定了一套完整而系统的有关工程承发包的规定，且被众多国际多边援助机构尤其是国际工业发展组织和许多金融机构以及一些国家的政府援助机构视为经验。世界银行规定的招标方式适用于所有由世界银行参与投资或贷款的项目。

世界银行推行的招标方式主要突出三个基本观点：

（1）项目实施必须强调经济性和效益性。

（2）对所有会员国（地区）以及瑞士和中国台湾的所有合格企业给予同等的竞争机会。

（3）通过在招标和签署合同时采取优惠措施鼓励借款国（地区）发展本国（地区）制造和承包商（评标时，借款国（地区）的承包商享有7.5%的优惠）。

凡有世界银行参与投资或提供优惠贷款的项目，通常采用以下方式发包：①国际竞争性招标（亦称国际公开招标）；②国际有限竞争性招标（包括特邀招标）；③国内竞争性招标；④国际或国内选购；⑤直接购买；⑥政府承包或自营工程。

世界银行推行的国际竞争性招标要求业主公正地表述拟建工程的技术要求，以保证不同国家（地区）的合格企业能够广泛地参与投标。如果引用的设备、材料必须符合业主的国家标准，在技术说明书中必须陈述也可以接受其他相等的标准。这样可以消除一些国家（地区）的保护主义给标的工程笼罩的阴影。此外，技术说明书必须以实施的要求为依据。世界银行作为标的工程的资助者，从项目的选择直至整个实施过程都有权参与提出意见。在许多关键问题上如受标条件、采用的招标方式、遵循的工程管理条款等都享有决定性发言权。

凡按世界银行规定的方式进行国际竞争性招标的工程，必须以国际咨询工程师联合会（FIDIC）制定的条款为管理项目的指导原则，而且承、发包双方还要执行由世界银行颁发的三个文件，即：①《世界银行采购指南》；②《国际土木工程建筑合同条款》；③《世界银行监理指南》。

世界银行推行的做法已被世界大多数国家（地区）奉为经验。有世界银行贷款的项目自不必说，没有世界银行贷款的项目，也越来越广泛地效仿之。

除了推行国际竞争性招标方式外，在有充足理由或特殊原因情况下，世界银行也同意甚至主张受援国政府采用国际有限竞争性招标方式委托实施工程。这种招标方式主要适用于工程额不大、投标人数目有限或有其他不采用国际竞争性招标的理由的情况，但要求招标人必须向足够多的承包商索取报价以保证竞争的价格。另外，对于某些大而复杂的工业项目，如石油化工项目，可能投标者很少，准备投标的成本很高，为了既能节省时间，又能取得较好的报价，同样可以采取国际有限竞争性招标。

除了上述两种国际竞争性招标以外，有些不宜或无须进行国际招标的工程，世界银行也同意采用国内招标，例如，国际或国内选购、直接购买、政府承包和自营等方式。

二、英联邦地区的做法

英联邦国家和地区在许多涉外工程项目的承发包方面，基本照搬英国做法。

从经济发展角度看，大部分英联邦成员国属于发展中国家。这些国家的大型工程通常依靠世界银行或国际多边援助机构，因此，它们在承发包工程时首先必须遵循援助机构的要求，也就是说要按世界银行的例行做法发包工程，但是它们始终保留英联邦地区的传统特色，即以改良的方式实行国际竞争性招标。它们在发招标文件时，通常将已发给文件的承包商数目通知投标人，使其心里有数、避免盲目投标。英国土木工程师协会（ICE）合同条件常设委员会认为：国际竞争性招标浪费时间和资金，效力低下，常常以无结果而告终，导致很多承包商白白浪费钱财和人力。他们不欣赏这种公开招标方式。相比之下，选择性招标，即国际有限竞争性招标，则在各方面都能产生最高效率和经济效益。因此英联邦地区所实行的主要招标方式是国际有限竞争性招标。

实行国际有限竞争性招标通常采取以下步骤：

（1）对承包商进行资格预审。被邀请参加预审的公司应提交其适用于该类工程所在地区周围环境的有关经验的详情介绍文件，尤其是承包商的财务状况、技术和组织能力及一般经验和履行合同的记录。通过资格预审，编制一份有资格接受投标邀请书的公司名单。

（2）招标部门保留一份常备的经批准的承包商名单。这份常备名单并非一成不变，根据实践中对新老承包商的进一步了解，不断更新。这样可使业主在拟定委托项目时心中有数。

（3）规定预选投标者的数目。一般情况下，被邀请的投标者数目为4~8家。项目的规模越大，邀请的投标者越少。在投标竞争中始终强调完全公平的原则。

（4）初步调查。在发出标书之前，先对其保留的名单上拟邀请的承包商进行调查。一旦发现某家承包商无意投标，立即换上名单中的另一家，以保证所要求的投标者的数目。英国土木工程师协会认为承包商谢绝邀请是负责任的表现，这一举动并不会影响其将来的投标机会。在初步调查过程中，招标单位应对工程进行详细介绍，使可能的投标人能够估量工程的规模和造价概数。所提供的信息应包括场地位置、工程性质、预期开工日、主要工程量，并提供所有的具体特征的细节。

三、法语国家和地区的做法

同世界大部分地区的招标做法有所不同，法语国家和地区的招标有两种区别较大的方式：拍卖式和询价式。

（一）拍卖式招标

拍卖式招标的最大特点是以报价作为判标的唯一标准，其基本原则是自动判标，即在投标人的报价低于招标人规定的招标底价的条件下，报价最低者得标。当然得标人必须具备前提条件，就是在开标前业已取得投标资格。这种做法与商品销售中的减价拍卖颇为相似，即招标人以最低价向投标人买取工程，只是工程拍卖比商品拍卖要复杂得多。

拍卖式招标一般适用于简单工程或者工程内容已完全确定，不会发生变化，并且技术水平的高低不会影响对承包商的选择等情况下的项目。如果工程性质复杂，选择承包商除根据价格标准外，还必须参照其他标准，如技术、投资、工期、外汇支付比例等，如此，则工程不宜采用这种办法。

拍卖式招标必须公开宣布各家投标人的报价。如果至少有一家报价低于标底，必须宣布受标；若报价全部超过受标极限，即超过标底的20%，则招标单位有权宣布废标。在废标情况下，招标单位可对原招标条件作某些修改，再重新招标。

鉴于工程承包合同分总价合同和单价合同，因而投标人报价同样也有报总价和报单价两种情况。这就决定了标底也必须是两种形式，即总价标底和单价标底。总价标底系指招标单位根据工程的性质、条件及工程量等各种因素计算出的工程总价，即可接受的最高总价（即使在特殊情况下，也不得超过这个标底的20%）。单价标底有两种情况：

第一种情况，招标单位规定投标承包商必须以某一特定的同业价目表或单价表为基础，投标人报出其降低数或降低百分比。这种情况下，标底为业主要求的最少降价数或最少降低的百分比。

第二种情况，招标单位不规定任何基础价，但确定工程量，由投标人报出工程的各项单价。这种情况下，标底类似于总价标底，即业主可接受的最高单价。不过，由于承包工程的内容极为繁杂，逐项确定标底非常麻烦，因此，这种情况比较少见。故单价合同的招标项目都采用减价判标办法，即前一种办法。

拍卖式招标按其范围可分为公开拍卖招标和有限拍卖招标；按判标依据则可分为总价拍卖招标和单价拍卖招标。

1. 公开拍卖招标

公开拍卖招标即所有承包商均可投标，但参加者不一定都能取得得标资格。招标办公室在开标前有权决定并排除其认为不具备得标资格或能力不足的若干投标人。采取这一措施可大大减缓竞争的激烈程度，有利于自动判标，增加了竞争力弱或投资条件差但报价低的承包公司的得标机会。

公开拍卖招标包括三个必不可少的阶段：①通过广告渠道或官方报纸的告示栏或其他广告手段发布招标广告或招标通知；②由标书审查委员会当众开标；③向最低报价者宣布临时受标。

临时中标人并不一定是最终获取合同者，因为临时判标后，判标委员会尚需对投标报价进行详细复审，而这一复审工作不可能当场做完。因此招标细则中通常明文规定标书复审期（一般为 10 天）。如果经过复审发现错判得标人，判标委员会应在复审期满之前通知原判得标人和新判得标人。

如果当众开标时没有临时中标人，即没有一家报价低于可接受极限，则在招标细则中已有规定的前提下，判标委员会主席可以要求有投标资格的投标人当场重新报价。如果最低价仍然高于可接受极限，不得进行第二次当场报价，判标工作只好到此结束，由招标单位负责人宣布本次招标作废，而后再进行重新招标或议标。

2. 有限拍卖招标

同国际上通行的有限竞争性招标一样，法语国家和地区的不少项目也因资金来源或因技术上的特别需要而采取有限拍卖招标。有限拍卖招标的选择范围和对投标商的资格要求与世界各地一样，只是在具体做法上稍有区别。

一般情况下，招标人在发出招标广告或通知之前，先成立一个投标人接纳委员会。在绝大多数情况下，这个委员会即后来的判标委员会。该委员会根据项目投资背景及技术要求，对要求参加投标的公司进行资格审查，这项工作亦称为资格预审。只有经过投标人接纳委员会认可的候选人方可参加投标，这种方式也称为邀标。

有限拍卖招标也分为一般有限性和特殊邀请性拍卖招标（特邀招标）。

有限拍卖招标的通知发行办法同世界通行的有限竞争性招标一样。

有限拍卖招标要求遵循特定的步骤：①项目负责人在招标细则和招标通知中规定投标候选人需在投标之前提交的材料。②要求参加投标的承包商必须向招标通知中指定的项目负责人递交投标申请，并附上要求提交的材料（资格预审材料）。③投标人接纳委员会在招标通知规定的资格审查期间进行审查工作，并通知被认可和被淘汰的公司（无须向被淘汰的公司讲述淘汰原因）。发给认可的投标公司的通知中要写明招标文件的购取地点，有时还要标明招标文件的价格，投标的截止日期，判标地点、日期及时间等。④被认可的投标公司在寄送投标信函时须附上投标人接纳委员会发给的投标资格认可通知书。

有限拍卖招标的其他步骤及缔约程序和要求与公开拍卖招标完全一样。

有限拍卖招标的整个过程可分为两个阶段。第一阶段：业主发出有限拍卖招标通知，要求愿意投标的公司提出投标申请；投标人接纳委员会进行资格预审并确立被认可的投标公司名单，向被认可的和被淘汰的申请投标公司发出通知。第二阶段：被认可的投标公司进行投标报价；判标委员会进行公开判标，并临时受标。

有限拍卖招标的判标程序同公开拍卖招标一样。

（二）询价式招标

询价式招标是法语国家和地区工程发包单位招揽承包商参加竞争以委托实施工程的另一种方式，也是法语国家和地区工程承发包的主要方式。

询价式招标比拍卖式招标要灵活得多。在询价式招标中，投标人可以根据通知要求提出方案，从而使招标人有充分的选择余地。

询价式招标的工程项目一般比较复杂、规模较大、涉及面广，不仅要求承包商报价优惠，而且在其他诸如技术、工期及外汇支付比例等方面也有较严格的要求。

法语国家和地区询价式招标与世界银行所推行的竞争性招标的做法大体相似。

询价式招标可以是公开询价招标，也可以在有限范围内进行，即有限询价式招标；可以采取竞赛形式即带设计竞赛形式，也可以采取非竞赛形式。

公开询价式招标系指公开邀请承包商参加竞标报价，而有限询价式招标则仅是邀请招标单位选定的承包公司参加竞标。

招标人有全权决定采取公开询价式招标还是有限询价式招标，可以要求投标人报单价或报总价。

不管是公开询价式招标还是有限询价式招标，其开标方式都是秘密的。这也是法语国家和地区做法与众不同之处。

1. 公开询价式招标

在公开询价式招标方式中，世界各地对招标项目有兴趣的承包商均有资格参加投标报价。

2. 有限询价式招标

同国际通行的有限竞争性招标做法一样，法语国家和地区的工程询价式招标有时也采取有限竞争性形式，即招标人只在一个特定的范围内邀请投标人报价或者采取特邀办法询价。其具体做法同国际有限竞争性招标大体相似，通常要求承包商先提出投标资格认可申请并报送资格预审材料。

发起有限询价式招标的招标人，有权根据待发包项目的规模、工程性质、技术要求等因素决定邀请报价人选。被邀请报价的投标人可以是业主已经了解的承包商（或者已同业主缔结过合同，或者已参加过业主招标项目的投标），也可以是申请参加本次投标的新承包商。

有限询价式招标是一种特殊的工程发包形式，只适用于以下情况：①由于工程的性质复杂、施工难度大、需要大量施工机械等因素而决定该工程只能由少数有能力的承包商实施。②业主完全了解其特邀的承包商的施工能力、质量水平及信誉等。除以上情况外，工程发包一般都采取拍卖式招标（公开或有限）或公开询价式招标。

3. 竞赛性询价式招标

有些项目鉴于技术、外形及投资条件等方面的特殊要求，招标单位往往采取竞赛性询价式招标以授予合同。

竞赛性询价式招标也是一种常见的合同成交方式，它与工程询价式招标所不同的是增加了竞赛内容。其具体做法是：招标单位首先制定设计任务书，指出待实施项目应满足的内容等。然后，业主通过广告渠道或官方报纸的公共工程广告栏发出竞赛性询价式招标通知。

招标人制定的竞赛性询价招标书中没有工程量及价格清单，也没有设计概算书和特别说明书或专用条件，只有设计任务书。该设计任务书中一般写有特别说明书中的行政管理条款，此外还有两项条款：①规定提供给参赛者的设计任务书的寄送条件及有关辅助文件（图纸、地质尤其是钻探资料，项目所在地区的正常工资清单），以及设计方案及投标书寄送要求等。②参赛报价承包商的具体要求条件一般都在其通知中规定。这种形式的询价可以是公开的也可以在有限范围内进行。

采用竞赛性询价方式招标有不少好处：首先，承包商负责项目设计，从而为业主承担了一定的责任；其次，通过竞赛广开思路、集中智慧，从而有利于大胆创新。

这种形式的合同常见于可采用多种办法实施且需要使用大量机械和高超的施工手段的公共工程和有特殊要求的工程。

第三节　国际工程招标前的准备工作

国际工程招标开始前，须完成两项基础工作：第一，建立国际招标机构；第二，制定国际招标规则。它们对整个国际工程招标过程起着指导和控制作用。

一、建立国际工程招标机构

进行国际工程招标时，一般都要组织专门的招标组织机构——招标委员会，负责整个招标、投标工作。招标机构的设置，各国有所不同，大致分为三种类型：

（一）常设的中央招标机构

有些国家设有全国性的中央招标委员会，统管政府部门的工程项目和采购物资的公开招标。通常，中央招标委员会对其统管的项目规定资金限额，在限额以上的项目必须由中央招标委员会进行公开招标；低于限额的项目，才允许各主管部门自行招标或用议标方式发包工程。例如，科威特政府经其国民议会通过和国王批准的《公共招标法》规定：设立常设的政府机构——中央招标委员会。这个委员会几乎统管了所有政府工程的公开招标。

科威特的中央招标委员会包括由内阁批准任命的六名委员，还有工业、财政部的代表以及国家计划委员会、法律议会和立法局代表和发标部门、监理实施部门的代表参加。中央招标委员会下设秘书处，还设有评审承包商级别的部门，这个部门负责从国家机关里的技术人员和专家中挑选合适的人员参加评审工作。中央招标委员会还设有专业技术部，这个部门负责组织其聘请的专家和工程发包单位的技术人员，以及编制招标文件的咨询公司一起或者分别评审投标书的技术部分和标价，并向中央招标委员会提出评价报告和推荐意见。科威特的《公共招标法》中规定了中央招标委员会拥有较大的权力，它可以考虑，也可以根本不考虑上述三个方面的评审报告和推荐意见而做出裁标决定，只要这一裁标决定获得了中央招标委员会 2/3 委员的多数通过，即可授标。

（二）非常设的部门级的招标委员会

多数国家并没有像科威特那样的中央招标委员会，而是按项目的隶属部门，由政府批准临时组织招标委员会。它可能由发包项目的主管部门组织；也可能由政府指定公共工程部门接受主管部门的委托来组织，还可能由多个部门联合组织。这一类型的招标委员会在招标任务结束或直到签署了承包合同后即予撤销。它实际上是一个或多个部门为某一项目组织的临时办事机构，因此其权力因部门的授权而定。

通常这类招标委员会根据部门首长的决定发布通告，预审投标人资格，组织技术和财务专家评审投标书，并提出评审报告和推荐意见，但由部门首长或部门的常务执行委员会或董事会最后作出裁标和授标的决定。这类招标委员会因其临时性质而有较大的灵活性，其组成人员和下属机构都由部门自行决定。一般来说，都设有技术评标委员会或小组，进行投标评审工作。

（三）委托咨询公司招标

有些国家把招标工作全部或部分委托给有资历的和公正的咨询公司进行，主管部门只负责监督和最后审定其招标结果，作最后的授标决定。

以上三种机构是指政府工程的招标组织机构，至于私营项目，多数是由项目业主的董事会组织专门委员会或小组，或委托咨询公司进行招标工作，其权限由董事会确定。

国际金融组织，例如世界银行和地区开发银行等的贷款项目，一般均要求借贷国家组织招标委员会进行公开招标，国际金融组织有权对其招标工作进行监督。许多国际金融组织均有该组织的招标程序和规范，招标工作必须严格遵守这些程序和规范，才被认为是有效的。国际金融组织通常从确立项目一开始就介入项目建设的一切活动，它往往直接参与招标文件的编制和审定、投标人的资格预审和选定，以及投标书的评审工作。国际金融组织一般还要求借贷国家的主管部门和招标委员会将其评标情况、推荐意见和初步的裁标决定报送该组织，它有权对裁标决定表示同意或异议。特别是国际金融组织如果收到了投标人对评审工作不够公正合理的投诉时，它可以要求另作评审或者重新招标，甚至取消对该项目的贷款。

目前，我国的国际招标工作通常由中国技术进出口总公司国际招标公司或其他国内对外贸易机构代理进行，或者由上述公司与建设单位组成招标机构进行。有的外商直接投资建设的项目，也可以由投资者自行对外招标。

二、制定国际工程招标规则

（一）国际工程招标规则的作用

（1）国际工程招标规则是招标机构工作的指导方针。确定国际工程招标的各项目标，可以保证国际工程招标取得最好的效果。

（2）国际工程招标规则是规定国际工程招标运行程序的法律文本。它应能说明招标进行的步骤，保证招标过程的连续性。

（3）国际工程招标规则还是招标机构工作人员的行为规范。它明确招标人应该做什么和怎么做，以提高招标工作效率、降低招标成本，并可以防止招标过程中营私舞弊行为的发生。

（二）制定国际工程招标规则的方法

制定国际工程招标规则有两种方法：一种是依据有关法律或规定制定招标规则；另一种是依据买主的需要和国际招标惯例制定国际招标规则。

当国家设有专门法律，规定了招标规则和程序时，招标机构在制定本部门招标规则时，应依据有关法律来制定。只有在本单位招标规则与国家法律保持一致时，这种招标规则才是具有真正的法律效力的。有些招标采购以国际金融机构、组织、国家政府的资助为基础，这类招标往往要服从于资金来源单位的安排。招标规则也按照有关要求制定。例如，我国利用世界银行贷款进行国际招标时，要以世界银行制定的招标规则为准则，招标机构仅在细节上进一步具体说明。若国家没有有关招标的法律规定，招标资金属自筹时，招标机构可根据自身需要制定招标规则。招标规则必须按照国际通用的招标习惯方式制定，以使广大投标人能够适应招标机构的各种条件，保证国际招标的广泛性。

（三）国际工程招标规则的内容

国际工程招标规则的内容共分三类：第一类，关于招标程序的规定；第二类，关于招标条件的规定；第三类，关于招标书格式的规定。

1. 规定国际招标程序

规定国际招标程序的目的在于，详尽说明本次招标的步骤和方法。在对国际招标程序制定规则时，首先需要明确本次招标采用的类型，然后对每一步骤的名称和方法加以说明。

（1）招标采用的类型。说明本次国际招标属于国际竞争性招标或是属于有限竞争性国际招标。此项规定直接关系到以后招标程序的制定。原因是上述两种不同类型的国际招标，在招标的程序上和做法上有较大区别。若不明确这一点，必然出现招标机构把竞争性招标的规则混在有限竞争性招标中，出现招标程序前后不一致或招标实际做法与招标人初衷相违背的情况。

（2）招标公告。①规定招标公告的内容和文字表达方式。经常进行国际招标的专业公司，一般都有招标公告的固定行文方法，既简明，又快捷，值得借鉴。②规定招标公告发出的办法。确定是通过分别通知的方式，还是在有关出版物上刊登广告的方式传播招标信息。③规定招标公告发出的时间和延续的时间。招标公告发出的时间距离开标的时间应保持一定长度，以保证各国潜在的投标人有足够的时间取得招标文件并进行投标的准备。在必要的情况下，还应具体规定招标公告是否重复刊登或发出，以及重复次数。

（3）开标。首先，说明开标的时间和地点。这样可以约束招标人严格按照工作日程进行国际招标。其次，规定开标的程序，包括：是否采纳超过时限规定的标书（迟到的标书）参加开标；是否容许投标人在开标后修改标书。对于后一种情况，国际上习惯做法是，招标机构不接受投标人在正式投标后，对标书内容的实质性变更。但是，若投标人在投标后发现标书中某些条件没有阐述清楚，容易造成招标机构的误解，此时，招标机构可允许投标人对其投标书作澄清性说明。

（4）评标。首先，确定复审的内容和方法。对投标的复审分为对投标书的重新审查和对投标人的重新审查两个方面。对标书的复查应明确将要复查的项目，如投标文件的种类、标书的内容以及标书价格等。若发现有不合格的标书，招标机构要有处理办法。对投标人的复查应确定复查的主要内容和具体的处理办法。其次，规定评标的条件以及对这些条件的重视程度。例如，对标书的评估涉及价格、质量、工期、创新设计等条件，招标机构应根据自身需要对这些评估标准按重要性的大小进行排列，将重要标准与次要标准分开。这样，评标人员可获得一个标准尺度，同时，还能保证投标人得到一个公正的裁定结果。最后，规定评标中有无优惠条件、优惠的对象和优惠的程度。

（5）签订合同。招标规则应说明签订合同之前是否需要谈判，并确定中标候选人数量。当招标项目确有必要通过谈判签订合同时，应选定两三个中标人作为谈判对手，洽商合同条件。如果不准备谈判，中标人就只能有一个。

关于签订合同的招标规则，应说明签订合同的时间和有关签订合同的具体要求。

2. 规定国际招标条件

国际招标条件即招标机构根据用户的需要，向各投标人提出的报价要求。制定国际招标条件是为了说明采购的基本标准。这个标准不但对货物的供应人或工程的承包人提出责任限制；同时，它也是招标机构进行标书评估的评审标准。

国际招标条件作为对投标人的要求，体现在招标机构发售的招标文件之中。投标人应按照各项具体条件，提出和说明自己所能供给的货物或项目。

当国际招标条件作为招标机构内部掌握的评判标准时，这些条件的表现形式就与上述对投标人的要求有所区别，它表现为一种标准答案，而前者则是对投标人划定的范围。所以，招标条件必须具体、明确。例如，招标项目的价格最高不超过多少能为招标人所接受——称为"标底"，这是招标机构的机密，只在评审标书中使用。在对外发售的招标文件中并不注明。

3. 国际招标文件格式

国际招标文件格式由招标机构制定。格式制定要本着简单、明了，并有利于计算机统计的原则。

三、制定国际招标策略

（一）控制时限策略

（1）确定招标准备时限。招标开始之前，需要确定国际招标的规则，设计招标文件，确定招标项目的规格及条件等。其时间长短可根据招标项目的繁简而定。

（2）确定投标押金时限。一般是在投标截止日期之前或开标日之前，超过此时限可拒收投标押金，投标也随之无效。当投标押金以信用证或银行保函形式缴纳时，本身就包含有效期。一旦逾期，押金立即作废。投标押金的有效期一般定在评标结束之后。国际招标金额巨大，因而投标押金十分可观。及时将未中标企业的押金退回，关系投标人的经济利益和招标人的信誉。投标押金应在发出中标通知次日无息退还。退还押金工作涉及招标后续各项工作，因此不得迟延。

（3）确定开标及评标时限。公开开标应明确规定时间，并传达到投标人；否则，投标人会因失去机会而与招标机构发生纠纷。从开标后至决出中标人为评标时限，一般为 30 天。复杂的招标项目评标时限为 30 至 60 天。评标时限的确定应与投标有效期相对应，要顾及招标项目的缓急、复杂程度和招标国本身节假日等因素。

（二）联合采购策略

联合采购招标是指多家采购单位联合协作，通过一个招标机构将各家所需物资汇总于同一国际招标文件中发出。收回标书后，以统一的评标规则、办法评审标书并授予合同。最后，由招标机构统一或由各采购单位分别与中标人签约。

联合采购招标可以将各地区、各单位的多次采购变为一次集中采购，避免重复引进，减少招标重复率，因而可以大大节省招标费用。同时，由于将分散的招标集中一次进行，聚集了多家买方的力量，也增加了投标企业的数量，加剧了投标竞争，可明显强化买方在国际招标中的主动权。

（三）反高价围标策略

高价围标的一种普遍做法是，众投标人商议确定一个投标高价，并推举其中 A 投标公司以该价格投标，以期中标。其他投标人则按约定纷纷投报更高的价格。开标后，由于 A 公司价格相对较低而获得合同。高价围标会使采购成本大大增加，这是国际招标中需要预防的首要问题。

反高价围标的措施如下：①制定具有广泛适用性的国际招标规则。制定规范的、标准化的招标文件，使有条件的供货商、承包商均敢于响应招标，使潜在的投标人保持在一定数目上，从而有效地防止个别供货商、承包人对投标价格的垄断。②慎用紧急招标采购。在买方急需物资时，可能会压缩国际招标各阶段的时限，在很短的时间内完成采购任务。紧急招标容易给高价围标造成机会，因此，国际招标采购时，应尽可能将公告时间和等标时间合理延续。

（四）反低价抢标策略

低价抢标是供货商或承包商以不正常的低价投标，谋取采购合同的一种方式。一般情况下，投标价格异常低于招标机构预定的标底，都可看成低价抢标的发生。低价抢标是国际招标中一种不正当的竞争手段，应严防其得逞。

预防低价抢标的措施如下：①严把资格预审关，把不合格的投标商拒之门外。②确定产品质量标准，防止投标商在产品质量上打埋伏。③确定合理的标底价格，有效识别并排除低价抢标的承包商。

第四节　国际工程招标通告

招标人在完成招标前的准备工作后，即可发出招标通告。招标通告就是通过某种公开或非公开的途径，把拟建的项目要招标的消息及时告知公众或业主挑选的承包者。

一、招标通告的发布方式

招标通告（bid invitation）主要通过招标广告和招标通知两个途径发布。前者主要用于公开招标，后者主要用于邀请招标。

（一）招标广告（advertisement）

当招标通告以完全公开的形式，通过大众化的传播媒介，毫无保留地向国内外公众发出时，即进行国际竞争性招标时，发出招标广告。也就是说，当招标机构希望引起最多数量的卖方参加投标竞争时，采用发出招标广告的形式。

招标消息的公布可凭借报纸、广播等形式。但作为国际招标的公告，按照国际惯例，应至少在一国（招标国家）普遍发行的报纸上刊登广告。世界上很多经济组织与集团，以及一些国家的政府或公用事业单位，在招标时都在固定的报刊上发布招标消息。例如，使用世界银行贷款的国际招标消息，发表在世界银行发行的报纸《联合国发展论坛报》商业版的"一般采购通知"栏内。洛美协定项下对非加太国家的项目融资计划，规定使用国际招标，其消息发布在免费发行的双周刊"Courier"（邮寄报）上。另外，世界各国或地区的招标消息可刊登在一国的主要报刊上，如中国香港的国际招标信息发布于《香港政府公报》，加拿大发布于《加拿大公报》，西班牙是《国家官方日报》，而我国一般发表于《人民日报》。

（二）招标通知（notice letter）

招标通知的发出分两种情况：一种情况，在刊登国际招标广告的同时，招标机构还向各国使馆或驻招标国的外国机构发出招标通知，使得国际招标信息能够最广泛地传达到每一个可能的卖主。有时，招标通知也可以直接送交招标机构所熟悉的卖主，邀请其来参加投标。另一种情况，招标机构所采用的招标形式为国际邀请招标。招标机构不对外公开发出招广告，而是直接地向供货人或工程承包人分别发出投标邀请。

在实际招标业务中，一些招标机构为节省时间和费用，两步并作一步走，将招标通告与资格预审通知联合发送。这样做对招标人较为方便，但对投标人却提出较高的要求。

二、招标通告的主要内容

招标通告应简要说明国际工程招标的情况，以充分引起潜在的投标人的兴趣，广泛招揽国际上有名望、信誉好且竞争力强的承包商前来投标，加强投标的竞争性，从而使招标人有充分的挑选余地，使业主最大限度地获得利益。

（一）招标广告的主要内容

招标广告的主要内容包括：①业主名称；②招标项目名称；③招标项目概况；④招标方式；⑤项目资金来源；⑥项目的建设地址；⑦项目主要部分的预定进度日期；⑧购取招标文件的地点和时间；⑨招标文件的价格；⑩投标文件送达地点和截止日期；⑪开标地点与时间；⑫投标保证金的金额；⑬要求投标人提供的资料和证件；⑭招标人的联系方式。

（二）招标通知的主要内容

招标通知主要用于有限竞争性招标方式，即邀请招标。按照国际惯例，凡采取邀请招标方式，对投标人的资格审查工作在招标前业已完成。因此，除招标广告中的第13条外，招标通知的内容与招标广告的内容基本一致。

三、招标通告的时间

发送招标通知或刊登招标广告必须及时。按照国际惯例，一般国际招标项目从开始招标（发售招标文件）到提交投标文件，其间隔期不应少于45天，大型土建项目的间隔期则不应少于90天，以便投标人在报价前有充裕的时间熟悉招标文件，进行现场调查和估算报价。因此，招标通知和招标广告一般应在开始招标前两周发出，也就是在报送投标文件截止日期前60～105天以前发出。

四、招标通告举例

（一）招标广告

【例2-1】

毛里塔尼亚伊斯兰共和国装备交通部公共工程司

努瓦克肖特—阿克儒特-阿塔尔项目

努瓦克肖特-阿克儒特公路段补强工程

国际招标通告

（1）毛里塔尼亚伊斯兰共和国装备交通部为实施努瓦克肖特阿克儒特-阿塔尔项目（430km）的第一期工程努瓦克肖特-阿克儒特公路段补强工程特发布本招标通知。该项目的第二期工程阿克儒特-阿塔尔路段的拓建将于近期另行发布招标信息。

努瓦克肖特-阿克儒特-阿塔尔项目由阿拉伯经济社会发展基金、毛里塔尼亚伊斯兰共和国发展银行和其他金融机构投资。

（2）努瓦克肖特-阿克儒特公路段总长约255km，路面宽度为6m。须实施的工程包括：

现有路面裂缝处理380 000延米；

至少4cm厚的热拌和涂料工程1 530 000m^2；

160km长的基础层翻修工程1 040 000m^2；

招标案卷中规定的其他配套工程。

工期不得超过30个月。

（3）本招标面向阿拉伯国家或国际公司集团。凡因违反毛里塔尼亚和阿拉伯经济社会发展基金制定的经济抵制措施而受到制裁的公司除外。

实施本招标工程必须同毛里塔尼亚公司合作。

（4）现场踏勘将于2020年1月24日至26日进行。

（5）报价有效期为180天，自提交报价之日起算。

（6）承包商必须随投标书附上一份临时担保，担保总额至少为报价总额的2%。

（7）招标案卷可在装备交通部公共工程司购取，须向国家金融总局交付200 000乌吉亚。

（8）报价按以下地址投送：

Monsieur le president de Commission Centrale des Marches

B. P. 184 Nouakchott-Mauritanie

报价截止日为2020年3月22日，当地时间14时。

开标日期为2020年3月23日星期一，当地时间10时，由中央合同委员会当众开标。

公共工程部

2019年12月6日　努瓦克肖特

【例 2-2】

××部××局（招标单位）
公开询价式招标广告

合同标的：

工程名称：

概算总额（仅用于单价合同）：

投标保证：

其他情况：

文件索取及咨询渠道：

（1）××办公室，自×点至×点接待：

（2）××办公室，自×点至×点接待：

项目简介：

概述项目标的，工程描述及按单价判标情况下的工程概算（如果按总价判标，则删掉这一项）及工程简明草图。

报价必须符合下列条件：

按照发包单位项目主管工程师规定的条件，将报价连同主管工程师预先签批的文件一起挂号邮寄至××先生（主管工程师）；

报价接受期限：××××年××月××日××时（格林威治时间或当地时间）。

报价承包商在××天的期限内对其报价负责。

申请报价的承包商必须在××月××日前向招标人报批××法第××款所要求的材料以取得投标资格认可。

（二）招标通知

【例 2-3】

××国公共工程住房部
邀标通知

承包商先生们：

××国公共工程住房部高兴地邀请您参加××工程的有限招标，条件如下：

（1）于××月××日至××月××日内至公共工程住房部索取招标文件，并支付 350 美元，无论中标与否，概不退还。

（2）投标有效期为 120 天，自开标之日起算。

（3）每份投标书均应附有经公共工程住房部认可的银行开出的投标

保证，其金额不少于报价总额的 1%。在投标有效期内，保证不得撤回。

（4）投标书中必须附有公共工程住房部签发的劳动许可证及××商会的注册证影印件，两个证件必须完备有效。

（5）参加投标者必须是本国公民或其合作者，其资本不得少于其母公司资本总额的 30%，并将证明影印件附在投标文件中。

（6）投标截止日为××月××日××时。

（7）标书应装入双层信封，密封盖印。外层信封上应写明招标号码、工程名称及收件人名称，亲手交付公共工程住房部或通过邮局寄往公共工程住房部。

（8）投标人必须遵守投标条款，根据图纸、规范以及标书上规定的条款报价。如果投标人增加了条件或带有保留意见，必须加以解释和说明并注明加价；否则不予受理。

（9）投标人必须在价格分解中注明其所提供的每一种材料的产地、牌号、数量，每一种设备的规格、性能、数量及其价格。

（10）投递的标书必须包括所有的文字、图纸，每一页上都要有投标人的签字、盖章。如若不按上述条件办，标书将不予受理。

（11）中标人必须提交占合同总额 10% 的履约保证金或保函。其有效期应包含施工准备期，并外加 90 天。此项工作应在接到中标通知后 14 天内完成。

（12）如不愿参加本次投标，请在招标开始后一星期内告知。

（13）凡在招标截止日前未提出报价或未开出投标保证者，视同放弃投标。

公共工程住房部部长（签字）

年　月　日

【例 2-4】

投标邀请书

日　期：＿＿＿＿＿＿

招标号：＿＿＿＿＿＿

（1）＿＿＿＿＿＿＿＿（业主名字）（以下简称"业主"）已安排了一笔以多种货币构成的资金，用于＿＿＿＿＿＿＿（工程名称）建设费用的合理支付。所有如资格预审文件规定的来自合格货源国并资格预审已经合格了的投标人均可参加本工程的投标。

（2）业主邀请资格预审合格的投标人就下列工程施工和竣工所需的

劳务、材料、设备和服务进行密封投标：＿＿＿＿＿＿＿＿＿＿＿（工程概况、主要项目及工程量等）。

（3）凡有兴趣的且资格预审合格的投标人，可从下列地址获取进一步的信息及查阅招标文件：＿＿＿＿＿＿＿＿＿＿（查询和发售招标文件的机构名称、地址等）。

（4）任何有兴趣的且资格预审合格的投标人在向上述机构提交书面申请并在交纳了一笔不可退还的费用＿＿＿＿＿＿＿＿＿＿（货币名称与数量）后可购得一套完整的招标文件。多购的招标文件收费相同。

（5）所有投标书必须于＿＿＿＿年＿＿＿＿月＿＿＿＿日＿＿＿＿时之前送达下列地址：＿＿＿＿＿＿＿＿（投标书接收地点），并必须同时交纳招标文件中规定的可以接受的格式，数量为2%投标价的投标保证金。

（6）开标仪式定于＿＿＿＿年＿＿＿＿月＿＿＿＿日＿＿＿＿时在下列地点举行＿＿＿＿＿＿＿＿（开标地点），投标人可派代表出席。

第五节　国际工程招标的资格预审

资格预审（prequalification）是国际工程招标中的一个重要程序，对采用国际公开竞争性招标的大中型工程而言，特别是国际金融组织贷款的项目，一般都要对投标人进行资格预审。只有通过资格预审的承包商或供应商才有资格参加投标。

资格预审是指招标人对愿意承担招标项目的投标人在投标前就其财务状况、技术能力、施工经验、社会信誉等方面进行评审，以确定有资格参加投标的承包商名单的过程。

资格预审通常在投标之前进行，有时也可以和投标同时进行。

一、资格预审的作用

资格预审属招标的前期工作，它的进行与结果直接关系到国际招标的最终成效。资格预审的作用表现在以下几个方面：

（一）资格预审是买方进行资信调查的重要方法

在国际贸易中，买方或卖方对对方进行资金和信誉的调查，是例行的工作。但是，在除国际招标以外的其他贸易方式中，资信调查可通过多种途径进行。在多数情况下，由买方或卖方通过驻外机构、国外银行进行侧面调查。这种调查方法，由于目标和对象明确，所以调查人可根据自身需要，对被调查方进行深入、细致的了解。运用国际招标进行采购，买方所面临的被调查者可能是十几个，甚至是数十个。此时，招标机构并无能力对众多的投标人逐个进行侧面调查。它只有通过资格预审的方法，也就是要求未来投标人主动申报各自情况，根据投标人过去的经历和表现，了解其信誉好坏。

（二）资格预审是确保招标项目达到标准的必要手段

资格预审的一项主要内容是审查投标企业的生产能力、技术水平和经营历史，此项调查就是为了确保招标项目合同签订之后，卖方所交货物或承包人所建工程能够达到招标机构预定的水准。

国际招标项目一般金额大、数量多。一旦购进项目的质量不符合要求，买方将承受巨大损失。因此，招标机构为确保合同的严格履行，都按照国际惯例通过资格审查准许具备条件的投标人参加竞标，唯有"有能力"的卖方才能参加该机构举办的招标。所谓"有能力"，则用技术和生产水平等指标作为确定的标准。这样就可以防止招标失败。

（三）资格预审可以提高国际招标机构的工作效率，降低招标成本

采用国际招标的目的之一是降低采购成本。而要达到此目的的关键是国际招标机构须保持高的工作效率。换言之，应尽量减少国际招标每一个环节不必要的劳动支出。当招标广告发出后，准备参加国际投标的人，不但包括有能力的卖方，还包括不具备履行合同能力的投标人。若招标机构对所有投标一律进行评估，势必增加招标工作中每一阶段的工作量，并增加国际招标的成本。经过资格预审，招标机构可以在招标之前先对意欲参加投标的人进行初选，筛选掉大部分不可能中标的投标人，并把有资格参加投标的投标人缩小到合理的范围内，使招标机构集中精力注意那些可能与买方签订合同的投标人，从而提高工作效率，降低招标成本。

二、资格预审的类型

目前，国际上普遍使用定期资格预审和临时资格预审两种类型的审查方法。

（一）定期资格预审

在固定的时间内，集中进行全面的资格预审属定期预审。这种类型主要用于货物采购招标。大多数国家的政府采购运用定期资格预审的方法。具体程序是，政府采购机构定期（一般是每年一次）在有关报刊上公布资格预审的起止日期。企业或厂商得知消息后，报送有关文件参加审查。

审查合格者被资格审查机构列入资格审查合格名单。在当年或资格审查有效年度内，有关机构需要采购物资时，就可按照资格审查合格名单所载企业或厂商，发出招标邀请。不在名单之列的企业和厂商，无资格参加投标。

定期资格预审的优点是，可以集中时间、人员对审查的企业进行检查，效率较高并且节省财力。但是，这种方式限制性也比较大。它只能用于已知的今后将要采购的商品，并且这种采购是反复多次的。企业如有需多次反复招标购买的物资或项目，可使用这种资格预审方法，以减少多次重复资格审查的麻烦。通过定期资格审查建立资格审查合格名单，有利于加强企业与外部的联系和对供应商的掌握。

（二）临时资格预审

在招标通告发出时，规定首先进行资格预审；或者，在招标正式开始之前发出资格预审通告，都属于临时资格预审。临时资格预审用于一次性物资采购或工程建设项目。国际工程招标经常使用这种资格预审方式。

这种资格预审的优点是审查目标明确，各项条件的审查可以更加细致、深入。但是，不便于资料的保存。原因是，招标结束后，资格审查的结果和资料也失去作用。

除以上两种资格预审的方式外，有的可能会遇到招标与资格审查同时进行，或招标在先，资格审查在后，即资格后审的情况。这两种方法运用较少，主要原因是：第一，资格审查与招标工作混在一起，造成招标机构没有充分时间对投标单位进行资格调查，从而难以选择理想的投标人。第二，资格审查合格和不合格的单位或企业一起参加投标，增加了竞争对手的数量和招标机构的工作量，造成人力、物力的大量浪费。第三，如果把资格审查与评标工作集中在一起，很容易使评标的准确性受到干扰，使招标出现失误。

鉴于以上不利原因，招标机构在进行资格审查时，最好避免使用资格审查与招标同时进行或资格后审的方法。

三、资格预审的程序

（一）编制资格预审文件

由业主委托设计单位或咨询公司编制资格预审文件。资格预审文件编好后要报上级批准。如果是利用世界银行或亚洲开发银行贷款的项目，资格预审文件编好，要报该组织审查批准后，才能进行下一步的工作。

（二）刊登资格预审广告

资格预审广告应刊登在国内外有影响的、发行面比较广的报纸或刊物上。资格预审广告的内容应包括：工程项目名称，资金来源（如是国外贷款项目应标明是否已得到贷款还是正在申请贷款），工程规模、工程量、工程分包情况，投标人的合格条件，购买资格预审文件的日期、地点和价格，递交资格预审文件的日期、时间和地点。

（三）出售资格预审文件

在指定的时间、地点出售资格预审文件，资格预审文件的售价不能太高。资格预审文件的发售时间为从开始发售时间至截止资格预审申请时为止。

（四）对资格预审文件的答疑

在资格预审文件发售以后，购买资格预审文件的投标人可能对资格预审文件提出各种质询，这种质询可能是由于投标人对资格预审文件理解困难，或者由于业主在编写资格预审文件时存在模糊和错误。投标人提出的各；质询都要以书面形式（包括电传、电报、传真、信件）提交业主。对投标人提出的各种质疑，业主将以书面文件回答并通知所有购买资格预审文件的投标人，而不顾忌这种问题是由哪一家投标人提出的。

（五）报送资格预审文件

投标人应在规定的资格预审截止时间之前报送资格预审文件。在截止日期之后，不接受任何迟到的资格预审文件。投标人在资格预审截止时间之后不能对已报的资格预审文件进行修改。

（六）澄清资格预审文件

业主在接受投标人报送的资格预审文件后，可以找投标人澄清资格预审文件中的各种疑点，投标人应按实际情况回答，但不允许投标人修改资格预审文件的实质内容。

（七）评审资格预审文件

详见本节"五、资格预审的评审"。

（八）向投标人通知评审结果

招标单位（或业主）以书面形式向所有参加资格预审者通知评审结果，在规定的日期、地点向通过了资格预审的承包商出售招标文件。

四、资格预审文件的内容

资格预审文件的内容主要包括五个方面：工程项目总体描述；简要合

同规定；资格预审文件说明；要求投标人填报的各种报表；工程主要图纸。现分别介绍前四种。

（一）工程项目总体描述

使投标人能够理解本工程项目的基本情况，做出是否参加投标的决策。

（1）工程内容介绍：详细说明工程的性质、工程数量、质量要求、开工时间、工程监督要求、竣工时间。

（2）资金来源：是政府投资、私人投资，还是利用国际金融组织贷款，资金落实程度。

（3）工程项目的当地自然条件：包括当地气候、降雨量（年平均降雨量、最大降雨量、最小降雨量）发生的月份、气温、风力、冰冻期、水文地质方面的情况。

（4）工程合同的类型：是单价合同还是总价合同，或是交钥匙合同，是否允许分包。

（二）简要合同规定

对投标人提出具体要求和限制条件，对关税、当地材料和劳务的要求，外汇支付的限制等。

（1）投标人的合格条件：对投标人是否有国别和资质等级的限制，是否要求外国投标人必须和本国投标人联合。

（2）进口材料和设备的关税：投标人应调查和了解工程项目所在国的海关对进口材料和设备的现有法律和规定及应交纳关税的细节。

（3）当地材料和劳务：投标人应调查和了解工程项目所在国的海关对当地材料和劳务的要求、价格等情况。

（4）投标保证和履约保证：业主应规定对投标人提交投标保证和履约保证的要求。

（5）支付外汇的限制：业主应明确向投标人支付外汇的比例限制，外汇的兑换率，这个兑换率在合同执行期间保持不变。

（6）优惠条件：业主应明确是否给予本国投标人以价格优惠。

（7）联营体的资格预审应遵循以下条件：

①资格预审的申请可以由各公司单独提交，或由两个或多个公司作为合伙人联合提交，但应符合下述第③款的要求。两个或多个公司联合提交的资格预审申请，如不符合对联营体的有关要求，其申请将被拒绝。

②任何公司可以单独同时又以联营体的一个合伙人的名义，申请资格

预审。但不允许任何公司以单独及合伙人的名义重复投标，任何违背这一原则的投标将被拒绝。

③联营体所递交的申请必须满足下述要求：A. 联营体的每一方必须递交自身资格预审的完整文件。B. 资格申请必须确认，资格预审后，申请人如果投标，那么，（a）投标（如果中标）及其签订的合同应在法律上对全部合伙人有连带的和各自的义务；（b）联营体的联营协议要同投标书一同提交，协议中应申明联营体各方对合同的所有方面所承担的连带的和各自的义务。C. 资格预审申请中必须包括有关联营体各方拟承担的工程及义务的说明。D. 申请中要指定一个合伙人为负责方，由他代表联营体与业主联系。

④资格预审后组建的联营体的任何变化都必须在投标截止日之前得到业主的书面批准，后组建的或有变化的联营体如果由业主判定将导致下述情况之一者，将不予批准和认可：A. 从实质上削弱了竞争；B. 其中一个公司没有预先经过资格预审（不管单独的或作为联营体的一个合伙人）；C. 该联营体的资格经审查低于资格预审文件中规定的可以接受的最低标准。

（8）仲裁条款：在资格预审文件中应写明在业主与投标人之间出现争执或分歧时，应通过哪一个仲裁机构进行仲裁。

（三）资格预审文件说明

（1）准备申请资格预审的投标人（包括联营体）必须回答资格预审文件所附的全部提问，并按资格预审文件提供的格式填写。

（2）业主将投标人提供的资格预审申请文件依据下列四个方面来判断投标人的资格能力：

①财务状况：投标人的财务状况将依据资格预审申请文件中提交的财务报告，以及银行开具的资信情况报告来判断。其中特别需要考虑的是承担新工程所需的财务资源能力、未完工程合同的数量及目前的进度，投标人必须有足够的资金承担新的工程。其所承诺的工程量不应超出其财务能力。

②施工经验与过去履约情况：投标人要提供过去几年中令业主满意的、完成过相似类型和规模以及复杂程度相当的工程项目的施工情况，最好提供工程验收合格证书或业主对该项目的评价。

③人员情况：投标人应填写拟选派的工地主要管理人员和监督人员的姓名及有关资料供审查，要选派在工程项目施工方面有丰富经验的人员，

特别是负责人的经验、资历非常重要。

④施工设备：投标人应清楚填写拟用于该项目的主要施工设备，包括设备的类型、制造厂家、型号，设备是自有的还是租赁的，哪些设备是新购置的。设备的类型、数量和能力要满足工程项目施工的需要。

（3）资格预审的评审前提和标准。投标人对资格预审申请文件中所提供的资料和说明要负全部责任。如果提供的情况有虚假，或在审查时提出的澄清要求不能提供令业主满意的解释，业主将保留取消其资格的权利。

要说明业主对资格预审的评审要求。

（四）要求投标人填报的各种报表

在资格预审时要求投标人填报的各种报表，一般包括：①资格预审申请表；②公司一般情况表；③年营业额数据表；④目前在建合同/工程一览表；⑤财务状况表；⑥联营体情况表；⑦类似工程合同经验；⑧类似现场条件合同经验；⑨拟派往工程的人员表；⑩拟派往本工程的关键人员的经验简历；⑪拟用于本工程的施工方法和机械设备；⑫现场组织计划；⑬拟订分包人；⑭其他资料表（如银行信用证、公司的质量保证体系、争端诉讼案件和情况等）；⑮声明表（对填写情况真实性的确认）。

世界银行、亚洲开发银行、FIDIC 等国际组织所拟定的资格预审表内容大同小异，一般均根据贷款来源选用有关组织的资格预审表或由业主方自己拟定。

五、资格预审的评审

（一）评审委员会的组成

评审委员会人员的技术、业务素质的高低，是否参加过评审工作，直接影响到评审结果。为了保证评审工作的科学性和公正性，评审委员会必须具有权威性，评审委员会必须由各方面的专家组成。

评审委员会一般是由招标单位负责组织。参加的人员有：业主代表，招标单位，财务、经济方面的专家，技术方面的专家，上级领导单位，资金提供部门，设计咨询部门等。根据工程项目的规模，评审委员会的委员一般由 7～13 人组成。评审委员会下设商务组、技术组等。

（二）资格预审的评审方法

承包商在看到招标单位发布的资格预审通告后，应立即去指定地点申请参加资格预审，并购取资格预审文件。资格预审文件原则上要求承包商当面购取，有特殊关系的承包商（如享有优先条件或政府协议中有规定），可以用挂号信方式向资格预审办公室寄去投标人的认可申请，并汇去所需款额以购取资格预审文件。

项目发包人有权根据自己的要求确定评审投标资格的方法。评审工作由资格预审的评审委员会单方面不公开进行。由该委员会全权决定淘汰其认为不合格的承包商，无须告知淘汰理由。在国际工程承包实践中比较广泛地采用两步评审法。第一步，先审查参审投标人的法律资格，研究其提交的法律方面文件是否合乎要求，向有关部门了解该承包商是否履行了纳税、守法、缴纳强制保险费金等义务，了解其是否属于被禁止投标的公司之列……第二步，从投标公司的财务能力、技术资格和施工经验等方面对其进行资格评审。鉴于第二步的评审工作比较复杂、细致，因此通常采用评分法，即对投标商报送的资格预审内容按一定的标准判分（多采用百分制），凡达到或超过最低分数线的承包商即算预审合格。

招标单位通常把影响投标资格的因素分成若干组，而后根据项目的特点和各种因素的重要程度来分配得分比例。比较常见的是分为三组：财务能力组、技术资格组、施工经验组。每组分数所占的比例，有的按4∶3∶3分配，有的按3∶3∶4分配，也有的按其他比例分配。选择何种比例，须根据项目性质而定。有些要求承包商带资承包的项目，财务能力占比例较大，而技术资格及施工经验所占比例则相对较小；若施工难度较大，工程技术比较复杂，则技术资格和施工经验所占比例相对增大，财务能力因素的作用就相应变小。

为了评分准确，还需要把各组因素划分为更细的项目。

1. 财务能力

有的从承包收入、投资能力、可获得的信贷三个方面来评价；也有的从变现率、盈利性比率、资本结合率、资产收益率、运营资本收益率等五个方面评价。现简要解释如下：

（1）承包收入：是指承包公司的年总收入除去其他非承包收入。仅说明公司的运营规模。

（2）投资能力：通常用净资产值乘以5，或流动资产值乘以10，再减去当年合同的未完工程值。

（3）可获得的信贷：是表明公司的信誉和可动员的财务能力。

（4）变现率：是指公司的流动资金与流动负债的比率。这个比率过小，说明公司无力偿还即期欠款；比率过大，则说明公司的现金管理不善。

（5）盈利性比率：是指利润同净流动资产的比率。从中可以看出公司的经营业绩。

（6）运营资本收益率：是指利润与投入资本之比。

2. 技术资格

进行技术资格评审主要是为了判明公司的潜在技术能力。一般影响技术资格的因素有：

（1）现场管理：现场管理能力往往是保证工程实施的重要因素，可以用现场管理结构安排、现场管理人员的素质（文化程度、本人经历和经验等）、现场管理机构的授权等来衡量。

（2）关键人员：可以从拟派到现场的关键人员的数量、专业组成和胜任能力等来审查。

（3）转包工程：从承包商本身承担份额和向外转包份额的比例来分析。

（4）机具设备：从承包商自有设备能力，特别是可用于本工程的大型机具设备能力及其设备寿命状态来评判。

3. 施工经验

对投标人的施工经验进行评价时应从两方面加以考虑，即一般经验和特殊经验。

一般经验包括承包商的国际施工经验，近五年来对类似本项目最高难度工程的施工经验，在各种地形、各种气候条件下的施工经验以及检验与质量管理的经验。

特殊经验是指投标人对招标项目中某项特殊工程的施工经验。所谓特殊工程是指在招标项目中经招标单位指定的某项质量要求严格、施工难度较大而且又是项目关键部分的工程。

评审委员会经过仔细审慎的研究，从参审承包商中挑选出其认为合格的投标人，其余的承包商则全部被淘汰。不同的国家、不同的项目，预审通过与预审淘汰的比例是各不相同的。有的国家习惯于使资格预审带有投标预选色彩，因而只批准极少数承包商投标，而淘汰大多数（特别是中小型工程）。有些项目因为工程复杂或规模较大，倾向于尽可能发挥竞争作用，因而预审时条件较宽。也有些业主，自己早物色好了承包商，只是碍于国家的法律（有些国家立法规定发包工程必须通过招标）或投资金融机构的要求（特别是世界银行），不得已而走形式。

评审委员会结束评审后，即向所有申请投标并报送资格预审材料的承包商发出合格或不合格通知。通知书必须以挂号信方式发出。

不合格通知书仅仅向投标申请人告知其资格预审不合格，并不详细说明为什么不合格，这是业主的权利，被淘汰的投标申请人也无权查询其被淘汰的原因。

批准通知书即资格预审合格通知书，除告知投标申请人预审合格外，还必须告知：①发包项目的招标细则、图纸、工程量清单和投标书格式等招标文件的购取地点和购取文件的截止日期；②接收或寄送投标报价材料的截止日期；③判标地点、日期和时刻等。

如果资格预审合格者不足 3 家，评审委员会应另外邀请若干家承包公司在 3 天内报送资格预审材料。评审委员会在 8 天内给予答复（如遇节假日顺延）。得到肯定答复的承包公司将被视为资格预审合格，其做标报价期限从预审答复期逾期之日起顺延至少 20 天。

（三）资格预审的评审报告

资格预审评审委员会对评审结果要写出书面报告，评审报告的主要内容包括：工程项目概要；资格预审简介；资格预审评审标准；资格预审评审程序；资格预审评审结果；资格预审评审委员会名单及附件；资格预审评分汇总表；资格预审分项评分表；资格预审详细评审规则等。如为世界银行或亚洲开发银行等贷款项目，还要将评审结果报告送该组织批准。

六、资格后审

（一）资格后审与资格预审的区别

对于开工期要求比较早，工程不算复杂的中小型项目，为了争取早日开工，可不进行资格预审，而进行资格后审。

资格后审即在招标文件中加入资格审查的内容，投标人在报送投标书的同时报送资格审查资料，评标委员会在正式评标前先对投标人进行资格审查。资格审查合格后再进行评标，而资格不合格的投标人，将被淘汰，不予评标。

（二）资格后审的内容

资格后审的内容与资格预审的内容大致相同，主要包括：①投标人的组织机构，即公司情况表；②财务状况表；③拟派往项目工作的人员情况表；④工程经验表；⑤设备情况表；⑥其他，如联营体情况等。

有的内容如果在招标文件中要求投标人在投标文件中填写，则可以不必在此重新填写。

第六节　国际工程招标文件

国际工程招标文件是指为国际工程招标服务的对外正式文件的总称，即从招标通告直至将要签订的合同的格式与内容，都属于招标文件的范围。它是由招标机构或招标咨询机构编制的。向合格的潜在投标人发出有关招标的各种书面要求。招标文件既是投标人编制投标书的依据，也是业主与中标的投标人签订合同的基础。因此，它是对招标、投标乃至承发包双方均具有约束力的极为重要的文件。

一、招标文件的作用

（一）招标文件是招、投标双方的行动准则和指南

招标文件中不仅规定了完整的招标程序，说明招标机构将按照文件指定的时间、地点和程序完成招标全过程，而且文件中还提出各项具体的技术标准和交易条件，要求愿意参加该项目投标的潜在供应商或投标商，按照既定标准参加投标交易。投标单位只要接受邀请参加投标，就意味着同意接受招标机构所提出的各项要求。同时，招标人与投标人在整个招标与投标进程中，每一步骤都应按照招标文件办理，受招标文件的约束。

（二）招标文件是投标人编制投标文件的依据

投标文件（简称标书）是投标人向招标机构发出的交易条件的综合，相当于商业交易中的发盘。但是，这个发盘必须以招标文件中规定的交易条件为基础。招标文件中规定了投标条件和各注意事项、投标文件填写的格式。投标人若不按照要求行事，所投标书必然受到招标机构的拒绝。虽然投标人在填制标书时，对某些条件可以提出修改、补充，但仅限于一定范围内，而且由招标机构最终决定是否接受。

（三）招标文件是合同的基础

招标文件中要说明未来合同的主要内容、合同的种类和格式，使投标

人了解招标的最后步骤——合同签订的情况。由于整个招标文件内容周全，当招标机构发出后，投标人完全同意，它就可以被看成交易中的"接受"，是买卖双方共同达成的交易条件。所以，很多情况下，招标文件差不多就是合同，只不过需要由买方和中标人最后履行一下签约手续而已。

以上阐述足以说明招标文件的重要性。为此，招标机构须重视招标文件的编制，应使其达到明白、严谨、细致三项要求。

二、招标文件的内容

招标文件通常包括招标通告、资格预审表、投标人须知、合同条件、工程技术说明书、工程技术图纸和附件、工程量清单、投标书、投标保证书、履约保证书和协议书。

（一）招标通告

招标通告，包括招标广告和招标通告。详见本章第四节。

（二）资格预审表

承包人要按照招标通告指定的时间、地点报名申请参加资格预审。只要符合招标人规定的基本条件，承包人就可以领取一份工程项目的详细介绍和资格预审文件。资格预审文件一般是一系列的表册，称为资格预审表，承包人必须如实填写。如投标人还有情况需要说明，可另附纸上。详见本章第五节。

（三）投标人须知

投标人须知即投标指南。它指导投标商进行正确投标，并说明应填写的投标文件和开标日期。其主要内容有：

（1）概况，包括工程描述、项目资金来源、合格投标人国籍、招标文件费、投标书使用语言、场地勘察时间等。

（2）投标准备，包括投标准备事项、工程报价方法、作价货币、标单的有效期限、投标保证书、改变工程建议书、联合投标书等。

（3）递交标单，包括标单签字盖章、递交的最后日期、迟延标单、标单的修正和撤回。

（4）开标和估价，包括开标单的合格性、改正错误、招标文书的解释、估价和评比国内承包商的优先事项等。

（5）授标，包括授标的标准、业主的权利、授标通知、签订合同、履约保证等。

（四）合同条件

合同条件是合同双方为承包工程项目确定各自权利和义务而订立的共同遵守的条文。合同一经双方签字就发生法律效力，当发生不可协调的分歧时，合同条款即仲裁的依据。

合同条件通常分为一般条件和特殊条件两部分。一般条件是适用于一般工程承包合同的基本条款，这部分条款不必起草，直接套用即可。特殊条款是针对具体工程的需要而设的条款，需专门拟订。一般来说，合同条件包括下列内容：

（1）标的，即招标工程项目情况的说明。

（2）工程数量和质量，即明确规定承包人应完成的工程数量和应达到的质量标准。

（3）工程价款，即明确工程承包价款数额，用作支付手段的货币种类、汇率，以及支付时间和支付方式等。

（4）合同有效期限，履行合同的地点和方式。

（5）验收时间和方法。

（6）违约责任与纠纷处理。

（7）意外事件的处理。

一般国际上应用广泛的是国际咨询工程师联合会等五个团体编订的《土木工程施工国际通用合同条件》。

（五）工程技术说明书

工程技术说明书即按工程类型和合同方式的情况，用文字说明工程技术内容的特点和要求，对机器、设备、材料、施工、安装的做法规定其技术要求。说明书是合同文件的组成部分，一般由两部分组成，即一般要求的说明和技术说明。要求文字简明、表达清楚、目标明确、实用性强，使错解和误解降到最低程度。

（六）工程技术图纸和附件

一般情况下，招标文件中所附的工程技术图纸及附件仅仅是初步设计，只能满足投标商的报价需要。有些项目在招标前业已完成施工图设计，招标文件中可以包括一套完整的图纸及附件；有些项目在招标时尚处于初步设计阶段，则投标文件中往往只能附上一张总平面布置图及工艺流程图。后一种情况，招标文件中的图纸部分还应附列一份应于以后提供的图纸清单以及预计提供日期。

（七）工程量清单

工程量清单是计算投标价格的基础，主要用于单价合同的工程招标。投标人在工程量清单中填列出各单项或分项的单价或总价后，即作为报价单纳入投标文件。其汇总后的费用总额即为投标价格，并转入"投标书格式"。

（八）投标书

投标书是投标人承认各个招标文件中规定的事项，按"投标人须知"的指示，以自己开出的标价承担整个工程的施工、建成和维修任务的保证书，是招标文件的组成部分。它的格式和内容由业主事先拟定，投标书的主要内容通常有正文和附录两部分，由投标人以填空形式填写。

（九）投标保证书

投标保证书是由业主认可的银行或其他担保机构出具的文件。其内容是向业主担保投标人的标书被接受后，一定同业主签订承包合同，不得反悔，不得中途退标，否则，将被没收保证书规定的担保金额，以赔偿业主损失。担保金额一般为标价的 2% ~ 5%，或由业主规定具体数额，通常由投标人和担保人共同签署保证书。

（十）履约保证书

履约保证书是指招标人要求中标人在签订承包合同后，商请第三者保证中标人按照合同条件履行合同，如违约或延期不执行，则负责赔偿所造成经济损失的保证书。保证金额一般为投标总价的 5% ~ 10%，一般在中标签订合同以后或同时填写履约保证书。

（十一）协议书

协议书即某投标人一旦中标后，同业主签订合同时所使用的格式，以便让投标人了解中标后将同业主签订什么样的合同协议。由于合同的各种条件都已写在各招标文件中，所以协议书在正文中只需写明上述各种文件为本协议的组成部分，本人愿意遵守执行即可。一般由招标人预先印好，由投标人填写。

三、招标文件的发售

招标文件是在资格预审之后才开始发售的。招标机构或工程业主通常以书信方式通知获得投标资格的投标人，在规定的时间内到某指定地点购买招标文件。也有一些中小型工程项目不进行资格预审的，可以直接向投标人发售招标文件，但应在招标文件中写明将在评标时一并评审其资格，要求投标人在投标报价的同时报送其公司的基本情况以供审查。招标文件的发售通常规定：

（1）文件只售给业已获得投标资格的原申请投标者。

（2）招标文件通常按文件的工本费收费，购买招标文件后，不论是否投标，其费用一律不予退还。

（3）招标文件的正本上一般均盖有主管招标机构的印鉴，这份正本一般在投标时，作为投标文件的正本交回，通常不允许用自己的复印本投标。

（4）招标文件是保密的，不得转让他人。

关键概念

招标承包制　公开招标　邀请招标　资格预审

复习思考题

1. 国际工程招标承包的基本程序是什么？
2. 国际工程招标承包的方式有哪几种？
3. 资格预审评审的主要内容是什么？
4. 如何评价世界各地工程招标承包的惯常做法？
5. 招标文件的主要内容是什么？

第三章　国际工程投标

重视投标决策前的准备工作；研究投标决策的分析方法；认清投标过程中的工作重点；了解投标策略和投标技巧；掌握投标文件的编制方法。

第一节　投标决策前的准备工作

投标决策前的准备工作十分重要，它直接影响投标的中标率大小。凡具有国际投标竞争能力的企业都特别重视准备工作。投标前，首先要做好可行性研究。参加国际投标往往要耗费大量的金钱和时间，而这些代价均由投标人来承担。因此，透彻地研究本公司投标成功的可能性和投标将遇到的风险就显得特别重要。如果经过研究发现外部竞争者确实遥遥领先，而本企业技术和施工能力有限，赢得合同的机会十分渺茫，就应放弃投标。反之，若前景乐观，投标人则应积极准备参加投标。

一、项目的信息收集和跟踪选择

所谓项目的信息收集和跟踪选择也就是对工程项目信息进行连续的收集、分析、判断，并根据项目的具体情况和营销策略，选择直至确定投标项目的过程。

一个成功的承包公司应该拥有广泛的项目信息来源，还应该完整地收集信息并及时反馈，根据市场现实情况结合自己的营销方针和市场计划，在进行详细认真的筛选和反复的论证后确定投标对象。工程项目信息的跟踪和选择，关系承包公司能否广泛地获得足够的项目信息，能否准确地选择出风险可控、能力可及、效益可靠的项目，使自己的业务得到发展并获得成功，可以说它是国际工程公司投标工作的"龙头"。因此，每个国际工程公司一般都有一个专门的配有现代化信息工具的机构负责这一工作。

项目的跟踪和选择属于市场营销范畴，现代市场营销理论和方法有利于指导这一工作。

（一）广泛收集工程项目信息

（1）通过国际金融机构的出版物。所有应用世界银行、亚洲开发银行等国际性金融机构贷款的项目，都要在世界银行的《商业发展论坛报》、亚洲开发银行的《项目机会》上发表。承包公司针对这些刊物上发表的项目信息，从项目立项起就开始逐月地、不断地进行跟踪，直至发表该项目招标公告。

（2）通过一些公开发行的国际性刊物。《中东经济文摘》（MEED）、《非洲经济发展月刊》（AED）等，也会刊登一些招标邀请通告。

（3）通过公共关系网和个人接触。对于有一定知名度的公司，往往会有一些国外代理商直接和这些公司接触，提供一些项目信息。有时承包公司通过接触一些国外的代理、朋友也会获得一些信息，这是国际上采用最为普遍的方法。通过个人接触不仅能得到有关的项目信息，还可以了解当地的政治、经济等其他方面的情况。因此，国际工程承包企业需要加强企业的自我宣传，通过业务交流、宣传资料、广告等形式宣传自己的专长、实力、业绩，以增强企业自身的知名度，使别人了解企业的实力与水平。扩大知名度自然会增加获得信息的机会，有时甚至会得到业主的直接邀请参加投标。

（4）通过我国驻外使馆、有关驻外机构、外贸部门或公司驻外机构。因为它们与当地政府和公司接触频繁，因此得到的信息也十分丰富。

（5）通过与国外驻我国机构的联系。各国使馆、联合国驻华机构或世界银行驻华机构等也是信息的重要来源。

（6）通过国际信息网络。在当前的信息化社会，得到信息的机会很多，其中利用国际信息网络也是国际承包商获得项目信息的重要来源之一。

（二）精心选择和密切跟踪

国际工程公司的具体业务部门或公司领导需要从所获得的工程项目信息中，根据项目所在地区的宏观环境是否基本适合进入的市场，选择符合本企业经营策略、经营能力和专业特长的项目进行跟踪，或初步决定准备投标（从跟踪到最后确定投标与否，还要再对项目进一步调查研究，甚至在资格预审之后决定）。这一选择跟踪项目或初步确定投标项目的过程是一个重要的经营决策过程。

1. 选择项目的原则

（1）符合公司的目标和经营宗旨。这要求考虑此项目是否在你确定要发展的地区，如是首次进入该市场，则要调查市场的开拓前景如何。

（2）企业自身条件。根据自己的专业范围、经济实力、管理水平和经验来确定能否按业主要求完成项目；还要考虑是否可以发挥自身的专业特长和技术优势。

（3）工程的可靠性。国际工程公司在做出投标项目选择之前，首先应考虑该工程实现的可靠性，如建设条件、资金落实情况、施工条件、工程难度、业主资信等因素。

（4）竞争是否激烈。考虑项目所在地的竞争激烈程度，以自身的优势能否战胜对手，对于毫无得标把握的项目不宜勉强参与，以免浪费资源，影响企业形象。

作为一般性原则，集中优势力量在一个市场承包一个大项目，比利用同样的资源分散地承包几个小型项目更为有利。另外，对于市场经济和政治风险大的地区的项目，规模和技术要求超过本公司能力的项目，项目难度大、风险性大而在盈利上也无很大吸引力的项目，非本专业又难以找到可靠施工单位的项目等，一定要慎重选择，尽量回避。

2. 做好调查研究

为了对跟踪项目进行选择，需要进行尽可能详细的调查研究工作，包括工程所在国的基本情况，如政治、经济、社会、法律、自然条件等，该国是否是一个值得开拓和有发展的市场和项目本身的情况，当然这种调查是分阶段地、有选择地、逐渐深入地进行。

3. 选择投标项目的定量分析方法

选择投标项目有时可采用定量分析方法，定量分析方法有很多，如加权系数法、决策树法等。

二、决策前的环境调查

投标环境是指招标工程项目所在国的政治、经济、法律、社会、自然条件等对投标和中标后履行合同有影响的各种宏观因素。其主要应调查下列项目：

（一）政治情况

（1）工程项目所在国的社会制度和政治制度；

（2）政局是否稳定，有无发生政变、暴动或内战的因素；

（3）与邻国关系如何，有无发生边境冲突或封锁边界的可能；

（4）与我国的双边关系如何。

（二）经济条件

（1）工程项目所在国的经济发展情况和自然资源状况；

（2）外汇储备情况及国际支付能力；

（3）港口、铁路和公路运输以及航空交通与通信联络情况；

（4）当地的科学技术水平。

（三）法律方面

（1）工程项目所在国的宪法；

（2）与承包活动有关的经济法、工商企业法、建筑法、劳动法、税法、金融法、外汇管理法、经济合同法以及经济纠纷的仲裁程序等；

（3）民法和民事诉讼法；

（4）移民法和外国人管理法。

（四）社会情况

（1）当地的风俗习惯；

（2）居民的宗教信仰；

（3）民族或部族间的关系；

（4）工会的活动情况；

（5）治安状况。

（五）自然条件

（1）工程所在国的地理位置和地形、地貌；

（2）气象情况，包括气温、湿度、主导风向和风力、年降水量等；

（3）地震、洪水、台风及其他自然灾害情况。

（六）市场情况

（1）建筑材料、施工机械设备、燃料、动力、水和生活用品的供应情况，价格水平，过去几年的批发物价和零售物价指数以及今后的变化趋势预测；

（2）劳务市场状况，包括工人的技术水平、工资水平、有关劳动保险和福利待遇的规定，以及外籍工人是否被允许入境等；

（3）外汇汇率；

（4）银行信贷利率；

（5）工程所在国本国承包企业和注册的外国承包企业的经营情况。

有关投标环境的调查资料可通过多种途径获得，包括查阅官方出版的统计资料、学术机构发表的研究报告和专业团体出版的刊物以及当地的主要报纸等。有些资料可请我国驻外代表机构帮助收集，或请工程所在国驻我国的代表机构提供；也可派专人进行实地考察，并通过代理人了解各种情况。

三、决策前的投标项目情况调查

投标开始前，投标人要针对具体投标项目，做好全面的调查研究，以便使投标人做出正确的投标决策。调查的主要内容包括：

（1）工程的性质、规模、发包范围；

（2）工程的技术、规模和材料性能及对工人技术水平的要求；

（3）对总工期和分批竣工交付使用的要求；

（4）工程所在地区的气象和水文资料；

（5）施工场地的地形、土质、地下水位、交通运输、给排水、供电、通信条件等情况；

（6）工程项目的资金来源和业主的资信情况；

（7）对购买器材和雇用工人有无限制条件（例如是否规定必须采购当地某种建筑材料的一定份额或雇用当地工人的比例等）；

（8）对外国承包商和本国承包商有无差别待遇（例如在标价上给本国承包商以优惠等）；

（9）工程价款的支付方式、外汇所占比例；

（10）业主、监理工程师的资历和工作作风等。

这些情况主要靠研究招标文件、察看现场、参加招标交底会和提请业主（工程师）答疑来了解。有时也须取得代理人的协助。

四、决策前的内部情况调查

投标人内部情况调查的主要内容包括：

（1）本公司的施工能力和特点；

（2）本公司的设备和机械，特别是临近地区有无可供调用的设备和机械；

（3）有无从事过类似工程的经验；

（4）有无垫付资金的来源；

（5）投标项目对本公司今后业务发展的影响。

五、决策前的竞争对手情况调查

掌握竞争对手情况，是投标决策的一个重要环节，是企业对外投标能否取胜的重要因素。准备参加投标的企业，还须对本行业中一切参加过竞争或此次可能参加投标竞争的企业有所了解，列出这些竞争对手的名单，并调查它们在投标时的情况。其具体内容为：

（1）历次招标中本行业企业投标人数目。这个数据，经过一定积累后，方可找到投标人数规律，在未来的投标中，投标企业可以遵循此规律，结合投标合同的大小和本行业经营状况，估算出将要投标的企业数目。这个数字决定了企业的报价策略。

（2）每个企业的投标经历，即竞争对手过去参加过哪些投标，参加的次数，中标的次数，得次低标的次数，开标后降价的幅度。

（3）竞争对手的经营情况、生产能力、技术水平、产品性能、质量及知名度等企业情况。

六、投标的组织与工作

（一）投标班子的组成和要求

当公司决定参加某工程项目投标之后，第一位的、最主要的工作即组成一个干练的投标班子。对参加投标的人员要认真挑选，应该由具备以下基本条件的人员组成：

（1）熟悉有关外文招标文件。对投标、合同谈判和合同签约有丰富的经验。

（2）对该国有关经济合同方面的法律和法规有一定的了解。

（3）不仅需要有丰富的工程经验，熟悉施工的施工工程师，还要有具有设计经验的设计工程师参加，因为从设计或施工的角度，对招标文件的设计图纸提出改进方案或备选方案，以节省投资和加快工程进度是投标人中标的重要条件。

（4）最好还有熟悉物资采购的人员参加，因为一个工程的材料、设备开支往往占工程造价的一半以上。

（5）有精通工程报价的经济师或会计师参加。

（6）国际工程需要工程翻译，但参与投标的人员也应该有较高的外语水平，这样可以取长补短，避免由于翻译不懂技术和合同管理出现失误。投标人员中还应有通晓项目所在国官方语言的翻译。例如去中东地区就应有阿拉伯语翻译。

总之，投标班子最好由多方面的人才组成。

一个公司应该有一个按专业或承包地区分组的、稳定的投标班子，但应避免把投标人员和实施人员完全分开的做法，部分投标人员必须参加所投标工程实施，这样才能减少工程实施中的失误和损失，不断地总结经验，提高投标人员的水平和公司的总体投标水平。

（二）投标班子的工作

首先，投标班子要分析国际招标公告或邀请函的内容，按其要求确定报价小组在各方面投入的人力和物力。

其次，确定工作日程。按照投标的期限，确定每一步工作的日程安排，确定报价小组成员应负责完成的任务、进度和时间。

再次，明确班子成员分工。按照每一成员的专业，明确其工作范围和工作的组织方法。成员之间的分工可按以下几个方面进行：

（1）工程和科研方面，负责投标的全部技术内容，包括填报有关施工或生产的投标表格，确定设计构思。

（2）生产或施工方面，生产方面负责有关材料的加工、组装检验、试验等工作；施工方面负责施工工艺、技术、进度、材料和劳动力等。他们要制订出详细、准确的生产或施工报告和计划，并规定质量控制和监督的方法。

（3）采购方面，负责向供货商询价和购货。

（4）财务方面，负责统计有关投标的各项成本，核算总成本。根据本企业经营目标确定投标价格。

（5）合同方面，负责分析招标机构所发的招标文件，招标合同的结构与要求，综合本企业的方针，确定完善的投标条件和合同结构。该方面的人员要负责解释合同条款中的文字和每一条款所包含的风险、责任。

（6）市场营销方面，负责研究国际招标项目的特点，招标机构工作的程序，了解标底，分析招标市场情况，与招标机构进行沟通等。通过这些活动，取得有关招标的各项资料。

分头工作之后，班子成员共同确定投标报价草案，交企业上级决策机构批准。

（三）联营体

联营体（joint venture，JV）是在国际工程承包和咨询时经常采用的一种组织形式。JV 是针对一个工程项目的招标，由一个国家或几个国家的一些公司组成一个临时合伙式的组织去参与投标，并在中标后共同实施项目。一般如果投标不中标，则 JV 解散。在以后其他项目投标和实施需要时再自由组织，不受上一个 JV 的约束和影响。

组建联营体的主要优点是可以优势互补。例如，可以弥补技术力量的不足，有助于通过资格预审和在项目实施时取长补短；又可以加强融资能力，对大型项目而言，周转资金不足不但无法承担工程实施所需资金，甚至开出履约保函也有困难，参加 JV 则可减轻每一个公司在这方面的负担；参加 JV 还可以分散风险；在投标报价时可以互相检查，合作提出备选方案，也有助于工程的顺利实施。当然 JV 也有一些缺点，因为是临时性的合伙，彼此不易搞好协作，有时难以迅速做出决策。这就需要在签订 JV 协议时，明确各方的职责、权利和义务，组成一个强有力的领导班子。

对我国公司而言，去国外承包大型项目时，为了借助外国大公司的名牌、经验、技术力量或资金优势，要尽可能地与它们组成 JV，而不要成为它们的分包商，因为作为 JV 成员是以平等的身份参与项目，其资历和经验可得到世界银行、亚洲开发银行等国际组织贷款项目资格预审人员的承认，而分包是得不到直接承认的。与国外大公司组建 JV，除了借助它们的优势外，另一点重要的因素即要学习它们的经验，不但是技术方面的经验，更重要的是工程项目管理方面的经验，要选派一批外语好、公关能力强的工程师参与各个部门及现场的领导，通过参加 JV，不但要做好项目，赢得利润，更主要的是要培养一批人才。

在国外参与承包项目有时也与当地公司结成 JV，可以利用当地公司的人力资源和有利条件。但在选择当地 JV 伙伴时，一定要注意了解该公司的信誉和资源情况，包括资金、技术力量、设备力量、是否有足够的能力履行对项目的责任等，因业主方一般均要求 JV 中各成员承担个别的和共同的责任。

如果在国内与外国大公司组建 JV，或在国外与当地公司组建 JV，以参与世界银行或亚洲开发银行贷款项目的投标时，除了上述注意事项外，还要研究如何符合世界银行、亚洲开发银行贷款项目评标的优惠条件，以有利于中标。

第二节 投标决策的分析方法

决策理论有许多分析方法，下面介绍根据竞争性投标理论进行投标决策时比较适用的分析方法——专家评分比较法（expert scoring method）。

一、确定决策判断指标

一般可根据下列 10 项指标来判断是否应该参加投标：

（1）管理的条件：指能否抽出足够的、水平相应的管理工程人员（包括工地项目经理和组织施工的工程师等）参加该工程。

（2）工人的条件：指工人的技术水平和工人的工种、人数能否满足该工程的要求。

（3）设计人员条件：视该工程对设计及出图的要求而定。

（4）机械设备条件：指该工程需要的施工机械设备的品种、数量能否满足要求。

（5）工程项目条件：指对该项目有关情况的熟悉程度，包含项目本身、业主和监理情况、当地市场情况、工期要求、交工条件等。

（6）同类工程的经验：以往实施同类工程的经验。

（7）业主的资金条件：过去的支付信誉，本项目的资金是否落实等。

（8）合同条件：合同条件是否苛刻等。

（9）竞争对手的情况：包括竞争对手的数量、实力等。

（10）今后的机会：对公司今后在该地区的影响和机会。

二、运用专家评分比较法进行决策分析

按照上述 10 条，用专家评分比较法分析决策的步骤如下：

第一步，按照 10 项指标各自对企业完成该招标项目的相对重要性，分别确定权数。

第二步，用十项指标得分对项目进行权衡，按照模糊数学概念，将各标准划分为好、较好、一般、较差、差五个等级，各等级赋予定量数值，如可按 1.0、0.8、0.6、0.4、0.2 打分。例如企业的劳动力条件足以完成本工程便将标准打 1.0 分。竞争对手愈多则打分愈低。

第三步，将每项指标权数与等级分相乘，求出该指标得分。十项指标得分之和即为此工程投标机会总分。

第四步，将总得分与过去其他投标情况进行比较或和公司事先确定的准备接受的最低分数相比较，来决定是否参加投标。

三、投标决策分析举例

表 3-1 是用此方法评价投标机会的一个例子。该方法可以用于两种

情况：

表 3-1　　　　　　用专家评分比较法对投标机会评价举例

投标考虑的指标	权数 (W)	等级 (C)					WC
		好	较好	一般	较差	差	
		1.0	0.8	0.6	0.4	0.2	
1. 管理的条件	0.15		√				0.12
2. 工人的条件	0.10	√					0.10
3. 设计人员的条件	0.05	√					0.05
4. 机械设备条件	0.10			√			0.06
5. 工程项目条件	0.15			√			0.09
6. 同类工程经验	0.05	√					0.05
7. 业主资金条件	0.15		√				0.12
8. 合同条件	0.10			√			0.06
9. 竞争对手情况	0.10				√		0.04
10. 今后机会	0.05					√	0.01

$$\sum WC = 0.70$$

注：√表示等级的取值。

　　一是对某一个招标项目投标机会做出评价，即利用本公司过去的经验，确定一个 $\sum WC$ 值，例如在 0.60 以上即可投标，则上例属于可投标的范畴，但也不能单纯看 $\sum WC$ 值，还要分析一下权数大的几个项目，也就是要分析主要指标的等级，如果太低，也不宜投标。

　　二是可以用于比较若干个同时正准备考虑投标的项目，看哪一个 $\sum WC$ 最高，即可考虑优先投标。

第三节 投标过程中的工作

一、物色代理人

在国外承包和实施国际工程要比承建国内工程复杂得多，一个在国内市场经营很好的工程公司或一支工程建设队伍，初次闯到国外时未必能够在国外顺利地得到项目；得到项目后未必能成功地实施工程。其重要的原因之一就是它不熟悉国外的社会、法律、经济、商务习惯和金融惯例等，不了解当地的传统习惯和社会人事关系，不清楚解决各类问题的渠道。一句话就是不熟悉国外的经营和工作环境，而这些恰恰是国际工程承包商成败的关键。因此国际工程公司初期为了得到项目往往需要寻觅合适的代理人（往往他就是项目信息的提供者），协助自己进入该市场开展业务，获得项目，并且需要代理人在项目的实施过程中协助自己在有关方面进行必要的斡旋和协调。即使是在一个熟悉的市场，如果有一个好的代理人，他在扩大市场方面或项目顺利实施方面将会起到非常好的作用。因此，使用和选择好代理人是国际工程承包业务的重要内容之一。

有些国家法律明确规定，任何外国公司必须指定当地代理人，才能参加所在国的建设项目的投标和承包。

鉴于我国的国情，我国的多数公司对代理人的作用不甚了解，有些公司认为可有可无，与其让代理人中间拿一块，不如不用代理人；有些人过多地依靠代理人而被代理人控制，这些都不甚妥当。了解哪些工作需要和可以通过代理人来做，同时选择好代理人，签订好代理协议，处理好各方面的关系，促进国际工程承包业务的开展。

（一）代理人的作用

在国际工程承包业务中，代理人就像化学反应的催化剂。通过代理人的积极工作，承发包商不仅可以获得合同，还可以得到各方面的协调和服务，使工程进展顺利，提高营业活动的效益。在世界范围内国际工程承包业务的80%是通过代理人和中介机构的，在有些国家，这已经成为一种行业，他们的活动不仅有利于承包商，同时也利于业主，促进了当地的项目建设和经济的发展，这一点已经得到大多数国家的承认，因此他们的活动在大多数国家都是合法和有序进行的。

代理人至少可以提供以下几个方面的服务：

（1）提供项目信息，介绍项目。当地代理人大多是在当地社会中有一定活动能力的人，和当地的经济界、政治界有密切的关系，有广泛的信息渠道，他们可以较早地获得一些重要的大型项目的招标动态，甚至一些内部情况。他们往往会通过自己的商业渠道向他的客户提供这些方面的信息。

承包商如果已经和代理人建立了联系，并确定了代理关系，代理人就应当向承包商提供这些信息，承包商可从中筛选和确定自己所感兴趣的项目，并指示代理人密切跟踪这些项目。如果承包商还没有进入该地区，承包商感兴趣的项目的业主对承包商尚不了解，其就可以要求代理人与该业主接触，并介绍承包商的公司，还可以要求代理人向该业主递交承包商的介绍资料，宣传承包商的技术经济实力，使该业主对承包商有所了解；必要时承包商可以要求代理人引荐自己的代表和业主代表直接洽谈。

（2）提供当地情况资料。代理人不仅应当提供有关项目情况，还应向客户提供当地的所有政治经济背景资料和商务资料。例如，税收情况、法律、进出口政策以及当地劳务来源和价格，机械设备、材料的来源和价格、运费等，当然这些不能代替承包商自己第一手资料的收集工作。

（3）业务咨询。一个合格的代理人可以在各方面为客户提供有益的建议。例如，向承包商介绍和解释社会局势或投标形势，使承包商在决策过程中得到有益的启示；帮助承包商处理一些业务性工作，使承包商避免产生一些麻烦和纠纷；他还可以向客户介绍当地的技术人员、分包商和咨询人员等；有些有实力的代理公司甚至可以代为编制投标书等，当然代理人为客户所做的工作是和其代理费成比例的，他为客户做的工作越多，其代理费也越高。

一个老练的代理人有广泛的社会关系，往往掌握打开各种关卡的钥匙，当代理关系确定之后，必要时就可以要求他予以帮助。

（4）当地服务。在得到项目后，代理人仍然应该向客户继续提供服务。其服务范围可以在代理协议中明确规定。例如，协助承包商办理出入境手续、长期居住手续和工作许可证等；推荐当地分包商，物资清关代理；推荐设备物资或建筑材料的供货商或介绍供应渠道；招聘技术人员和劳务等。当然这些服务的费用应包含在代理费之中，代理人是有偿服务的。

（5）当地事务的协调和斡旋。在国际工程承包合同实施过程中，承包商、业主、咨询工程师或当地政府部门之间产生各种矛盾是经常的，这些矛盾应采取友好的方式解决，应避免过激的争议；否则对各方都是不利的。一般来说，代理人可以凭借他们的关系和共同的利益从中进行协调和斡旋，使矛盾缓和并得到妥善的解决；即使有些问题超出他的能力，由于他可能熟悉（或他可以出面邀请）当地有权威、有影响的人物，通过这些人物的调解会有助于问题的解决。

（二）代理人的选择

在开拓国外工程承包市场或实施承包项目时，承包商对代理人有很高的期待，但不是任何一个代理人都能够为承包商完成上述工作。一旦选择的代理人不理想，中途更换代理人是十分麻烦的事，甚至会引起许多纠纷。因此事先要十分慎重地选择代理人。代理协议签订后，它就具有法律效力，双方就"捆绑"在一起了。中途更换代理人将造成很坏的影响，甚至关系到承包商市场开拓的成败。国际工程承包界有一句流行的口头禅："要像为自己选老婆一样地认真选择代理人。"这种说法并不为过。为此，认真进行事前调查是十分必要的，在这方面我驻外使领馆、信誉良好的银行和当地商会都会提供有益的信息和情况。

理想的代理人应该是：信誉良好，社交关系广泛，有能力，熟悉商务和工程投标业务，积极、主动、有活力，具有合法的地位，最好是一个组织良好的公司而不是单个的自然人或所谓的"一人公司"。此外，在通过代理人开展工作时应始终保持自己的独立性，切忌"一切由代理人代办"。

（1）信誉良好。一个信誉良好的代理人应该是一个诚恳、可靠、人品良好的商人或信誉良好的商号，在当地商界或社会上受到尊重，没有劣迹和违法历史，没有被直接卷进过诉讼的历史（如有，应调查清楚，确属无辜）。

信誉良好的代理人应能向客户提供真实的信息和情报资料，而不是吹嘘、夸大其词，不能有意地隐瞒或夸大某些信息，这会导致承包商得出错误的结论，使投标或工程实施失误。

信誉良好的代理人应该是建议性、服务性地工作，而不能对客户欺骗或要挟，应该与承包商（客户）在代理协议的约束下平等合作。

代理人的信誉不仅直接影响承包商是否可以得到项目，还会直接影响承包商在当地公众中的社会形象。选择了信誉不佳的代理人，不仅为自己埋下隐患而且会受到社会的非议。因此，可以说选定的代理人的信誉在一定程度上也代表了承包商的信誉和形象。

当然代理人的社会形象是一个复杂的问题，有时代理人之间的竞争也会导致他们相互攻讦，总之需要承包商认真调查权衡后抉择。

在有些国家，一般来说，不要选择党派性的代理人，最好选择纯商业性的代理人。因为党派性的代理人在党派更迭时往往会带来一些麻烦。

代理人由于利益相关，一般都会积极地想方设法帮助其代理的客户（承包商）活动，争取工程，有时甚至会采取某些"桌面下的手段"。如果代理人信誉不好，他可能将客户拖进难堪的境地；而信誉良好的代理人，一般做事谨慎，会保护客户的名誉和自己的名誉。

（2）社会关系广泛。在一个国家或地区取得一个工程承包项目尤其是大型项目，不是一件简单的事，往往要惊动高层政府机构，因此代理人的地位和社交的广泛性十分重要。如果代理人的社会地位高，社交广泛，他会有快捷灵通的信息来源，便于承包商及时地做出正确的决策。此外，有广泛关系网络的代理人可以介绍客户，使承包商能结识许多当地的重要人物和朋友，很快进入当地上层社会圈。这对于一个刚刚进入一个陌生国度的国际工程承包商是十分重要的。

（3）熟悉商务和工程投标业务。国际工程承包是技术性很强的业务，要求代理人也要有相应的商务和技术知识，并有一定的经验。如果代理人缺乏这方面的知识，在与承包商配合时双方都会感到困难。

有些国家有专门的工程项目代理公司，例如承包商服务公司、承包咨询公司和工程代理公司等，其成员有些本身就是建筑师、设计师、咨询公司或小承包商，他们了解市场情况和工程承包业务，熟悉当地办事渠道，并拥有一批办理各种事务的雇员。这样的代理人往往能够提供相当有效的、技术性的实际帮助。

有些国家里有各式各样的代理商和经纪人，他们当中也不乏具有广泛的社会联系、有相当威望和良好信誉的人，甚至有些人本身就是社会地位很高的上层人士，也愿意为国际工程承包商服务，以获取可观的代理费。但是，国际工程承包要求代理人有相应的业务技术知识和经验，如果选择的代理人缺乏这方面的知识和经验，往往会同他们之间缺乏"共同的语言"。另外，如前所述，为取得项目要花费相当的精力，而这些高层人士往往难以做到；代理人不仅要为客户争得项目，在项目实施的整个过程中还需要代理人的服务，这些人是难以做到的。当然，也不是不能聘用这些人作为代理人，如果认为可以靠其影响争取项目，最好请这些人找一个熟悉工程承包业务的公司或技术人员，和他一起相互配合共同为承包商服务，这也许是比较理想的搭配。

（4）合法的地位。对于一般的项目介绍人，项目介绍完毕，支付酬金后双方的关系即告结束，故其是否注册和是否合法一般不会构成问题。但是，如果正式聘用一家公司或某一个人作为代理人，这就构成了合同关系，为此则需要该公司或个人具有合法的地位。尤其是在一些对代理人管理严格的国家，务必予以注意，以防止违反所在国法律。如科威特、卡塔尔、阿曼等一些海湾国家要求外国承包商与有资格的代理人签订代理协议，并向政府有关部门登记备案，经批准后方可开展代理业务；有些国家则不允许聘用代理人，如阿尔及利亚等。总之，在聘用代理人之前，应对当地的法律进行了解，避免触犯当地法律，造成不利局面。

（三）代理协议

为了明确代理人的责任、义务和支付报酬金额及方式，同时也为了限定承包商的权利和责任，在双方确定了代理关系后，应当签订一份正式的代理协议（或合同）。代理协议一般应包括如下内容：

（1）协议双方注册的法定名称、法定地址、法人代表姓名和职务。

（2）说明代理协议的具体目的和性质以及双方的愿望。

（3）详细确定代理范围，即代理的项目或具体业务范围。

（4）说明是否是唯一代理（sole agent），是否有排他性的要求等。一般情况下，应避免聘用唯一代理，而应按项目签代理协议。按项目分别签订协议（case by case），不会由于代理选择错误而导致整个市场开拓的失败。

（5）说明代理时间，即代理协议的有效时间。

（6）义务和职责。这是代理协议中最为重要的条款。首先应明确代理人必须代表和维护承包商的利益，并力争获得工程合同。其次可以根据双方谈定的代理工作内容（如提供资料、业务咨询、后期服务等）逐条确认。

（7）佣金金额和支付方式。代理佣金一般是按项目合同金额的比例确定的，如果代理协议需要报政府机构登记备案，则合同中的佣金比例不应超过当地政府的限额和当地习惯。事实上双方谈定的佣金可能会超过一些或很多，只要双方同意，则应商定一个解决办法。

关于实际佣金比例，因国家而异，还因项目大小、项目竞争激烈与否而异，原则上应以不影响承包商合理利润和得到项目为基础，并由双方谈判确定。佣金一般在合同总价的 2%～3%，大型项目的比例适当降低，小型项目应适当增加，但一般不宜超过5%；否则，承包商的得标概率将降低，或合同利润率得不到保证，项目经营风险增大。

一般的代理协议应是基于成功基础上的协议（on success basis），即只有在承包商得到项目时才会向代理人支付佣金，这一点应在合同中予以明确。有时应代理人要求，双方可以商定，即使没能得到工程合同也向代理人支付部分补偿金，这些应在合同中详细规定。关于佣金支付方式，应规定只有在承包商得到预付款后才支付第一笔佣金，而且其余额也应分期分批支付，或随同工程进度款按比例支付。当然，所有这些并没有明确的规则，全都由双方谈判确定，并在代理协议中以文字确认。对于佣金支付方式和时间，应当避免不利于自己的过早支付，以避免风险。

（8）关于代理人的法律义务。代理人在进行代理工作时，可能会进行一些"非公开的活动"，这是由代理人的工作方式决定的，但是承包商要防止受到代理人活动的牵连。为此双方在代理协议中应写明代理人在所有商务活动中应遵守当地法律，代理人不得以承包商名义进行当地法律所禁止的任何活动或对外承担任何义务；还应写明："除非有承包商的书面指示，承包商对代理人所进行的所有活动不承担任何道义或（和）法律的责任。"写明这一内容是承包商的自我保护措施，以避免卷入某些代理人与有关部门的幕后交易或丑闻，这并非多余的。承包商因被卷入这类事件而使自己处于难堪境地的事例并不鲜见。

（9）仲裁或诉讼条款。和所有合同一样，代理协议一般也要写明争议的解决办法，如友好协商、仲裁等。

（10）必要时，代理协议也可以由公证部门进行公证。

以代理协议的主要内容在具体签订时，还应就具体情况双方商定。如有些国家法律规定需要将代理协议报政府有关机构备案，则往往将协议分为两部分，即签订一份简明的代理协议，再另签一份补充细则。在协议和细则中应分别说明两文件的互为补充性，以及生效和失效时间的一致性。

二、选择合作伙伴

有些国家要求外国承包商尽量（有时是规定"必须"）和当地承包商合作，这就要求外国承包商在当地选择合适的合作伙伴。这种合作有时是主包-分包方式，有时是项目联营方式或成立联营公司方式。不仅如此，随着国际工程承包事业的发展，承包工程的规模日渐增大，一些综合性建设项目涉及的专业很广，技术性日益复杂，因此对这些项目也要求主包商和其他承包商以主包-分包的方式或联营方式合作。无论以什么方式合作，其合作伙伴的选择都是非常重要的，它和代理人的选择有其相似的方面。

获得项目合同的承包商有时会将所得项目的一部分"分包"给其他承包商，有的可能是按专业或施工部位进行分包，有的则可能采用劳务分包，其情况是各式各样的。无论哪种方式分包，作为主包商必须十分慎重地选择合适的分包商。一旦选择失误，则可能被分包商拖进困境。由于整个工程是由各分项工程构成的，一家分包商拖延工期或因质量不合格而返工，可能会引起连锁反应，影响其他分项工程，甚至影响全部工程的工期和质量。如果发生分包商违约，尽管可以采取措施中途解除分包合同，但其给主包商造成的经济损失和工期损失可能是巨大的，即使处罚分包商也难以弥补。另外，分包商的失误都将对主包商的信誉造成不良影响。因此，最好是在选择分包商时就十分慎重，以避免"中途换马"。

一般来说，最好是先从承包商自己过去的合作者中选择两三家公司询价，然后再向其他有良好信誉的公司询价，从中优选。

（一）选择分包商的主要条件

（1）具备足够的实力，包括财力和物力（施工机械和设备）。一般来说，承担分包施工的承包商（除特长专业公司外）的实力有限，有的分包商是想找机会承揽较大的工程借机增强自身实力。因此主包商应认真审查分包商提交的近几年财务状况表，研究其资金来源和筹资能力、负债状况和经营能力等，以判断其实力能否承担分包给他的那部分工作。

如果需要分包商自备施工机具或设备，那么在审查其设备时，不能仅仅从书面报告上审核，还要在现场调查其设备的实际情况。

（2）具备施工经验。分包商应具备所分包工程的类似施工经验，应当认真调查该分包商承担过的类似工程的实绩，考察其施工质量、施工进度和合同履行情况。

（3）具有足够的人力资源。分包商应具有足够的（长期雇用的）技术力量和熟练工人，主包商应审查分包商的主要关键人员的履历，落实其熟练劳务人员的来源。

（4）报价合理。分包商的报价应能保证主包商获得足够的管理费和合理利润。因此主包商应认真分析分包商报价，注意其报价条件是否和主包商的对外报价条件一致。

（二）选择分包商的方式

主包商可以在投标前选择分包商，也可以在中标后选择分包商，各有利弊。

（1）投标前选择分包商。主包商在投标前就确定了拟向外分包的工程内容，寻找合适的分包商。这种情况下又有两种处理方式：

①事先确定分包商。通过询价甚至通过几家分包商报价的比较，在投标前确定一家分包商，并与之商定全部分包合同条件和分包价格，签订排他性合作意向书或协议。分包商还应向主包商提交其相应部分的投标保函，一旦主包商中标，双方的合作关系即自动成立，双方不得再变动。

这种方式由于主包商和分包商事实上是"绑在一起"共担风险、共同投标，因此主包-分包的关系事先得到确认有利于分包商"一心一意"地与主包商合作，其分包报价往往可以降到一个合理的程度。这种事先确定好的分包关系一般应在投标文件中向项目业主声明。

②事先选择分包商并询定分包价格，但不确定主包-分包关系。主包商就同一工程内容请两三家合适的分包商报价甚至可以商谈好分包条件和分包价格，并要求分包商对其报价有效期做出承诺，但是双方并不签订任何互相限制的文件，主包商对分包商可不做任何承诺，保留中标后任意选择分包商的权利。

在这种情况下，由于双方没有制约关系，因此主包商是"自由的"，中标后可再任意选择分包商，但相对而言分包商的报价也是"可变的"，他有权调整其分包报价。

（2）中标后选择分包商。由于国际工程投标的时间很紧迫，一般也就2~3个月的时间，既要准备主合同投标书，又要和分包商谈分包条件，往往时间上来不及，因此中标后再选择分包商也是十分常见的情况。

由于承包商已经中标，全部价格和合同条件已经明确，在这个前提下可以十分详细地和分包商逐项谈判，可以将利润相对丰厚的工程部分留给自己施工，有意识地转移一些价格偏低的工程部分给分包商，这事实上也是转移项目经营风险的一种措施。但是，由于主合同已经签订，开工在即，造成了分包商要挟主包商的条件，这时要在很短的时间内找到有实力、资信好又价格理想的分包商是十分困难的。因此，这种"临渴掘井"的做法可能不妥。只要有可能，至少应在投标前开展一些分包准备工作，接触并选择一些分包商，征询一些分包报价是必要的。

（3）指定分包商。在某些工程项目的招标文件中，有时规定了业主或工程师可以指定分包商，或者要求承包商在业主指定的分包商名单中选择分包商。产生这种情况可能有种种原因。例如，业主对整个工程是按专业性质顺序进行系列招标的，对其中专业性较强的项目（如空调装置、电梯或电站的金属结构等）已经另行招标，但业主还是希望土建承包商进行总包，以便统一协调整个工程的实施，因此在招标时要求投标商接受该专业项目的承包商为指定分包商。无论是什么原因，一旦业主在标书中指定了分包商，主包商就只能接受其条件。FIDIC 制定的《土木建筑工程（国际）合同条件》对指定分包商问题作了比较公允的限制。这种限制的基本精神是：指定分包商应当向主承包商承担如同向业主所承担的同样的义务和责任；同时，指定分包商不得滥用主承包商为此工程提供的施工设备和临时工程，并保障主承包商免受损害和获得补偿。如果指定分包商拒绝接受这种限制，主承包商就没有义务必须雇用他们为分包商。该合同条件还对给指定分包商的付款作了相应规定，一般来说，对指定分包商的工程付款应当通过主承包商支付。如招标文件中有指定分包商条款，上述这些条款应予以保留。

（三）联营体合作伙伴的选择

到目前为止我国接受世界银行贷款的大型水电工程项目几乎都是由几家外国承包商或由几家外国承包商和我国承包商组成联营体实施的，大多取得了良好的效果。事实上在国际工程承包业界，联营体承包项目已经是非常普遍的一种承包形式，它有利于各公司发挥各自的优势，有利于共同承担风险，对承包商而言有利于利用有限的资源从事多个项目以分散风险。有时，业主要求外国承包商必须和当地承包商建立联营体共同投标。总之，联营体形式的工程承包日益增多。

在选择联营方式时需要事先慎重地进行研究决策，因为我国开展国际工程承包事业尚短，在这方面还缺乏管理经验，而一旦成立联营体（特别是完全的联营形式），就要由联营体独立经营，独立操作，联营各方就不能单独直接对联营体进行指挥。

同样，在成立联营体时，合作伙伴的选择是首要的任务。因为工程承包本身是风险事业，所找的联营伙伴必须是有可能与承包商"同舟共济"的伙伴，而且是双方能够信得过的伙伴；否则，双方"尔虞我诈"或者"同床异梦"，只能增加双方的风险，完全违背了联营的目的。因此，在选择联营体伙伴时要事先调查合作伙伴的信誉、资源、能力和经验。联营体的伙伴应该：①有着良好的信誉；②联营伙伴的资源包括：资金、设备、技术人员等足以承担其预定的工作；③要对其优势和不足有足够的了解，要和自己有良好的互补性。例如，许多国际工程承包公司选择当地公司作为合作伙伴，主要是当地公司熟悉当地情况，具有广泛的社会关系，有疏通、解决当地问题的渠道等，因此要切实了解该当地公司是否确实具有这些能力。

三、建立公共关系

在现代化的企业管理模式中建立广泛的、良好的公共关系是树立良好的企业形象一项极为重要的工作，它通过有目的的、有计划的、持久的不懈努力协调和改善公司的对内对外关系，实现公众利益与公司利益的协调和统一。现代化的国际工程承包公司也不例外，也要有目的地实施公共关系计划。在开辟新的国际市场过程中，国际工程承包公司更应从踏上新地区开始，重视和有意识地着手设法在当地建立本公司的公共关系。企业的公共关系的内容包括建立公共关系网络和树立企业的公众形象，这不仅是为了得到一个项目，而是有一个长远的目标，把它和本公司开拓当地市场扎根于当地的长期政策结合起来。

作为一个准备进入的新市场，承包商对当地情况了解不多，而当地的人群，包括业主、咨询公司、同行、政府机构、潜在的合作对象、当地劳工组织、供货商、潜在的技术和劳务资源群乃至工程所在地的市民或居民也都对承包商不了解。因此有目的地接触各个阶层尤其是业主、咨询和政府机构、当地劳工组织等，广泛结交朋友是十分重要的。忽视这些工作而"闭门造车"，单纯凭投标、拼价格，要想得到项目是不现实的。在这方面选择一个合格的当地代理人会起到良好的作用，他会提出建议，成为引见客户等各方面的关键人物。

在开拓国际工程承包市场、开展公共关系的过程中，中国公司有着得天独厚的优势，因为我国是一个第三世界的大国，我国一贯实行和平共处五项原则基础上的友好外交政策，和大多数发展中国家有着良好的关系，尤其是改革开放以来，我国的经济发展迅速并得到这些国家的承认，这些都为中国国际工程承包公司在国外开展公共关系奠定了良好基础。

向工程所在国的政府和业主宣传和介绍我国政府号召的国际工程承包"守约、保质、薄利、重义"的对外经贸八字方针，也有利于当地各界朋友了解我国公司，使他们对中国公司建立信任感。

在市场开拓过程和项目实施过程中，要遵守所在国法律（只要不是歧视性的），不介入当地的政治派别活动，现场施工中注意群众纪律等，所有这些都是公司开展公共关系工作中应予以注意的。

在开展各项公关工作过程中，随着树立本公司良好公众形象的活动不断，当地各阶层对公司由不了解到了解，由不信任到信任，直至建立信心。事实上良好的公共关系对一个企业是一种无形的资产，正如一个好产品的品牌作用一样，"名牌"无形中为公司创造了效益，对于国际工程承包公司也是一样。但建立良好的公共关系非"一日之功"，需要日积月累，而且需要企业的所有员工共同努力。因此，得到项目之后更要注意自己的企业形象，同时要努力搞好项目，注意工程质量、施工安全和工期，这才能真正树立公司的形象，建立良好的公共关系。我国有些公司在项目实施过程中出现意想不到的情况时，为了自己的公司形象，不计较经济上的亏损而是考虑如何为业主着想努力圆满、优质地完成项目，在项目所在国的政府和民间都获得了好评。

总之，为了得到项目、圆满地实施项目需要建立良好的公共关系，反过来，良好的公共关系又会促进公司业务的开拓，有时一些工程业主会直接和一些公共形象良好的公司接洽，邀请其投标甚至直接进行议标，良好的公共关系也能促进项目在和谐的气氛中顺利实施。

四、办理注册手续

在国际工程承包业务中，由于各国管理政策不一，对注册问题要求也不一。有些国家没有十分严格的注册手续，有些国家手续则甚为严格，因此在进行市场调查时，应详细了解这方面的法律法规，及时准备一切必要的文件，办理一切相应的手续，为投标或实施项目做好准备。

（一）公司注册手续

有些国家允许外国公司参加该国的各项投标活动，但只有在投标取得成功，得到工程合同后，才准许该公司办理注册登记手续，发给在该国进行营业活动的执照。相反，有些国家则要求只有在该国事先注册登记，在该国取得合法的法人地位后方准许参加投标。如果拟进入的市场属于后者，毫无疑问承包商应当将办理公司注册登记手续作为投标前的一项重要准备工作，应不失时机地完成。

鉴于注册工作往往要经过比较繁杂的法律程序，在新市场，承包商对当地的法律手续一般都比较生疏，因此公司注册手续最好是通过或直接委托当地律师办理。

（二）注册所需文件

注册所需文件也和注册登记手续一样，因国家而异，但大体上随同注册申请表要同时提交的文件有：①母国公司的章程；②母国工商管理机构发放的合法有效的营业证书副本；③公司董事会关于在当地设立分支机构的董事会决议；④公司董事会主席为当地分支机构的负责人签发的授权书；⑤公司近三年的财务状况表等。

上述文件一般均需要公证机构进行公证，并经该国驻母国使馆的认证才被认为是有效的。

此外，有的国家还要求承包商本国政府主管部门出具的与工程项目所在国的互惠证明。

五、参加资格预审

多数大型工程，由于参与投标的承包商较多，且工程内容复杂，技术难度较大。为确保能挑选理想的承包商，在正式招标之前先进行资格预审，以便淘汰一些在技术和能力上都不合格的投标人。

凡通过资格预审程序选定投标候选人的项目，都要求有兴趣参与投标的承包商先购取资格预审文件，并按照资格预审文件的要求如实填写。预审内容中有关财务状况、施工经验、以往成就和关键人员的资格及能力等是例行的审查内容，而施工设备则应根据招标项目工程施工有关部分予以填写。此外，对调查表中所列出的一些其他查询项目，特别是投标人拟派的施工人员及为实施工程而拟设立的组织机构等有关情况，应慎重对待，不可马虎。除了需填写有关材料外，资格预审申请人还必须准备发包人所要提交的一系列材料，如投标人概况、公司章程、营业证书、资信证书等。

投标人必须在规定的期限内认真完成上述工作，并在规定的截止日期之前送往或寄往指定地点。

六、分析招标文件

除了对情报进行分析外，投标人还必须对招标文件进行认真的分析研究，必须吃透标书，弄清各项条款的内容及其内涵。对招标文件的研究，重点是投标者须知、合同条款、技术规范、图纸及工程量表。另外还要弄清：①工程的发包方式；②报价的计算基础；③工程规模和工期要求；

④施工组织设计；⑤合同当事人各方的义务、责任和所享有的合法权利等；⑥招标文件中规定的技术要求、支付条件及法律条款等；⑦工程必须遵循的规范、标准及对物资采购的要求等；⑧图纸、施工说明书及工程量表等。

所有上述内容都必须在投标之前认真分析，并结合现场勘察所掌握的新情况进行综合研究，从而制定出科学的、正确的、有竞争力的策略。

第四节　投标策略研究

国际工程承包市场是一个竞争日趋激烈的市场，一方面有许多有经验的、发达国家的大中型公司，他们既有自己的传统的市场，又有开拓和占领新市场的能力；另一方面有大批发展中国家的公司投入这个市场。过去发达国家的工程公司主要竞争技术密集型工程，而今发展中国家的一部分公司也参与了技术密集型工程项目的竞争。另外，许多国家的地方保护壁垒加厚。在这种激烈竞争的形势下，除了组织一个强有力的投标班子，加强市场调研，做好各项准备工作之外，对于如何进行投标、投标中应注意哪些事项、投标的技巧和辅助中标手段等问题都应该进行认真的分析和研究。

一、工程项目投标中应该注意的事项

在前面投标的决策有关内容中提到了许多注意事项，这里主要指购买到招标文件之后，在准备投标和投标过程中应该注意的事项，和投标决策时思路是一致的。

（一）企业的基本条件

从投标企业本身条件、能力、近期和长远的目标出发来进行投标决策非常重要。

对于一个企业，首先要从战略眼光出发，投标中既要看到近期利益，更要看到长远目标，承揽当前工程要为以后的市场开拓创造机会和条件，也可先进行分包或联合承包为今后打入某一市场创造条件。

对企业自身特点要注意扬长避短，发扬长处才能提高利润，创造效益。要考虑企业本身完成任务的能力。

当然，盈利是投标的目的，要对风险和问题有充分的估计，要力争盈利。在绝大多数情况下，不能投"亏本标"，即不能在投标计算时不计成本，为打入市场而不考虑利润，因为一个公司如果拿到较多的"亏本标"项目意味着企业将承受巨大的风险。

（二）业主的条件和心理分析

首先要了解业主的资金来源是本国自筹、外国或国际组织贷款，还是兼而有之；或是要求投标人垫资。因为资金牵扯到支付条件，是现金支付（其中外币与本地币比例）、延期付款，还是实物支付……这一切和投标人的利益密切相关，资金来源可靠，支付条件好的可投低标。

还要进行业主心理分析，了解业主的主要着眼点：如业主资金紧缺者一般考虑最低投标价中标；业主资金富裕者则多半要求技术先进，如机电产品要求名牌厂家，虽然标价高一些也不在乎；工程急需者，则投标时可以标价稍高，但要在工期上尽量提前。总之要对业主情况进行全面细致的调查分析。

（三）质询问题时的策略

在投标有效期内，投标人找业主澄清问题时要注意质询的策略和技巧，注意礼貌，不要让业主为难，不要让对手摸底。

（1）对招标文件中对投标人有利之处或含糊不清的条款，不要轻易提请澄清。

（2）不要让竞争对手从我方提出的问题中窥探出我方的各种设想和施工方案。

（3）对含糊不清的重要合同条款、工程范围不清楚、招标文件和图纸相互矛盾、技术规范中明显不合理等，均可要求业主澄清解释，但不要提出修改合同条件或修改技术标准，以防引起误会。

（4）请业主或咨询工程师对问题所做的答复发出书面文件，并宣布与招标文件具有同样效力。或是由投标人整理一份谈话记录送交业主，由业主确认签字盖章送回。千万不能以口头答复为依据来修改投标报价。

（四）采用工程报价宏观审核指标的方法进行分析判断

投标价定好后，是否合理，有无可能中标，要采用某一两种宏观审核方法来校核，如果发现相差较远则需重新全面检查，看是否有漏报或重报的部分并及时纠正。

（五）编制施工进度表时应注意的事项

投标文件的施工进度表，实质上是向业主明确竣工时间。在安排施工进度表时要特别注意的几点是：

（1）施工准备工作。一般人员进场时间较易掌握，但对机械进场时间要看具体情况，如由邻近工地调入机械则比较容易，如从国外订购机械，则要充分估计机械进场时间。

（2）要有一个合理的施工作业顺序。如对水利工程特别注意施工导流和基础处理，要充分考虑雨季和洪水对施工的影响。

（3）要估计到尾工的复杂性。工程进入尾期，场地狭窄，多工种交叉作业，有时不易进行机械化施工，机电设备的安装调试也需较多时间，所以在工期上要留有充分的余地。

（4）工期中应包括竣工验收时间。工期问题是一个敏感的问题，缩短工期有利于中标，但工期过短，到时候不能完工则要进行赔偿。所以要认真研究，留有余地。如无特殊要求，一般按招标文件要求的竣工时间完工即可。

（六）注意工程量表中的说明

投标时，对招标文件工程量表中各项目的含义要弄清楚，以避免在工程开始后每月结账时产生麻烦，特别是在国外承包工程时，更要注意工程量表中各项目的外文含义，如有含糊不清处可找业主澄清。例如某挡水坝工程招标文件中坝体混凝土心墙的直立模板，在工程量表中是这样写的"心墙直立平面模板包括垂直接缝处的模板（vertical plane formwork to corewall including formwork for vertical joints）"，这句话是指上、下游的直立模板和两端垂直接缝处的直立模板均为同一单价呢？还是说接缝处模板的单价已包含在上、下游的直立模板单价中而不再单独付款呢？在结算时承包商与监理工程师发生了争执，最后承包商以接缝处模板施工比上、下游模板施工更困难，更费材料，说服了监理工程师，使他同意将接缝处模板按实际施工面积付款。

（七）分包商的选择

总承包商选择分包商一般有两个原因：一是将一部分不是本公司业务专长的工程部位分包出去，以达到既能保证工程质量和工期，又能降低造价的目的；二是分散风险，即将某些风险比较大的、施工困难的工程部分分包出去，以减少自己可能承担的风险。

选择分包商可在投标过程中或中标以后，但中标以后选择分包商要经监理工程师的同意。下面主要介绍在投标过程中选择分包商。

在投标过程中选择分包商有两种做法：一种是要求分包商就某一工程部位进行报价，双方就价格、实施要求等达成一致意见后，签订一个协议书。总承包商承诺在中标后不找其他分包商承担这部分工程，分包商承诺不再抬价等。有时总承包商还要求分包商向总承包商提交一份投标保函，而分包商则要求总承包商在投标文件中向业主写明该分包商的名称，并许诺在与业主就该分包部位讨论价格变动时，应征得分包商的同意，这种方式对双方均有约束性。另一种即总承包商找几个分包商询价后，投标时自己确定这部分工程的价格，中标后再确定由哪一家分包，签订分包协议。这样双方均不受约束，但也都承担着风险，如分包商很少时，总承包商可能会遇到分包商提高报价的风险。反之，如分包商很多，分包商可能要面临总承包商进一步压低价格的风险。

所以一般对于大型的、技术复杂的工程，总承包商都愿意事先确定分包商。

二、投标技巧

投标技巧（know-how）是指在投标报价中采用什么手法，达到既可以使业主接受报价而中标，又能获得更多利润的目的。

（一）研究招标项目的整体特点

投标时，既要考虑自己公司的优势和劣势，也要分析招标项目的整体特点，按照工程的类别，施工条件等考虑报价策略。

（1）一般来说下列情况下报价可高一些：①施工条件差（如场地狭窄、地处闹市）的工程；②专业要求高的技术密集型工程，而本公司这方面有专长，声望也高时；③总价低的小工程，以及自己不愿意做而被邀请投标时，不得不投标的工程；④特殊的工程，如港口码头工程、地下开挖工程等；⑤业主对于工期要求急的工程；⑥投标对手少的工程；⑦支付条件不理想的工程。

（2）下述情况下报价应低一些：①施工条件好的工程，工作简单、工程量大而一般公司都可以做的工程，如大量的土方工程、一般房建工程等；②本公司目前急于打入某一市场、某一地区，或虽已在某地区经营多年，但即将面临没有工程的情况（某些国家规定，在该国注册公司一年内没有经营项目时，就要注销其营业执照），机械设备等无工地转移时；③附近有工程而本项目可利用该项目工程的设备、劳务或有条件短期突击完成的；④投标对手多、竞争力强时；⑤非急需工程；⑥支付条件好，如现汇支付。

（二）不平衡报价法

不平衡报价法也叫前重后轻法（front loaded）。不平衡报价法是指一个工程项目的投标报价，在总价基本确定后，如何调整内部各个子目的报价，以期既不提高总价、不影响中标，又能在结算时得到更理想的经济效益。一般可以从以下几个方面考虑采用不平衡报价法。

（1）能够早日结账收款的子项目（如开办费、基础工程、土方开挖、桩基等）可以报得较高，以利资金周转；后期工程子项目（如机电设备安装、装饰、油漆等）可适当降低。

（2）经过工程量核算，预计今后工程量会增加的子项目，单价适当提高，这样在最终结算时可多赚钱，而将工程量完不成的子项目单价降低，工程结算时损失不大。

但是上述两点要统筹考虑，即对于工程量有错误的早期子项目，如果经过核对分析不可能完成工程量表中的数量，则不能盲目抬高报价，要具体分析比较后再定。

（3）设计图纸不明确，估计修改后工程量要增加的，可以提高单价，而工程内容说不清楚的，则可降低报价。

（4）暂定项目。暂定项目又叫任意项目或选择项目，对这类项目要具体分析，因这一类子项目要开工后再由业主研究决定是否实施，由哪一承包商实施。如果工程不分标，只由一家承包商施工，则其中肯定要做的暂定项目单价可高些，不一定做的则应低些。如果工程分标，该暂定项目也可能由其他承包商施工，则不宜报高价，以免抬高总报价。

（5）在单价包干混合式合同中，有某些子项目业主要求采用包干报价时，宜报高价。一则这类子项目多半有风险，二则这类子项目在完成后可全部按报价结账，即可以全部结算收回投资。而其余单价项目则可适当降低报价。

但不平衡报价一定要建立在对工程量仔细核对分析的基础上，特别是对于单价报得太低的子项目，如这类子项目实施过程中工程量增加很多将对承包商造成重大损失。不平衡报价一定要控制在合理幅度内（一般可在10%左右），以免引起业主反对，甚至导致废标。如果不注意这一点，有时业主会挑选出过高的项目，要求投标人进行单价分析，并围绕单价分析中过高的内容压价，以致承包商得不偿失。

（三）计日工报价

如果是单纯的计日工报价，可以报高一些，以便在日后业主用工或使用机械时可以多盈利。但如果采用"名义工程量"时，则需具体分析是否报高价，以免抬高总报价。总之，要分析业主在开工后可能使用的计日工数量确定报价方针。

（四）多方案报价法

对于一些招标文件，如果发现工程范围不很明确，条款不清楚或很不公正，或技术规范要求过于苛刻时，则要在充分估计投标风险的基础上，按多方案报价法处理，即按原招标方案报一个价，然后再提出"如某条款（如某规范规定）作某些变动，报价可降低多少……"，报一个较低的价。这样可以降低总价，吸引业主；或是对某些部分工程提出按"成本补偿合同"方式处理，其余部分报一个总价。

（五）增加备选方案

有时招标文件中规定，可以提一个备选方案，即可以部分或全部修改原设计方案，提出投标人的方案。

投标人这时应组织一批有经验的设计和施工工程师，对原招标文件的设计和施工方案仔细研究，提出更合理的方案以吸引业主，促成自己的方案中标。这种新的备选方案必须有一定的优势，如可以降低总造价，或提前竣工，或使工程运用更合理。但要注意的是，对原招标方案一定也要报价，以供业主比较。

如某沉沙池工程，按照业主原方案施工，将推迟水库蓄水以及推迟向灌溉渠送水时间达半年之久，投标方提出的新方案，虽然工程造价增加了，但可提前半年向灌溉渠送水。最后业主同意以投标方方案为基础进行谈判，并签订了合同。

增加备选方案时，不要将方案写得太具体，要保留方案的技术关键，以防止业主将此方案交给其他承包商实施。同时要强调的是，备选方案一定要比较成熟，或过去有这方面的实践经验。因为投标时间不长，如果仅为中标而匆忙提出一些没有把握的备选方案，可能会引起很多后患。

（六）突然降价法

报价是一项保密的工作，但是对手往往通过各种渠道、手段来刺探情况，因此在报价时可以采取迷惑对方的手法，即先按一般情况报价或表现出自己对该工程兴趣不大，到投标快截止时，再突然降价。如鲁布革水电站引水系统工程招标时，日本大成公司知道它的主要竞争对手是前田公司，因而在临近开标前把总报价突然降低8.04%，取得最低标，为以后中标打下基础。

采用这种方法时，一定要在准备投标报价的过程中考虑好降价的幅度，在临近投标截止日期前，根据情报来分析判断，做最后决策。

　　如果采用突然降价法而中标，因为开标只降总价，在签订合同后可采用不平衡报价的方法调整工程量表内的各项单价或价格，以期取得更高的效益。

　　（七）先亏后盈法

　　有的承包商为了打进某一地区，依靠国家、某财团或自身雄厚的资本实力，而采取一种不惜代价，只求中标的低价投标方案。应用这种手法的承包商必须有较好的资信条件，并且提出的施工方案也先进可行，同时要加强对公司情况的宣传；否则即使报价再低，业主也不一定选它。

　　如果其他承包商遇到这种情况，不一定和这类承包商硬拼，而力争第二、第三标，再依靠自己的经验和信誉争取中标。

　　（八）联合保标法

　　在竞争对手众多的情况下，可以采取几家实力雄厚的承包商联合起来控制标价，一家出面争取中标，再将其中部分项目转让给其他承包商分包，或轮流相互保标。在国际上这种做法很常见，但是一旦被业主发现，则有可能被取消投标资格。

　　（九）有二期工程的项目

　　对大型分期建设的工程，如卫星城、灌溉工程等，在一期工程投标时，可以将部分间接费用分摊到二期工程中去，少计利润以争取中标。这样在二期工程招标时，凭借一期工程的经验、临时设施，以及创立的信誉，比较容易拿到二期工程的施工合同。

　　但应注意分析二期工程实现的可能性，如开发前景不明确，后续资金来源不明确，实施二期工程遥遥无期时，则不可以这样考虑。

　　（十）关于材料和设备

　　材料、设备在工程造价中常常占一半以上，对报价影响很大，因而在报价阶段对材料设备供应（特别是大宗材料和大件设备）要十分谨慎。

　　（1）询价时最好直接找生产厂家或当地直接受委托的代理，在当地询价后，可向其他厂家询价，加以比较后再确定如何订货。

　　（2）国际市场各国货币币值在不断变化，要注意选择货币贬值国家的机械设备。

　　（3）建筑材料价格波动很大，因而在报价时不能只看眼前的建筑材料价格，而应调查、了解和分析过去两三年内建材价格变化的趋势，决定采取几年平均单价或当时单价，以减少未来可能的价格波动引起的损失。

（十一）如何填"单价分析表"

有的招标文件要求投标人对工程量大的项目报"单价分析表"。投标时可将"单价分析表"中的人工费及机械设备费报得较高，而材料费算得较低。这主要是为了在今后补充项目报价时可以参考选用已填报过的"单价分析表"中较高的人工费或机械设备费，而材料则往往采用市场价，因而可以获得较高的收益。

三、辅助中标手段

承包商对工程项目进行投标时，主要应该在先进合理的技术方案和较低的投标价格上下工夫，以争取中标，但是还有其他一些手段对中标有辅助性的作用，现在介绍如下：

（1）许诺优惠条件。投标报价附带优惠条件是行之有效的一种手段。招标单位评标时，除了主要考虑报价和技术方案外，还要分析别的条件，如工期、支付条件等。所以在投标时主动提出提前竣工、低息贷款、赠施工设备，免费转让新技术或某种技术专利、免费技术协作、代为培训人员等，均是吸引业主、有利于中标的辅助手段。

（2）聘请当地代理人。当地代理人可起到投标人耳目、喉舌和顾问的作用。

（3）与当地公司联合投标。借助当地公司力量也是争取中标的一种有效手段，有利于超越"地区保护主义"，并可分享当地公司的优惠待遇。一般当地公司与官方及其他本国经济集团关系密切，与之联合可为中标疏通渠道。

（4）与发达国家公司联合投标。我国公司在国外承包工程有较好的信誉，劳动力也比较便宜。但是西方和日本公司机电等技术装备比较先进，所以对一些技术密集型大型工程，我们与西方或日本公司联合投标可以更容易赢得业主的信任而中标。

（5）外交活动。一些大型工程招标，往往政府官员也来"参战"，要充分利用政府官员的地位、关系和影响，为本国公司中标而活动，凡重大项目招标无不伴随着外交活动。

（6）幕后活动。在有些资本主义国家以及某些第三世界国家，行贿受贿方式多种多样，在某些国家和地区，招标投标已流于形式，如何对待这类问题，很值得研究。

第五节　投标文件的编制

在做出投标报价决策和确定报价策略之后，应当重新修正报价计算书。电脑运算的广泛应用为修改报价提供了快速、准确的手段。按招标文件的要求编报投标文件，并在规定的开标日期和时间内提出这些文件。

招标文件与投标文件实际上是指同一份文件。在实际投标中，投标人习惯上将业主出售的文件称为"招标文件"；而将投标人在此文件基础上填报、编制的文件称为"**投标文件**"，过去曾经简称为"标书"。

一、投标文件的组成及编报要求

由世界银行或其他国际金融机构融资的项目，或其他正规的国际招标项目的投标文件，其组成及编报要求如下：

（1）投标邀请函。

（2）投标须知。

（3）合同条款，包括一般条款（FIDIC 国际通用条款），以及结合业主所在国实际和本工程特点对一般条款补充、修改后所形成的专用条款。对上述两部分条款，投标人要无条件遵守。

（4）技术条款，有时也分为一般技术条款和专用技术条款两部分。

（5）投标格式及其他标准格式，包括投标致函格式，合同协议书格式，投标保函、履约保函及预付款保函格式等。投标人应根据格式要求填写齐全。

（6）工程量表。

（7）技术文件、表格。

（8）工程图纸。

（9）其他技术资料。

上述文件中第（5）、（6）、（7）项需由投标人认真填报，一般称为"报价文件"，它们将成为合同文件的正式组成部分。

二、投标文件的分类

由投标人编制填报的报价文件（投标须知中有明确规定），通常可分为商务法律文件、技术文件、价格文件三大部分，内容如下：

（一）商务法律文件

这类文件是用以证明投标人履行了合法手续及为业主提供的投标人商业资信、合法性的文件，包括：①投标保函（应符合要求的格式）。②投标人的授权书及证明文件。③联营体投标人提供的联营协议。④投标人所代表的公司的资信文件，包括银行出具的财务状况证明、完税证明、资产负债表、未破产证明、公司法人证件等。如投标人为联营体，则联营体各方均应出具这类资信文件。⑤如有分包商，亦应出具其资信文件供业主审查。

（二）技术文件

技术文件包括全部施工组织设计内容，用以评价投标人的技术实力和经验。技术复杂的项目对技术文件的编写内容及格式均有详细要求，投标人应认真按规定填写。技术文件的主要内容是：①施工方案和施工方法说明，包括有关的施工布置图等；②施工总进度计划表及说明，有的招标项目还规定施工工期，有的要求有网络图；③施工组织机构说明及各级负责人的技术履历及外语（合同语言）水平；④承包人营地（生产、生活）计划；⑤施工机械设备清单及设备性能表；⑥主要建筑材料清单、来源及质量证明；⑦如招标文件中有要求，或投标人认为有必要时，承包人建议的变通方案。建议方案是投标人对招标文件原拟的工程方案的修改建议，应使总价有所降低，供业主和咨询工程师评标时参考。

（三）价格文件

此系投标文件的核心，是投标成败的关键所在。全部价格文件必须完全按招标文件规定的格式编制，不许有任何改动，如有漏填，则视其已包含在其他价格文件的报价中。

价格文件的内容包括：①价格表（带有填报单价和总价的工程量表）；②计日工的报价表；③主要单价分析表（如果招标书中有此要求）；④外汇比例表及外汇费用构成表；⑤外汇兑换率（通常由业主提供）；⑥资金平衡表或工程款支付估算表；⑦施工用主要材料基础价格表；⑧永久设备报价及产品样本；⑨用于价格调整的物价上涨指数的有关文件。

目前，国际趋向于（业主要求）将上述三部分文件分装两包，即将商务法律文件和技术文件装入一包，俗称为"资格包"；而将价格文件装入一包，俗称"报价包"。业主和咨询工程师在评标时，对投标人的两包文件分别审查，综合评定。如果"资格包"评分不高甚至通不过的投标者，报价再低，也不会授标。因此，投标文件是一个整体，哪方面的内容都不容忽视。

投标文件的每一页，投标人都要签名或只写一个"姓"；而在投标致函上，投标人必须写自己的全名并加盖公司印章。所有这些均表示对此文件的确认。

三、投标书及附件的格式

投标书通常是对承发包双方均有约束力的合同的一个组成部分。其主要内容一般包括：①投标人确认业已勘察了工地现场，审阅了图纸、技术规范、工程量清单及合同条款等材料，愿意承包该项工程；②投标人确认投标书附件为投标书的组成部分；③投标人保证按合同要求开工和竣工；④投标人保证一旦投标被接受，将按业主要求提交履约保函（保函金额一般为合同总价的 10%）；⑤投标人同意招标文件规定的投标有效期（一般为 3 个月），并保证在此期间内对其投标负责；⑥投标人对招标人提出的某些义务和责任要求的理解和确认。投标书附件通常包含：总工期、违约罚金总额、保险最低极限、履约保函金额；工程维护期，质量保留金的百分比及保留金期限；外汇转移比例、支付货币以及货币兑换率等报价内容。此外，投标书附件还应包括签发进度报表后的付款期以及投标书格式等。

（一）联合国工业发展组织编制的投标书格式

联合国工业发展组织编制的《发展中国家工业项目缔约指南》明确规定了国际通用的投标及其有关附件的格式，现转录如下：

投标书

（注：附录为投标书的组成部分。投标应填写此投标书和附录里的所有空白）

致：_____

先生们：

（1）经研究上述指定工程施工的图纸、合同条件、说明书和建筑工程量清单之后，我们作为签署人愿按照上述图纸、合同条件、说明书和建筑工程量清单，按_____（英镑）的金额，或按上述条件所确定的任何其他金额，承担上述整个工程的施工、建成和维护。

（2）我们保证，如果我们的投标被接受，将在接到工程师的开工命令的＿＿＿＿＿天内开始本工程施工，并从上述本工程开工期限的最后一天算起，在＿＿＿＿＿天内，建成并交付使用本合同中规定的整个工程。

（3）如果我们的投标被接受，如有需要，我们将取得一家保险公司或银行的担保或是提供两名合适而诚实的担保人（须经你们认可），同我们一起负有连带责任地承担义务，按不超过上述指定金额10%的金额，根据须经你们认可的保证书条件，担保照章履行合同。

（4）我们同意在从规定的收到投标之日起的＿＿＿＿＿天内遵守本投标，在此期限届满之前，本投标将始终对我们具有约束力并可随时被接受。

（5）直到制定并签署了一项正式协议为止，本投标连同你们对其的书面接受，将成为我们双方之间具有约束力的合同。

（6）我们理解，你们并无义务必须接受你们所收到的价格最低的或其他任何投标。

附件一　附　录

保单的金额(如果有)＿＿＿＿＿＿＿＿＿＿＿＿　10＿＿＿＿＿＿英镑

第三方保险的最低金额＿＿＿＿＿＿＿＿＿＿　23.2＿＿＿＿＿英镑

开工期限(从接到工程师开工命令到开工)＿＿＿＿　41＿＿＿＿＿＿＿天

竣工时间＿＿＿＿＿＿＿＿＿＿＿＿＿＿＿＿＿＿　43＿＿＿＿＿＿＿天

规定的违约赔偿金额＿＿＿＿＿＿＿＿＿＿＿＿　47.1 每天＿＿＿英镑

奖励金额(如果有)＿＿＿＿＿＿＿＿＿＿＿＿＿　47.3＿＿＿＿＿英镑

维护期＿＿＿＿＿＿＿＿＿＿＿＿＿＿＿＿＿＿＿　49＿＿＿＿＿＿＿天

对直接成本金额调整的百分比＿＿＿＿＿＿＿＿　58.2 百分之＿＿＿

保留额的百分比＿＿＿＿＿＿＿＿＿＿＿＿＿＿　60(　)百分之＿＿＿

保留金的限额＿＿＿＿＿＿＿＿＿＿＿＿＿＿＿　60(　)＿＿＿＿＿英镑

中期证书最低金额＿＿＿＿＿＿＿＿＿＿＿＿＿　60(　)＿＿＿＿＿英镑

出具证书后的支付期限＿＿＿＿＿＿＿＿＿＿＿　60(　)＿＿＿＿＿天

＿＿＿＿＿年＿＿＿＿＿月＿＿＿＿＿日签

签名＿＿＿＿＿＿＿＿＿以＿＿＿＿＿＿＿＿＿资格经正式授权并代表

＿＿＿＿＿＿＿＿＿＿＿＿＿＿＿＿＿＿＿＿＿＿＿＿签署投标

（用印刷体大写）

证人＿＿＿＿＿＿＿＿＿地址＿＿＿＿＿＿＿＿＿＿＿＿＿＿＿＿＿＿

职业＿＿＿＿＿＿＿＿＿

注：10，23.2……为招标文件所附之合同条款，此处从略。

附件二　投标保证书

保证书号码　　　签署日期

根据本文件，我们_____作为当事人，下称"承包人"，与经核准在_____国进行交易的_____国的_____下称"保证人"，向_____作为权利人，下称"业主"，承担义务，将正确无误地支付美利坚合众国合法货币_____美元（$_____）整，对此，承包人和保证人及其继承人、遗嘱执行人、遗产管理人、继承人和受让人，负有连带责任地均受本文件的有力约束。

鉴于承包人已在_____年_____月_____日向业主提交了对于_____的书面投标，因此，如果上述投标结束之日起的90天内被接受，本义务的条件就是：如果承包人在规定的时间内，按业主向投标人提供的格式，按承包价格的10%的金额填交一份履约保证书，并且，如果需要，在规定的时间内，签署一项合同，则本义务即告无效；否则，将保持完全有效。

但是，保证人不负责：

（a）大于本保证书规定罚款的金额；

（b）大于承包人投标金额与业主所接受的投标金额之间差额的金额。

签署本文件的各保证人谨此同意其所承担的义务将不因当事人可能同意政府延长接受投标的期限而受损害，并谨以此放弃要求将这种延长期限通知保证人的权利，但是这种对通知的弃权仅适用于除原来所允许的接受投标期限以外总计不超过六十（60）日历日的延长期。

当事人和保证人已于上述日期在此投标保证书上签名盖章，以资证明。

当事人_____

签字：

姓名和头衔_____

保证人_____

签字：

姓名_____

有些国家招标时除根据《发展中国家工业项目缔约指南》要求提交上述两个附件外，还要求投标人附上标价分析和外汇要求及确定标价的汇率等附件。这两个附件的格式如下：

附件三　投标书
标价分析
单位：美元

报价项目	报价	管理费和利润	管理费和利润率（%）	
1. 开办费				
2. ××工程				
3. ××工程				
4. 室外工程				
5. 暂定项目				
6. 零星计日工				
7. 不可预见费				
总　计				

附件四　投标书
外汇要求①及确定标价的汇率

货币币种	占总标价的百分比	所用汇率
1. 工程所在国货币	××%	
2. 美元	××%	1 美元＝××当地货币
3. 英镑	××%	1 英镑＝××当地货币
4. 日元	××%	10 万日元＝××当地货币

　　　　投标的承包商名称
　　　　　　姓名　　　　（签名）
　　　　　　职务　　　　　　　　　年　　月　　日

注①：投标者须简述上述外汇要求的依据（理由）。

（二）国际咨询工程师联合会推荐的投标书格式
投标书

合同名称＊① _____

致：＊ _____

先生们：

（1）在研究了上述工程的施工合同条件、规范、图纸、工程量表以及附件第_____号以后，我们，即文末签名人，兹报价以_____，或根据上述条件可能确定的其他金额，按合同条件、规范、图纸、工程量表及附件要求，实施并完成上述工程并修补其任何缺陷。

（2）我们承认该附件为我们投标书的组成部分。

（3）如果我们中标，我们保证在接到工程师开工命令后尽可能快地开工，并在招标附件中规定的时间内完成合同中规定的全部工程。

（4）我们同意从确定的投标之日起_____天内遵守本投标书，在此期限期满之前的任何时间，本投标书一直对我们具有约束力，并可随时接受授标。

（5）在制定和执行一份正式的协议书之前，本投标书连同你方书面的中标通知，应构成我们双方之间有约束力的合同。

（6）我们理解你们并不一定非得接受最低标或你方可能收到的任何投标书的约束。

于_____年_____月_____日

签字人_____　　职务_____

授权代表（楷体大写字母）_____

地址_____

证人_____

地址_____

职业_____

注①：所有标注 * 的详细说明应在标书文件发出之前填好。

附　件

担保金额(如有时)_____	10.1为合同价格的_____%
第三方保险的最低金额_____	23.2不限发生次数,平均每次__
颁发开工命令的时间_____	41.1_____天
竣工时间_____	43.1_____天
误期损害赔偿金额_____	47.1每天_____
误期损害赔偿金额_____	47.1_____
缺陷责任期_____	49.1_____天
暂定金额调整的百分比_____	59.4(c)_____

表中所列材料发展价值的

百分比_____　　60.1(c)_____%

保留金百分比_____　　60.2_____%

保留金限额_____　　60.2_____

临时付款证书的最低金额___　　60.2_____

未付款额的利率_____　　60.10_____%

投标书签署人签名：_____

注①：10、23.2……为招标文件所附之合同条款，此处从略。

注②：以上所列细节，除了对应于第59.4款的百分数以外，上表中所有详细数字在标书文件发出之前填入，凡应填入天数之处，为与本合同条件保持一致，希望该数为7的倍数。

凡合同中包括与下列条款有关的规定时，应附加相应的条款：

（a）区段的竣工［第43.1和48.2（a）款］

（b）区段的损失赔偿费（第47.1款）

（c）奖金（第47.3款第二部分）

（d）工地材料的支付［第60.1（c）款］

（e）以外币支付（第60条第二部分）

（f）预付款（第60条第二部分）

（g）特定材料引起的对合同价格的调整（第70.1款第二部分）

（h）汇率（第72.2款第二部分）

四、准备备忘录提要

招标文件中一般都明确规定，不允许投标者对招标文件的各项要求进行随意取舍、修改或提出保留。但是在投标过程中，投标者对招标文件进行反复深入的研究后，往往会发现很多问题，这些问题大体可分为三类：

（1）对投标者有利的，可以在投标时加以利用或在以后提出索赔要求的。这类问题投标者一般在招标时是不设的。

（2）发现的错误明显对投标者不利的，如总价包干合同工程项目漏项或是工程量偏低，这类问题投标者应及时向业主提出质询，要求业主更正。

（3）投标者企图通过修改某些招标文件的条款或是希望补充某些规定，以使自己在合同实施时能处于有利地位的问题。这些问题在准备投标文件时应单独写成一份备忘录提要。但这份备忘录提要不能附在投标文件中提交，只能自己保存，留待合同谈判时使用。也就是说，当该投标使业主感兴趣，业主邀请投标者谈判时，再把这些问题根据当时的情况，一个一个地拿出来谈判，并将谈判结果写入合同协议书的备忘录中。

总之，在投标阶段除第二类问题外，一般少提问题，以免影响中标。

五、编制投标文件时应注意的事项

（1）投标文件中的每一要求填写的空格都必须填写，不能空着不填；否则，即被视为放弃意见。重要数字不填写，可能被作为废标处理。

（2）填报文件应反复校对，保证分项和汇总计算均无错误。

（3）递交的文件，每页均应签字，如填写中有错误而不得不修改，应在修改处签字。

（4）最好用打字方式填写投标文件，或用钢笔楷书填写。

（5）各种投标文件的填写要清晰、字迹端正，补充设计图纸要美观，给业主留下好印象。

（6）如招标文件规定，投标保证金为合同总价的一定百分比时，开投标保函不要太早，以防泄漏己方报价。但有的投标商提前开出并故意加大保函金额，以麻痹竞争对手的情况也是有的。

（7）所有投标文件应装帧美观大方，投标人在第一页上签字，较小工程可装成一册，大、中型工程（或按业主要求）可分下列几部分装订：①有关投标者资历等文件。如投标委任书，证明投资者资历、能力、财力的文件，投标保函，投标人在项目所在国注册证明，投标附加说明等。②与报价有关的技术规范文件。如施工规划、施工机械设备表、施工进度表、劳动计划表等。③报价表，包括工程量表、单价、总价等。④建议方案的设计图纸及有关说明。⑤备忘录。

递标不宜太早，一般在招标文件规定的截止日期前一两天内密封送交指定地点。

总之，要避免因为细节的疏忽和技术上的缺陷而使投标书无效。

六、编写投标致函

除按上述规定填报投标文件外，投标人还可以另写一份更为详细的致函，对自己的投标报价作必要的说明。写好这份额外增加的投标致函是十分重要的，一方面对自己投标报价作某些解释，使审标者和评标者更能理解此报价的合理性；另一方面借此对本公司的优势和特点做宣传，给评标者和业主留有深刻的印象。大致可在致函中说明以下问题：

（1）宣布降价的决定。多数投标者有意在书面报价单中将价码提高一些，以防自己在投标过程中价格被泄露，而在实际递交的投标致函中写明："考虑到同业主友好和长远合作的诚意，决定按报价单的汇总价格无条件地降低××%，即将总价降到多少金额，并愿意以这一降低后的价格签订合同。"

（2）说明由于作了上述降价，与投标同时递交的银行保函有效金额相应降低多少，并写明有效金额数。

（3）可以根据可能和必要情况，对自己选择的施工方案的突出特点作简要说明，主要表明选择这种施工方案可以更好地保证质量，加快工程进度，保证按预定工期完工。

（4）只要招标文件没有特殊的限制，可以提出某些可行的降低价格的建议。例如，适当提高预付款，则拟再降价多少；适当改变某种材料或者某种结构，不仅完全可保证同等质量、功能，而且可降低价格等。要声明这些建议只是供业主参考的，如果本公司中标，而且业主愿意接受这些建议时，可在商签合同时探讨细节。

（5）如果发现招标文件中有某些明显的错误，而又不便在原招标和投标文件上修改，可以在此函中说明，如进行这项修改调整将是有益的，还可说明其对报价的影响。

（6）有重点地说明本公司的优势，特别是说明自己的经验和能力，使业主感到满意。

（7）如果公司有能力和有条件向业主提供某些优惠的利益，可以专门说明。例如，支付条件的优惠、提供出口信贷等，用以吸引业主。当然，提出这些优惠应当慎重，自己要确有把握。在国际招标中，不乏这种事例，例如有些公司受到其本国政府鼓励政策的特许，可以提供出口信贷以带动某机电设备产品出口；有些国家甚至允许某些工程公司利用部分援外资金搞少量赠款、低息贷款等与国际工程承包相结合，以扩展海外市场。

（8）如果允许投标人另报替代方案者，除按招标文件报送该替代方案文件外，还可在本致函中作重点论述，着重宣传替代方案的突出优点。我国某公司参加一项大型钢屋架的国际招标，该公司提交了一份用螺旋球节点网架结构替代原招标的普通钢网架的方案，说明可大大降低成本，而且保证比招标文件中规定的工期提前两个月完工，还愿意邀请业主来中国参观大量球接点空间网架结构的已完工程。这项建议获得业主好评，最后按此替代方案而得标。

总之，写这份投标致函应有力地吸引业主、咨询公司和评标人，激发他们对公司的兴趣和信心。

七、投标文件的递交

全部投标文件编好之后，经校核无误，由负责人签署，按投标须知的规定分装，然后密封，派专人在投标截止日期之前送到招标单位指定地点，并取得收据。如必须邮寄，则应充分考虑邮件在途时间，务必使标书在投标截止期之前到达投标单位，避免迟到作废。

在编制标书的同时，投标单位应注意将有关报价的全部计算、分析资料汇编归档，妥善保存。

投标书必须放置于双层信封内，两层信封的封口处加盖封印。外层信封正面书写有关投标的指示，左上角斜行书写：

××省××单位××项目第××号招标……

投标文件

开标前不得开启

正中书写收件人的单位地址及姓名和职务（多数情况下仅写职务而不写姓名）。

无论在外层信封的正面还是反面，均不得书写投标人的姓名及单位地址等。外层信封内装投标声明或保证书及招标通知所要求的证明材料。通常情况下，这些材料包括：①公司营业证书；②公司组织机构；③公司章程；④董事会名单；⑤关于分公司证明；⑥两国互惠证明书（如果有的话）；⑦政治性的确认书（如抵制×××国确认书）；⑧驻外办事处或经理部主任或经理委任书；⑨当地代理人委任书；⑩公司资信证明书（银行出具的资信证明）；⑪公司授权签约证明书；⑫社会安全税（亦称社会保险）缴纳证明书；⑬人员保险证明书；⑭各种公证书；⑮银行信贷支付信；⑯近3年的资产负债表、利润表及审计报告；⑰工程经验证明（一般要求是近5年完成的工程）；⑱拟参与工程的关键人员名单、资格和工作简历；⑲施工计划（一般要求网络图，不接受条形图）；⑳施工设备清单；㉑有关司法纠纷的声明。

另外，还应放入两份投标报价材料副本。

如果招标前未进行资格预审，则每个投标人都必须提交投标认可申请书，并附上有关其公司的人、财、物三方面及有关法律方面的材料（资格预审材料）。

内层信封正面书写投标人的姓名、地址等。

如果招标文件只要求报单价，内层信封内仅装投标书；若招标文件要求报总价，则除放入投标书外，还应放入由投标人填写的价格清单和详细概算书。

如果投标保函直接交给业主，也应放入内层信封中。

投标书封好后应加盖封印，并按要求挂号邮寄或送交指定单位或者投放于指定的信箱。

开标前 24 小时为投标寄送截止期，以到达日的邮戳为凭。若是送交或投放于指定信箱，则以收条或回执为凭。若遇节假日，则往前顺推。例如，定于 2019 年 5 月 2 日 8 时开标，往前推 24 小时是 5 月 1 日 8 时，正好是国际劳动节，则标书寄送截止日应为 4 月 30 日 8 时，若该日是星期日，则再往前推一日。一般情况下，招标通知中均规定标书寄送截止日期。

晚于规定的截止日期到达的标书一概无效。

投标书一旦寄出或送交，便不得撤回。但在开标之前可以修改其中事项，如错误遗漏或含混不清的地方，可以用信函形式发给招标人。

招标人在发出招标书以后至开标之前，同样可以对招标文件予以修正、解释或补充，并以备忘录的形式发给各投标人。这些备忘录应作为招标文件的组成部分。招标人对投标人提出的有关招标文件中的不明了事项或质疑做出解释。若投标人提出延迟投标截止期的要求，招标人可予以考虑，并答复之。

关键概念

投标环境　联营体　投标技巧　投标文件

复习思考题

1. 如何做好投标决策前的准备工作？
2. 投标过程中的主要工作有哪些？
3. 怎样制定正确的投标策略和运用投标技巧？
4. 如何选择合作伙伴？
5. 怎样编制投标文件？

第四章　国际工程投标报价

学习目标

投标报价是投标成败的关键环节，是国际工程承包中的核心工作，学习本章，应熟悉投标报价的程序；掌握分项工程单价的内容及计算方法，特别要学会做好单价分析工作。

第一节　国际工程投标报价概念

一、国际工程投标报价的含义

报价是大多数国家和地区对承包某一国际工程造价的习惯叫法。有的国家如美国叫作估价，有的地区如我国香港叫开价或作价，我国承包国外工程的造价称报价，这是一个笼统的提法，它包括劳务报价和承包工程报价两种情形。单纯劳务报价和提供技术服务报价比较简单，只要根据我国有关方面的规定，参照工程所在地区工资水平和各项费用的标准即可。而承包工程的投标报价内容要复杂得多，情况千变万化，报价的难度也大得多。

概括地说，国际工程的投标报价就是承包商采取投标方式承揽工程项目时，以招标文件的设计图纸或工程数量表和投标须知，以及价格条件说明等为基础，结合调研和现场考察获得的情况，根据有关定额、价格资料和费用指标，计算确定承包该项工程的全部费用及工程总价的技术经济文件。因为报价是伴随投标过程进行的，报价书又是构成投标文件的主要内容并随同投标书一起寄送招标者，故称为**投标报价**（bid price）。

投标报价是对外工程投标的一项专门业务，涉及的内容十分广泛。要想开拓国际工程承包市场，首先必须学会投标报价，因为我国的承包商已经认识到投标报价工作将关系到投标的成败，因而将投标报价放在投标工作中第一重要位置上，组成由总工程师直接领导的报价班子，具体负责投标报价的各项工作。

二、国际工程投标报价的意义

国际工程承包是随着世界经济的日益繁荣而发展起来的一项程序相当复杂、业务范围相当广泛并颇有盈利的国际间商业性交易。当前，国际工程承包市场瞬息万变，风云莫测。为了开创我国对外承包事业的新局面，在角逐激烈的国际工程承包市场上立于不败之地，除了要有现代化的经营管理水平和先进的施工技术手段、认真研究国际工程承包程序中各个环节、随时掌握国际工程承包市场的信息外，就是要做好投标报价工作。

国际工程投标报价是投标文件的核心部分，是工程承发包过程中的一个重要环节，也是承包商在项目成交中的关键。大量事实表明，一家承包商在投标中能够击败众多甚至强有力的对手而获得成功，很大程度上取决于能否迅速提出一个有竞争力的报价。报价的竞争力是针对一项工程的价格在投标中被业主认可并接受从而获得承揽项目的可能性而言的。换句话说，报价的竞争力就是指所报价格的高低。报价越高，竞争力越差，中标的可能性就越小。尽管投标报价不是唯一的竞争条件，但它毕竟是竞争的中心即首要条件。即使承包商的技术水平再高，建设质量再好，如果报价太高，也很难中标。当然，为了提高投标报价的竞争力，也不能将报价有意压得很低，因为承包国际工程的目的是赚钱盈利，那么如何做到既能中标又能盈利呢？这就要求承包商在招投标中确定出一个合适的报价。

合适的报价应建立在科学分析和可靠计算的基础之上，根据不同工程的特点，结合各种影响价格的因素，采用灵活方式确定报价。

合适的报价尽量做到在标底基础上上下浮动，既不能过高，也不能过低，过高或过低都不易中标，只有与标底接近且略低于标底的报价方能被业主接受并选中。

合适的报价应该是与承包商本身具有的技术水平和工程技术条件相适应的报价；否则也不易中标。

合适的报价应该是比较符合市场行情且能随行就市的报价。这就是说，确定报价水平必须结合工程所在地的行情和各种情况综合考虑，必须有一定的灵活性而不主观臆断，脱离实际而又一厢情愿的报价是很难中标的。

综上所述，不难看出投标报价是国际工程承包整个投标工作中的中心环节，是工程项目投标成败的关键。

三、国际工程投标报价的基本原则

承包工程的投标报价，必须能够维护和保证承包商在该项工程上的经济利益，同时也反映了承包商对于该项工程的技术经济观点，表明了承包的基本条件。

（1）根据承包方式考虑报价内容，根据招标文件开列报价项目，确定计算深度。报价的内容总是和承包方式相对应的，有什么样的承包方式就有其特定内容的报价。如果是单纯提供劳务，则报价内容由工资和各项有关费用构成；如果是包工包料承担工程项目，其报价内容包括劳务费、材料和设备费、施工机械费、管理费、利润和开办费等。如果是统包工程，除上述各项费用以外，还包括勘察设计费和试生产费用。

报价项目必须严格按照招标文件的要求来开列。业主为了选择承包商而对投标报价进行分析比较，有时利用标单规定令投标者将报价费用进行分类组合后填列。承包商在投标报价时，无论构成报价内容的费用有多少，均应在填列报价单时按照标单要求的项目进行归纳和分摊，符合业主的要求；否则，如果承包商置业主的要求于不顾，就会因给业主分析、比较投标报价带来困难，甚至发生误解而落标。

关于报价项目的计算深度问题，是针对内容的深浅粗细而言的。承包商在编制投标报价时，要采用"细算粗编"的方法。在计算各项费用时，算得越细越好，以免遗漏，而报价时要符合业主的心理要求，尽量进行综合归纳，使之与标单要求统一起来。

（2）确定报价的内容应以招标文件中关于双方经济责任的划分为基础。承包商在编制投标报价时，注意招标文件中关于双方经济责任的划分是至关重要的。因为一项工程的建设，并非所有的事情都由承包商承担，业主也可能负责一部分。如果招标文件中规定营地设施和临时工程由业主无偿提供，工程保险由业主向其本国保险公司投保等，据此，报价中均不必考虑。凡是由承包商承担的工程内容和负责的一切事情，其费用在报价中必须全部编报而不得遗漏。

（3）开展现场考察调研和收集价格行情资料，是编报合理的投标报价的前提。在工程投标前，有目的、有重点地开展对工程现场的工程和经济的考察调研，收集有关行情资料是十分重要的。通过考察收集到的资料是编报合理报价的依据。例如，根据考察掌握的现场运输条件，确定报价中关于工程器材、建筑材料等运输手段；根据调查获得的地质资料，考虑报价中决定采用的施工工艺和方法；根据工程所在国政府有关法律和规定，考虑报价中有关费用的计算等。

编制投标报价绝不能忽视对工程所在国的市场行情和价格资料的收集和积累（例如，了解工程所在国的工资水平、物价水平），对编制合理报价，在激烈竞争中取胜，具有十分重要的作用。

（4）报价计算方法要简明适用，考虑问题要有理有据。国际工程承包投标报价的计算与国内工程概预算的编制有着很大的差别，这是因为国外工程的情况十分复杂，报价的依据往往并不那么充分，至今尚无统一的编制方法，一般均采用自己的习惯做法。目前，对外承包公司在计算报价时，普遍应用"分项费用报价法""工程单价报价法"和"综合人月单价法"等几种报价计算方法。尽管报价计算方法不拘一格，但应以简明实用为佳。编制报价文件时，对于招标文件内容含糊不清或模棱两可，在国内不便查询的部分，或因资料不全，编制依据不足之处，都需要承包商通过各种渠道，想方设法获得有关资料。实在收集不到有关资料，承包商则应通过分析尽快做出决断，以保证满足投标报价的时间要求。在分析问题时应做到有理有据，切忌轻率从事。

四、国际工程投标报价的特点

（一）投标报价的竞争性

国际工程承包投标报价的目的，是通过自由竞争争取中标，再通过对承包工程合同的实施，获得一定的经济效益。报价既要考虑投标人自身条件及有关因素，还要考虑市场的趋向和价格的变化及竞争对手的特点。

为了在竞争中取胜，投标报价除了必需的标价计算以外，还需对实施的经营方案、流动资金等进行详尽的可行性分析。对工程的施工方案、施工方法、技术措施等多方面进行论证，优选最佳方案，以达到按期完工、保证质量、技术先进、标价优惠的目的。只有这样，才能编制出合理的标书，从而提高竞争能力，增加中标的可能性。

在投标报价文件的编制中，投标人能得到的技术资料极为有限，业主为了节省勘察设计费用，大多数标书的设计深度满足不了编制报价文件的需要，并且缺乏足够的论证，不像国内工程概（预）算，都以工程的初步设计和施工图设计为基础。标价的计算也不像国内那样按统一定额计算，而是根据国际上或各个国家的招标文件、合同条件、技术规范、有关标准、工程量计算方法、市场浮动价格、利润等确定各分项工程的单价，最后确定出投标报价。确定单价时要根据具体情况,有一定的灵活性与策略,如将某分项工程的单价压低,尽量压低报价总额,争取中标。以后在施工中再通过"索赔"方式予以补偿。承包商在国际工程投标报价中要靠丰富的工程经验、高超的智力、卓越的策略技巧增强竞争能力,在国际工程承包激烈竞争中取胜。

(二)投标报价的严格约束力

国际工程承包投标报价受标书规定条款的严格约束。投标报价项目名称是在招标文件的报价表中规定的,投标人不能随意增删,如果投标人认为标书中项目不全,只能把由此而发生的费用摊入标书规定的项目中。例如,标书报价表所列项目未列入临时设施工程,那么,这项工程费用就要摊入相应的主体工程项目中;如果标书报价表中的混凝土工程,只列了混凝土的数量,而未单列模板、钢筋,则模板及钢筋的费用应摊入相应的混凝土报价中。总之,必须发生而标书中未列的费用不能遗漏,应分摊到相应的工程和费用中;否则,业主不太可能支付这部分额外工程价款,除非有其他合同条款或国际惯例给予保护。

在国际招标中,编标报价的时间相当短促,一般工程从出售标书到开标仅几个月时间,投标的时间绝对不能延误;否则,将成为废标。为此,承包商必须组织优势力量按时将标书编好、报出。

国际投标报价还要受标书规定的施工方法、施工机械、建筑材料等技术条款以及业主支付价款的外汇比例、汇率、使用外国员工、各种税收、国家法律等方面规定的约束。例如,标书规定混凝土运输、浇筑必须使用混凝土运输车和混凝土泵车,尽管这种施工方法对该工程在技术、经济上可能不合理,而投标人也必须按此施工方法编制报价。标书提出这种限制的理由是为了评标的可对比性。

国际投标报价,应以严格遵守标书的报价要求作为指导原则,必须按照招标文件的要求编制标书;否则就被认为"非对应标"而被淘汰,更会被竞争对手抓住缺点进行排挤,以致被挤掉。

(三)投标报价项目划分的特殊性

国际工程承包投标报价的计价项目都按照工程单项内容进行划分,主要是为了便于价款的结算。承包商完成了某一数量的工程内容后,一般是在每个月终,提出结算单,经咨询工程师核对、批准并报业主后,即可按计价项目的单价和数量得到结算价款。为了便于计价和及时结算,体现承包工程的商品属性,标书计价项目的划分方法具有便利业主和承包商买卖关系的特殊性。国内工程概预算主要反映工程总价及其技术经济指标以及分部、分项工程的价格，这样划分的目的是供有权机关审查批准项目和计划、财务部门拨付基建投资以及进行计划统计工作的需要。其他间接费用等均单独列项计价，不必将其摊入分项工程单价中。在国际投标报价中，对上述各项费用则需直接计入工程成本。例如，冬、雨季施工增加费用国际工程承包报价时不允许单列，应直接列入工程成本。关于承包过程中的某些商业性费用，如保函手续费、贷款利息、保险费等，标书中有时要求单项列出数额，但仍通过计价项目支付。国际投标报价中的管理费包括工地管理费和总部管理费两部分，管理费和利润不单独计列而分摊到各项单价中，而其管理费率大大超过我国概预算中所规定的管理费率。

（四）投标报价的复杂性

国际工程承包投标报价中，一切以业主和承包商签订合同所规定的责任和义务为依据，如果发生争端，未能协商解决，则应诉诸法律。在编制报价文件时，要熟悉国外银行、信贷、利息及有关的法规和其他法律规定。尤其值得提出的是，工程建设所需的材料、设备、机具有时要在国外购买，有的则来自我国国内或在工程所在国以外的国家购买。为此，需要海运和陆运，要了解运输费用，订立运输和采购合同，了解关税及其他税金和免税规定，这就增加了报价编制的复杂性。

基于以上特点，必须熟悉国际上和工程所在国的各种规章制度、国际市场价格动态，编制出有竞争能力的合理的报价。此外，还应掌握投标报价的技巧，疏通各方关系，逐步建立信誉，打开局面，才能在激烈竞争中立于不败之地。

第二节 国际工程投标报价程序

承包商通过资格预审后，即有资格在业主出售招标文件时，购买全套招标文件，根据工程项目的性质，工程量大小，组织一个经验丰富、强有力的投标报价班子，进行投标报价。投标报价是一项十分细致而又紧张辛苦的工作，它要求投标人员有高度的责任心、广阔的知识面、丰富的施工经验和投标经验。

国际工程承包招标有多种合同形式，对不同的合同形式，计算报价方式是有差别的。但不论采用何种形式，大致都要按照下面的程序进行投标报价工作，如图 4-1 所示。

```
┌─────────────────────────────────┐
│      通过资格预审并获得招标文件      │
└─────────────────────────────────┘
┌─────────────────────────────────┐
│         组织投标报价班子           │
└─────────────────────────────────┘
┌─────────────────────────────────┐
│          研究招标文件             │
└─────────────────────────────────┘
┌──────────────┐      ┌──────────────┐
│  工程现场考察  │      │  参加标前会议  │
└──────────────┘      └──────────────┘
┌─────────────────────────────────┐
│          复核工程量               │
└─────────────────────────────────┘
┌─────────────────────────────────┐
│      制订进度计划和施工方案         │
└─────────────────────────────────┘
┌────────────────────────┐  ┌──────────────┐
│ 人工、材料、机械台班单价的计算 │  │  工程定额的选用 │
└────────────────────────┘  └──────────────┘
┌─────────────────────────────────┐
│       分项工程基础单价计算         │
└─────────────────────────────────┘
┌──────────────┐      ┌──────────────┐
│  分摊费用计算  │      │  器材和分包询价 │
└──────────────┘      └──────────────┘
┌─────────────────────────────────┐
│        分项工程单价计算           │
└─────────────────────────────────┘
┌─────────────────────────────────┐
│         工程标价计算             │
└─────────────────────────────────┘
┌─────────────────────────────────┐
│        工程标价宏观审核           │
└─────────────────────────────────┘
┌─────────────────────────────────┐
│        工程标价微观分析           │
└─────────────────────────────────┘
┌─────────────────────────────────┐
│         投标报价决策             │
└─────────────────────────────────┘
┌─────────────────────────────────┐
│       工程投标报价单的编制         │
└─────────────────────────────────┘
┌──────────────┐      ┌──────────────┐
│  编写投标致函  │      │  办理投标保函  │
└──────────────┘      └──────────────┘
┌─────────────────────────────────┐
│     递交投标文件（含报价单）        │
└─────────────────────────────────┘
```

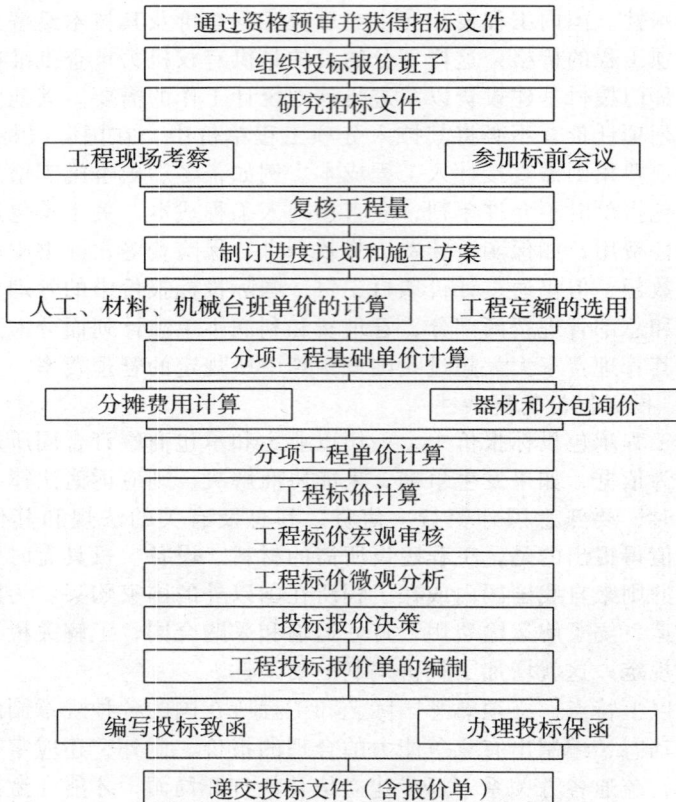

图 4-1   国际工程投标报价程序

一、组织投标报价班子

（一）投标报价班子的组织原则

国际工程估价，不论承包方式和工程范围如何，都必须涉及承包市场竞争态势、生产要素市场行情、工程技术规范和标准、施工组织和技术、工料消耗标准或定额、合同形式和条款以及金融、税收、保险等方面的问题。为此，需要有专门的机构和人员对估价的全部活动加以组织和管理，组织一个业务水平高、经验丰富、精力充沛的报价班子是投标获得成功的基本保证。

理想的报价班子的成员——估价师，应是懂技术、懂经济、懂商务、懂法律和会外语的多面手。这样的报价班子人员精干、工作效率高，提高了报价工作的连续性、协调性和系统性。但是，这样各方面知识都很精深且能力强的专门人才是比较少的。因此，在我国，除了对报价班子负责人或注册估价师尽可能按上述要求配备之外，对报价班子的一般成员主要考虑的是在某一方面有专长。一般来说，报价班子的成员应由经济管理类人才、专业技术类人才、商务金融类人才、合同管理类人才组成。

（二）报价人员的素质要求

所谓经济管理类人才，是指直接从事工程估价的人员。他们不仅对本公司各类分部分项工程工料消耗的标准和水平了如指掌，而且对本公司的技术特长和优势以及不足之处也有客观的分析和认识，对竞争对手和生产要素市场的行情和动态也非常熟悉。他们能运用科学的调查、统计、分析、预测的方法，对所掌握的信息和数据进行正确的处理，使报价工作建立在可靠的基础之上。另外，他们对常见工程的主要技术特点和常用施工方法也有足够的了解。

所谓专业技术类人才，是指工程设计和施工中的各类技术人员（在国际工程承包中，有可能要求承包商完成部分设计工作），如建筑师、结构工程师、电气工程师、机械工程师等。他们应掌握本专业领域内最新的技术知识，具备熟练的实际操作能力，能解决本专业的技术难题，以便在报价时从本公司的实际技术水平出发，根据投标工程的技术特点和需要，选择适当的各项专业实施方案。

所谓商务金融类人才，是指从事金融、贸易、采购、保险、保函、贷款等方面工作的专业人员。他们要懂税收、保险、涉外财会、外汇管理和结算等方面的知识，特别要熟悉工程所在国有关方面的情况，根据招标文件的有关规定选择有关的工作方案，如材料采购计划、贷款计划、保险方案、保函业务等。

所谓合同管理类人才，是指从事合同管理和索赔工作的专业人员。他们应熟悉国际上与工程承包有关的主要法律和国际惯例，熟悉国际上常用的合同条件，充分了解工程所在国的有关法律和规定。他们能对招标文件所规定采用的合同条件进行深入分析，从中找出对承包商有利和不利的条款，提出要予以特别注意的问题，并善于发现索赔的可能性及合同依据，以便在报价时予以考虑。

以上是对报价班子各类人员个体素质的要求。一个报价班子仅仅做到了个体素质好往往是不够的，各类专业人员既要有明确分工，又要能通力合作，及时交流信息。为此，报价班子的负责人就显得相当重要，他不仅要具有比报价班子一般人员更全面的知识和更丰富的经验，而且要善于管理、组织和协调，使各类专业人员都能充分发挥自己的主动性和积极性以及专业特长，按照既定的工作程序开展报价工作。

另外，作为承包商来说，要注意保持报价班子成员的相对稳定，以便积累和总结经验，不断提高其素质和水平，提高报价工作效率，从而提高本公司投标报价的竞争力。一般来说，除了专业技术类人才要根据投标工程的内容、技术特点等因素而有所变动之外，其他三类专业人员应尽可能不作大的调整或变动。

二、研究招标文件

承包商在派人对现场进行考察之前和整个投标报价期间，均应组织参加投标报价的人员认真细致地阅读招标文件，必要时还要把招标文件译成本国语言，在动手计算投标价格之前，首先要弄清楚招标文件的要求和报价内容。例如，明确承包的工作范围、责任和报价范围，以避免在报价中发生任何遗漏；明确各项技术要求，以便确定经济适用而又可能缩短工期的施工方案；明确工程中需使用的特殊材料和设备，以便在计算报价之前了解价格，避免因盲目估价而失误。另外，应整理出招标文件中含糊不清的问题，有一些问题应及时书面提请业主或咨询工程师予以澄清。

为进一步制订施工方案、进度计划，计算标价，投标人还应该从以下几个主要方面研究招标文件：

（一）投标人须知与合同条件

投标人须知与合同条件是国际工程招标文件十分重要的组成部分，其目的在于使承包商明确中标后所能享受的权利和所要承担的义务及责任，以便在报价时考虑这些因素。

（1）工期。它包括对开工日期的规定、施工期限，以及是否有分区段、分批竣工的要求。

（2）误期损害赔偿费有关规定。这对施工计划安排和拖期的风险大小有影响。

（3）缺陷责任期的有关规定。这对何时可收回工程"尾款"、承包商的资金利息和保函费用计算有影响。

（4）保函的要求。保函包括投标保函、履约保函、预付款保函、临时进口施工机具税收保函以及缺陷责任期保函等。保函的要求包括：保函数值的要求、有效期的规定和允许开保函银行的限制等。这对于投标人计算保函手续费和用于银行开保函所需占用的抵押资金有重要关系。

（5）保险。是否指定了保险公司、保险的种类（例如工程一切保险、第三方责任保险、施工设备保险、现场人员的人身事故和医疗保险等）和最低保险金额，将影响保险费用的计算。

（6）付款条件。其包括是否有预付款，如何扣还，材料设备到达现场并检验合格后是否可以获得部分材料设备预支款。其中付款方法、付款比例、保留金比例、保留金最高限额、退回保留金的时间和方法、拖延付款的利息支付等、每次期中支付证书有无最低金额限制、业主付款的时间限制等，都是影响承包商计算流动资金及其利息费用的重要因素。

（7）调价公式的要求。如有调价公式条款，价格计算是否仍需考虑通货膨胀因素的影响。

（8）税收。是否免税或部分免税，可免何种税收，可否临时进口施工机具设备而不收海关关税，可否用银行保函形式办理临时免税进口，这些将严重影响施工设备的价格计算。

（9）货币。支付和结算货币的规定，外汇兑换和汇率的规定，向国外订购的材料设备需用外汇的申请和支付办法。

（10）劳务国籍的限制。这影响到劳务成本计算。

（11）战争和自然灾害等人力不可抗拒因素造成损害后的补偿办法和规定，暂时停工的处理办法和补救措施等。

（12）有无提前竣工奖励。

（13）争议的解决办法、仲裁或诉诸法律的规定。

以上各项有关要求，一般在投标人须知或投标书附录中做出说明和规定，在某些招标文件中，这些要求放在合同条件的第二部分中具体规定。

（二）技术规范

研究招标文件中所附的施工技术规范，特别是注意研究该规范是参照或采用英国规范、美国规范或是其他国际技术规范，本公司对此技术规范的熟悉程度，有无特殊施工技术要求和有无特殊材料设备技术要求，有关选择代用材料、设备的规定，以便采用相应的定额，计算有特殊要求的项目价格。

（三）报价要求

（1）应当注意合同种类是属于总价合同、单价合同、成本补偿合同、交钥匙合同或是单价与包干混合制合同。例如，有的住房项目招标文件，对其中的房屋部分要求采用总价合同方式；而对室外工程部分，由于设计较为粗略，对有些土石方和挡土墙等难以估算出准确的工程量项目，因而要求采用单价合同。对承包商来说，在总价合同中承担着工程量方面的风险，应该根据图纸仔细校核工程量，并对每一分项工程的单价做出详尽细致的综合分析。

（2）应当仔细研究招标文件中的工程量表的编制体系和方法。例如，是否将设计、勘察、临时工程、机具设备、进场道路、临时水电设施和人员设备调遣等列入工程量表。对于单价合同方式特别要认真研究工程量的分类方法，以及每一分项工程的具体含义和内容。

要研究永久性工程之外的项目有何报价要求。例如，对旧建筑物和构筑物的拆除，监理工程师现场办公室和各项开支（包括他们使用的家具、车辆、水电、试验仪器、服务设施和杂务费用等），模型，广告，工程照片和会议费用等，招标文件有何具体规定，以便考虑如何将之列入工程总价中去。弄清一切费用纳入工程总报价的方法，不得有任何遗漏或归类的错误。

应当注意对某些部位的工程或设备提供，是否必须由业主"指定的分包商"进行分包。文件是否规定总承包商应为指定分包商提供条件，承担何种责任，文件是否规定了对指定分包商的计价方法。

（四）承包商风险

认真研究招标文件中对承包商不利、需承担很大风险的各种规定和条款，例如有些合同中，业主有这样一个条款"承包商不得以任何理由索取合同价格以外的补偿"，那么承包商就得考虑适当加大风险费。

三、工程现场考察

现场考察是整个投标报价中的一项重要活动，对于考虑施工方案和合理计算报价具有重要意义。因此，现场考察是实现正确报价的手段。决定对某一项目投标并购买招标文件后，往往业主方给出的报价时间都比较紧张，因此现场考察时应采取有针对性的调查，如工程所在地区的自然条件、施工条件、业主的情况、竞争对手的情况等。

现场考察的一般程序和做法是：现场考察组应由报价人员、准备在中标后实施工程的项目经理和公司领导决策人员组成，根据对招标文件研究和投标报价的需要，制定考察提纲，考察后应提供实事求是和包含比较准确可靠数据的考察报告，以供投标报价使用。

现场考察时注意收集的资料和信息包括以下内容：

（一）自然地理条件

（1）气象资料：年平均气温，年最高气温；风玫瑰图，最大风速，风压值；年平均湿度，最高、最低湿度；室内计算温度、湿度。

（2）水文资料：流域面积、降水量、河流流量等。对于港口工程，还应调查潮汐、风流、台风等。

（3）地质情况：地质构造及特征；承载能力，地基是否是大孔土、膨胀土（需用钻孔或探坑等手段查明）；地震及设防等级。

（4）上述问题对施工的影响。

（二）施工材料

（1）地方材料的供应品种：如水泥、钢材、木材、砖、沙、石料及混凝土的生产和供应。

（2）装修材料的品种和供应，如瓷砖、水磨石、大理石、墙纸、木板材、吊顶喷涂材料、各类门窗材料、水电器材、空调等的产地和质量，各种材料器材的价格、样本。

（3）第三者采购的渠道及当地代理情况。

（4）实地参观访问当地材料的成品及半成品等的生产厂、加工厂及制作场地。

（三）施工机具

（1）该国施工设备和机具的生产、购置和租赁；转口机具和设备材料的供应及价格；有关设备机具的维修和配件供应。

（2）当地的机具维修和加工能力。

（四）交通运输

（1）空运、海运、河运和陆地运输情况。

（2）主要运输工具购置和租赁价格。

（五）商务问题

（1）所在国政府对承包商征税的有关费率。

（2）所在国近几年通货膨胀和货币贬值情况。

（3）进出口材料和设备的关税费率。

（4）银行保函手续费、贷款利率、保险公司有关工程保险费率。

（5）所在国代理人的有关规定，一般收费费率。

（6）人工工资及附加费，当地工人工效以及同我国工人的工效比，招募当地工人手续。

（7）临建工程的标准和收费。

（8）当地及国际市场材料、机械设备价格的变动；运输费和税率的变动。

（六）规划设计和施工现场

（1）工程的地形、地物、地貌；城市坐标、用地范围；工程周围的道路、管线位置、标高、管径、压力；市政管网设施等。

（2）市政给排水设施；废水、污水处理方式；市政雨水排放设施；市政消防供水管道管径、压力。

（3）当地供电方式、电压、供电方位、距离。

（4）电视和通信线路的铺设。

（5）政府有关部门对现场管理的一般要求、特殊要求及规定。

（6）施工现场的三通一平（通水、通电、通路和场地平整）情况。

（7）当地施工方法及注意事项。

（8）当地建筑物的结构特征和习惯做法：建筑形式、色调、装饰、细部处理、所在国的建筑风格。

（9）重点参观、了解当地有代表性的著名建筑物和现代化建筑。

（七）业主和竞争对手情况

（1）业主情况。

（2）工程资金来源。

（3）竞争对手情况。

（八）工程所在国的政治、经济情况，有关法规、条例及市场开拓前景

（1）掌握该国的一般政治、经济情况，与邻国的关系，与本国的关系。

（2）了解本国外交部、外经贸部对该国的评价，请本国驻外使馆介绍有关情况。

（3）了解该国关于外国承包公司注册设点的程序性规定，需要递交资料的详细内容。

（4）收集或购买所在国工程设计规范、施工技术规范、招标投标法、合同法等法律和法规以及工程审查与验收制度。

以上只是调查的一般要求，还应针对工程具体情况增删，考察后要写出简洁明了的考察报告，附有参考资料、结论和建议，使报价人员和公司领导一目了然，把握要领。一个高质量的考察报告，对研究投标报价策略

和提高中标率有着十分重要的意义。

四、参加标前会议

标前会议，是业主给所有投标人提供的一次质疑的机会。有些承包商为了节省费用，不愿意派人参加标前会议。除非对该市场非常熟悉而且还有其他非公开渠道与业主单独接触，否则如果真心想参加投标并希望获得胜利，则应认真准备和积极参加标前会议。

在标前会之前应事先"消化"招标文件，并将消化过程中碰到的各类问题整理为书面文件，寄到招标单位要求给予书面答复，或在标前会议上予以解释和澄清。提出质疑和要求澄清以及参加标前会议，都要讲究技巧，特提出以下几点注意事项：

（1）对工程内容范围不清的问题，应当提请说明，但不要表示或提出任何修改设计方案的要求。

（2）对招标文件中图纸与技术说明互相矛盾之处，可请求说明应以何者为准，但不要轻易提出修改技术要求。如果自己确实提出对业主有利的修改方案，可在投标报价时，在投标致函中提出，并作出相应的报价，供业主选择，而不必在会议中提出。

（3）对含糊不清的重要的合同条件，可以请求澄清、解释，但不要提出任何改变合同条件的要求。即使改变合同条件的要求是合理的，也只宜在以后投标致函或投标说明中单独提出。

（4）对招标文件中出现的对我方有利的矛盾或含糊不清的条款，不要在标前会上提出要求澄清。

（5）应当注意不使竞争对手从我方提出的问题中窥探出投标设想和施工方案。

（6）注意提出问题的方式，不要使业主和咨询公司感到为难。例如，招标文件或图纸上有明显的错误，不要指责这是有错，而应当提出，某页文件或图纸上某处的数字或说明文字难以理解，请予以说明。

（7）应当要求业主或咨询公司对所有问题所作的答复发出书面文件，并宣布这些补充文件是招标文件不可分割的部分，或与招标文件具有同等效力。千万不能凭口头答复来制定我方的报价。

现场勘察一般是标前会议的一部分，业主会组织所有承包商进行现场参观和说明。参加投标的承包商应该结合调查提纲的内容积极参加这一活动。事先参加现场勘察的所有人员应认真地对招标文件中的图纸和技术文件进行研究领会,同时应派有丰富工程施工经验的工程技术人员参加。现场勘察中,除一般性调查外,应结合工程专业特点有重点地针对专业要求进行勘察。由于能到现场参加勘察的人员毕竟有限,因此对大型项目、关键项目,建议进行现场录像以便回国后给参与投标的全体人员和专家观看和研究,这将有助于编标工作顺利进行。

五、复核工程量

招标文件中通常均附有工程量表,投标人应根据图纸仔细核算工程量,当发现相差较大时,投标人不能随便改动工程量,应致函或直接找业主澄清。对于总价固定合同要特别引起重视,如果投标前业主不予更正,而且是对投标人不利的情况,投标人在投标时要附上声明;工程量表中某项工程量有错误,施工结算应按实际完成量计算。有时可按不平衡报价的思路报价。有时招标文件中没有工程量表,需要投标人根据设计图纸自行计算,按国际工程承包中的惯例形式分项目列出工程量表。

不论是复核工程量还是计算工程量,都要求尽可能准确无误。这是因为工程量大小直接影响投标价的高低。对于总价合同来说,工程量的漏算或错算有可能带来无法弥补的经济损失。目前一般采用的工程量划分方法和计算方法,项目划分很细,计算十分烦琐,对于这种情况,投标人可以按自己习惯采用的办法合并和归纳,以简化计算和复核。因此,承包商在核算工程量时,应当结合招标文件中的技术规范弄清工程量中每一细目的具体内容,才不致在计算单位工程量价格时搞错。如果招标的工程是一个大型项目,而且投标时间又比较短,要在较短的时间内核算工程数量,将是十分困难的。这时,投标人至少也应该核算那些工程量大和价格高的项目。

在核算完全部工程量表中的细目后,投标人可按大项分类汇总主要工程总量,以便对这个工程项目的施工规模有一个全面和清楚的概念,并用以研究采用合适的施工方法,选择经济适用的施工机具设备。对于一般土建工程项目主要工程量汇总的分类大致如下:

(1)建筑面积。国外没有计算建筑面积的规定,通常也不用建筑面积作为计价单位。因此,这一汇总只是为了我们内部进行分析比较,可以按照我国国内的规定计算。

(2)土方工程。它包括总挖方量、填方量和余、缺土方量,如果可能的话,可分别列出石方、一般土方和软土或淤泥方量。还要特别注意的一点，在土方工程中，要弄清业主付款是按实方还是按虚方丈量。

（3）钢筋混凝土工程。可分别汇总统计现浇素混凝土和钢筋混凝土以及预制钢筋混凝土构件数量并汇总钢筋、模板数量。

（4）砌筑工程。可按石砌体、空心砖砌体和黏土砖砌体统计汇总。

（5）钢结构工程。可按主体承重结构和零星非承重结构（如栏杆、扶手等）的吨位统计汇总。

（6）门窗工程。按钢门窗和铝门窗以件数和面积统计。

（7）木作工程。它包括木结构、木屋面、木地面、木装饰等，可以面积统计。

（8）装修工程。它包括各类地面、墙面、吊顶装饰，以面积计算。

（9）设备及安装工程。它包括电梯、自动扶梯、各类工艺设备等，以台件和安装总吨位统计。

（10）管道安装工程。它包括各类供排水、通风、空调及工业管道，以延长米计。

（11）电气安装工程。各类电缆、电线以延长米计，各类电器设备以台、件计。

（12）室外工程。它包括围墙、地面砖铺砌、市政工程和绿化等。

六、制订计划进度和施工方案

招标文件中要求投标人在报价的同时附上其施工规划（construction planning）。施工规划内容一般包括施工技术方案、施工进度计划、施工机械设备和劳动力计划安排以及临建设施规划。制定施工规划的依据是工程内容、设计图纸、技术规范、工程量大小、现场施工条件以及开工、竣工日期。

投标时的施工规划将作为业主评价投标人是否采用合理和有效的技术措施，能否保证按工期、质量要求完成工程的一个重要依据。另外施工规划对投标人自己也是十分重要的，这是因为施工方案的优化可行性和进度计划的合理安排与工程报价有着密切的关系，编制一个好的施工规划可以大大降低报价，提高竞争力。

因此，制定施工规划的原则是在保证工程质量和工期的前提下，尽可能使工程成本降低和投标价格合理。在这个原则下，投标人要采用对比和综合分析的方法寻求最佳方案，避免孤立地、片面地看问题。应根据现场施工条件、工期要求、机械设备来源和劳动力来源等，全面考虑采用何种方案。

（一）工程进度计划

在投标阶段，编制的工程进度计划不是工程施工计划，可以粗略一些，一般用横道图（如招标文件有要求则应采用网络图）做计划即可，但应考虑和满足以下要求：

（1）总工期符合招标文件的要求，如果合同要求分期分批交付使用，应标明分期交付的时间和分批交付的工程项目和数量。

（2）表示各项主要工程（如土方工程、基础工程、混凝土结构工程、屋面工程、装修工程、水电安装工程等）的开始和结束时间。

（3）合理安排各主要工序，体现出相互衔接。

（4）有利于合理均衡安排劳动力，尽可能避免现场劳动力数量急剧起落，这样可以提高工效，节省临时设施（如工人居住营地、临时性建筑等）。

（5）有利于充分、有效地利用机械设备，减少机械设备占用周期。例如，尽可能将土方工程集中在一定时间内完成，以减少推土机、挖掘机、铲运机等大型机具设备占用周期。这样就可以降低机械设备使用费，或是考虑施工分包。

（6）制订的计划要便于编制资金流动计划，有利于降低流动资金占用量，节省贷款资金利息。

可以看出，进度计划安排是否合理，关系到工程成本和投标价格。

（二）施工方案

弄清工程分项的内容和工程量，考虑制订工程进度计划的各项要求，即研究和制定合理施工方法。但是也要注意投标时拟订的施工方案一定要合理和现实，不能只为降低投标价争取中标，而造成在实施中很难实现甚至不能实现的局面，由此引起不得不加大成本或采取新的施工方案，使施工陷于被动。因此，编制施工方案时要比较细致地研究技术规范要求，现场考察时，对施工条件要充分了解清楚。制订施工方案要从工期要求、技术可能性、保证质量、保证安全、降低成本等方面综合考虑。

（1）根据分类汇总的工程数量，工程进度计划中该类工程的施工周期、技术规范要求以及施工条件和其他情况，选择和确定每项工程的主要施工方法。例如，在土方工程中，对于大面积开挖，根据地质水文情况，需降低地下水位施工，是采用井点降水，还是地下截水墙方案；在混凝土工程中，根据工程量大小是采用商品混凝土还是自建混凝土搅拌站；在混凝土构件安装工程中，根据施工条件，是采用移动式吊车方案还是固定式塔吊方案等。对各种不同施工方法应当从保证完成计划目标、保证工程质量和施工安全、节约设备费用、降低劳务成本等多方面综合比较，选定最适用的、最经济的施工方案。

（2）根据上述各类工程的施工方法，选择相应的机具设备，并计算所需数量和使用周期；研究确定是采购新设备，或调进现有设备，或在当地租赁设备。

（3）研究确定哪些工程由自己组织施工，哪些分包，提出寻求分包的条件设想，以便询价。

（4）用概略指标估算直接参与生产的劳务人员数量，考虑其来源及进场时间安排。如果当地有限制外籍劳务人员的规定，则应提出当地劳务人员和外籍劳务人员的工种分配。另外，从所需直接劳务人员的数量，参照自己的经验，估算所需间接劳务人员和管理人员的数量，并估算出生活用临时设施的数量和标准等。

（5）用概略指标估算主要和大宗的建筑材料的需用量，考虑其来源和分批进场的时间安排，从而可以估算现场用于存储、加工的临时设施（如仓库、露天堆放场、加工场地、车间或工棚等）。如果有些地方建筑材料（如沙石等）拟自行开采，则应了解当地是否征收矿区使用费，估计采砂、采石场的设备、人员，并计算出自行开采砂石的单位成本价格。有些构件（如预制混凝土构件、钢构件等）拟在现场自制，应确定相应的设备、人员和场地面积，并计算自制构件的成本价格。

（6）根据现场设备、高峰人数和一切生产及生活方面的需要，估计现场用水、用电量，确定临时供电和供水、排水设施。

（7）考虑外部和内部材料供应的运输方式，估计运输和交通车辆的需要和来源。

（8）考虑其他临时工程的需要和建设方案，如进场道路、停车场地等。

（9）提出某些特殊条件下保证正常施工的措施，如排除或降低地下水位以保证地面以下工程施工的措施；冬季、雨季施工措施等。

（10）其他必需的临时设施安排，如现场保卫设施，包括临时围墙或围篱、警卫设备、夜间照明等；现场临时通信联络设施等。

应当注意，上述施工方案中各种数字，都是按汇总工程量和概略定额指标估算的，在计算投标价过程中，需要按陆续计算得出的详细数字予以修改、补充和更正。

七、人工、材料、施工机械台班单价的计算

（1）人工单价。它是指工人每个工作日的平均工资。如果该工程拟部分或全部使用中国工人，由于我国目前对待出国劳务人员的报酬和支付方式十分烦琐，致使工作日基价的计算也极为复杂，而且各个人员派遣单位索要的费用名目繁多，难以制定统一的标准。如果整个工程是雇用当地工人，只需按当地建筑工人的月工资，适当加入应由雇用人支付的各类法定的津贴费、招募开支（分摊到每月）等，除以每月平均工作天数，即为工作日基价。若当地有工资上涨的趋势，可再适当乘以预计上涨率。

（2）材料和工程设备的基价。前面谈到的材料和设备的询价，由于供货来源不同、付款条件及交货方式不一，供货商所报价格的表现形式可能是多种多样的。但是，为了便于进行工程投标价的计算，应当全部换算为材料和工程设备到达施工现场的价格，以此作为算标的基价，并将基价列表备用。至于一些施工过程中使用的零星材料，可以不必详列，而在进行工程单价计算时，根据经验加入一定百分比（如1%~5%）即可。

（3）施工机具台班单价。施工机具设备费用以何种方式计入工程报价中，取决于招标文件的规定。有些招标文件规定，应当列出该工程的施工机具设备费总额，业主甚至可以在工程初期确定承包商的机具设备进入现场后，支付一定比例的该项费用。这类招标项目多数是一些使用大型施工机具设备，而且机具设备费占的比重很大的项目（比如港口工程等）。大多数招标文件不单列施工机具设备费用栏目，这时，投标人应当将这笔费用分摊到各个分项工程单价中。至于分摊的方法，则由投标人自己确定。

八、工程定额的选用

工程定额的选用，即人工定额、材料消耗定额、施工机械台班定额的选用。国外工程究竟怎样选用工程定额，是一个很难决定的问题。工程定额水平太低，标价肯定会提高，有可能使这一报价完全失去竞争力；定额水平太高，虽然报价可以降下来，但在实施过程中达不到这个定额要求时，可能导致亏损。如何选择比较合适的工程定额，在标价计算时应当慎重考虑。

影响工程定额的因素很多，其中较主要的是：施工人员的技术水平和

管理水平、机械化程度、施工技术条件、施工中各方面的协调和配合；材料和半成品的加工性和装配性、自然条件对施工的影响等。应仔细分析国外工程的具体特点，研究其影响工程定额的有利因素和不利因素。在没有现成的国外工程定额可供参考的情况下，可以利用国内的工程定额，并考虑国外工程各种有利和不利的影响，适当加以修正。

如果打算调高工程定额，应考虑以下四方面的因素：

（1）一般来说，从国内派往国外的施工人员都经过适当挑选，其技术水平和熟练程度高于国内平均水平，身体条件也较好，因而劳动效率有可能高于国内工程。如果雇用当地工人施工，因雇用的人员素质差别甚大，则需进行具体分析。

（2）国外工程施工的机械化程度一般都较高，特别是大中型工程，不可能大量使用人工劳动力，应尽可能提高机械化程度，以提高劳动生产率。

（3）国外工程使用的材料可以要求供货商所供材料货物达到直接用于工程的状态，从而可以减少再加工和辅助劳动。例如，砂石供应，可以要求砂石供应商按工程实际所需砂石规格供货到现场，从而可以减少现场筛选、冲洗等辅助工序。国外许多供应商为提高其货物的竞争力，销售服务较佳，他们往往可以完全按承包商的要求供货。例如，保证零部件配套，甚至部分以组装状态交货等，这就有助于承包商提高现场的施工效率，减少国内工程定额项目中的某些现场工作内容。

（4）国外施工的组织管理比较严密，监理比较严格，杂事干扰较少，工时利用率相对增大，而国内工程定额一般都偏于保守，适当提高定额是可能的。

国外工程也有妨碍工效的因素，主要有以下三个：

（1）我国工人初到国外时，对国外的技术标准、材料性能和施工要求不熟悉，一时难以适应。因此，一般都是初期的工效较低，等熟练后才能提高效率。

（2）国外工程的监理制度极为严格，工序之间的质量检查频繁，有些项目甚至要求每道工序都须由监理工程师检查认可，才能进行下一道工序。如果管理协调不当，将严重影响工作效率。

（3）自然条件和气候恶劣（如中东的高温等），也可能影响工效。

根据我国公司在国外的实际施工经验，一般认为，国外的工程定额可以比国内高一些，但也要根据不同的工程内容进行具体分析。

九、分项工程基础单价计算

分项工程基础单价是指单位分项工程的人工费、材料费和施工机械费的总和，即单位分项工程直接费。

（一）人工费

投标报价中的人工费是以分部分项工程中定额人工消耗指标和工资标准计算出来的，其中工资分出国工人工资和国外雇佣工人工资两部分。出国工人工资一般包括国内包干工资及中转费（由中国建筑总公司给每个派工单位包干工资并包括调迁中的有关费用）、服装费、差旅费（往返车船、机票费等）、国外零用费、人身保险费、伙食费、奖金、加班工资、福利费、卧具费、探亲及出国前后调迁工资以及预涨工资等。

国外雇佣工人工资，一般包括工资、加班费、津贴、招雇和解雇费、预涨工资等。

（二）材料费

材料费根据定额材料消耗量和相应材料预算价格计算。其中材料预算价格包括材料原价、运杂费、税金、损耗、采购保管费和预涨费等。

材料原价视其材料的来源不同，确定方法亦不同，如在当地市场采购的材料则为采购价；如我国国内调拨、我国外贸出口或直接向外国订购，一般则为到达当地海港的交货价。

材料运杂费，如在当地采购材料，应计算从采购地点至工程现场的运输费；如外来材料采用离岸价，则需计算从离岸港口到达工程所在国某个港口的海运费、保险费等以及到达港口后的运输费。

国外承包工程分免税的和不免税的两种，一般不免税的居多，因此，材料预算价格中应包括税金。

此外，材料预算价格中还包括运输仓储损耗、采购保管费以及预涨费等。

（三）施工机械费

施工机械一般分自有机械和租用机械两种。施工机械费应根据预算定额台班（或台时）消耗量和施工机械台时（或台班）单价计算。大型自有机械台时单价，一般由每台时应摊折旧费、维修费、能源和动力费、机械保险费和驾驶机械工人的工资等组成。如使用租赁的施工机械时，则可按租赁价计算。施工机具费有的单独列出，不包括在单价之内。

十、分摊费用计算

分摊费用是指不能列入工程直接费中，但确属工程必需的那些专用性费用。分摊费用项目不在工程量清单上出现，而是作为报价项目的价格组成因素隐含在每项单价之内。这类费用大体上相当于国内工程造价中的间接费、利润和税金之和。例如，投标开支、担保费、代理费、保险费、租金、贷款利息、临时设施费、机械和工具使用费、劳动保险支出、其他杂项费用、利润等。

有些国际招标的工程，往往将属于施工管理费的若干项目在工程量清单中的"开办费"项下列出，要求逐项报价。遇到这种情况，则应按报价项目处理。

十一、器材和分包询价

在国际工程投标时，承包商不仅要考虑投标报价能否中标，还应考虑中标后所承担的风险。因此，在估价前必须通过各种渠道，采用各种手段对所需各种材料、器材等生产要素的价格、质量、供应时间、供应数量等各方面进行系统的调查，这一工作过程即称为询价。

询价是估价的基础工作。询价除了对生产要素价格的了解外，还应对影响价格的各方面有准确的了解，这样才能够为工程估价提供可靠的依据。因此，询价人员不但应具有较高的专业技术知识，而且更需要有外贸业务知识并具有一定的外语水平。此外，还应熟悉和掌握市场行情并有较强的公共关系能力。

（一）材料询价

材料价格在工程造价中占有很大比例，占 60% ~ 70%，材料价格是否合理对工程估价影响很大。因此，对材料进行询价是工程询价中最主要的工作。当前国际建筑市场竞争激烈，价格变化迅速，估价人员必须通过询价收集市场上的最新价格信息。

1. 材料询价单

材料询价单一般应包括以下内容：①材料的规格和质量要求，必须满足设计和验收规范要求的标准，以及业主或招标文件提出的要求。②材料的数量及计量单位应与工程总量相适应，并考虑合理的损耗。

③材料的供应计划，包括供货期及每段时间（如每月、每周等）内材料的需求情况。④工程地点或到货地点及当地各种交通限制。⑤运输方式及可提供的条件。⑥材料报价的形式（固定价还是提货价）及计价货币、贸易条件、支付方式，所报单价的有效时间。⑦送出报价单或收取报价单的具体日期。⑧承包商负责解释询价单的有关人员或经办人员等。

承包商询价部门一般都备有用于材料询价的标准格式文件供随时使用。此外，有时还可从技术规范或其他合同文件中摘取有关内容作为询价单的附件。

建筑工程中材料的询价涉及所需材料的数量、原价、货币、保险及有效期等各个方面，还涉及许多供应商、海关、税务等各个部门。在国际工程承包中大量的材料需从当地国或第三国采购，其中必然会涉及许多不同的买卖价格条件。这些条件又是依据材料的交付地点、方法及双方应承担的责任和费用来划分的。这些属于国际贸易的基本常识，是建筑工程材料询价人员必须掌握的。

2. 材料询价分析

询价人员（一般由报价员或采购员担任）在初步研究项目的施工方案后，应立即发出材料询价单，并催促材料供应商及时报价。收到询价单后，询价人员应将从各种渠道所询得的材料报价及其他有关资料汇总整理，对从不同经销部门得到的所有资料进行比较分析，选择合适、可靠的材料供应商的报价，提供给投标报价人员使用。询价资料一般可列成表格进行分析，有条件的可输入电子计算机分析并进行储存。

建筑材料询价资料汇总表举例见表 4-1。

（二）施工机械设备询价

在国外施工用的大型机械设备，不一定要从国内运往所在地，有时在当地或第三国采购或租赁可能更为有利。因此，在报价前有必要进行施工机械设备的询价。对必须采购的机械设备，可向供应商询价，其询价方法与材料询价方法基本一致。对于租赁的机械设备，可向专门从事租赁业务的机构询价，并应详细了解其计价方法。例如，机械每台时的租赁费、最低计费起点、燃料费和机械进出场费以及机上人员工资是否包括在台时租赁费之内，如需另行计算，这些费用项目的具体数额为多少等。

表 4–1　　　　　　　　　　建筑材料询价资料汇总表

货物名称	水泥	水泥	柚木	柚木	柚木
单位	吨	吨	立方米	立方米	立方米
产地	日本 大阪	中国 南京	缅甸	缅甸	加拿大
销售地	日本 大阪	中国 南京	缅甸 仰光	马来 西亚	马来 西亚
生产或销售 厂商名称	日本×× 水泥厂	江南 水泥厂	缅甸×× 木材厂	（马）TA 木材厂	（马）KB 木材厂
规格	425# 波特兰	425# 波特兰	10×20 ×400	10×20 ×400	10×20 ×400
报价厂商名称	日本×× 水泥厂	南京外贸 公司	—	（马）TA 木材厂	（马）KB 木材厂
报价日期	2019 年 5 月 2 日	2019 年 5 月 8 日	—	2019 年 5 月 9 日	2019 年 6 月 1 日
货币单位	美元	美元	—	美元	美元
A:出厂出价 B:代理商价 C:经纪人价 D:门市部价	B:50	B:40		B:300	B:321
FOB 价	55	44	—	—	—
海运 海运费	8.25	8.40	—	—	—
海运 保险费	0.55	0.56	—	—	—
CIF 价	—	—	—	381	396
到达港名称	AB 港	AB 港		AB 港	AB 港
目的港 费用 港口附 加费	0.01	0.01		0.01	0.01
目的港 费用 税金	免	免		免	免
目的港 费用 装卸等 杂费	1.50	1.50		1.30	1.30

续表

货物名称		水泥	水泥	柚木	柚木	柚木
港口至工地运杂费		1.65	1.65		1.23	1.23
合计原价		66.96	56.12		383.54	398.54
拟订价	管理利润(%)	7	7		7	7
	涨价系数(%)	10	15		12	12
费率及价额	合计费率(%)	17	22		19	19
	价额	11.38	12.35		72.87	75.72
拟报出价		78.34	68.47	474.27	456.41	
决定价	管理利润(%)		7		7	
	涨价系数(%)		10		11	
	合计费率(%)		17		18	
费率及价额	价额		9.54		69.03	
	决定报出价		65.66		452.57	

（三）劳务询价

国际工程承包劳动力的来源，较多的是从国内派遣，也有从第三国或当地雇用。除当地政府有规定必须在当地雇用工人外，劳动力从国内派遣还是在国外雇用都必须经过比较来定。

从国内派遣工人时，每一个工人在整个工程施工期间的单位人工费用，国家都有比较具体的规定；而从国外雇用劳动力则必须通过询价，了解各种技术等级工人的日工资标准，加班工资的计算方法，有多少法定休息日，各种税金、保险率以及解雇费等，有时可能还须了解雇用工人的劳动生产效率。

国外一般把操作工人按技术等级分为高级技术工、熟练工、半熟练工和普工。有些国家只分技工和普工两种。

（四）分包询价

分包工程是指总承包商委托另一承包商为其实施部分或全部合同标的的工程。分包商不是总承包商的雇用人员，其赚取的不只是工资还有利润。分包工程报价的高低，必然对总包工程的估价有一定影响。因此，总承包商在报价前应进行分包询价。

在国际建筑承包市场上，劳务和一些专业性工程，诸如钢框架的制作和吊装、铝合金门窗和玻璃幕墙的供应和安装、通风和空调工程、室内装饰工程等，通常采取分包的形式。

1. 分包形式

国际上惯用的分包方式主要有两种：

（1）业主指定分包形式。这种形式由业主直接与分包单位签订合同。总承包商仅负责在现场为分包提供必要的工作条件、协调施工进度和照管器材，并向业主收取一定数量的管理费和利润。指定分包的另一种形式是由业主和监理工程师指定分包商，但由总承包商或主承包商与指定分包商签订分包合同，并不与业主直接发生经济关系。当然，这种指定分包商，业主不能强制总承包商或主承包商接受。

（2）总包确定分包形式。这种形式由总承包商或主承包商直接与分包商签订合同，分包商完全对总承包商负责，而不与业主发生关系。从法律角度来说，如果承包合同没有明文禁止分包，或没有明文规定分包必须由业主许可，采用这种形式是合法的，业主无权干涉。分包工程应由总承包商统一报价，业主也不干涉。但在实践中凡未经业主许可的分包，难以避免业主的惩罚，甚至解除合同。因此，最好在签订分包合同前，由总承包商向业主报告，以取得业主许可。

除由业主指定的分包工程项目外，总承包商应在制订施工方案的初期就确定需要分包的工程范围。决定这一范围主要是考虑工程的专业性和项目规模。大多数承包商都在实际工作中把自己不熟悉的专业化程度高或利润低、风险大的一部分工程项目划出，有时承包商也会把通常由他自己施工的工作内容分包出去一部分，这样做的目的是少承担或转嫁风险并获取利润。

2. 分包询价的内容及分析

在决定了分包工作内容后，承包商应备函将准备发交分包的专业工程图和技术说明送交预先选定的几个分包商，请他们在约定的时间内报价，以便进行比较选择。此外，还应正确处理好与业主特意推荐的分包商之间的关系，共同为报价作准备。

（1）分包询价单。分包询价单实际上与工程招标基本一致，一般应包括下列内容：①分包工程施工图及技术说明；②详细说明分包工程在总包工程中的进度安排；③提出需要分包商提供服务的时间，以及分包允诺的这一段时间的变化范围，以便日后总包进度计划不可避免发生变动时，可使这种变动尽可能顺畅些；④说明分包商对分包工程顺利进行应负的责任和应提供的技术措施；⑤总承包商提供的服务设施及分包商到总包现场认可的日期；⑥分包商应提供的材料合格证明、施工方法及验收标准、验收方式；⑦分包商必须遵守的现场安全和劳资关系条例；⑧工程报价及报价日期、报价货币。

上述资料主要来源于合同文件和总承包商的施工计划，通常询价员（一般由估价员兼任）可把合同文件中有关部分的复印件与图纸一同发给分包商。此外，还应从总包项目施工计划中摘录出有关细节发给分包商，以便使他们能清楚地了解应在总包工程中的工作时间、需要达到的水平，以及与其他分包商之间的关系。

由于分包询价单要尽快发出，这时只能将粗略的初步施工进度发给分包商。待施工方案进一步完善时，还可将更详细的施工进度要求正式发给准备报价的分包商。

（2）分包询价分析。当总承包商收到来自各分包商的报价单之后，必须对这些报价单进行比较分析，然后选择合适的分包商。分析分包询价一般应注意以下几点：

一是分包标函是否完整。第一，分包标函中是否包括了设计图纸、说明书对该分包工程所要求的全部工作内容。第二，若遇施工图中只用一个笼统的名称来统括若干个分项工程的情况时，这种分析确认更为重要。第三，对于那些分包商用模棱两可的语言来描述的工作内容，既可解释为已列入报价又可解释为未列入报价时，也应特别注意，应用更确切的语言加以肯定，以免今后工作中发生争执。

二是核实分项工程的单价。许多分项工程既可以就材料开价，也可以就包括材料、劳务在内的完整的工程开价，例如钢框架、金属门窗等。在比较这些分项工程的报价时，报价人员必须核实每份开价所包含的内容。如果某分项工程仅就材料开价，就必须另外获得相应部分的劳务费用数据方可使分项工程的单价完整。同样，对仅就材料开价的报价，分析时还应确定材料的交付方式，以及报价中是否包括了运输费等。

　　三是保证措施是否有力。某些分包工程可能会含有一些有特殊要求的材料或特殊要求的施工技术的关键性分项工程。在这种情况下，报价人员在分析时除了要弄清标函的报价以外，还应当分析分包商对这些特殊材料的供货情况和为该关键分项工程配备适当人员的能力等是否有保证。在某些情况下，为了使得关键的分项工程能较早地、顺利地进行施工，有必要准备一份保证措施有利于落实，但报价不是最低的标函，以保证整个工程不被延误。

　　四是确认工程质量及信誉。在分析分包询价时，应着重分析分包商在工程质量、合作态度和可信赖性等方面的信誉。绝大多数分包商都能真心实意地努力建造优质工程，然而总有极个别的分包商很难做到这一点。所以总承包商在决定采用某个分包商的报价之前，必须通过各种渠道来确认并肯定该分包商是可依赖的。

　　五是分包报价的合理性。分包工程的报价高低对总承包商影响甚大。报价过高固然不行，但报价过低使分包商无法承受也不可取。因此，在选择分包商时要仔细分析标函的内容等各种因素是否合理。由于总承包商对分包商选择不当而引起工程施工失误的责任仍然要由总承包商承担，因此，要对所选择的分包商的标函进行全面分析，不能仅把报价的高低作为唯一的标准。作为总承包商，除了要保护自己的利益之外，还应考虑保护分包商的利益。与分包商友好交往，实际上也是保护了总承包商的利益。总承包商让分包商有利可图，分包商也会帮助总承包商共同搞好工程项目，完成总包合同。

　　总承包商确定了分包商后，在分包报价的基础上加上一笔适当的管理费后即可将其纳入工程总报价。总承包商与分包商在洽谈和签订分包合同时，询价人员应向分包商阐明分包的所有细节并获得对方的书面认可，然后将其纳入分包合同中去。

十二、分项工程单价计算

　　分项工程单价是在分项工程基础单价即单位分项工程直接费用的基础上，计入各项分摊费用形成的。

　　在投标报价中，要按照招标文件工程量表（或叫报价单）的格式填写报价，一般是按分项工程中每个分项工程的内容填写单价和总价。这种报价方式不同于中国工程项目的投标报价编制方法将直接费用、间接费用及各类措施费用、利润分别计算的方法，而是按分项工程的分项报价。

在国际工程承包中，一般惯例是，业主根据承包商实际完成的工程量付款。除完成暂定项目和按工日和机械台班计价的零星工程可以得到额外付款外，其他所有费用都必须计入完成工程量的付款单中。《建筑工程量计算原则（国际通用）》的总则中明确规定：

除非另有规定，工程单价中应包括：①人工及其有关费用；②材料、货物及其一切有关费用；③机械设备的提供；④临时工程；⑤开办费、管理费及利润。由此可见，报价单中的分项工程单价为一综合单价。

按照国际工程的这种报价方式，我们可以分解每个分项工程单价，其组成为：

人工费——分项工程中每个分项工程的用工量（以工日计）×工日基础单价；

材料费——分项工程中每个分项工程的材料消耗量×材料单位基础价格；

施工机械设备费——分项工程中每个分项工程所需机械设备台班数×台班单价；

各种管理费和其他一切间接费用——分别摊入每个分项工程工程单价中；

风险费和利润——根据承包商的实际情况，确定其风险费用和计划利润，分别计入每个分项工程单价中。

从以上组成分析中可以看出，对分项工程单价有重大影响的因素有三个方面，即基础价格（包括工日、材料或货品设备等）、工程定额（包括用工定额、材料消耗定额和施工机械台班定额）和各种摊入系数。

十三、工程标价计算

标价是报价书中的重要内容，在国际投标招标中，尤其是世界银行和亚洲开发银行贷款的项目，都采用最低标价优先中标的原则。因此标价的高低直接决定着投标者能否中标，而且标价是否合理也决定着项目能否盈利或在标价范围内能否完成。标价中的费用包括以下各项：

（一）工程直接费

工程直接费是指成为工程实体及工程施工所用的设备、材料和人工费，具体包括：

（1）人工费。人工费又称劳务费，包括对作业人员的一切津贴和所有的各种支付。

（2）材料与永久设备费。前者包括材料及安装部件的采购价格及销售税、运费、保险费、码头费、关税及其他费用。这里的设备费是指成为工程实体一部分的设备的采购费用及其他有关费用。

（3）施工机械费。是用于施工的机械和重要工器具的费用，工程建成后不构成业主的固定资产，其内容包括：

①固定费用：机械折旧、运费、保险费、关税及杂费，机械购置费不是工程成本的内容，但涉及资金运用分析，需单独计算。

②运输等费用：包括安装拆卸费、修理费、燃料费、操作人员费。

（二）工程间接费

工程间接费是指上述直接费以外的其他经常性费用。由于国际工程承包市场的不断变化，应根据招标文件的规定，在间接费用的构成基础上进行增删。通常有以下几种：

（1）投标期间开支的费用。这项费用包括购买招标文件费，投标期间差旅费、标书编制费等。把这笔费用单列出来，有利于积累投标费用方面的数据。

（2）保函手续费。除了投标保函以外，还有履约保函、预付款保函、维修保函等。银行在为承包商出具这些保函时，要以保函金额的 1%~5%按年收取手续费。不足一年按一年计，按照招标文件要求的保函金额和保函有效期，就可算出保函手续费。

（3）保险费。承包工程中的保险项目一般有工程保险、第三者责任保险、人身意外保险、材料设备运输保险、施工机械保险等，其中后三项保险的费用也可计入人工、材料、施工机械单价中。

①工程保险。为了保证在工程建设和维修期间，因自然灾害和意外事故对工程造成破坏所带来的损失能够得到补偿，一般招标文件均要求进行工程保险。中国人民保险公司又将工程保险分为建设工程险和安装工程险，投标者可根据工程实际情况投保其中的一项。投保额度可以按总标价计。

②第三者责任保险。在工程建设过程中可能对第三者造成财产损失和人身伤害，为免除赔偿责任，应投保第三者责任险。一般的招标文件都规定了第三者责任险的最低投保额度。保险费的计算公式：

保险费=投保额度×保险费率

在某些情况下，如若干个独立的承包商受雇于同一工程，或涉及分阶段移交工程，则可能由业主或规定由总承包商负责工程保险与第三者责任保险，在招标文件中应向投标者说明有关情况和细节。承包商可以根据需要，办理其他附加保险，并将有关费用计入间接费用中。

（4）税金。不同的国家对外国承包企业课税的项目和税率很不相同，常见的课税项目有：①合同税；②利润所得税；③营业税；④产业税；⑤地方政府开征的特种税；⑥社会福利税；⑦社会安全税；⑧养路和车辆牌照税等。还有一些税种，如关税、转口税等，以直接列入相关材料、设备和施工机械价格中为宜。

在上述各种税种中，利润所得税、营业税的税率较高，有的国家分别达到30%和10%以上。有些国家对某些国有重点项目或特殊项目对承包商实行免征一切税收，这些必须在订立合同时明确说明并经有关方面认可和批准。

（5）业务费。这部分费用包括监理工程师费、法律顾问费、代理人佣金等。

①监理工程师费。监理工程师受业主之托，负责工程监督和处理工程建设过程中发生的有关问题。监理工程师费用是指承包商为监理工程师创造现场工作、生活条件而支付的费用，主要包括办公、居住用房（包括室内的全部设施和用具）、交通车辆等费用。有的招标文件对监理工程师费的具体开支项目明确规定为独立的子项，投标者可照章计算并在标价汇总表里把这笔费用单列。如未单列，通常将这笔费用计入业务费。

②法律顾问费。承包商往往需要雇用懂得当地法律、对承包工程业务又比较了解的人担任自己的法律顾问，以指导进行涉及当地法律的工作。承包商一般为法律顾问支付固定月工资，当受理重大法律事务时，还需增加一定数量的酬金。

③代理人佣金。代理人佣金也是业务费用的一部分，承包商应把这部分费用计算在业务费之内。

（6）临时设施费。临时设施包括全部生产、生活和办公设施、施工区内的道路、围墙及水、电、通信设施等，具体项目及数量应在做施工规划时提出。同国内施工临时设施相比，仓库、住房面积可适当减少，有时对雇用的当地工人可以不考虑住房。但国外工程临时设施的标准要高一些，计费时应注意。承包国外一般建筑工程，临时设施费约占到直接费用的 2%~8%，对于大型或特殊项目，最好按施工组织设计的要求列项计算。

有的招标文件中要求临时设施作为一个独立的工程项目计入总价。这对承包商是有利的，因为临时设施建设完毕后即可获得付款，可以早收回投入的成本。

（7）贷款利息。承包商支付贷款利息有两种情况：一是承包商本身资金不足，要用银行贷款组织施工；另一种情况是业主一时缺乏资金，要求承包商先垫付部分或全部工程款，在工程完工后的若干年内（一般为三五年）由业主逐步还清。由承包商垫付的工程款，业主也付给承包商一定的利息，但往往都低于承包商从银行贷款的利息。因此，在计算报价时就要把这个利息差额考虑进去。

（8）施工管理费。这部分费用包括的项目多、费用额度也较大，一般要占到总价的 10% 以上。费用项目包括：

①管理人员和后勤人员工资。可参考已算出的人工工资单价确定。这部分人员的数量应控制在生产工人的 8% 左右。

②办公费，包括复印、打字、通信设备、文具、纸张、电报电话费、水电费等。

③差旅交通费，指出差、从生产现场到驻地发生的交通费用等。

④医疗费，包括全部人员在施工期内的医药费。

⑤劳动保护费。购置大型劳保用品，如安全网等发生的费用。个人劳保用品可计入此项，也可计在人工费中。

⑥生活用品购置费。生活用品指全部人员所需的卧具、餐具、炊具、家具等。

⑦固定资产使用费。这里的固定资产指办公、生活用车、电视机、空调机等。

⑧交际费。从投标开始到完工都会发生这笔费用，可根据当地在这方面的特殊情况，一般最多以总价的 1% 计入。

⑨对分包商的管理费用。应根据分包合同确定。

（9）上级单位管理费、盈余（利润及风险）。上级单位管理费是指上级管理部门或公司总部对现场施工单位收取的管理费，但不包括工地现场的管理费；由于各个公司的管理体制不同，计费标准不一，通常约为工程总成本的 2%~5%。

盈余一般包含利润和风险费。利润对业主来说就是允许的利润，对投标者而言则是计算利润。风险费对承包商来说是个未定数：如果预计的风险没有全部发生，则可能预留的风险费有剩余，这部分剩余和计划利润加在一起就是盈余；如果风险费估计不足，则只有用利润来贴补，盈余自然就减少甚至成为负值；如果亏损很厉害就不可能向上级交管理费，甚至要上级帮助承担亏损了。在投标时，应根据该工程规模及工程所在国实际情况，由有经验的投标者对可能的风险因素进行逐项分析后确定一个比较合理的百分数。

（三）暂定金额

暂定金额有时也叫待定金额或备用金。这是业主在招标文件中明确规定的一笔金额，它实际上是业主在筹集资金时考虑的一笔备用金。承包商在投标报价时均应将此暂定金额数按招标文件要求列出，并计入工程总报价，但承包商无权自行使用此金额。暂定金额可用于工程施工、提供物料、购买设备、技术服务、指定增加的子项以及其他意外开支等，均需按照工程师的指令决定，可能全部或部分动用这笔款项，也可能完全不用。

十四、工程标价宏观审核

投标承包工程，报价是投标的核心，报价正确与否直接关系到投标的成败。为了增强报价的准确性，提高中标率和经济效益，除重视投标策略，加强报价管理以外，还应善于认真总结经验教训，采取相应对策从宏观角度对承包工程总报价进行控制。可采用下列宏观指标和方法对报价进行审核。

（一）单位工程造价

房屋工程按每平方米造价，铁路、公路按每公里造价，铁路桥梁、隧道按每延米造价，公路桥梁按桥面每平方米造价等。按各个国家和地区的情况，分别统计，收集各种类型建筑的单位工程造价，在新项目投标报价时，将之作为参考，控制报价。这样做，既方便实用，又有益于提高中标率和经济效益。

（二）全员劳动生产率

全员劳动生产率即全体人员工日的生产价值，这是一个很重要的经济指标。用其对工程报价进行宏观控制是很有效的，尤其当一些综合性大项目难以用单位工程造价分析时，显得更为有用。但非同类工程、机械化水平悬殊的工程，不能绝对地看这个指标，要持分析态度。

（三）单位工程用工用料正常指标

房建部门对房建工程每平方米建筑面积所需劳力和各种材料的数量也都有一个合理的指数，可据此进行宏观控制。国外工程也如此。常见的几类房屋建筑工程每平方米建筑面积用工用料见表4-2。

表4-2　　　　房屋建筑工程每平方米建筑面积用工用料数量表

序号	建筑类型	人工（工日/平方米）	水泥（千克）	钢材（千克）	木材（立方米）	沙子（立方米）	碎石（立方米）	砖砌体（立方米）	水（吨）
1	砖混结构楼房	4.0~4.5	150~200	20~30	0.04~0.05	0.3~0.4	0.2~0.3	0.35~0.45	0.7~0.9
2	多层框架楼房	4.5~5.5	220~240	50~65	0.05~0.06	0.4~0.5	0.4~0.6	—	1.0~1.3
3	高层框架楼房	5.5~6.5	230~260	60~80	0.06~0.07	0.45~0.55	0.45~0.65	—	1.2~1.5
4	某高层宿舍楼(内浇外挂结构)	4.51	250	61	0.031	0.45	0.50		1.10
5	某高层饭店(筒体结构)	5.80	250	61	0.032	0.51	0.59	—	1.30

注：木材主要是木模板需要量。如果采用钢模板，木材可大大减少。表中第5项工程采用钢、木两种模板。

（四）各分项工程价值的正常比例

这是控制报价准确度的重要指标之一。例如，一栋楼房，是由基础、墙体、楼板、屋面、装饰、水电、各种专用设备等分项工程构成的，它们在工程价值中都有一个合理的大体比例。国外房建工程，主体结构工程（包括基础、框架和砖墙三个分项工程的价值）约占总价的55%，水电工程约占10%，其余分项工程约占35%。

（五）各类费用的正常比例

任何一个工程的费用都是由人工费、材料费、施工机械费、间接费等各类费用组成的，它们之间都有一个合理的比例。一般来说，国外工程人工费占总价的15%～20%，材料费占45%～65%，机械使用费占

3%～10%，间接费约占25%。

（六）预测成本比较控制法

将一个国家或地区的同类型工程报价项目和中标项目的预测工程成本资料整理汇总储存起来，作为下一轮投标报价的参考，以衡量新项目报价的得失情况。

（七）个体分析整体综合控制法

对于这个方法，现举例说明。假如要修建一条铁路，这是包含线、桥、隧、站场、房屋、通信信号等个体工程的综合工程项目。首先应对个体工程进行逐个分析，然后进行综合研究和控制。例如，某国铁路工程，每千米造价208万美元，似乎大大超出常规报价，但经过分析此造价是线、桥、房屋、通信信号等个体工程的合计价格，其中线、桥工程造价仅为112万美元/千米，是正常价格；房建工程造价77万美元/千米，占铁路总价的37%，其比例似乎过高，但该房建工程不仅包括沿线车站等的房屋，还包括一个大货场的房建工程，造价并不高。经上述一系列分析综合，认定该工程的价格是合理的。

（八）综合定额估算法

本法是采用综合定额和扩大系数估算工程的工料数量及工程造价的一种方法，是在掌握工程实践经验和资料的基础上的一种估价方法。一般来说比较接近实际，尤其是在采用其他宏观指标对工程报价难以核准的情况下，该法更显出它相对细致可靠的优点。其程序是：

（1）选控项目。任何工程项目报价都有几十或几百项，为便于采用综合定额进行工程估算，首先将这些项目有选择地归类，合并成几种或几十种综合性项目，称为"可控项目"，其价值约占工程总价的70%～80%。有些工程项目，工程量小、价值不大、又难以合并归类的，可不合并，此类项目称为"未控项目"，其价值约占工程总价的20%～25%。

（2）编制综合定额。对选控项目编制相应的定额，能体现出选控项目用工用料的实际消耗量，这类定额称为综合定额。综合定额应在平时编制好，以备估价时使用。

（3）根据可控项目综合定额和工程量，计算出可控项目用工总数及主要材料数量。

（4）估测"未控项目"的用工数量及主要材料数量。该用工数量占"可控项目"用工数量20%～30%。

（5）根据上述3、4将"可控项目"和"未控项目"的用工数量及主要材料数量，相加求出工程总用工数量和主要材料总数量。

（6）根据（5）计算的主要材料数量及实际单价，求出主要材料总价。

（7）根据（5）计算的总用工数及劳务工资单价，求出工程总人工费。

（8）计算工程材料总价。其计算公式如下：

工程材料总价＝主要材料×扩大系数（1.5～2.5）   (4.1)

选取扩大系数时，钢筋混凝土及钢结构等含钢量多、装饰贴面少的工程，应取低值；反之，应取高值。

（9）计算工程总价。其计算公式如下：

工程总价＝（总人工费＋材料总价）×系数   (4.2)

该系数的取值，承包工程为 1.4～1.5，"经援"项目为 1.3～1.35。

上述办法及计算程序中所选用的各种系数，仅供参考，不可盲目套用。综合定额估算法，属宏观审核工程报价的一种手段，不能以此代替详细的报价资料，报价时仍应按招标文件的要求详细计算。

综合应用上述指标和办法，做到既有纵向比较，又有横向比较，还有系统的综合比较，再做些与报价有关的考察、调研，就会改善新项目的投标报价工作，减少和避免报价失误，从而中标。

十五、工程标价微观分析

按前面所述，在算标人员算出待定的暂时标价基础上，应当对这个标价进行多方面的微观分析。分析的目的是探讨这个标价的盈利和风险，从而做出报价的最终决策。分析的方法包括静态分析和动态分析两种。

（一）标价的静态分析

假定初步算出的暂时标价是合理的，应分析标价各项组成和其合理性。

（1）首先应当分项统计计算书中汇总的数据，并计算其比例指标。以一般房屋建筑工程为例：

①统计建筑总面积及各单项建筑物面积。

②统计材料费总价及各主要材料数量和分类总价，计算单位面积的总材料费用指标和各主要材料消耗指标及费用指标，计算材料费占标价的比例。

③统计劳务费总价及主要生产工人、辅助工人和管理人员的数量，按

标价、工期、建筑面积及统计的工日总数算出单位面积的用工数（生产用工和全员用工数）、单位面积的劳务费，并算出按规定工期完成工程时，生产工人和全员的平均人月产值和人年产值，计算劳务费占总标价的比例。

④统计暂设工程费用、机械设备使用费、机械设备购置费及模板、脚手架和工具等费用，计算它们占总标价的比重，以及分别占购置费的比例（即拟摊入本工程的价值比例），统计工程结束后的残值。

⑤统计各类管理费、佣金等汇总数，计算它们占总标价的比例，特别要计算计划利润、贷款利息的总数和所占比例。

⑥如果算标人有意提高了某些风险系数，可以列为潜在利润或隐匿利润提出，以便研讨。

⑦统计分包工程的总价，并计算其占总标价和总承包商直接费用的比例。

（2）通过对上述各类指标及其比例关系的分析，研究标价结构的合理性。例如，分析总直接费和总管理费用的比例关系，劳务和材料费的比例关系，临时设施和机具设备费用与总直接费的比例关系，利润、佣金、流动资金及其利息与总标价的比例关系等。承包过类似工程或略有经验的承包商不难从这些比例关系判断标价的构成是否合理。如果发现有不合理的部分，应当初步探索其原因。首先研究本工程与其他类似工程是否存在某些不可比因素；如果扣除不可比因素的影响后，仍存在标价不合理的情况，就应当深入探索其原因，并考虑调整某些基价、定额或分摊系数的可能性。

（3）探讨上述平均人月产值和人均年产值的合理性和实现的可能性。如果从公司的实践经验角度判断这些指标的高低，就应当考虑定额的合理性。

（4）参照实施同类工程的经验，分析单位面积价格和用工量、用料量的合理性。如果本工程与用来类比的工程有某些不可比因素，还可以在当地收集类似工程的资料，排除不可比因素后进行分析对比，并探讨本报价的合理性。

（5）从上述分析得到初步认识后，对明显不合理的标价构成部分进行分析检查。重点是从提高工效、改变施工方案，压低供货商的材料设备价格和节约管理费用等方面提出可行性措施，并修正暂时标价，从而算出另一低标价方案。将计算利润与发现的各种潜在利润（又称隐匿利润）

综合在一起，如果其数额偏高，可适当降低综合利润率，从而测算出最低标价方案。

（6）针对暂定标价方案、低标价方案、最低标价方案，整理出对比分析资料，提交内部的投标决策人或决策小组研讨。

（二）标价的动态分析

标价的动态分析通过假定某些因素的变化，测算标价的变化幅度，特别是这些变化对工程计划利润的影响。

（1）工期延误影响。由于各种原因，如管理不善、材料设备交货延误、质量不好而返工、监理工程师的刁难等而造成工期延误，不但不能索赔，还可能招致罚款；由于工期延误可能使占用的自有资金及利息增加，管理费相应增加，工资开支也增加，机具设备使用费提高等。可以测算工期延长某一定时间，上述各项开支费用增加的数额及其占总标价（可用低标价方案比较计算）的比率。这种增加的开支部分只能用计划利润来弥补，因此，可以通过多次测算得知工期拖延多久，利润将全部丧失。

（2）物价和工资上涨的影响。调整标价计算中的材料设备和工资上涨系数，测算其对工程利润的影响；同时，切实调查了解国际和当地各类工程物资以及当地工资的升降趋势和幅度，以便做出恰当判断。

（3）其他可变因素的影响。例如，外汇汇率变化趋势，测算报价中的支付外汇比例变动对工程利润的影响等。

十六、投标报价决策

所谓**投标报价决策**，就是标价经过上述一系列的计算、评估和分析后，由决策人应用有关决策理论和方法，根据自己的经验和判断，从既有利于中标又有利于盈利这一基本目标出发，最后决定投标的具体报价。

（一）影响报价决策的因素

1. 期望利润

承包商可以事先提出一个预期利润的比率进行计算，它不受工程自身因素的影响。由于当前国际建筑市场竞争激烈，承包商不得不降低预期利润率，有的不惜采用"无利润算标"以求中标。所谓"无利润算标"，就是在计算投标报价时，完全按计算成本报价；中标后，再设法将工程分割，并分别转给成本较低的小公司分包。这不仅可以转移部分风险，而且可获得一定比例的管理费。即使工程不能转包或分包，也尽量加强管理、降低成本，或者采取措施向业主索赔，以争取赚得微利。哪怕最终仅能保本，他们也认为是成功的。因为这样做，至少可以在市场萧条时期维持公司正常运转经营，不致破产倒闭，可以待机再图发展。因此，当前在投标时，预期利润不宜过高。

2. 风险的承受能力

国际工程承包本身就是一项充满风险的事业，各种意外不测事件难以完全避免，为应付工程实施过程中偶然发生的事故而预留一笔风险金（或称不可预见费）是必要的。

另外，在中标后与业主议标并商签合同过程中，业主可能还会施加压力，要求承包商适当降低价格。有的承包商事先在算标时考虑了一个降价系数，这样，当业主议标压价时，可审时度势，适当让步，也不致有大的影响。

风险金和降价系数究竟取多大才算合适，很难测算，需根据招标具体情况、内外部条件、对竞争对手报价水平的估计，以及承包商自身对风险的承受能力，慎重研究后决定。尤其在外部商务环境较差（比如各类税收名目繁多、物价飞涨等），工程本身因资料不多潜在较大风险，工程规模较大、技术难度较高时，应格外慎重。

3. 对竞争对手的估计——优劣势分析

俗话说"商场如战场"，工程承包也是如此。为取得竞争的胜利，必须对竞争对手的优劣势进行分析，做出客观的估计。

本书在前面已提到，在投标报价前应对参加投标的潜在竞争对手进行调查。在作最后的投标决策时，可以针对已调查的资料进行重点分析，找出几家可能急于想获得此项工程的对手，对它们的优劣势逐项进行研究。例如，如果某对手公司在当地已有工程正处在施工阶段，它很可能利用现有设备和其他设施为此项新投标的工程服务，从而可降低投标报价，那么我方也应当设法尽可能调入和利用自己的现有旧设备和工器具，不采购或者少采购新的施工机具设备，以便降低施工设备费用，与之抗衡，甚至可以采取少摊销机具设备折旧的办法，以减轻对手公司对我方的压力。另外，还可以挖掘对手公司的弱点。例如，它们的管理费用、预期利润和人员费用等可能偏高，我方则可以充分发挥这方面的最大优势，拉大我方优势和对方弱势的差距，以抵消对手某些优势对计算标价的有利影响。所有关于各种优势的分析，不能仅停留在概念上，应当对各自的每项优劣势适当评分，并计算其在标价中的权重，从而可以算出其对标价的影响。

此外，还可以从工程的难易程度和心理因素上对竞争对手进行分析，估计对手们的心态，找出真正的潜在对手，然后更有针对性地分析各方的优劣势，与之竞争。比如，亚洲某内陆国家一水电站项目位于原始丛森中，大坝、引水隧道和电站厂房分别相距十余公里，交通运输也较困难，市场经济不发达，技术工人缺乏，设备和钢材、水泥等需由邻国运来，综合承包条件有一定难度。参加标前会议的有 20 家公司，除 3 家中国公司外，其余全是欧洲各国和日、韩的国际知名的"经常见面"的大公司。经分析，主要竞争对手应是正在该国实施水电项目的意大利公司和日本公司。前者不同于其他欧洲公司，在亚非市场上它的报价水平较低，中标率较高，应格外重视。后者在当地实施的项目已近尾声，但亏损严重，分析其心理状态，它可能利用现有设备的优势报出低价，也可能怕继续亏损提高标价。分析结论是，应以意大利公司为主要竞争对手，针对此对手的特点采取合适的对策。开标结果，只有 8 家公司参与投标，第一、二标为两家中国公司，第三标为意大利公司。因第二标编制的投标文件较差，未进入评标名单，业主和咨询公司在入围的第一、三名中，经反复比较评议，决定授标给第一位，并于 2018 年 11 月底正式签约。

可见，承包商如果在竞争中做到知己知彼，就有可能因制定合适的投标策略，发挥自己的优势而取胜。

4. 报价计算的准确度

报价计算的准确度如何，直接影响公司领导层的决策，应从几个方面进行评价：

（1）编标人的指导思想。标价计算应当实事求是，既不能以压低标价承担风险去投标，也不能对单价层层加码。多留余地、增加"水分"，不仅无望得标，而且劳民伤财，也影响声誉。这里既可能是编标人指导思想不正确，也不排除某些领导人暗示的影响。这两种倾向是十分有害的：要么造成低价冒险，中标后经营困难；要么造成"水分"大，劳而无功，使决策人无法判断。

（2）编标人的经验和科学态度。一方面，编标人的施工经验十分重要，他制订的施工方案、技术措施、设备选型与配置、定额选用、人员及进度安排等，是否符合实际，直接影响标价。稍有不慎，将会好心办了错事。这些知识是从书本上不易学到的，只能靠多年的施工经验、多次参与编标的经历，才能制定出最优的施工方案、经济合理的技术措施和手段，体现出本公司的优势，据此算出的标价既具有竞争力，又切实可行。

另一方面，编标人的责任心也很重要。不能粗枝大叶，发生漏项或计算错误，尤其对基础价格（如材料价格、运费、人员费等）和各类税金的选定和计入，应对照招标文件的有关规定和询价的可靠程度，反复比较斟酌后敲定。不能想当然或凭主观臆断，必须以文字材料为依据。有的招标项目价号很少，一个价号包含很多工作内容，都要考虑到。不能凭国内惯例去套用，也不能直接引用书本上（尤其是教科书）的知识。因为我国的书籍（除非专门讨论国际工程的论著）是针对我国的实际而编写的，未能与国际惯例完全接轨。

国际工程编标报价，受招标文件条款规定的严格约束。报价项目名称是在招标文件的报价表中规定的，投标人不可随意增删。如果投标人认为报价表中项目不全，只能把由此发生的费用摊入招标书规定的相应项目中；有关各类费用不能遗漏，也不能增加价号。应以严格遵守招标文件的报价要求为指导原则，以严谨扎实的工作态度按照招标文件的要求编制投标书；否则易被评为"废标"而遭淘汰。这样的事例已不少。

公司决策者只有在认真听取编标人的详细汇报并询问核实后，才能做出对标价计算准确度的判断。决策者在判断时应慎重："旁观者清"只是问题的一个侧面，同时也应倾听编标人的意见，他们的工作比决策人深入，他们知道工程风险之所在及大小，价格"水分"及多大，决策人不要轻易压价或加码。总之，决策者对作为其属下的编标人的经验、能力、工作作风等应当熟悉，经上下沟通、充分讨论后才能做出正确判断。

有的公司总结出投标的四个原则：一是资金落实；二是预选出一个合适的项目经理；三是风险应可承受；四是有合适的利润。这些原则对未来项目经理主持编标可能有益。

（二）报价决策应注意的问题

（1）作为决策的主要资料依据应当是自己的编标人的计算书和分析指标。至于其他途径获得的所谓"底标价格"或竞争对手的"标价情报"等，只能作为一般参考。

在国际工程投标竞争中，确实常见泄露底标价格和刺探对手报价等情况，因而上当受骗者也不鲜见。没有国际投标经验的承包商过于相信来自各种渠道的"情报"，甚至不惜花费时间、精力和金钱去探听所谓"标底"或"竞争对手标价"等，并用来作为决定自己投标报价的主要依据，这往往落入行骗人的圈套，或者因过于低报标价而造成严重亏损。有些所谓的经纪人掌握的"标底"，可能只是业主多年来编制的预算价格，或者只是从"可行性研究报告"上摘录出来的估算资料，它们同工程最后设计文件内容差别极大，毫无比较价值。有时某些业主甚至利用中间商人散布的所谓"标底价格"，引诱承包商以更低价格参与竞争，而实际工程却比这个"标底价格"要高得多。还有的投标竞争者为了迷惑对手，"泄露"自己有意夸大了的投标报价，引诱对手也相应提高报价，实际上他的真实投标价格却比"泄露"出来的"报价"低得多，这样让竞争对手落进圈套而被甩到后面。

参加投标的承包商当然希望自己得标，但是，更为重要的是得标价格应当基本合理，不应导致亏损。以自己的报价计算为依据进行科学分析，而后做出恰当的投标报价决策，至少不会盲目地落入低标价竞争的陷阱。

（2）一般来说，各国承包商对于投标报价的计算方法大同小异，编标人获得的基础价格资料也是相近的。因此，从理论上来分析，各承包商的投标价格同业主的标底价格都应当相差不远。为什么在实际投标中却出现许多差异呢？除了那些明显的计算失误（例如漏项、误解了标书内容含义等）和有意放弃竞争而报高标价者外，出现投标价格差异的基本原因大致是：

①追逐利润的高低不一。有的承包商急于得标以维持自己的生存局面，不得不降低利润率，甚至不计利润投标；也有的承包商境遇较好，并不急切求标，因而不肯降低利润率。

②各自拥有不同的优势。有的承包商在当地另有工程并已接近尾声，他们可以利用该工程的下场机具设施、模板、脚手架和剩余材料移到本招标工程，从而可节省不少费用；也有的承包商可以从本国得到优惠的贷款支持（某些欧洲国家对该国公司在境外获得工程可提供优惠的出口信贷）；还有的承包商可能所用的劳务价格甚低。

③选择的施工方案不同，对于大中型项目和一些特殊的工程项目，施工方案的选择对成本的影响很大。优良的施工方案包括工程进度的合理安排、机械化程度的正确选定、工程管理的优化等，可以明显降低工程成本。

④管理费用的差别。当地公司和外国公司、早进入该国的公司和新进入的公司、大型公司和中小型公司以及不同国别的公司之间的管理费用的差距是比较大的。

鉴于以上情况，在进行投标价格决策的研讨时，应当适当分析本公司和其他竞争对手的情况，并进行实事求是的对比。在国际投标竞争中，曾经流行一种辅助决策的获胜概率理论，它是利用投标价计算的利润和可能获得的预期利润（不能得标时，预期利润成为泡影而等于零）之差异，来计算不同报价的得标概率，并根据调查其他竞争对手过去投标的历史情况计算自己报价低于竞争对手报价的概率。采用这种概率理论计算是建立在对竞争对手过去投标历史十分熟悉的基础上的，而且假定竞争对手采取的投标策略维持过去的模式。实际情况并非如此简单。竞争对手的投标策略也是随市场情况变化和现实境遇而调整的，机械地采用这种投标获胜概率理论很难反映出真实情况。对国际工程承包市场情况还不十分熟悉的我国公司，很难运用这种概率理论。建议我国公司在衡量对比我方与对手的竞争能力时，尽可能采用优劣势对比分析的方法，比较各自的优劣势对标价的影响，从而确定我方的报价水平和应采取的策略。

（3）由于投标情况纷繁复杂，编标中碰到的情况可能各不相同，很难界定需要决策的问题和范围。一般来说，报价决策不是干预编标人的具体计算，而应当是由决策人员同编标人一起，对各种影响报价的因素进行恰当的分析，并做出果断、正确的决定。除了对编标时提出的各种方案、基价、费用摊入系数等予以审定和进行必要的修正外，更重要的是决策人从全局的高度来考虑公司期望的利润和承担风险的能力。我们知道，利润和风险常常并存于一项工程的执行中，很难找到没有任何风险的利润。问题是我们应当尽可能避开较大的风险，并采取措施将风险转移，从而获得一定的利润。降低投标报价肯定有利于提高中标率，但也会降低预期利润，增大风险。因此，应当在可接受的最小预期利润或者可承受的最大风险能力以内作出报价决策。做出这种决策，需要充足的资料、丰富的经验、敏锐和细致的分析以及勇于决断的魄力。

（4）投标报价的决策人员应当懂得：除非招标书明确规定"本标仅给最低报价者"，一般来说，报价固然是得标的重要因素，但并不是唯一的因素。在投标报价决策过程中，如果认为自己不可能在报价方面战胜某些竞争对手，还可以在其他方面发挥优势，争取获得业主的青睐，以求列入议标者的行列。例如，可以提出某些合理的建议，使业主能够降低成本（如工业项目，可提出适当改变流程或设备，即可增大产量、提高质量或降低生产成本等）；如果可能，还可提出某些能被业主接受的支付条件（如愿接受实物支付、延期付款、出口信贷），或者增加支付当地货币的比例等。

（三）报价决策的数学模型

由于标价计算的非标准法和随机性，报价必然具有一定的风险性，因此重要的报价决策常使决策人颇费心机。报价过低是亏损的征兆，过高则会名列榜末，不但不能中标，而且将影响公司的经营信誉，二者都是报价决策中应尽量避免的结果。

随着现代科技的发展，特别是概率论和统计学等应用数学的发展，使得现代数学手段在报价实践中得到了科学运用。科学的报价决策并非主观地抬高或降低标价总额，也不是简单地运用不平衡报价法来调整报价项目的单价，而是通过系统地组织、分析和整理过去的经验数据，来制定一种以相对低标价中标并由此带来利润的标价和中标概率的最优组合，从而使承包商在其中标的项目中获得最大的预期利润。所以，如果能够建立科学、适用的数学模型，对正确的报价决策将会有十分重要的作用。

但是，报价决策的数学模型是建立在对竞争对手过去投标历史资料十分熟悉基础上的中标概率理论，而且假定对手的投标模式稳定不变。但事实上，竞争对手的投标策略是根据市场及其自身条件变化而变化的。因此，建立一套科学适用的报价决策模型，还是有相当难度的。我国承包商应借鉴国际上比较成功的经验进行研究和开发，在实践中不断认识和完善，并逐步创造运用的环境和条件。

十七、工程投标报价单的编制

工程投标报价单的编制，实质上是确定业主提供的工程量计算表中分项工程的各项费用。招标书中要求的工程单价不仅包括人工费、材料费、机械费，而且包括管理费和利润等一般费用。这样工程单价不像国内的预算单价只是直接费部分，而是分项工程的全部造价。

（一）工程报价单的说明

（1）工程量清单应与投标须知、合同条件、技术规范及图纸同时使用。

（2）工程量清单列明的数量是根据设计图纸计算的，它是招标文件的组成部分。支付应以设计图纸和按监理工程师批示完成的实际数量为依据。应在监理工程师在场的情况下，由承包人测量，由监理工程师审查确认并按工程量清单的价格和费用支付。另外，可以按合同条件，以监理工程师确定的价格和费用支付。

（3）除非合同另有规定，有标价的工程量清单中的单价与费用，应包括所有的设备费、劳务费、监理费、管理费、临时工程费、安装费、维护费、所有税款、利润以及合同明示或暗示的所有一般风险、责任和义务等的费用。

（4）无论数量是否标出，有标价的工程量清单中的每一项目须填入单价或费用。承包人没有填写单价或费用的项目，其费用应视为已分配在相关工程项目的单价与费用之中。

（5）在有标价的工程量清单所列各项目中，应记录符合合同条件规定的全部费用。未列的项目其费用应视为已分配在相关工程项目的单价与费用之中。

（6）对工作和材料的一般指示或说明已写于合同文件和技术规范内。给工程量清单各项目标价前，须参阅合同文件和技术规范的有关部分。

（7）在工程量清单中记录和标明的暂定金额，由监理工程师按合同条件指示和说明全部或部分使用，或根本不予使用。

（8）用于支付已完工工程的计量方法和支付，应符合招标文件的规定。

（9）工程量清单中的任何算术性错误，业主将按下述原则予以调整：①如果用数字表示的数额与用文字表示的数额不一致时，以文字数额为准。②当单价与数量的乘积与总额之间不一致时，通常以标出的单价为准，除非业主认为有明显的小数点错位，此时应以标出的金额为准，并修改单价。

（10）岩石的定义是，监理工程师认为需要通过爆破，或使用金属锲具和长柄大锤，或使用压缩空气钻才能挖开，并且至少用110千瓦（150马力）的带有大功率牵引机的拖车才能拖动的所有物质。

（二）工程报价单（工程量清单）的主要内容

（1）工程量清单包含下列各工程量分表：①清单表1　一般项目（见表4-3）；②清单表2　土方工程（见表4-4）；③清单表3　建筑工程（见表4-5）；④清单表4　其他项目（见表4-6）。

表4-3　　　　　　　　　　　　清单表1　一般项目

编号	项目名称	规范章节	单位	数量	单价	金额

清单表1 合计金额_____

（记入汇总表_____）

表 4-4   **清单表 2 土方工程**

编号	项目名称	规范章节	单位	数量	单价	金额

清单表 2 合计金额_____

（记入汇总表_____）

表 4-5   **清单表 3 建筑工程**

编号	项目名称	规范章节	单位	数量	单价	金额

清单表 3 合计金额_____

（记入汇总表_____）

表 4-6   **清单 4 其他项目**

编号	项目名称	规范章节	单位	数量	单价	金额

清单表 4 合计金额_____

（记入汇总表_____）

（2）计日工表（见表 4-7 至表 4-10）。

表 4-7   **人工**

编号	项目名称	单位	名义数量	单价	金额

合计金额：

（记入日工汇总表）

表 4-8   **承包人的设备**

编号	项目名称	单位	名义数量 （小时数）	单价	金额

合计金额：

（记入日工汇总表）

表 4-9 **材料、分包及从外租用设备**

编号	项目名称	单位	名义数量 （小时数）	单价	金额
1	当地材料				
	1a. 参与费、管理费及利润 （上述材料费总额的　％）				
2	进口材料				
	2a. 参与费、管理费及利润 （上述材料费总额的　％）				
3	分包				
	3a. 参与费、管理费及利润 （上述分包费总额的　％）				
4	从外租用设备				
	4a. 参与费、管理费及利润 （上述租用费总额的　％）				

计日工合计金额＝材料、分包和从外租用设备　　　　合计金额：
（记入计日工汇总表）

表 4-10 **计日工汇总表**

下述总额来源于计日工费率表

计日工表		合计金额	外币比例%
表号	名称		
1	人工		
2	承包人的设备		
3	材料、分包及 从外租用设备		
计日工总计 （暂定金额） （记入汇总表）			

（3）工程报价单（工程量清单）汇总表（见表 4-11）。

表 4-11 **工程量清单汇总表**

序号	项目名称	页号	金额	货币单位	备注
1	清单表 1　一般项目				
2	清单表 2　土方工程				
3	清单表 3　建筑工程				
4	清单表 4　其他项目				

工程量清单总计：＿＿＿＿＿＿＿

计日工总计：＿＿＿＿＿＿＿＿＿

（暂定金额）

另外＿＿＿% 的工程量清单总计

（作为应急的储备金） 投标总价＿＿＿＿＿＿＿

（记入投标书）

注：投标人在报价单中应用当地货币标价，同时，也应指明预计用外国货币支付的百分比。

十八、编写投标致函

详见第三章第五节。

十九、办理投标保函

详见第三章第五节。

二十、递交投标文件（含报价单）

（一）关于投标截止日期

投标人应在招标文件前附表规定的日期内将投标文件递交给招标人。招标人可以按招标文件中投标须知规定的方式，酌情延长递交投标文件的截止日期。在上述情况下，招标人与投标人以前在投标截止期方面的全部权利、责任和义务，将适用于延长后新的投标截止期。在投标截止期以后送达的投标文件，招标人应当拒收，已经收下的也须原封退给投标人。

投标人递交投标文件不宜太早，一般在招标文件规定的截止日期前一两天内密封递交指定地点比较好。

（二）关于投标文件的补充、修改或撤回

投标人可以在递交投标文件以后，在规定的投标截止时间之前，采用书面形式向招标人递交补充、修改或撤回其投标文件的通知。在投标截止日期以后，不能更改投标文件。投标人的补充、修改或撤回通知，应按招标文件中投标须知的规定编制、密封、加写标志和递交，并在内层包封标明"补充""修改"或"撤回"字样。补充、修改的内容为投标文件的组成部分。根据投标须知的规定，在投标截止时间与招标文件中规定的投标有效期终止日之间的这段时间内，投标人不能撤回投标文件；否则其投标保证金将不予退还。

（三）其他需要注意的事项

（1）要防止发生无效标书的工作漏洞，如未密封、未加盖单位和负责人的印章、寄达日期已超过规定的截止时间、字迹涂改或辨认不清等。在国外还应防止未附投标保证书（金）或保证书的保证时间与规定不符等。

（2）不得改变标书的格式，如原有格式不能表达投标意图时（如有一种以上标价及其条件，工期可较规定缩短或增加附加条件等），可另附补充说明。

（3）对标书中所列工程量，经过核对确有错误时，不得任意修改，也不能按自己核对的工程量计算标价，应将核实情况另附说明，在投标文件中另附的专用纸上补充或更正。

（4）计算数字要正确无误，无论单价、合计、分部合计、总标价及其大写数字（外文尤应注意不要弄错）均应仔细核对。尤其是在单价合同承包制中的单价应正确无误；否则中标签订合同后，在整个施工期间均按错误合同单价结算，以至蒙受不应有的损失。

（5）投送标书时一般须将投标文件包括图纸、技术规范、合同条件等全部交还招标单位，因此这些文件必须保持完整无缺，切勿丢失。

（6）投送标书应严格执行各项规定，不得行贿、营私舞弊，不得泄露自己的标价或串通其他投标者哄抬标价，不得隐瞒事实真相，不得有损害国家和他人利益的行为；否则将被取消投标或承包资格，并接受经济和法律的制裁。

第三节　　国际工程投标报价编制

国际工程投标标价的估价方法与国内工程概（预）算方法比较，最主要的区别在于：间接费和利润等是用一个估算的综合管理费率分摊到分项工程单价中，从而组成分项工程完全单价，某分项工程单价乘以工程量即为该分项工程的合价，所有分项工程合价汇总后即为该工程的总估价。此外，在国际工程估价中还应考虑一笔开办费用。

一、国际工程投标书的组成

投标人根据业主招标文件要求编制和提交的所有文件，我国习惯上称作投标书。投标人递交的投标书格式必须符合招标文件的规定。

（一）投标书的组成

国际工程投标书通常分为三个部分：技术部分、商务部分以及其他相关文件。

1. 技术部分

投标书的技术部分主要是指承包商的施工规划，用以评价承包商完成工程的技术能力。它通常包括如下内容：①主要施工方案及说明；②施工进度计划及说明；③主要施工设备表；④关键人员表；⑤承包商（包括分包商）的现场组织机构图；⑥分包商一览表；⑦供应商一览表；⑧根据招标文件要求提交的替代方案建议书。

2. 商务部分

投标书的商务部分主要是指承包商的报价书及相关文件，用以评价承包商完成工程所需的费用总额。它通常包括如下内容：①投标书格式；②投标书附录；③工程量清单或价格分解表；④外币需求表、外币需求分解表；⑤价格调整公式权重系数选择表；⑥合同价格调整公式价格指数表；⑦迟付款利率表。

3. 其他相关文件

其他相关文件包括：①投标保函；②投标人代表的授权委托书；③投标人的资信文件，包括财务状况证明文件（资产负债表、利润表等）、银行信贷证明、招标文件可能要求的其他信誉状况的证明文件；④如果是联营体，还应包括联营协议；⑤招标文件可能要求提交的其他文件。

由世界银行或其他国际金融机构融资的项目，或其他正规的国际招标项目的投标书，对投标书的组成都有严格的规定。承包商应按招标文件中规定的、组成投标书的各个文件的先后顺序装订好。所附的全部资料应保持清晰，达到能够复制的程度。

（二）投标书的编报要求

从购买招标文件到递交投标书，承包商编制投标书的过程非常短。如何在较短的时间内编制一份合格的投标书是非常重要的，应注意以下几点：

（1）投标书的组成文件必须齐全，不能缺少任何文件。

（2）投标书的各个文件应按规定填写，不能漏填，特别是填写工程量清单时，绝不能漏项；否则将被视为主动放弃该项费用。此外，应反复核对，保证分项和汇总计算均无错误。

（3）承包商提交的各种文件内容应清晰，可以复制，不能有任何修改和增删字段。当无法避免时，应严格按招标文件的规定进行修改和增删并签字。

（4）递交的文件应按招标文件要求的格式，每页签字。

（5）所有投标书装帧应美观大方，严格按招标文件要求的格式和顺序进行装订。

（6）在编制投标书的过程中，对发现的问题要单独写成一份备忘录提要，但不能附在投标书中递交，只能自己保存，留待合同谈判时使用。也就是说，当业主对该投标感兴趣，邀请投标人谈判时，再把这些问题根据当时的情况一个一个拿出来谈判，并将谈判结果写入合同协议书的备忘录中。

（7）除了按规定填报投标书外，投标人还可以写一份更为简洁的致函，对自己的投标报价作必要的说明，使评标者更能理解此报价的合理性，给评标者和业主留下深刻的印象。

（8）标前会议是业主给所有投标人的一次质疑的机会，参加标前会议可以使自己更清楚项目信息。承包商在参加标前会议提问时要注意以下几点：对合同和技术文件中不清楚的问题应提请说明，但不要表示或提出改变合同和修改设计的要求；提出问题时应防止其他投标人从中了解自己公司投标的设想和方案；注意提问题的方式，不要表现出过高的积极性，也不要使业主和咨询公司感到为难。如果业主或咨询公司对问题给予答复，应当要求其以书面方式并宣布这些书面答复与招标文件具有同等效力。

二、国际工程投标报价的构成

投标估价是为投标报价服务的，因此，在估价时，对哪些费用进行估算，应根据投标报价需要而定。工程项目投标报价的具体组成应随投标的工程项目内容和招标文件进行划分。一般由分部单项工程造价汇总的分项工程单价、开办费、分包工程估价、暂定（项目）金额和指定单价等项组成。

国际工程投标报价的构成如图4-2、图4-3、图4-4、图4-5、图4-6所示。

施工用水电费

施工机械费

脚手架费

临时设施费

业主工程师办公室及生活设施费

现场材料试验室及设备费

工人现场福利及安全费

职工交通费

日常气象报表费

现场道路及进出场通道维护费

恶劣天气下工程保护措施费

现场保卫设施费

场地清理费

开办费

单项工程及室外工程造价（一、二、三…）

工程造价（分部分项）

分部分项工程费

分部分项工程单价

施工用水费

施工用电费

施工机具费

脚手架费

临时设施费

分包工程造价

分包报价

总包管理费和利润（%）

暂定（项目）金额

点工零星项目

不可预见费

投标（报价）总价

人工费

材料、半成品及设备费

施工机械费

脚手架费

施工管理费（按直接费的%计算）

临时设施摊销费及其他独立费等（按直接费的%计算）

利润（按直接费或直接费+管理费之和的%计算）

注： [ ] 内为报价项目　[ ] 内为分摊项目　[ ] 内既可作为报价项目，也可作为分摊项目

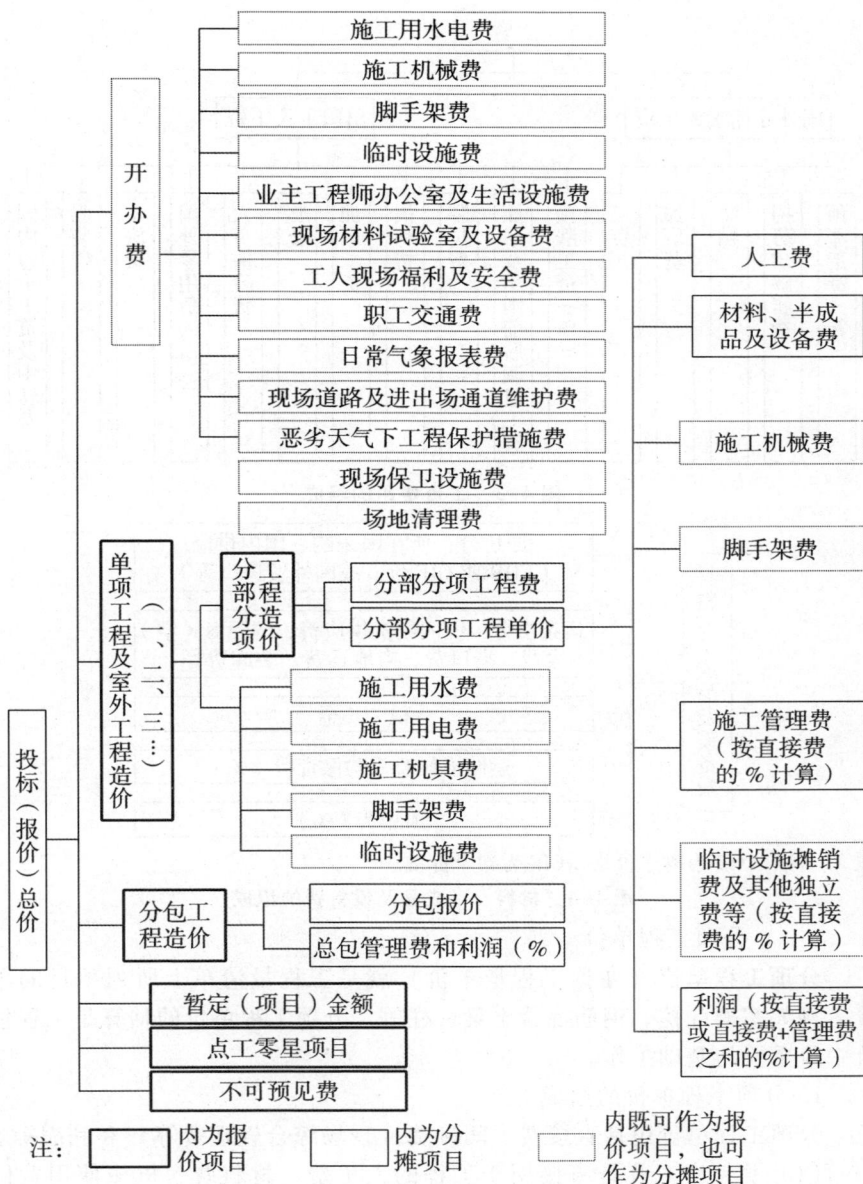

图 4-2 国际投标工程造价的构成

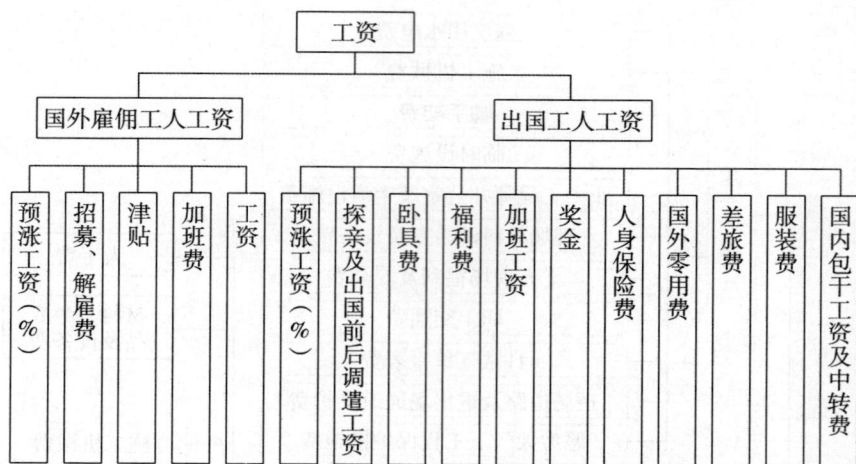

图 4-3 工资费用的组成

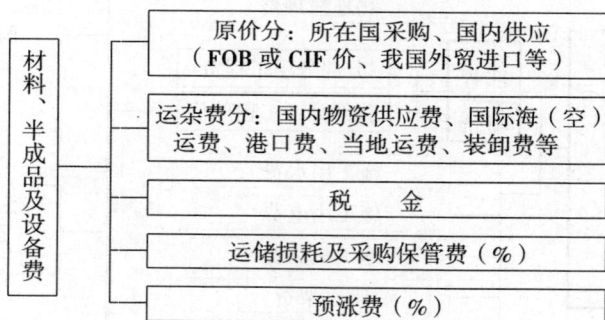

注：FOB 为离岸价格，CIF 为到岸价格。

图 4-4 材料、半成品及设备费的组成

（一）分项工程单价

分项工程单价（亦称工程量单价）就是工程量清单上所列项目的单价，例如基槽开挖、钢筋混凝土梁、柱等。分项工程单价的估算是工程估价中最重要的基础工作。

1. 分项工程单价的组成

分项工程单价包括直接费、间接费（现场综合管理费等）和利润等。

（1）直接费。凡是直接用于工程的人工费、材料费、机械使用费以及周转材料费用等均称为直接费。

（2）间接费（分摊费）。间接费主要是指组织和管理施工生产而产生

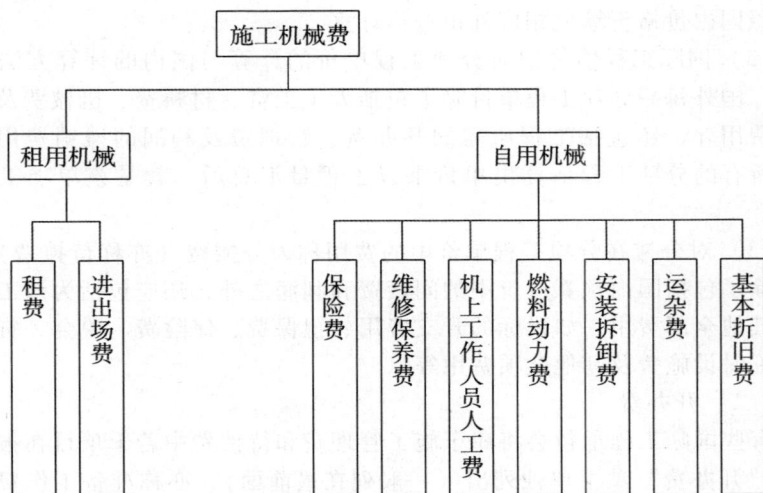

图 4-5　施工机械费的组成

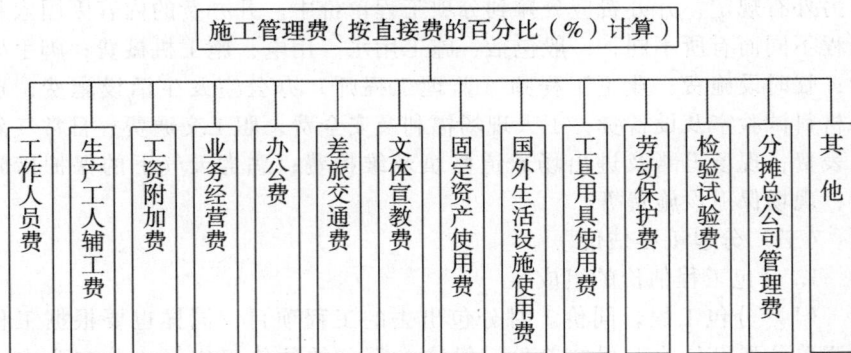

图 4-6　施工管理费的组成

的费用。它与直接费的区别是：这些费用的消耗并不是直接用于某一分项工程施工上。因此，不能直接计入部分分项工程中，而只能间接地分摊到所施工的建筑产品中。

（3）利润。利润是指承包商的预期税前利润，不同的国家对账面利润的多少均有规定。承包商应明确该工程应收取的利润数目，同时，也应分摊到各分项工程单价中。

2. 确定分项工程单价应注意的问题

（1）在国外，分项工程单价一定要符合当地市场的实际情况，绝不能按照国内价格折算成相应外币进行计算。

（2）国际工程估价中对分项工程单价的计算与国内的计算方法有所不同，国外每一分项工程单价除了包括人工工资、材料费、机械费及其他直接费用外，还包括工程所需的开办费、管理费及利润的摊销费用。因此，所有的分项工程估算出单价乘以工程量汇总后，就是该单项工程的造价。

（3）对分摊在分项工程单价中的费用称为分摊费（亦称待摊费）。分摊费除了包括国内预算造价中的间接费和利润之外，还应包括为该工程支付的其他全部费用，如投标的开支费用、担保费、保险费、税金、贷款利息、临时设施费及其他杂项费用等。

（二）开办费

有些国际工程承包会将属于施工管理费和待摊费中若干项目在报价单中的"开办费"项下单独列出（一般列在最前面），亦称准备工作费。但是在《建筑工程量计算原则（国际通用）》的"总则"中明确规定，除非另外有规定，开办费应分摊到分项工程单价中。开办费的内容因国家和工程不同而有所不同，一般包括：施工用水、用电；施工机械费；脚手架费；临时设施费；业主工程师（监理工程师）办公室及生活设施费；现场材料试验室及设备费；工人现场福利及安全费；职工交通费；日常气象报表费；现场道路及进出场通道修筑及维护费；恶劣天气下的保护措施费；现场保卫设施费等。

（三）分包工程估价

1. 分包工程估价的组成

（1）分包工程合同价。对分包出去的工程项目，同样也要根据工程量清单分列出分项工程的单价，但这一部分的估价工作可由分包商去进行。通常总承包商的估价师对分包单价不作估算或仅作粗略估计。待收到来自各分包商的报价之后，对这些报价进行分析比较选出合适的分包报价。

（2）总包管理费及利润。对分包的工程应收取总包管理费、其他服务费和利润，这些费用再加上分包合同价就构成分包工程的估算价格。

2. 确定分包时应注意的问题

（1）指定分包的情况。在某些国际工程承包中，业主或业主工程师指定分包商，或者要求承包商在指定的一些分包商中选择分包商。一般说来，这些分包商和业主都有较好的关系。因此，在确认其分包工程报价时必须慎重，而且在总承包合同中应明确规定对指定分包商的工程付款必须由总承包商支付，以加强对分包商的管理。

（2）总承包合同签订后选择分包的情况。由于总承包合同已签订，总承包商对自己能够得到的工程款已十分明确，因此，总承包商可以将某些单价偏低或可能亏损的分部工程分包出去来降低成本并转移风险，以此弥补在估价时的失误。但是，在总合同业已生效后，开工时间紧迫的情况下，想在很短时间内找到资信条件好、报价又低的分包商比较困难。相反，某些分包商可能趁机抬高报价，与总承包商讨价还价，迫使总承包商做出重大让步，因此，总承包商原来转移风险的如意算盘会落空，而且增加了风险。所以，应尽量避免在总合同签订后再选择分包商的做法。

（四）暂定（项目）金额和指定单价

有的工程项目中还规定了暂定金额和指定单价的项目。

1. 暂定（项目）金额

暂定金额是包括在合同内和在承包清单内，以此名义标明用于工程施工，或供应货物与材料，或提供服务，或以应付意外情况暂定数量的一笔金额，亦称特点金额或备用金。这些项目的费用将按业主工程师的指示与决定，或全部使用，或部分使用，或全部不予动用。暂定金额还应包括不可预见费用。不可预见费用是指预期在施工期间材料价格、数量或人工工资率、消耗工时可能增长的影响所引起的全部费用。一般情况下，不可预见费不再计算利润，但对列入暂定金额项目而且属于货物或材料者可计取管理费等。

2. 指定单价

指定单价可并列在工程量清单的任何一个分项工程内，由业主工程师自行决定使用。该指定单价仅包括运用施工现场的特殊项目的材料费用，其他一切费用均包括在清单项目中，包括辅助材料、人工、管理费和利润等。

三、分项工程单价计算

（一）分项工程直接费单价的估价方法

估算分项工程直接费单价除了要算出人工、材料等资源的直接费单价外，更重要的工作是对各分项工程所需人工、材料的消耗进行分析，亦称"工料分析"。国际工程承包没有统一的定额，估价时，可根据国内的有关定额或具体情况进行制定。

在国际工程承包中，有些与国内相同或类似的项目（如砌墙、混凝土等），可以套用国内定额，只需对用工量、材料的配比等酌情加以适当的调整。国内没有的项目，则可根据定额测定的方法，对现场进行调查后自行制定；对有些属各项目的组合项目，亦可套用国内的综合预算定额进行调整。无论采用哪种方法，都必须根据当地的国情、习惯做法、施工验收标准和具体施工方法进行，切不可生搬硬套。

任何一个普通的建筑工程，都可能出现上百项分项工程，甚至更多。据统计，如果把这些分项工程按费用大小顺序排列可以看出，往往较少比例（约20%）的分项工程却包含了合同工程款的绝大部分（约80%）。因此，应根据不同项目所占总费用比例的重要程度，采用不同的估价方法。常用的估价方法有定额估价法、作业估价法和匡算估价法等。

1. 定额估价法

采用定额估价法应具备较正确的工效、材料、机械台班的消耗定额，人工、材料和机械台班的使用单价。一般有较可靠定额标准的企业，定额估价法应用得较为广泛。

【例4-1】 $1:2:4$ 混凝土现浇框架梁（仅计算混凝土），其消耗额参照我国某省定额，对工人用量增加15%进行计算，其他材料均列入开办费中统一考虑。

人工费：$15×1.25×1.15=21.56$（美元/立方米）

混凝土运输车：$296.8×0.129=38.29$（美元/立方米）

混凝土搅拌机：$686.2×0.063=43.23$（美元/立方米）

混凝土振动器：$5.6×0.125=0.70$（美元/立方米）

塔吊：$700.3×0.063=44.12$（美元/立方米）

混凝土：$50.13×1.015=50.88$（美元/立方米）

上述各项费用加总，则每立方米 $1:2:4$ 现浇框架梁混凝土直接费单价为198.82美元。

该分项工程中钢筋、模板等也可按照同样的方法进行估算后汇总得该分项工程的直接费单价。实际上采用不同的施工方法，不同的施工机械，其工效是不同的。因此，套用国内定额时，必须根据实际情况进行调整。

2. 作业估价法

应用定额估价法是以定额消耗标准为依据，并不考虑作业的持续时间，特别是当机械设备所占比重较大，使用的均衡性较差，机械设备搁置时间过长而使其费用增大，这种机械搁置又无法在定额估价中给予恰当的考虑时，就应采用作业估价法进行计算。

作业估价法是先估算出总工作量、分项工程的作业时间和正常条件下劳动人员、施工机械的配备，然后计算出各项作业持续时间内的人工和机械费用。为保证估价的正确性和合理性，作业估价法应包括：制订施工计划，计算各项作业的资源费用等。这种方法应用相当普遍，尤其是在那些广泛使用网络计划方法编制施工作业计划的企业中。

【例4-2】某工程从工程量清单汇总计得全部混凝土量共 6 万立方米，设以 18 个月的平均速度进行作业。现确定用于浇筑混凝土的设备见表4-12。

表 4-12　　　　　　　**用于浇筑混凝土的设备**

机械类型	数量（台）	单价（美元/台）	利用率（%）	总价（美元）
混凝土搅拌机（20 立方米/小时）	1	411 696	100	411 696
混凝土输送车（6 立方米）	2	160 280	100	320 560
塔式起重机（30 吨）	1	441 158	30	132 347
振动器	6	3 020	100	18 120
合计				882 723

解：（1）浇筑每立方米混凝土的机械费：

$$浇筑每立方米混凝土的机械费 = 882\ 723 \div 60\ 000 = 14.71（美元/立方米）$$

（2）浇筑混凝土人工费：设浇筑混凝土应配备 10 人，人工工资单价 15 美元，每天可完成 90 立方米；养护每天 2 人，需养护 7 天。

$$人工费 = 15 \times（10+2\times7）\div90 = 4（美元/立方米）$$

（3）每立方米混凝土直接费单价：

$$直接费单价 = 人工费+机械费+材料费$$
$$= 4.0+14.71+50.13 = 68.84（美元/立方米）$$

3. 匡算估价法

对于某些分项工程的直接费单价的估算，估价师可以根据以往的实际经验或有关资料，直接估算出分项工程中人工、材料的消耗定额，从而估算出分项工程的直接费单价。采用这种方法，估价师的实际经验直接决定了估价的正确程度，因此，往往适用于工程量不大，所占费用比例较小的那些分项工程。

如果在估价时把机械使用费列入"开办费"中或按待摊费分摊到各项工程单价中，那么，上述估价方法中只需估计出分项工程中的人工费和材料费，不必再去考虑机械使用费，估价工作会更为简单。

（二）分项工程直接费单价的计算

1. 人工工资单价的计算

我国在国际工程承包中工人工资分出国人员工资和在国外雇用外籍和当地工人的工资两类。工资标准一般有月工资、日工资和小时工资之别，一般采用日工资形式较多。国际工程承包市场一般按技术条件分为普工、技工和高级技工三个等级。从目前情况看，只需一种标准即可（综合人工工资），当有要求分别计算时则应另行对待。

具体计算方法如下：首先，分别计算出上述两类工人的工资单价；其次，确定在总用工量中这两类工人完成工日数所占的比重（要考虑工效等有关因素）；再次，用加权平均的方法计算平均工资单价，公式为：

$$\frac{\text{平均工资}}{\text{单价}} = \frac{\text{国内派遣出国}}{\text{工人工资单价}} \times \frac{\text{出国工日占总}}{\text{工日的百分比}} + \frac{\text{当地雇佣}}{\text{工人工资单价}} \times \frac{\text{当地雇佣工人工日}}{\text{占总工日的百分比}}$$

（1）出国工人工资单价

国内出国工人工资单价 = 一个工人出国期间费用 ÷ 出国工作天数

工人工资一般由下列费用组成：

①国内包干工资及中转费的摊销。国内包干工资是指对外承包公司给各人员派出单位的包干工资；中转费包括出国前的集训费，技术培训考核费，出国前体检、防疫、办理护照和签证等公杂费，回国后总结汇报事务处理费等。

②置装费。置装费指出国人员服装及购置生活用品的费用，一般按热带及温带、寒带等不同地区发放，分两年摊销。

③差旅费。差旅费包括国内从出发地到海关的往返旅费和从海关到工程所在地的国际往返差旅费。往返一次一般按两年摊销，如规定享受一年一次探亲假者按一年摊销。

④国外零用费。根据有关规定，承包项目出国人员国外零用费共分6级，1~4级适用于干部及技术人员，5~6级适用于工人。

⑤人身保险费和税金。人身保险费是指承包公司对职工进行人身意外事故保险，一般同时还附加事故致伤的医疗保险。不同保险公司收取的费用不同，如业主没有规定投保公司时，应争取在国内办理保险。发生在个人身上的税收一般即个人所得税，按当地规定计算。

⑥伙食费。伙食费是指工人在国外的主副食和水果饮料等费用。一般按规定的食品数量，以当地价格计算。

⑦奖金。奖金包括超产奖、提前工期奖、优质奖等，视具体情况而定。

⑧加班工资。我国在国外承包工程往往实行两天休息制。星期天工作的工资一般可列入加班工资，其他如节假日和夜间加班等，则按具体情况而定。

⑨劳保福利费。劳保福利费是指职工在国外的保健津贴费，如洗澡、理发、防暑、降温、医疗卫生、水电费等，按当地具体条件确定。

⑩卧具费。卧具费是指工人在国外施工时所需的生活用具，如床、被、枕、蚊帐等费用，一般按两年摊销。

⑪探亲及出国前后调迁期工资。探亲假 1 年享受 1 个月，调遣时间 1～2 个月，按出国时间摊销（一般按两年）。

⑫预涨工资。对于工期较长的国际工程承包应考虑工资上涨的因素，每年的上涨率一般可按 5%～10% 估计。

除上述费用之外，有些国家还需包括按职工人数征收的费用（如居住手续费等）。

对于每一个出国工人来说，以上所需费用大致相同，因此，可执行一种工资标准而不必再分技工和普工。年工作日如执行一天休息制可按 300 天计算，按正常休息制则可按 275 天计。

表 4-13 为在中东地区某一承包工程出国人员工资计算表。

（2）国外雇佣工人工资单价

有些国家法律规定，外国承包商必须雇用一定比例的当地工人。当地雇佣工人的工资应包括下列费用：①日基本工资；②带薪法定假日、带薪休假日工资；③夜间施工或加班应增加的工资；④按规定应由雇主支付的税金、保险费；⑤招募费及解雇时需支付的解雇费；⑥上下班交通费。

以上费用应按当地劳动部门的有关规定结合本企业的情况而定。工期在两年以上时，还应考虑工资上涨因素。在经济发达国家和地区，当地雇佣工人工资一般比我国出国人员工资水平高，而在第三世界的一些国家和地区，雇佣工人的工资比较低，但两者劳动效率不同。

第一，雇佣工人实际工作时间。

一是全年工作的时间。全年工作时间按 52 周计，每周工作 6 天，每天 8 小时，则：

$$8×6×52 = 2\ 496（小时）$$

二是加班时间。加班时间平均每天按 1 小时计，加班时间的工资一般按正常工作时间的 1.5～2 倍计，则：

1.5×6×52＝468（小时）

表 4–13　　　　　　　　出国人员工资计算表（中东地区）

序号	费用名称	费用确定与计算	摊销时间（月）	合计（美元）	平均费用（美元/月）
1	国内包干工资	平均月工资 480 元 中转费 600 元	24	1 454.98	60.62
2	服装费	国内：520 元+国外 800 元	24	158.46	6.60
3	差旅费	国内：出国时（含住宿）480 元 回国时（含住宿）520 元 探亲 200 元	24	144.06	6.00
		国外：机票等 16 000 元	24	1 920.77	80.03
4	零用费	国外每人 40 美元/月	—	—	40.00
5	人身保险费	3 000 元/人·年×2×0.1	24	72.00	3.00
6	伙食费	国外每人按 92 美元/月	—	—	92.00
7	奖金	暂估每人 30 美元/月	—	—	30.00
8	加班工资	暂估每人 10 美元/月	—	—	10.00
9	劳保福利、水电费	暂估每人 15 美元/月	—	—	15.00
10	卧具、炊具费	暂估每人 8 美元/月	—	—	8.00
11	探亲费	480 元×4 个月	24	230.49	9.60
12	预涨工资	工期短，可不予考虑	—	—	—
13	其他	国外居住手续费 200 美元/人	24	200.00	8.33
	合计		—	—	369.18

折合每工日的工资　369.20÷25＝14.768≈15（美元/工日）

注：1 美元折合人民币 6 元，有效工作日为 300 天（每月 25 天）。

三是节假日休息时间。它包括圣诞节、复活节及其他节假休息日，假设全年为 3 个星期，休息日一般不付工资，但其中有 1.5 个星期为规定的公众休息日，应支付工资。休息时间应在全年工作时间内扣除，同时也应扣除加班时间，则扣除的时间总计为：

（8+1）×6×3＝162（小时）

四是病假休息时间。按当地政府规定，病假头 3 天不给工资，3 天以后每工作日按 1.5 美元付给。其病假假定全年为 3 星期，其中有一半时间要付薪，则应扣除时间也为 162 小时。

五是特殊天气影响时间。由于雨天、暴风等自然因素所引起的停工时间应付给工资。其影响的时间应按当地条件具体确定。经调查，预计全年为 80 小时。全年实际工作时间为：

2 496+312−162−162−80＝2 404（小时）

经折合为：2 404÷8＝300.5（工日）

第二，计算雇佣工人人工费单价。雇用当地工人，除了按其工作时间付给规定工资以外，雇佣单位还需按当地规定支付其他附加费用。

一是基本工资。经询价得，普工 5.0 美元／工日，一般技工 8.6 美元／工日。

以技工为例则：

基本工资＝8.6×300.5＝2 584.3（美元）

二是特殊天气情况下应付的工资。

8.6×90÷8＝96.75（美元）

应付的基本工资总额＝2 584.3＋96.75＝2 681.05（美元）

三是要保证的奖金最低额。设最低额奖金每周为 2.7 美元，按实际工作周发给。实际工作周应扣除休息时间，实为 46 周，则：

2.7×46＝124.2（美元）

四是非生产性加班所支付的费用。因加班时间所支出的工资要比正常工作时间的工资高（设为 1.5 倍），而实际工作时间并没有增加，由此额外付出的费用为：

8.6×1.5×（6×46）÷8＝455.05（美元）

五是公众休假日所付的工资。按规定公众休假日（共 1.5 周）应支付工资为：

8.6×6×1.5＝77.4（美元）

六是病假工资。病休 3 天后每天支付 1.5 美元，则：

1.5×3×6×0.5＝13.5（美元）

全年实际支付工资的总额为：

2 681.05＋124.2＋445.05＋77.4＋13.5＝3 341.2（美元）

七是各种保险费，取实付工资总额的 8% 计，则：

3 341.2×8%＝267.3（美元）

八是小型工具附加费。如果实际施工中不发生则可不计，现取实付工资的 2%，则：

3 341.2×2%＝66.82（美元）

九是工地人工监理费，取实付工资总额的 6%，则：

3 341.2×6% = 200.47（美元）

十是招募及解雇费，约取 1.5 个月的基本工资，则：

8.6×25×1.5 = 322.5（美元）

全年工资费用总额为 4 198.29 美元。

$$\text{雇用当地一般技工工资单价} = \frac{\text{全年工资费}}{\text{总额（美元）}} \div \frac{\text{全年实际}}{\text{工作日（工日）}}$$

$$= 4\ 198.29 \div 300.5 = 13.97（美元／工日）$$

则雇用当地一般技工工资单价为 14 美元／工日。

（3）综合人工工资单价

为方便起见，对分项工程直接费单价估价一般都取统一不变的人工工资单价。而实际施工中工人的工资有国内派出人员的工资，有当地雇佣工人的工资，同时还有普通工、技工、高级技工以及领班的工资之分。这些不同工种工人的工资实际上都不相同。因此，实际估价时一般都采用综合人工工资单价。

①按技术等级工人工资单价进行综合。若某一承包单位工人的工资按技术等级分为高级技工、技工、普工以及辅助工和壮工等，则这些等级技术工人的工资单价也可按前述方法估算得出。计算综合工资单价时可先选择本工程中的一个典型班组，配备一名班长，然后根据各级工人的人员组合来进行综合（见表 4–14 和表 4–15）。

表 4–14　　　　　　　　当地雇佣工人综合工资单价计算

技术等级	每月工资（美元）	每天工资（美元／工日）			班组的构成			所得税及保险金	
		基本工资	津贴	合计	非生产人员	生产人员	每日工资数（美元）	%	合计（美元）
领班	625.0	25.0	8.0	33.0	1		33.0	35	11.55
高级工	437.5	17.5	1.5	19.0		2	38.0	32	12.16
专业工	350.0	14.0	1.2	15.2		4	60.8	32	19.46
一般土建工人	250.0	10.0	0.8	10.8		6	64.8	32	20.74
辅助工	200.0	8.0	0.6	8.6		4	34.4	32	11.01
壮工	175.0	7.0	0.4	7.4		2	14.8	32	4.74
合计					1	18	245.8	32	79.66

表 4-15　　　　　　　　　　**国内工人综合工资单价计算**

技术等级	每日工资（美元）	班级人员组合（人）		
		生产人员	非生产人员	每日工资数（美元）
班长	58		1	58
高级技工	18	3		54
一般技工	14	5		70
普通工	10	6		60
辅助工	7	4		28
壮工	5	2		10
合计		20	1	280

综合工资单价 = 280÷21 = 13.3（美元/工日）（取 14 美元/工日）

②按国内派出工人和当地雇佣工人的工资单价进行综合。在当地雇用工人的数量应考虑以下因素：当地政府的规定、总包单位劳动力配备的实际需要、技术经济比较等。

每工日平均工资：245.8÷19 = 12.94（美元）

加班费：12.94×0.10 = 1.29（美元）

所得税与保险金：79.61÷19 = 4.19（美元）

综合工资单价 = 12.94+1.29+4.19 = 18.42（美元/工日）（取 19 美元/工日）

如某工程所在国政府规定，国外承包商承包该国工程时，必须雇用所需劳动力总量的 20% 的当地工人，则综合人工工资单价为：

14.0×0.8+19.0×0.2 = 15.0（美元/工日）

经计算，如果国内派出工人工资单价和当地雇佣工人工资单价相差太多，还应进行综合考虑和调整。当国内派出工人工资单价低于当地雇佣工人工资单价时，固然对参与竞争有利，但若采用比较低的工资单价，会减少收益，从长远考虑更是不利。因此，应向上调整，调整后的工资单价以低于当地工人工资单价 5% ~ 10% 为宜。当国内派出工人工资单价高于当地工人时，则需要具体分析。假如在考虑了当地工人的工效、技术水平等因素后，派出工人工资单价仍具有竞争力，就不用调整；反之，则应下调，调整的幅度可根据具体情况确定。但如果调整后，国内派出工人的工资单价仍不理想，就得考虑不派或基本不派国内工人。

总之，国际工程承包的人工费有时占到造价的 20% ~ 30%，大大高于国内工程的比率。确定一个合适的工资单价，对于今后在价格上竞争是十分重要的。

2. 材料、半成品和设备单价的计算

如前所述，估价师通过材料设备询价所得到的报价，仅是材料和设备供应商在出售这些材料的销售价格。在使用这些材料的过程中，估价师还必须慎重地、准确地确定材料损耗、损坏、被窃及供货差错的影响，考虑用于卸料和贮料过程中的附加费。对于某些材料，这些因素的影响可能会达到较高的比例，估价师必须对这些因素做出充分的估计并考虑如何反映到材料单价中去。

材料、半成品和设备的单价应按在工程所在国采购、由国内（或第三国）供应分别确定。

（1）在工程所在国采购。在工程所在国就地采购的材料、半成品和设备，其预算单价一般应按施工现场交货价格按公式（4.3）计算：

材料或设备单价＝市场单价＋运杂费＋运输保管损耗 （4.3）

如果由当地材料供应商直接供货到现场，可直接用材料商的报价作为材料、设备的单价。

【例4-3】黄沙每车提货价55美元，每车装载8吨，运费12美元；使用前需对黄沙进行过筛，每吨需花人工0.1工日，人工费为15美元/吨；损耗为15%，采购、保管和利润费率确定为5%。因黄沙需要量大，供货时间长，估计价格预涨率为5%，则：

现场每吨交货价＝［55×（1+0.05）+12］÷8＝8.72（美元/吨）

黄沙单价＝［（8.72+15×0.1）÷（1−0.15）］×（1+0.05）＝12.62（美元/吨）

（2）由国内（或第三国）供应。国内或第三国供应的材料或设备的单价应为到岸价格（CIF）及卸货口岸到施工现场仓库运杂费以及海关、港口等费用，可用公式（4.4）计算：

材料或
设备单价 ＝ 到岸
价 ＋ 海关
税 ＋ 港口
费 ＋ 运杂
费 ＋ 保管
费 ＋ 运输保
管损耗 ＋ 其他
费用 （4.4）

具体内容如下：①材料原价，即出厂价；②物资供应部门管理费；③国内运杂费，即材料由供货单位仓库运抵出口港上船所发生的包装、运输、装卸、仓储和装船的全部费用；④海运及保险费，即货物从出口港运出，到达卸货口岸的海运费用和保险费，应根据远洋运输公司和中国人民保险公司的有关规定计算；⑤当地运杂费，即材料从卸货口岸运抵施工现场仓库所发生的运输、装卸及其他杂项费用，应根据当地运价和运距及有关规定计算。

【例4-4】由中国南京江南水泥厂提供425#波特兰水泥给某海外工程

使用时，预算单价计算见表4-16。

表4-16 水泥单价计算表

材料名称	规格	生产厂家		供货地	单位
普通水泥	425#波特兰	中国南京江南水泥厂		中国南京	美元/吨
FOB 价	海运费	保险	港口费	税金	装卸费	运杂费	小计
44.0	8.40	0.56	0.01	免	1.50	1.65	56.12
管理费（7%）				预涨（10%）			单价
3.93				5.61			65.66

【例4-5】某海外工程的钢筋从第三国采购，预算单价计算见表4-17。

表4-17 钢筋单价计算表

材料名称	规格	到岸后运输方式	生产厂家	供货地
××钢筋	××/××级	汽车	××钢铁厂	AB 港
序号	名称	美元/吨	附注	
1	××港 CIF 价	316.7	××港到岸价（固定价）	
2	转运费	12.67	包括进口手续费等××港 CIF 价的4%	
3	关税	31.7	到岸价×10%	
4	汽车运输费	25.0	运距125公里，运价0.2美元/吨	
5	工地卸料费	1.4	下料耗工0.1工日，单价14美元/工日	
6	合计	387.47		
7	管理及损耗费	38.75	管理费5%，损耗率5%	
	预算单价	426.22		

如果同一种材料来自不同的供应来源，则应按各自所占比重计算加权平均单价，作为统一的单价。

材料单价的计算相对而言是较简单的，只要材料询价资料及估计准确就可以得到准确的材料预算单价，最后汇总见表4-18。

表 4-18　　　　　　　　　××工程材料单价汇总表

序号	材料名称及规格	单位	交货价（美元）	交货条件	预算价（美元）
1	普通水泥 425#	吨	44	我国外贸 FOB 价	65.66
2	普通钢筋	吨	230	××港口 FOB 价	426.22
3	柚木（装饰用）	立方米	381	马来西亚××港 CIF 价	452.58
4	松木（模板用）	立方米	256	当地市场采购	281.60
5	黄沙	吨	6.88	当地市场采购	12.41
6	石子	吨	4.73	当地市场采购	8.52
⋮			⋮		⋮

（3）半成品预算单价的计算。在建筑工程中经常使用一些由若干种原材料按一定的配比混合组成的半成品的材料，如混凝土、砂浆等。这些混合材料用量较大，配比各异，因而可先算出在各种配比下的混合材料的单价，然后根据各种材料占总工程量的比例，加权计算出其综合单价，作为该工程中统一使用的单价。

【例 4-6】　××工程 1∶2∶4 混凝土，其配合比参照国内某省预算定额中 C18 混凝土的配合比，同时考虑了混凝土在生产过程中的损耗。实际上生产单位体积混凝土所需的费用，还需考虑生产用水，电的费用和所需人工机械的费用。一般情况下生产用水和电都统一在开办费中考虑；机械费可列入开办费中，也可摊销在混凝土单价中；所需人工费则应在混凝土分项工程中考虑。

每立方米混凝土单价计算见表 4-19。

表 4-19　　　　　　　　　每立方米混凝土单价计算表

序号	名称	单位	计算用量	运输损耗		操作损耗		实际用量	单价（美元/吨）	合计费用（美元/立方米）
				%	数量	%	数量			
1	黄沙	吨	0.852	4	0.034	2	0.017	0.903	12.41	11.21
2	石子	吨	1.158	3	0.035	2	0.023	1.216	8.52	10.36
3	水泥	吨	0.315	2	0.06	2	0.06	0.435	65.66	28.56
4	合计	美元/立方米								50.13

3. 施工机械台班使用费的计算

机械台班使用费由基本折旧费、运杂费、安装拆卸费、燃料动力费、机上人工费、维修保养费以及保险费等构成。其计算方法如下：

$$\frac{台班}{单价}=\left(\frac{基本}{折旧费}+\frac{安装}{拆卸费}+\frac{维修}{保养费}+\frac{机械}{保险费}\right)\div\frac{总台}{班数}+\frac{机上}{人工费}+\frac{燃料}{动力费} \qquad (4.5)$$

（1）基本折旧费。施工机械的基本折旧费不能按国内规定的固定折旧率计算，而应结合具体情况按公式（4.6）计算：

$$基本折旧费＝（机械总值-残值）×折旧率 \qquad (4.6)$$

机械总值可根据施工方案提出的机械设备清单及询价确定。

残值是工程结束后施工机械设备的残余价值，应按可用程度和可能的去向考虑确定。除可转移到其他工程上继续使用或运回国内的贵重机械设备外，一般可不计残值。

折旧率一般按折旧年限不超过 5 年计算，如果工程项目的工期为 2 年，则可从直线折旧法、余值递减折旧法、等值折旧法中任选一种计算。工期较长（如 2 ~ 3 年以上）或工程量较大的工程，机械设备可考虑一次折旧。

（2）运杂费。机械设备的运杂费的计算可参照材料运杂费的计算方法。如机械设备待工程结束后需运回国内或其他工地使用，还应计算运回的运杂费等。

（3）安装拆卸费。安装拆卸费可根据施工方案的安排，分别计算各种需装卸的机械设备在施工期间的拆装次数和每次拆装费用的总和。

（4）燃料动力费。施工机械的燃料动力费一般应据实计算，也可按消耗定额和当地燃料、动力单价计算。

（5）机上人工费。机上人工费是指操作或驾驶机械的人工工资（如起重机、推土机等操作人员的工资），小型机械一般不计（如混凝土振动器）。其费用应按每台机械所配备的工人数和工资单价确定。

（6）维修保养费。施工机械的维修保养费是指日常维护保养和中小修理的费用。凡替换附件、工具附件、润滑油料等，一般都可按消耗定额和相应材料、人工单价计算。

（7）保险费。保险费是指施工机械设备在使用期间为保证由于意外因素受到损失而向保险公司投保所支出的费用。其投保额一般为机械设备的价值；保险费率按投保的保险公司的规定计算。

施工机械台班使用费除上述这些费用外，有时还包括银行贷款利息、使用税和使用许可证手续费等。机械台班使用费计算见表4-20。

表4-20　　　　　　　　　　　**机械台班使用费计算表**

编号	名称		单位	机械名称			
				混凝土搅拌机（20立方米/小时）	混凝土搅拌车（6立方米）	塔吊 θ＝3tR＝35米 H＝42米	混凝土振动器
①	CIF价		美元/台	274 000	130 000	337 000	2 000
②	关税①×10%		美元/台	27 400	13 000	33 700	200
③	港口运至工地费用		美元/台	15 400	240	11 600	20
④	运回国内费用		美元/台	89 000	15 300	当地	卖出
⑤	运杂费（②+③+④）		美元/台	131 800	28 540	45 300	220
⑥	机械总值（①+⑤）		美元/台	405 800	158 540	382 300	2 220
⑦	残值（①×5%）		美元/台	13 700	6 500	168 500	100
⑧	折旧率	折旧期	月	48	48	30	30
⑨		本工程使用期	月	30	30	30	30
⑩		折旧率（⑨÷⑧）	—	0.625	0.625	1.0	1.0
⑪	基本折旧费（①-⑦）×⑩		美元/台	162 687.5	77 187.5	168 500	1 900
⑫	安装拆卸费(估计)		美元/台	37 000	—	18 600	—
⑬	本工程使用总台班（估计）		台班	600	540	630	540
⑭	燃料动力费单价		美元/台班	34	58	32	1.3
⑮	燃料动力费单价⑬×⑭		美元/台班	20 400	31 320	20 160	702

续表

编号	名称	单位	机械名称			
			混凝土搅拌机（20立方米/小时）	混凝土搅拌车（6立方米）	塔吊 θ=3tR=35米 H=42米	混凝土振动器
⑯	机上人工费（15美元/台人）	美元/台班	5	30	30	—
⑰	机上人工费总值⑯×⑬	美元/台班	3 000	16 200	18 900	—
⑱	维修保养费①×5%	美元/台班	13 700	6 500	16 850	100
⑲	保险费①×0.4%（注）	美元/台班	1 096	520	1 348	
⑳	机械使用总值（⑤+⑪+⑫+⑮+⑰+⑱+⑲）	美元/台班	369 683.5	160 267.5	289 658	2 922
㉑	台班使用单价（⑳÷⑬）	美元/台班	616.1	296.8	459.8	5.4

注：保险费一般以机械原价为准。

在国际工程承包中，机械台班使用费有三种形式：①在"开办费"项目中列出一笔机械费总数，在工程量单价中不再考虑；②全部摊入工程量单价中，不再另计"开办费"；③部分列入开办费，部分摊入工程量单价。具体如何处理，则应视招标文件的要求有所不同。承包商采取何种形式必须与业主达成共识；否则会造成损失，或不中标。

建筑施工机械设备除自行采购外，也可向专业机械公司租借，即使是本企业现有设备，也可考虑租赁。租赁机械的基本费用是付给租赁公司的租金，另加一笔附加运营费。这些附加运营费包括机上人工费、燃料动力费以及各种消耗材料费用等。

大多数租借的机械都提供机上操作人员，且在租金中包括了他们的工资，但估价师仍需考虑他们的一些基本奖金、加班费等附加费。燃料动力费等费用参考有关消耗标准按一定的比例增加即可，根据实际情况进行调整。

四、分摊费用及开办费用的计算

在国际工程估价中，凡是在招标文件没有列示，而要编入估价项目的费用，均可列入分摊费用或开办费用中。现场综合管理费等可分摊到每个分项工程单价中，即为分摊费用。开办费用根据招标文件可单独列项收费的可独立报价。

（一）综合管理费的内容及费率的确定

1. 综合管理费的内容

综合管理费包括施工管理费、临时设施费、施工机械费、保险费、税金、保函手续费、经营业务费、工程辅助费、上级单位管理费、贷款利息、利润和不可预见费等。

（1）施工管理费。我国在国际工程承包中的施工管理费，一般包括工作人员费、生产工人辅助工资、工资附加费、办公费、差旅交通费、文体宣教费、固定资产使用费、国外生活设施使用费、工具用具使用费、劳动保护费、检验试验费以及其他费用等内容，现分别加以介绍。

①工作人员费，包括行政、管理人员的国内工资、福利费、差旅费（国内往返车、船、飞机票等）、服装费、卧具费、国外伙食费、国外零用费、人身保险费、奖金、加班费、探亲及出国前后所需时间内调遣工资等。如雇用外国雇员，则包括工资、加班费、津贴、招雇和解雇费、保险费等。

②生产工人辅助工资，包括非生产工人（如参加工程所在国的活动，因气候影响而停工、工伤或病事假、国外短距离调迁等）的工资、夜间施工津贴费等。

③工资附加费。在国内按工资总额提取的职工福利费及工会经费。在国外的福利费已包括在生产工人的工资和工作人员费开支中；如果其中未包括医疗卫生费、水电费等，则可列入。国外一般没有工会经费，如有时也可列入。此外，国外往往有生活物资运杂费（如在国内或国外订货的生活物资，包括习惯性食物、佐料），这种费用也可列入。

④办公费，包括行政部门的文具、纸张、印刷、账册、报表、邮电、会议、水电、烧水、取暖或空调费等。

⑤差旅交通费，包括国内外因公出差（其中含病员及陪送人员回国机票等路费，临时出国、回国人员路费等）费用，交通工具使用费、养路费、牌照费等。

⑥文体宣教费，包括学习资料、报纸、期刊、图书、电影、电视、录像设备的购置费，影片及录像带的租赁费，放映开支（如租用场地、招待费等）、体育设施及文体活动费等。

⑦固定资产使用费，包括行政部门使用的房屋、设备、仪器、机动交通车辆等的折旧摊销、维修、租赁费、房地税等。

⑧国外生活设施使用费，包括厨房设备（如电冰箱、电冰柜、灶具、炊具等），由个人保管的食具、食堂家具、洗碗用热水器、洗涤盆、职工日常生活用的洗衣机、缝纫机、电熨斗、理发用具、职工宿舍内的家具、开水、洗澡等设备的购置及摊销、维修等费用。

⑨工具用具使用费，包括除中小型机械和模板以外的零星机具、工具、卡具、人力运输车辆、办公用的家具、器具、计算机、消防器材以及办公环境的遮光、照明、计时、清洁等低值易耗品的购置、摊销、维修，生产工人自备工具的补助费和运杂费等。

⑩劳动保护费，包括安全技术设备、用具的购置、摊销、维修费；发给职工个人保管使用的劳动保护用品的购置费、防暑降温费，对有害健康作业者（如沥青等）发给的保健津贴、营养品等费用。

⑪检验试验费，包括材料、半成品的检验、鉴定、试压、技术革新研究、试验、定额测定等费用。

⑫其他费用，包括零星现场的图纸、摄影、现场材料保管等费用。如果国内规定有上级管理费的也可列入。

（2）临时设施费。临时设施费包括生活用房、生产用房和室外工程等临时房屋的建设费（或租房费），水、电、暖、卫及通信设施费等。

①生活用房，包括宿舍、食堂、厨房、生活物资仓库、办公室、浴室、厕所以及其他生活用房等。

②生产用房，包括材料、工具库、工作棚、附属企业（如预制构件厂）等。

③室外工程，包括临时道路、停车场、围墙、给排水管道（沟）、输电线路等。

临时设施面积参考指标如图4-7所示。

（3）施工机械费。国际工程承包中施工机械费的三种表现形式，即

临时设施面积参考指标

生活用房（按全员人数）
- 宿舍：5~6 平方米 / 人
- 食堂：2~3 平方米 / 人
- 办公：1~2 平方米 / 人
- 仓库：2~3 平方米 / 人
- 浴（厕）：1~2 平方米 / 人

生产用房（按占承包工程面积的百分比确定所需面积）
- 5 000 平方米以下：10%~11%
- 5 000~10 000 平方米：9%~10%
- 10 000~20 000 平方米：8%~9%
- 20 000~30 000 平方米：7%~8%
- 30 000~40 000 平方米：6%~7%
- 40 000 平方米以下：6%

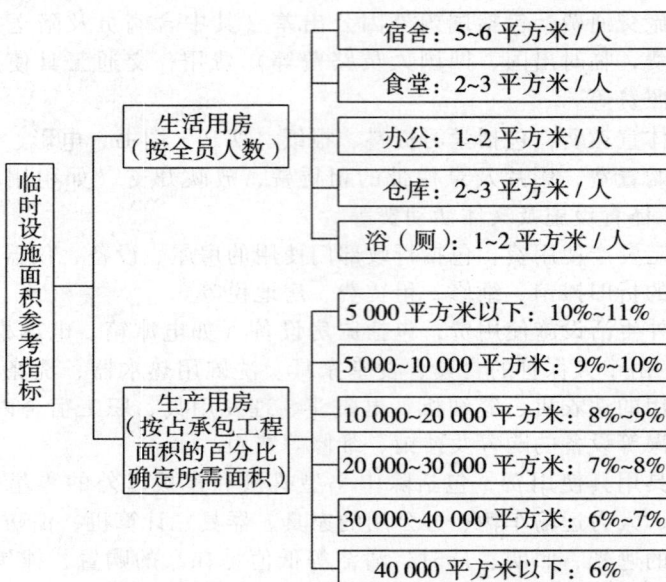

图 4-7　临时设施面积参考指标

在"开办费"中单独列出；全部分摊到分项工程单价中去；部分列入"开办费"部分列入分摊费中。具体采用哪一种，要按招标文件的要求处理，如果采用分摊法，则可列入综合管理费中。如承包工程过大、过小或属于成片住宅区，大型土石方工程、特殊构筑物等，使用上述指标不合适时，可按实际需要计算。如果该项费用过大，致使分摊的费率过高，分项工程单价普遍增大，则应争取业主同意将该项费用列入开办费，独立报价。

（4）保险费。建设工程规模大、工期长，遇到风险的可能性大。从业主和承包商双方的利益出发，在工程承包合同中规定有关保险的条款已成为国际惯例。所有保险支出的费用在估价时都应考虑。

①工程一切险。工程一切险也称工程全险，即对工程在施工和保修期间，由于自然灾害、意外事故、操作疏忽或过失而可能造成的一切损失（包括第三者责任险）进行保险。保险范围包括合同规定的全部工程，到达工地的设备、材料和施工机具，临时设施及现场上的其他物资。

建筑工程一切险的保险金额，应为保险标的建筑完成时的总值。保险费则按不同项目的危险程度、工期长短等因素确定，在 1.8‰ ~ 5‰。

②施工机械保险。施工机械保险是承包人为保障在工地的施工机械设备在遭受损失时得到补偿所投保的机械损坏险。其保险金额应以该机械设备的重置价值为准。其年保险费率为 10.5‰~25‰不等。

③第三者责任险。建筑工程第三者责任险是分别附加在工程一切险中的。在工程保险期内，如发生意外事故造成工地及邻近地区的第三者人身伤亡、疾病或财产损失，依当地法律应由被保险人负责时，以及被保险人因此而支付的诉讼费和经保险公司事先同意支付的其他费用，都将由保险公司负赔偿责任。第三者责任险的赔偿限额由双方商定，保险费率为 2.5‰~3.5‰。

④机动车辆保险。机动车辆包括汽车、拖拉机、摩托车以及各种特种车辆，它们是机械损坏险中所不包括的。机动车辆保险分为车辆损失险和第三者责任险两部分，两者可一起或分别投保。

保险金额按被保机动车辆原值确定，保险费按不同车辆规定的基本保费（一般为 90~140 元），加上按保险金额 1% 计的附加费。对第三者责任险也按不同车辆收取（一般为 150~250 元）。

⑤人身意外险。为了使施工人员在遭受意外致人身伤亡时得到经济补偿，减轻企业负担，可向保险公司投保团体人身意外伤害险。在国外承包工程时，施工人员人身意外险一般由中国人民保险公司承保，工人每人保险金额为人民币 2 万元，技术人员的保险金额较高（例如总工程师可达 10 万元），保险费率为每年的 1%。

（5）税金。国际工程承包应按各国税收制度的不同照章纳税。各国情况不同，税种也不同，主要有合同税、营业税、产业税、印花税、所得税、人头税、社会福利税、社会安全税、车辆牌照税及各种特种税等。上述税种中，利润所得税和营业税的税率较高，有的国家分别达到 30% 和 10% 以上。

（6）保函手续费。

①投标保函。进行国外工程投标时，投标者必须交出由有资格的银行出具的投标保证书。用于保证投标者在投标后不中途退标，并在中标后与业主签订工程承包合同；否则投标保证金将被没收。一般规定投标保证金占投标金额的 5%，或具体规定某一额度。保证期限到定标时为止（一般为 3~6 个月），中标者可将此保证书转为履约保证书，没有中标者予以退还。办理投标保证书时应向银行缴纳一定比例的手续费，中东地区一般为保证金额的 4‰~5‰。

②履约保函。投标人中标后与业主签订承包合同以前，需先交出履约保证书，用以确保合同的履行。其手续与办理投标保证书相同。保证金额一般为投标总价的10%，或具体规定某一额度。履约保证书的有效期至完工时止。如果承包人中途违约，则将被业主没收用以赔偿损失。

③预付款保函。承包商收受业主的预付工程款之前，必须交出与预付款金额相同的预付款保证书。该保证书同样也应由有资格的银行出具。

④保修期保函。保修期是指工程完工后如果发现质量上有问题，在规定的保修期内由承包者负责修理。保修期一般为0.5～1年。保修金是指在保修期内为了确保承包者负责维修而保留的一部分承包额，直到保修期满为止。保修金一般占造价的5%～10%。同样也可由银行出具保证书。

这部分费用如果已列入经营业务费中，这里就不必单独重复计列。

（7）经营业务费。经营业务费包括为业主工程师在现场支付的工作与生活支出的费用及有关的加班工资、为争取中标或加快收取工程款的代理人佣金，法律顾问费，广告宣传费，考察联络费，业务资料费，咨询费，礼品、宴请及投标期间的有关费用。

（8）工程辅助费。工程辅助费包括成品的保护费，竣工清理费及工程维修费等。

（9）上级单位管理费。上级单位管理费是指上级管理部门或公司总部对现场施工项目经理部收取的管理费，一般为工程总直接费的3%～5%。这部分费用如果已列入施工管理费中，这里就不必单独重复计列。

（10）贷款利息。贷款利息包括国内人民币的贷款利息和外汇贷款的利息，国际上贷款利息率往往高达10%～20%。

（11）利润。国外承包商的利润一般为10%～20%，也有的管理费与利润合取直接费的30%左右。近几年来，由于国际工程承包市场竞争更加激烈，标价普遍压得很低，承包工程利润率明显下降。我国对外承包公司由于管理费通常较高，因而利润率相应下降，按照薄利多销的原则，一般定在8%～15%较为合适。

（12）不可预见费。不可预见费主要是考虑资源物资价格上涨及承包风险的不可预见性所产生的费用，并不考虑工程量或有关计算差错而增加的不可预见费用，一般占总报价的5%。

2. 费率的确定

国内管理费的项目和开支内容比较明确，但国外管理费的项目与国内大不相同，且无统一的规定，一切都以实际情况而定。

（1）全员编制人数。全员编制人数即为一个施工企业、一个核算单位或一个投标工程计划的全部编制人员数，包括企业领导、各级职能部门的行政管理人员、生产技术人员及服务人员，有时还需考虑施工基地的各部门人员。国外承包工程一般按工程工期和工程总量需要而定。

（2）非生产人员数。非生产人员包括企业经理、副经理、生产、技术、材料与财务管理人员，以及翻译、司机、医务人员、炊事员等服务人员。非生产人员应严格控制，在满足生产需要的情况下越少越好。

（3）全员劳动生产率。全员劳动生产率包括生产人员和非生产人员的全部人员每人每年的平均产值。不同的企业每人每年平均产值可按公式（4.7）进行计算。

$$\frac{全员劳动}{生产率} = \frac{全员平均}{日工资} \times \frac{年有效}{工作天数} \div \frac{工资占}{造价的比重} \times \frac{工效调整}{系数} \tag{4.7}$$

或 ＝全年应完成的产值÷（全年在编工人数＋非生产人数）

（4）年计划完成产值和年直接费产值。年计划完成产值可按企业年度利润计划的需要测定，也可按全员劳动生产率和在编人数来确定。国际工程承包一般按承包工程总造价和完成工期测算。

年直接费产值可按年计划完成产值和利润率、管理费率进行测算。

（5）年有效工作天数与非生产天数。年有效工作天数为全年日历天扣除法定假日、休息日及各项非生产天数后所得的净工作天数。各项非生产天数包括参加当地国活动、受气候影响而停工、平均病事假、国外短距离调迁以及其他不可预计的影响。在确定法定假日时，应考虑所在国及我国的假日，如双休日休息制，则星期日休假可折半计算。

（6）施工组织设计或施工方案。根据施工组织设计或施工方案，了解各分部分项工程的施工顺序、持续时间和进度安排，从而明确各工种工人数量和进场时间，所需的管理人员及材料进场和堆放设施的地点，筹划临时设施的需要量及费用等。

（7）各种有关资料。各种资料数据包括临时设施的标准，单价及各项日常支出等。这些资料可根据企业积累的数据，结合本工程的实际情况酌情修正。

3. 综合管理费及其费率的计算

【例4-7】设某公司承建某国外工程，初步估计该工程的直接费为

3 500万美元，合同规定 22 个月完成。劳务人员全部由国内派遣，根据本单位以往对外工程的施工资料可知：全员劳动生产率平均为 2.4 万美元，对于该类工程预测非生产人员约占全体人员的 12%。

（1）施工管理费

①工作人员。

应派出的全部人员 = 35 000 000÷22÷12÷24 000 = 795（人）

其中：非生产人员为 95 人（795×12%）；生产工人数为 700 人。

非生产人员基本费用的计算内容、方法与生产工人基本费用基本相同。但其中技术人员等的有关费用要适当高些，如国内基本工资、国外奖金、保险费等。现按工人工资（月工资 375 美元）的 1.3 倍估算，得：

375×1.3×22×95 = 1 018 875（美元）（占直接费的 2.91%）

②生产工人辅助工资。

a. 非生产性天气工人工资支出。设由于恶劣天气影响 10 天，公休日 7 天，病假平均 12 天，共 29 天，工人日工资取 15 美元，则：

15×29×（22÷12）×700 = 558 250（美元）

b. 夜间施工夜餐费。每人每月平均加班 4 天，每次夜餐费 2.0 美元，则：

2.0×4×22×700 = 123 200（美元）

生产工人辅助工资 = 558 250+123 200 = 681 450（美元）（占直接费的 1.95%）

③工资附加费。其包括一般福利费和生活物资运杂费，按全员考虑，每人全年暂估 180 美元，则：

180×22÷12×795 = 262 350（美元）（占直接费的 0.74%）

④办公费。文具、纸张、印刷、账册、书报等按非生产人员每人每月 10 美元计，邮电、会议费全年暂估 1.0 万美元，水电、开水费及空调费按每月 3 000 美元，则全年办公费为：

10×22×95+10 000×22÷12+3 000×22 = 105 233（美元）（占直接费的 0.30%）

⑤差旅交通费。因公出差费预估每年 250 人次，每人次约 200 美元；临时出、回国人员、包括病员、陪送人员，每年暂估 15 人次，每人次往返 2 000 美元；交通工具使用费，预计需轿车、面包车 10 辆，汽油费每辆每月 120 美元，牌照税及养路费每辆每年（按两年计）300 美元；其他费用预估每年 3 000 美元，则总计为：

（200×250+2 000×15+3 000）×22÷12+120×10×22+300×10×2

= 184 367（美元）（占直接费的 0.53%）

⑥文体宣教费。学习资料、报刊、图书按每人每月 1.5 美元计；电影、电视、录像每月暂估 1 500 美元；体育用品全年约 4 500 美元，则：

1.5×795×22+1 500×22+4 500×22÷12 = 67 485（美元）（占直接费的 0.19%）

⑦固定资产使用费。办公、住宿等房租预计全年为 50 000 美元；零星修缮费预计全年为 1.2 万美元；汽车折旧费，汽车原值 14 万美元，年折旧率 20%；仪器、汽车维修等全年暂估 1.2 万美元，则固定资产使用费为：

［50 000+1.2×（140 000×0.2+12 000）］×22÷12

=179 667（美元）（占直接费的 0.51%）

⑧国外生活设施使用费。全员每人每月预计 2.39 美元，则总计为：

795×22×2.39 = 41 801.1（美元）（占直接费的 0.12%）

⑨工具使用费。全员每人每年为 70 美元，则总计为：

795×22÷12×70 = 102 025（美元）（占直接费的 0.29%）

⑩劳动保护费、检验试验费及其他费用。劳动保护费按全员人数每人每月 15 美元计，检验试验费估计每年为 12 000 美元，其他费用预估每年为 80 000 美元，则总计为：

（795×22×15）+（12 000+80 000）×22÷12

=431 017（美元）（占直接费的 1.23%）

⑪现场材料保管费、现场材料整理费、零星搬运费等，按每年估算为 54 500 美元，则总计为：

54 500×22÷12 = 99 917（美元）（占直接费的 0.29%）

⑫上级管理费，一般为总直接费的 3%，则：

35 000 000×0.03 = 1 050 000（美元）

由此可得出施工管理费总计为 4 224 187.1 美元，占直接费的 12.07%。

（2）临时设施工程费估算

临时设施工程费的估算不能采用国内按工程造价的一定百分比包干的办法，而应根据总标价、工期及当地具体情况进行估算。具体的估算方法是：首先估算出工人和管理人员的总数，然后参考国内临时设施的面积定额，分别确定各生产、生活用房的建筑面积和室外工程等项目的工程量，再根据上述工程的单位造价，计算出各个临时设施的造价并汇总为全部临时设施的费用。

【例 4-8】某工程的工地办公室，工地办公室按全员人数每人 1.0 平方米计，则为 795 平方米，单方造价取 80 美元/平方米，则：

795×80＝63 600（美元）

本工程经计算全部临时设施工程费用为 53.2 万美元，占直接费的 1.52%（计算过程略）。

（3）施工机械费

一般情况下，对新购机械，其价值总数不超过总价 10%，可进行一次摊销或列入开办费中，也有根据工期和总造价按若干年进行折旧摊销。

施工机械费在分项工程中摊销有两种计算方法：

①专用机械的摊销。专用机械是指为施工操作专项服务的机械，如混凝土施工机械，它们是专为混凝土工程服务的。这些专用机械的所有费用均摊销到混凝土的单价中去。在表 4-20 中，除塔吊外全部是混凝土专用机械。如按专用机械将费用摊销到混凝土的单价中，则摊销费为 12.51 美元/立方米。

②共用机械的摊销。共用机械是指服务于现场各种工作需要的机械，如塔吊、汽车起重机。这些机械所有的费用不可能只摊入某一些分项工程的单价中，最简单的方法是平均分摊到每一个分项工程的单价中去。

经计算得 135 万美元，占直接费的 3.86%。

（4）保险费

年保险率取工程一切险（包括第三者责任险）2‰（暂按直接费计）。

施工机械险按机械总值的 3.0%（暂按 250 万美元）计；机动车辆险按 200 美元/年·辆等。

全部保险费（两年）经计算得 13.5 万美元，占直接费的 0.39%。

（5）其他摊销费（预估）

①经营业务费：包括业务经营费和保函费等共为 94.5 万美元，占直接费的 2.7%。

②工程辅助费：49 万美元，点直接费的 1.4%。

③贷款利息：32 万美元，占直接费的 0.91%。

④不可预见费：175 万美元，占直接费的 5%。

上述其他摊销费合计为 350.5 万美元。

（6）利润及税金

①利润：取低限 8% 的直接费，35 000 000×8% = 2 800 000（美元）；

②税金：税金估计为直接费的 4%，35 000 000×4% = 1 400 000（美元）。

本案例的综合管理费总计为：

4 224 187.1+532 000+1 350 000+3 505 000+2 800 000+1 400 000=13 811 187.1（美元）

综合管理费率 = 138 111 187.1÷35 000 000×100% = 39.46%

（二）开办费的估算

列入施工管理费项目中的费用，最终都应按一定的比例纳入分项工程单价中。如果摊销费太大，势必使工程量单价提高，不利于投标竞争。因此，应有一部分费用按规定列入开办费项目单独报价。

（1）施工用水、用电费。如果工程用水、用电可利用原有的供水、供电系统，则可根据实际用量和工期另酌加损耗（5% ~ 10%）和必要的线路设施即可算得所需费用。如工程无法利用现成的供水、供电系统（如中东地区），则施工用水的费用应考虑采水、运水、储水的设施费、买水费等一次性投资并结合工期确定经常使用的费用。施工用电需考虑自行发电所用费用。

（2）施工机械费。在开办费中单独列出的施工机械费，可视工期长短和投标策略的需要，采取一次性摊销或按适当折旧费加经常费的计算方法。国外工程承包机械费通常占总标价的 5% ~ 10%。

（3）脚手架费。脚手架费是指整个施工过程中使用的全部脚手架的费用，包括砌墙、浇筑混凝土、装饰工程所需的内、外脚手架等。应按实际用量加以必要的调整（损耗及周转次数），逐项算出脚手架费用后进行汇总。如有以往测算的资料也可按占全部造价的比率（0.5% ~ 1%）做适当调整，这种方法较为简单。

（4）临时设施费。临时设施费的估算见前面综合管理费的计算方法，但应该注意，生产用房应按施工组织要求来确定。临时设施费占工程总价的百分比不应超过国内的包干费率（2%），一般可用表 4-21 计算。

（5）业主工程师办公室及生活设施。一般在投标文件的工程说明书中有明确的面积、质量标准及所需的卫生设备、家具、仪器等。此外，还可能要求配备服务人员，这些费用都应计入开办费。

（6）现场材料试验室及设备费。这些也有面积要求和设备清单及配备的工作人员数量规定，可据此计算。一般工期较长的工程，这笔费用也不少，不可忽视。

表 4-21 大型临时设施费用计算表

序号	项目名称	使用定额（平方米/人）	数量（立方米）	单价（美元/平方米）	复价（万美元）	备注
1	生活用房	5	37 500	90.0	33.75	
2	仓库	2.2	1 750	70.0	12.25	
3	工作棚	1.5	1 200	47.0	5.64	
4	水				⋮	
5	电				⋮	
6	道路				⋮	简易路面
7	围墙				⋮	刺铁丝、砼柱
⋮					⋮	
	合计				53.20	

工程项目　　　　　平均人数　　　　　人

（7）工人现场福利及安全费。这些费用相当于国内的劳动保护费，如安全技术设备、用具的购置、摊销费；劳动用品费；防暑降温费；保健、营养津贴以及医药卫生费等。可按工期长短及每个工人每月若干金额计算。

（8）职工交通费。国际上通常规定工人每天上下班路上往返不得超过1小时，超过的时间可列为上班时间（实际上是不允许的）。因此住宿的地点离工地不会太远，一般采用汽车接送。中午休息时间很短，一般将午饭送至工地。由此产生的交通费用都应计入开办费。

（9）日常气象报表费。日常气象报表费包括观察、记录每天气象的仪器设备、文具纸张以及负责日常报表工作专职人员的工资等。

（10）现场道路及进出场通道维护费。其包括场区内的道路和进出场必需的公共或私人道路的维护保养费，相当于国内养路费性质的费用，按车辆及数量、工期和当地规定来估计。

（11）恶劣天气下工程保护措施费。该费用与国内冬雨季施工增加费相似，应结合当地气候条件考虑。实际上这笔费用难以正确估计，一般只能酌情估出一个适当的金额。

（12）现场保卫设施和场地清理费。现场保卫设施费指现场围墙、出入口、警卫室及夜间照明设施等。可按施工组织设计要求所需的工料费一次摊销，不计残值。

场地清理费指施工期间保持场地整洁、处理垃圾及竣工清理场地费用，可按单位建筑面积或直接费的一定比率估计。

在估计开办费时，为避免与分项工程单价所含内容重复（如脚手架费、施工机械费等），必须明确分项工程单价、总包管理费和开办费中应包括的内容。

开办费所占总价的比率一般与工程规模大小有关，占工程总价的10%～20%，有的甚至可达25%。开办费的确定往往涉及施工组织和施工方法，需逐项分析计算，汇总后列为一项。

五、分项工程单价分析与计算

在国际工程承包中，分项工程单价不但包含分项工程的直接费，而且应包括各项摊销费用，可用公式（4.8）、（4.9）计算。

分项工程单价 = 分项工程直接费单价 × （1+综合管理费率）　　　　　　（4.8）

工程项目总估价 = $\sum$ 分项工程单价 × 工程量 + 开办费　　　　　　　（4.9）

主要分项工程单价的分析方法如下：

1. 土方工程

在建筑工程中，土方工程通常在整个工程造价中占有一定的比重，而且具有机械化程度高、基本不需材料费的特点。如果施工机械费列入"开办费"或列入施工管理费中，则在土方工程中仅需考虑人工费。

【例4-9】设某土方工程开挖深度在3.0平方米内，采用的机械和人工组合的是：1台W501型挖土机；每20立方米挖土需2名普工配合修理；运土采用8吨自卸汽车，运距为1千米；汽车数量由计算确定；普工日工资14美元，挖土机台班使用费为100美元，自卸汽车台班费为85美元；综合管理费率为38%。

（1）挖土机生产率和台班产量。根据W501型挖土机工作性能表查得铲斗的斗容量 q = 0.5 立方米，另据实际情况测算得挖土斗充盈系数 K_C = 1.2，每小时挖土次数 n = 60 次，时间利用系数 K_B = 0.7，土壤可松系数 K_S = 1.17，则挖土机生产能力为：

$$Q = \frac{q \cdot n \cdot K_C}{K_S} \cdot K_B = \frac{0.5 \times 60 \times 1.20}{1.17} \times 0.7 = 21.5 \text{（立方米/小时）}$$

挖土机台班产量 = 21.5×8 = 172（立方米/台班）

（2）自卸汽车需用量。采用8吨自卸车，每次可运4.0立方米土方，若平均运速 18 千米/小时，则：

　　装车时间 = （4.0÷21.5）×60 = 11.2（分钟）

　　运土时间 = （1÷18）×60 = 3.3（分钟）

　　倾卸时间 = 1.0 分钟

　　返回时间 = 3.3 分钟

　　整个作业时间 = 11.2+3.3+1.0+3.3 = 18.8（分钟）

　　自卸汽车需要量 = 18.8÷11.2 = 1.7（台）

　　配备两台自卸汽车即可，如汽车发生故障时，则可临时调车。

　　（3）计算分项工程单价。

　　每天应配备普通工人数 = 172÷20 ≈ 9（人）

　　人工费单价 = （14×9）÷172 = 0.73（美元/立方米）

　　施工机械费单价 = （100+85×2）÷172 = 1.57（美元/立方米）

　　分项工程直接费单价中应考虑超挖的可能性约 20%，则：

　　分项工程直接费 = （0.73+1.57）×1.2 = 2.76（美元/立方米）

　　综合管理费为 38%，则：

　　分项工程单价 = 2.76×（1+0.38）= 3.81（美元/立方米）

　　土方工程（挖土）单价为 3.81 美元/立方米。

　2. 模板工程

　　【例 4-10】设某混凝土墙采用 8 块标准胶合板模板作面板，板后竖向用 9 根 100 毫米×75 毫米截面的木楞做加劲衬格，斜撑也用同截面木楞，其布置如图 4-8 所示。

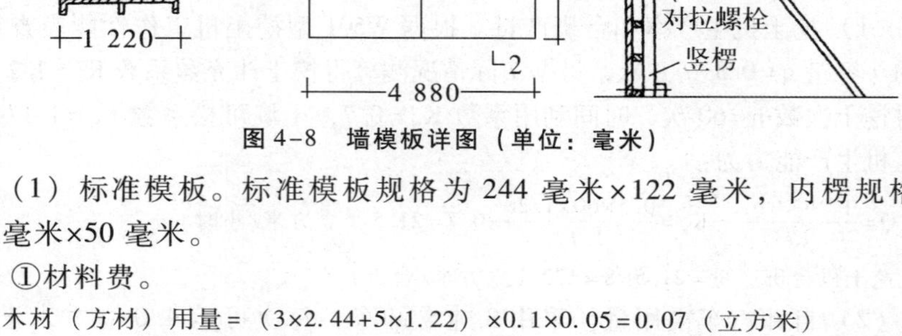

图 4-8　墙模板详图（单位：毫米）

　　（1）标准模板。标准模板规格为 244 毫米×122 毫米，内楞规格为 100 毫米×50 毫米。

　　①材料费。

　　木材（方材）用量 = （3×2.44+5×1.22）×0.1×0.05 = 0.07（立方米）

19 毫米厚胶木板面积 = 2.44×1.22 = 2.98（平方米）（取 3.0 平方米）

材料价格：木材为 107 美元/立方米，胶合板为 4.68 美元/平方米，取综合损耗系数为 0.175，则每块标准模板材料费为：

（107×0.07+4.68×3.0）×（1+0.175）= 25.30（美元/块）

铁钉费用每平方米为 1.0 美元，则每块标准模板材料费为：

25.30+1×3 = 28.3（美元/块）

②模板制作人工费。设每块标准模板需 3 人工作 1 小时，每人 14.0 美元/工日，则人工费为：

14.0×3÷8 = 5.25（美元/块）

以上是制作标准模板的一次费用（不考虑所有施工机械费），应根据其周转次数摊销。

③模板安装与拆卸的人工费。设安装与拆卸每平方米标准模板需 1.5 个人工小时，则人工费为：

14.0×1.5÷8 = 2.63（美元/平方米）

设用于临时支撑、螺栓及固定材料费约 1.6 美元/平方米。

④模板的修理、清洗和刷油的费用。标准模板每用一次都需进行修理、清洗和刷油后才能再次使用。设每平方米标准模板修理，清洗和刷油需用 0.36 小时，所有模板油脂每千克为 1.0 美元，每平方米标准模板需用 0.36 千克油脂，其他修理材料需 0.1 美元/平方米，则标准模板修理、清洗和刷油的费用为：

14.0×0.36÷8+1×0.36+0.1 = 1.09（美元/平方米）

⑤标准模板的使用单价。对于周转材料的周转次数，应与结构类型和对应工程量的多少、模板的材料、施工方法、施工技术等方面有关。模板每周转一次需经整修或添加补损后方可使用。在一般工程中，模板周转次数与补损率见表 4-22。

表 4-22　　　　　　　　　　模板周转次数与补损率表

名称	周转次数	补损率（%）			
		第二次	第三次	第四次	第五次
普通墙模板	3	5	10	30	—
矩形柱模板	3	5	15	20	—
一般梁模板	3	5	15	30	—
楼板顶模板	4	5	15	30	40
楼梯模板	2	30	40	—	—
异形构件模板	1～2	50	—	—	—

标准模板的周转次数应比一般模板多，本工程由施工方案决定周转10 次，其补损率按 30% 计，残值率按 10% 计。模板的一次性费用应按周转次数摊销，其费用为：

$[(28.3+5.25)\div3\times0.9\times1.3]\div10=1.31$（美元/平方米）

标准模板每使用一次的费用：

$1.31+2.63+1.6+1.09=6.63$（美元/平方米）

（2）模板支撑（包括竖楞和斜撑）。

①材料费。模板支撑的材料费可按图 4-7 实用材料考虑损耗后计算为 0.55 立方米（计算从略），其费用为：

$107\times0.55\times1.175=69.15$（美元）

②模板支撑的安装与拆卸费用。模板支撑的安装应包括选料、运输、安装及校准等工作内容。设每一面墙模板安装需 3 人工作 1 天，拆除需 1 人工作 1 天，则人工费为：

$14.0\times4=56.0$（美元）

安装时所需其他材料费为 0.5 美元/平方米。

③模板支撑的使用单价。模板支撑的周转次数也为 10 次，其补损率为 10%，残值率为 30%。则模板支撑一次性费用为：

$69.15\times0.7\times1.1=53.25$（美元）

周转 10 次每次使用费用为：

$53.25\div10=5.33$（美元）

模板支撑使用单价，应考虑每次安装模板支撑所占的面积，因此其费用为：

$(5.33+56.0)\div4.88^2+0.5=3.08$（美元/平方米）

（3）混凝土墙模板的使用单价。混凝土墙模板的使用单价应包括标准模板的单价和模板支撑的单价，所以其使用单价为：

$6.63+3.08=9.71$（美元/平方米）（尚未考虑综合管理费等）

国际工程承包中对混凝土模板的使用单价，可以按混凝土各分项工程单独报价，如混凝土墙模板、柱模板等，也可以按混凝土分部工程综合后以一项"模板"项目报价，甚至可以与混凝土综合起来一起报价。其中，以模板的综合单价报价最为常用。计算时应考虑以各分项工程的单价和工程量加权计算。

【例 4-11】某工程混凝土工程有以下几项所组成，其工程量和单价见表 4-23：

表 4-23　　　　　　　　　混凝土模板直接费综合单价

序号	分项工程名称	单位	工程量	单价（美元）
1	混凝土基础模板	平方米	20 006	10.91
2	混凝土柱模板	平方米	13 671	12.66
3	混凝土板模板	平方米	6 122	11.98
4	混凝土墙模板	平方米	45 832	9.71

该工程混凝土

模板的直接费 = (20 006×10.91+13 671×12.66+6 122×11.98+45 832×9.71) ÷

综合单价

$$(20\ 006+13\ 671+6\ 122+45\ 832)$$

$$=10.62\ （美元/平方米）$$

混凝土模板的综合单价 = 10.63×（1+0.38）= 14.67（美元/平方米）

3. 钢筋工程

国际工程承包中，钢筋一般都按重量单独计算，计算钢筋的单价应考虑下列因素：

（1）损耗系数。钢筋可按任意长度进货，也可以根据合同要求按切断长度或切弯长度进货。根据不同的供货形式，应采用不同的损耗系数，常在 2.5% ~10% 之间取值。

（2）其他材料费。其包括焊接或切割所需的材料费；绑扎用的铁丝费用，其用量与钢筋直径成反比，常在 5 千克/吨 ~18 千克/吨之间；钢筋定位垫块，常取钢筋价格的 1.0% ~2.0%。

（3）人工费。其包括钢筋运到工地后的卸车人工费，送到作业地点的人工费以及调直、切断、割接、弯曲和绑扎的人工费。

【例 4-12】计算某工程中直径为 12 毫米的钢筋单价。

人工：卸车每吨 0.25 工日，运输每吨 0.5 工日，绑扎人工每吨为 3.5 工日，则每吨钢筋人工费单价：

14.0×（0.25+0.5+3.5）= 59.5（美元/吨）

材料：直径 12 毫米的钢筋，供货时已按要求切断并弯曲的价格为每吨 328 美元。考虑 2.5% 的损耗率、1.0% 的定位垫块，绑扎每吨钢筋需用 11.0 千克钢丝，铁丝每千克价格为 1.0 美元。则材料费为：

328×（1+0.025+0.01）+1.0×11 = 350.48（美元/吨）

钢筋直接费单价为：

59.5+350.48 = 409.98（美元/吨）

钢筋分项工程单价：

409.98×（1+0.38）= 565.77（美元/吨）

一个工程中不同直径的钢筋单价也可按加权平均计算出钢筋综合单价。

4. 混凝土工程

混凝土单价中必须包括混凝土的材料、搅拌、运输和浇筑养护等费用。工地使用的混凝土可以从当地混凝土厂购买商品混凝土，也可以在工地自行搅拌。对这两种供应方法的混凝土费用构成应分别估价。

各分项工程单价计算出来以后，可立即填入分项工程估价单中（见表4-24）。汇总各分项工程项目的估价费用后，再加上开办费即为该工程项目的全部估价。

表 4-24　　　　　　　　　　　分项工程估价单

编号	分部分项名称	工程量	单位	单价（美元）	其中包括			合价（美元）
					材料费	人工费	综合管理费	
⋮	⋮	⋮	⋮	⋮	⋮	⋮	⋮	⋮
××	机械挖土方	×××	立方米	3.81	—	2.76	1.05	×××
××	各类模板	×××	立方米	14.67	5.74	4.89	4.04	×××
××	各类钢筋	×××	吨	565.77	350.48	59.50	155.79	×××
⋮	⋮	⋮	⋮	⋮	⋮	⋮	⋮	⋮

第四节　国际工程投标报价失误与风险

投标报价是国际工程承包过程中的一个决定性环节，直接关系到承包商投标的成败。国际工程承包界流行的口头禅"投标在报价，赚钱在索赔"，就指明了报价在国际工程项目成败过程中的核心地位。因而国际工程承包商常把报价放在工程投标的第一位置上。但是，我国在以往的国际工程承包过程中，由于种种原因以及我国管理体制不适应国际投标报价工作的需要，报价失误的问题十分严重，给国家带来重大的经济损失，违背了国际工程承包报价原则"以盈利创汇为中心"的宗旨，在计算承包报价时，不够慎重，缺乏严肃性，经济责任不落实，再加上决策人主观臆断，盲目决策，签字生效后，后患无穷，这方面的教训是值得我们引以为戒的。现在把我国在过去的国际工程报价中失误与风险总结出来，以便在今后的国际工程报价中吸取教训，把报价失误与风险控制在最小的程度。

一、避免报价失误

（一）在标书中制约条款方面计价的失误

由于对标书中的制约条款研究不够透彻，而且又盲目地决定参加投标，必然会加大中标后的风险，并在今后执行过程中由于合同条款等因素造成不可避免的经济损失。

因为业主会聘请有经验的咨询公司编制严密的招标文件，对承包商的制约条款几乎达到无所不包的地步，承包商基本上是受限制的一方，招标书中关于承包商的责任肯定会十分苛刻。但是，有经验的承包商并不是完全束手无策的，我们应当懂得，招标和承包工程始终存在制约和反制约的斗争，这就要求我们认真研究招标文件，弄清楚标书的内容和条件、承包者的责任和报价范围，理顺招标书中的问题，并通晓其内容，以便在国际投标竞争中做到报价得体恰当，即应当接受那些基本合理的限制，同时，对那些明显不合理的制约条款，可以在投标报价中埋下某些伏笔，索取应该索取的赔款，并能依据合同条文避免不应有的损失，取得满意理想的经营效果。

所以，报价时承包商必须充分理解、"吃透"招标文件的内容，不放过任何一个细节。下面是应当特别予以注意的对标价计算可能产生重大影响的因素。

（1）工期。工期包括开工日期和动员准备期及施工期限等，因为工期对施工方案、施工机具设备的配备、高峰期劳务人员数量、施工组织、施工措施、大型临时设施等均有影响，在计算报价时必须考虑增加造价；否则会因此增加风险，造成报价失误。

（2）拖期罚款。是否有罚款的最高限额规定对施工计划和拖期的风险大小有影响。

（3）预付款额度。例如，某工程招标书中规定没有预付款，承包商当然应该按此计算标价，将必要的周转金的利息计入成本。一般周转金占工程的30%～35%，国际惯例标书规定预付款为10%～15%，一般为

10%，这就意味着承包商垫付周转金占工程造价的 20%～25%，这些垫付的周转金的利息也要计入成本。

（4）维修期和维修期间的担保金额。这对收回工程"尾款"和对承包商的资金利息、保函费用计算是有影响的。

（5）保函的要求。它包括投标保函、履约保函、维修保函和临时进口施工机具税收保函等。保函值的要求、允许开保函的银行限制、保函有效期的规定等，这对承包商计算保函手续费和用于银行开保函所需的抵押金有重要关系。

（6）保险。保险包括是否指定了保险公司，保险的种类（如工程全险、第三方责任险、现场人员的人身事故和医疗险、社会保险等），保险最低金额等，与计算保险费用有关。

（7）付款条件。付款条件包括是否有付款回扣，其回扣方法如何，材料设备到达现场并经检验合格后是否可以获得部分材料设备预付款，是否按订货、到港和到工地等阶段付款。中期付款方法，包括付款比例、保留金最高限额、退回保留金的时间和方法、拖延付款的利息支付等。每次中期付款有无最小金额限制，每次付款的时间规定等，这些都是影响承包商计算流动资金及利息费用的重要因素。

（8）货币。货币方面包括支付和结算货币的规定，外汇兑换和汇款的规定，向国外订购的材料设备需用外汇的申请和支付办法。

（9）劳务国籍的限制。这对计算劳务成本有用，当前各国都存在严重的失业问题，都已颁布规定，对外国派来的劳工数量有限制。

（10）不可抗力。战争和自然灾害等人力不可抗拒因素造成损害的补偿办法和规定，中途停工的处理办法和补救措施等。

（11）税收。是否免税或部分免税，可免何种税收，可否临时进口机具设备不收海关关税，这些将影响材料设备的价格计算。

（12）提前竣工奖励。对拖延工期罚款，同样对提前竣工也有奖励，奖励的额度如何规定。

（13）争端。争议、仲裁、诉诸法律等的规定，对国际仲裁机构的倾向。

（二）材料、设备和施工技术要求方面的失误

（1）设计规范和施工验收规范造成的失误。采用哪国的设计规范和施工验收规范，会增加我方设计、施工难度，加大设计、施工成本，还会因为我国施工技术水平、管理水平达不到标准（如我国的一套测试、验收规程与国外不同，往往是国内标准已经达到，而用国外标准尚有出入）

而造成返工或罚款，从而使承包风险加大，在报价时应充分注意这一点。

（2）特殊的施工要求。标书中的某些特殊要求，可能对施工方案、机具设备和工时定额有较大影响。

（3）材料的选用要求方面的失误。有关选择材料的特殊要求及代用的规定，特别是高、精、尖工程项目的材料标准较高，更需要注意。

（4）材料、设备采购订货要求方面的失误。在标书中指定材料、设备选用某国厂家产品时应摘出每种须进行国外询价的材料设备，编制出细目表，说明规格、型号、技术数据、技术标准并估算出需要量，以便及时向国外询价，以保证其准确性。

（三）工程范围和报价要求方面的失误

（1）忽视"合同种类"不同，对报价决策方面的失误。合同种类是报价范围和方法至关重要的问题，是属于总价合同、单价合同、成本加酬金合同，还是统包交钥匙合同，承包商应充分注意。总价合同和统包合同意味着承包商承担工程量和单价方面的双重风险，因此承包商必须认真对待，在详细核实工程量和单价分析的基础上，最终要进行详尽细致的综合分析，确定风险系数和利润率。

（2）对标书中工程量表的编制体系研究不够造成的失误。是否将临时工程、机具设备、进厂道路、临时水电设施等列入工程量表中，业主是否对前期准备工程单独付款，或要求承包商将前期准备工程费用摊入正式工程中，这两种不同的报价体系对承包商计算标价有很大影响。

（3）对永久性工程之外的项目漏报。例如，对旧有建筑物和构筑物的拆除，监理工程师的现场办公室及各项开支（包括他们使用的家具、车辆、水电、试验仪器、服务设施和会议费用）等，招标文件有何具体规定，应怎样列入到工程总价中去，搞清楚一切费用纳入工程总报价的方法，不得有任何遗漏或归类的错误。

（4）忽视标书中规定的分包计价方法。对于某些工程是否必须由业主指定承包商进行分包，一般文件会规定主承包商对这些承包商应提供何种条件，承担何种责任，以及分包商计价方法。

（5）对施工期内设备、材料、工资、货币贬值、涨价因素处理不够。标书对于材料、设备和工资在施工期限内涨价及当地货币贬值有无补偿，即合同有无此方面的条款，在报价时必须认真对待并考虑其因素。

（四）在报价时忽视承包商可能获得补偿的权利的计价

搞清楚有关补偿的权利，可使承包商正确估价执行合同的风险。

　　一般惯例，由于恶劣天气或工程变更而增加工程量等，承包商除可以要求延长工期外，有些投标文件还明确规定，如果遇到自然条件和人为障碍等不能预见的情况而导致费用增加时，承包商可以得到合理的补偿。如果合同文件中有这样的条款，建设过程中如碰到地质条件极差，例如流沙、溶洞、地下水量过大、岩层不稳定等情况，或者碰到地下埋有旧管道、文物设施时，显然必须采取措施加以处理，但可以援引合同条款而索取补偿。而某些招标项目的合同文件，故意删去这一类条款，甚至写明承包商不得以任何理由索取合同价标以外的补偿，这就意味着承包商要承担很大的风险。

　　在这种情况下，承包商投标时不得不增大不可预见费用，而且应当在投标致函中适当提出，以便在今后投标和商签合同时争取修订。

　　除索取补偿外，当然，承包商也要承担违约罚款、损害赔偿以及由于材料或工程不符合质量要求而降价等责任。搞清楚责任及赔偿限度等规定，也是估价风险的一个重要方面，承包商也必须在投标前充分注意和估量。

　　（五）缺少可靠的可行性论证，盲目决策，轻易成交

　　首先在项目选择上盲目性较大，有的未经充分的市场调查和项目论证即仓促决策，有的对项目背景和咨询单位以及各种风险预测和承包条件缺乏客观的正反两方面的科学分析，甚至有的对该项目的概况尚不清楚，单凭主观臆断拍板定案轻易成交，这类盲目决策的大型项目都会造成重大经济损失。

　　（六）缺乏投标报价的严肃性

　　大型项目中普遍存在不同程度的报价失误现象，一是漏报、错报、计价错误；二是询价不准，材料设备的到岸与做标价误差甚大；三是工程成本失误，有些项目经过专业报价，工程师精心做标，投标时多次大幅度压价下调，从报价基数上降低了40%～60%还签字成交，令人惊讶。

　　（七）不注意用合同条款保护自己

　　其主要表现在合同条款中不注意列入保护自己的内容，重口头承诺，轻法律依据，最终酿成大祸的不乏其例。有的大型工程因无分期交验等条款，造成拖期罚款或回收工程款的困难；对合理的条款如人工费用上涨和物价上涨因素缺少力争到手的招数，除关键性条款失误外，还对潜伏性的损失、有名无实的条款不注意研究对策；特别在执行合同中，缺乏艰苦细致的作风，缺乏索赔意识和索赔能力；对分包商管理不严，对外商的花言巧语警惕性不高，外商利用我方经营管理中的种种弱点骗取钱财等。

（八）管理体制不健全

中国承包公司没有达到经营一体化的程度，常采用"窗口"方式签订合同并组织实施，从而带来许多恶果。有的大型项目在计划、财务、材料、设备和成本管理上缺乏必要的定量控制指标，没有严密的组织管理机构及其办事程序，甚至委派素质较差的人担任大型项目经理，这种情况产生的经济损失将是惨重的。

（九）经济责任制不落实

有的大型项目工作无目标，劳动无定额，成绩无人问津，损失无人追究，资料无人积累；有的大型项目经理不到一年换几次，这种非连续性的领导班子给经济责任制带来不可弥补的损失。在大型项目中，滥竽充数的"照顾人员"和"吃大锅饭"的现象未能从根本上改变。

（十）报价人员素质不佳

过去我们考虑参加国外工程报价人员时，不是从全局工作需要，而是先考虑谁出国的问题，照顾方方面面，所选择的报价人员，不掌握国际工程报价的基本方法，对国际规范和合同条款不掌握，对国际标书编制基本内容不了解，没有国际工程报价经验，不掌握国际市场价格行情，分析不出标底价格，对报价心中没底，具有很大盲目性，报价不稳定、大起大落，这样必然会出现不同程度的报价失误现象。漏报、错报、计价错误等常会发生，各项费用计算不符合国际规定，有的报价竟然高出标底1倍左右不能中标，有的报价又比标底低许多，中标后造成严重亏损。所以，报价工作必须有专职人员参加，组成有国际工程报价经验人员的固定班子，不断总结经验，提高报价水平，这样才能使我国报价工作适应国际招标的需要。

二、报价风险分析

承包国际工程，特别是目前国际市场竞争激烈的情况下，不管多么精明能干的承包商，都避免不了承担风险。但是，一个精明能干的承包商，会把风险降低到最小，以争取获得最高的利润。

根据以往承包国际工程的经验，承包国际工程潜在风险表现在如下几个方面。

（一）工程建设失误风险

工程建设出现一定失误是不可避免的，但是，我们在报价时，应充分考虑这方面的因素，力争避免失误。过去，我们在承包国际工程时主要的失误有：

（1）国内管理体制和管理方法，不适应国外承包工程。目前我国承包国外工程都是归口单位统一对外，由有关单位统一组织对外承包建设设计、施工、供货等的报价，而且设计、施工单位都是对总承包单位分包，互相都有自己的经济利益，往往造成设计、施工、供货脱节，致使工程的工期延误、工程返工等，引起罚款赔偿。

（2）对国际通用的设计、施工规范、规程不熟悉。目前我国的测试、验收规程与国外不同，不适应国外承包工程的需要。在承包国际工程的标书中，都有明文规定，采用国际通用的设计、施工验收规范和规程。由于我国设计、施工技术水平距国际先进国家还有一段距离，再加上我国设计、施工等技术人员不完全掌握国外设计、施工规范和规程，这就给我们在今后的设计、施工过程中带来困难或失误，可能引起返工或罚款。

（二）低价风险

低价风险是指我们在报价时，由于指导思想不对，不是以"盈利创汇为中心"，而是盲目地追求中标，再加上技术水平低等因素所造成的失误而引起风险，这种低价风险造成重大经济失误的事例确实不少。低价风险主要表现在以下几个方面：

（1）漏报、错报。由于在报价中没有吃透标书文件精神，常发生漏报现象。例如，标书中指出，必须由第三国银行开具履约保函和预付款保函信件等，这就意味着中国承包商必须支付两次银行开具保函的手续费。首先承包商要向中国银行申请开具保函手续，再由中国银行向标书中规定的外国银行开具申请保函手续信函，这样，承包商就要发生二次保函手续费，而且外国银行收取的保函手续费要比中国银行收取的保函手续费高得多。如果我们在计算保函手续费时，只计算中国银行手续费，而漏算外国银行手续费，这样承包商必然要用承包利润来补偿这部分损失。

标书中明文规定承包商要在工程建设中投保工程险、人身意外伤害险、第三者责任险等，而我们在报价时，忽视和漏报这方面所发生的款项，那也只能由承包商自我消化。

业主驻地工程师现场办公费，一般标书中都有明文规定，如果在做标价时，未能计算，也会给承包商带来很大的经济损失。

（2）计价错误。计价错误主要表现在报价时对主要大宗材料、设备、施工机械的询价、定价不准，特别是从第三国进口，由于在计算价格时漏掉了某些中间环节，如运杂费计算等，最终使进价与报价差额甚大，报价时又没有认真核算和对比，结果造成严重经济损失。

（3）价格风险。其主要表现在报价时，由于信息闭塞，特别是对工程所在国的调查研究不够深入，对社会政局稳定会影响价格增长指数缺乏全面系统的研究分析，致使在承包建设期的材料、设备进价与报价时所确定的价格差额较大，蒙受重大经济损失。

（三）工程量险和人工量险

工程量风险表现在报价时没有认真核算标书中的工程量，盲目采用标书中的工程量进行报价。还有在计算标价时，报价人员由于经验不足、素质不高等原因，致使工程量计算不足或失误，施工时工程量严重超出报价时的工程量。例如，我方承建国外核电站工程的210米钢筋混凝土烟囱基础工程，经过认真核算工程量，发现烟囱基础工程量相差50%，最后通过与业主协商同意增加50%的工程量。假如我方盲目地采用标书工程量，会造成几十万美元的经济损失。

人工量风险算表现在由于工程量计算不准而造成人工量计算不准。也有的是我们计算人工量时，采用定额指标不准，没有考虑国外工程施工的特点和难度，做完了又缺乏宏观的审核，没有跟同类工程所需人工量进行比较。由于人工量计算不准，所以必然影响到施工组织、施工进度和临时设施不够等，延误工期，增大工程成本。

（四）业主工程师不公正带来风险

业主工程师是派往驻地专门负责管理、监督施工质量、进度、各项技术措施的执行人员。但是，往往由于业主工程师不公正，故意刁难，引起返工，拖延工期，造成经济损失。

（五）汇率浮动和外汇管理风险

东道主货币贬值常常构成严重的风险。目前国际工程承包合同都有支付本国货币条款，一般为承包总额的30%。业主限定承包商在东道国内购买材料、设备，而承包商又缺乏在合同条款中保护自己的绝招，这样由于货币贬值给承包商带来巨大的损失。

外汇管理在有些国家也是有明文规定的，限制承包商汇回国内的利润和报酬数额，并在汇出外汇时征收手续费和管理费，承包商在报价时没有考虑这方面费用，也会增大承包成本。

（六）分包商引起的风险

有些国际工程承包合同明文规定，某些项目必须分包给当地分包商，并规定分包计算费用方法，这时分包商无疑会竭尽全力给自己争取好处。

双方就免不了发生摩擦，而业主和当地政府执法人员又偏向分包商，促使分包商过分要求提高工资、增加特殊津贴以致消极怠工等，导致工程延期、返工等，造成经济损失。

（七）其他风险

（1）对当地法律不清楚。有些国家在法律上明文规定，保护本国人的就业问题，限制外国承包商派工人来施工。例如，泰国、马来西亚、日本等国家，都在法律上进行限制，实行保护主义，不允许承包商派工人来施工承建工程，必须把工程分包给东道国承包商，只允许承包商派少量技术人员和熟练工人指导、监督施工。这样做也会给承包工程带来麻烦和风险。

（2）税收风险。一个国家往往有几百种税种，由于不掌握东道国的各种税收情况，致使报价时漏报某种税种。另外，各国几乎无一例外地采取限制进口和鼓励使用本国材料、设备物资的贸易保护主义政策，并随时增加税种和调整税率，这些都是我方承包国外工程的风险。

（3）工程地质条件风险。一般国际工程承包惯例对于工程地质条件的变更，招标文件都有明确规定，如果遇到工程地质条件极差而导致费用增加时，承包商可以得到合理的补偿。例如，流沙、溶洞、地下水量过大、岩层不稳定、有断层等情况，或者碰到地下埋有旧管道、文物设施时，必然要采取措施，增加费用，承包商可以援引合同条款而索取补偿。但是某些招标项目的合同文件，故意删去这一条款，甚至写明承包商不得以任何理由索取合同价格以外的补偿，这就意味着承包商要承担很大的意外费用，对此应当在投标致函中适当提出，以便在今后商签合同时争取修订。

（4）气候、风暴、工潮等风险。气候、风暴风险，都是不以人们意志为转移的不可抗拒的自然灾害，但是，恶劣的气候、风暴会给工程施工带来困难和损失，以致延误工期而被罚款。工潮是指有组织的罢工、怠工，不仅导致劳动生产率下降，而且使工程工期拖延。

（5）战争风险。当我们决定投标时，要对这个地区、国家的政治局势进行全面分析，是否有战争、动乱、武装冲突等因素。在非常不稳定的地区承包工程，应全面地考虑战争、动乱等风险，向银行投保战争险，一旦战争发生，承包商会得到应有的补偿，减少经济损失。

（6）国内外配合失调的风险。承包单位的职能部门国内、国外工作不能密切配合，该解决的问题得不到及时解决，设计、施工、供货等关键工作脱节，不能保证工期。国外承包商是绝对不允许出现这种情况的，而在我国承包商中却时有发生。究其原因，是我国的管理体制还不适应国际工程承包的需要。

（八）决策者的主观臆断、盲目压价

我国目前还缺乏一套完整的对外承包工程管理制度，投标报价缺乏民主化、科学化。有的决策者不尊重工程技术人员和工程经济人员的正确判断，为了中标主观臆断，盲目压低标价，给承包商带来严重损失，教训十分深刻。

关键概念

投标报价　分项工程基础单价　分摊费用　分项工程单价　投标报价决策　分项工程单价

复习思考题

1. 国际工程投标报价的程序是什么？
2. 投标报价主要由哪些费用构成？
3. 怎样确定分项工程单价？
4. 如何进行分项工程单价分析？
5. 影响报价决策的主要因素有哪些？
6. 研究招标文件对投标报价有什么意义？

第五章 国际工程评标

学习目标

熟悉开标、评标、决标和授标的基本程序，尤其是公开开标程序；重点掌握评标的内容和步骤；了解联合国工业发展组织推荐的评标模式。

在进行工程项目承包的招标中，开标、评标、决标和授标是业主方面最后的决策性工作，也是招标活动中极为重要的工作。其中，评标是关键环节。只有做出全面和客观的公正评价，才能在众多的合格投标者中正确地选择最佳的承包商，再通过授标，与之商签承包合同，然后进入工程的具体实施阶段。评标程序如图 5-1 所示。

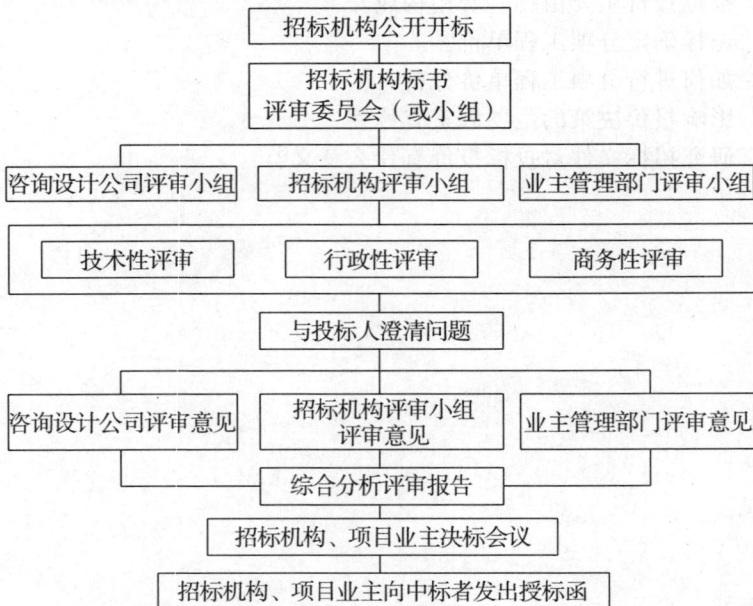

图 5-1 评标程序

第一节　开标

开标，就是招标人在投标截止时间后，依据招标文件规定的时间、地点，开启投标人递交的投标文件，宣布投标人名称、投标价格及投标文件中其他主要内容的过程。

一、开标的方式

开标的方式主要有以下三种：

（1）公开开标。邀请所有的投标人参加开标仪式，其他愿意参加者也不受限制，当众公开开标。

（2）有限开标。只邀请投标人和有关人员参加开标仪式，其他无关人员不得参加，当众公开开标。

（3）秘密开标。开标只有负责招标的组织成员参加，不允许投标人参加开标，然后将开标的名次结果通知投标人，不公开报价，其目的是不暴露投标人的准确报价数字。

二、开标的时间、地点

世界银行采购指南中规定了从招标到投标的间隔时间。世界银行认为：规定投标的时间，很大程度上取决于合同的重要性和复杂性。一般地说，国际投标的时间应不少于 45 天，如系大型土木工程，一般不少于 90天。这样，投标人就可以获得足够的时间完成为投标所必需的工作，包括赴现场考察。

在没有特殊原因的情况下，开标应于投标截止日的当天或次日举行。开标的地点及具体时间都在招标广告或通知中明文规定。投标人或其代表应按时赴约定地点参加开标。

三、公开开标程序

公开开标是向所有投标者和公众表明其招标程序公平合理的最佳方式。世界银行为此而特别制定了开标程序，而且这一程序已得到普遍认可。

（一）严格监督收标

一般是在投标地点设置投标箱或投标柜，其尺寸大小足够容纳全部投标书。招标机构收到投标书仅注明收到的日期和时间，不作任何记号。投标箱的钥匙由专人保管，并贴上封条，只能在开标会议上启封。

投标截止日期和时间一到，即封闭投标箱，在此以后的投标概不受理。

（二）开标会议

（1）公开招标项目，通常由招标机构主持公开的开标会议，除招标机构的委员会成员和投标人参加外，还可以邀请当地有声望的工程界人士和公众代表参加。

（2）在开标会议上当众开启投标箱，检查密封情况。通常是按投标书投递时间顺序拆开投标书的密封袋，并检查投标书的完整情况。

（3）当众宣读投标人在其投标致函中的投标总报价，如在该致函中已说明了自动降低价格者，应宣布以其降低了的价格为准；如要降价是附带条件的，则不宣布这种附带条件的降价，以便在同等条件下进行对比。同时，还要当众宣布其投标保证书（银行出具的保函）的金额和开具保函银行的名称，检查该项金额和银行是否符合招标文件的规定。如果该投标书不合格，则宣布拒绝接受该投标书，作为废标退还其保函，取消其参加竞争的资格。

（4）所有投标人的报价及保证书的金额均列表当场登记，由招标机构的招标委员们和公众监督人士共同签字，表示不得再修改报价。有的甚至要求他们在各投标人的附有总报价的投标致函上签字，以表示任何人无法作弊进行修改。

（5）如果招标文件要求随投标提交机器设备的样本说明者，可对各投标人提交的样本查看后编号封袋，以便评标时作技术鉴定。

（6）通常在开标会议上说明开标时标价的名次排列并非最终结果，有待详加评审，而且也表示这些投标书"已被接受"。

（7）如果公开招标的项目仅有唯一的一家公司投标，或在开标会上发现仅有一家公司的投标书符合招标规定条件和没有明显的违章情况，则可能宣布另行招标；或者由招标机构评审后再决定是否授标给这家公司。

（8）如果招标文件规定投标者可以提交建议方案（或"副标"），则对于提交的建议方案报价也按照上述同样方式当场开标和宣布其总报价，但不宣布其建议方案的主要内容。通常对于未按原招标的方案报价，仅对其建议方案报价者，将拒绝接受。一般来说，对建议方案的评审更加严格。

法语地区的拍卖性招标也采取公开开标办法，其程序与世界银行模式一样。不同的是拍卖性招标由于根据报价自动判标，因此在公开开标排出名次后即当场判定临时得标人。判定临时得标人主要是防止因当场来不及详细审核报价是否完全合乎规定，为防止一时疏忽和以后在复审标书时能弥补过失的机会，故有临时得标人和最终得标人之分。

四、秘密开标程序

秘密开标的做法常见于有限招标和法语地区的询价式招标。

采用秘密开标程序的招标人通常组织一个标书开拆委员会，该委员会的任务仅仅限于集中所收到的投标报价材料，选出在投标截止日之前收到的投标材料，确认已收到的投标材料是否符合条件，登记报价数额并编制标书开拆工作会议纪要，原封退回迟于规定期限到达的标书信函。

秘密开标不公开各投标人的报价材料及建议方案，投标人亦不得出席秘密开标会议。

实际上，秘密开标是为业主后来进行多角度议标做准备。经过秘密开标后，业主可以选择几家有可能得标的承包商进行分头谈判，以此压彼，引起承包商的再度竞争，以达到压价成交之目的。

第二节　评标

评标，是指招标人的评标委员会或有关部门对投标文件的各项内容（包括交易条件、技术条件及法律条件）进行评审、比较，选出最佳投标人的过程。

一、评标组织

评标是秘密进行的，通常在招标机构中设置专门的评标委员会或者评审小组进行这项工作。由于选定最佳的承包商不能仅从其总报价的高低来判定，还要审查投标报价的一些细目价格的合理性，审查承包商的计划安排、施工技术、财务安排等，因此评标委员会或评标小组要聘请有关方面的专家参加。为了便于听到更广泛的评审意见，还应当请咨询设计公司和工程业主的有关管理部门派人参加评标。

有些招标机构可能采取多途径评标的方式，即将所有投标书轮流和分别送给咨询公司、工程业主的有关管理部门和专家小组，由他们各自独立地评审，并分别提出评审意见；而后由招标机构的评审委员会或评标小组进行综合分析，写出评审对比的分析报告，交委员会讨论决定。

如果参加投标的承包商太多，则可以先将报价高的投标书暂时摒弃或搁置，选择少数几份可能中标的投标书交给上述各部门分别评审，提出评审意见。

一般情况下，评标组织的权限只是评审、分析、比较和推荐。决标和授标的权力属于招标委员会和工程项目业主。

二、评审的内容和步骤

（一）行政性评审

对所有的投标书都要进行行政性评审，其目的是从众多的投标书中筛选出符合最低要求标准的合格投标书，淘汰那些基本不合格的投标，以免浪费时间和精力去进行技术评审和商务评审。任何承包商要想获得中标的机会，首先要保证自己的投标书是合格的投标文件。

行政性评审合格标书的主要条件如下：

1. 投标书的有效性

（1）投标人是否已获得预审的投标资格。例如，审查投标书中承包商的名称、法人代表和注册地址是否与预审资格中选名单一致；如有某些不一致之处，应查明是否有合理的解释和说明；有些承包商可能获得了预审的投标资格，但在投标时可能又同另外的承包商组成联合体进行投标，而后加入联合体的承包商并未进行资格预审，如果这家未获得资格的承包商在联合体中担任主要角色，那么这份投标书可能被视为无效文件。

（2）投标书是否使用盖有招标机构印章的原件。总标价是否与开标会议宣布的一致。

（3）投标保证书（银行保函或保险公司出具的保证书）是否符合招标文件的要求，包括审查保函格式、内容、金额、有效期限等。

（4）投标书是否有投标人的法定代表签字或盖章等。

2. 投标书的完整性

（1）投标书是否包括招标文件规定的应递交的一切和全部文件。例如，除工程量和报价单外，是否按要求提供了工程进度表、施工方案、资金流动计划、主要施工设备清单等。

（2）是否随同投标书递交了必要的支持性文件和资料。例如，招标中有关设备供货可能要求除提供样本外，还要提供该设备的性能证明性文件，诸如该设备已在何时何地使用并被使用者证明性能良好，或制造者提供的性能试验证书等。

3. 投标书与招标文件的一致性

对于招标文件提出的要求应当在投标时"有问必答"，还要避免"答非所问"。如果招标文件中已写明是响应性投标，则对投标书的要求更为严格；凡是招标文件中要求投标人填写的空白栏，均应做出明确的回答；在招标文件中任何条文或数据、说明等均不得作任何修改；投标人不得提出任何附加条件；即使招标文件中允许投标人提出自己的新方案或新建议，也应当在完整地对原招标方案进行响应报价的基础上，另行单独提出方案建议书及单独报价。

4. 报价计算的正确性

各种计算上的错误是难免的，包括分项报价与总价上的计算错误过多，至少说明投标人是不认真和不注意工作质量的，不但会给评审人员留下不良印象，而且可能在评审意见中提出不利于中标的结论。对于报价中的遗漏，则可能被判定为"不完整投标"而遭到拒绝。

通常，行政性评审是评标的第一步，只有经过行政性评审被认为是合格的投标书，才有资格进入技术评审和商务评审，否则将被列为废标而予以排除。

经过行政性评审之后，可能会对投标人的报价名次重新进行排列。这个名次可能同开标时排列的名次不一致，因为某些投标人的报价在公开开标时可能表面上因报价较低而排在前列，经过行政性评审则可能属于不合格的废标而被排除。这种情况在国际工程招标投标中经常可以见到。中国某公司在中东和非洲的投标竞争中就多次遇到这种情况。有一次甚至在公开开标时因标价偏高列为第五名，最后经过评审，前面几家均因各种不同原因被排除，而这家中国公司却晋升为第一名最低报价的合格标而中标。可见，承包商除力争合理降低投标报价外，还必须认真对待投标书的有效性、完整性、一致性和正确性，使之能通过行政性评审而列入合格投标书的行列。

（二）技术评审

技术评审的目的是确认备选的中标人完成本工程的技术能力以及他们的施工方案的可靠性。尽管在接受投标人进行投标之前曾进行过资格预审，似乎投标人的技术能力已经被确认过，但是，那只是一般性的审查。

在投标后再次评审其技术能力，是针对中标者如何实施这项具体的工程。因此，这种技术评审主要是围绕投标书中有关的施工方案、施工计划和各种技术措施进行的。如果招标项目是实行"资格后审"的，则还要像资格预审那样审查中标人过去的施工经验和能力。技术评审的主要内容如下：

（1）技术资料的完备。应当审查是否按招标文件要求提交了除报价外的一切必要的技术文件资料。例如，施工方案及其说明、施工进度计划及其保证措施、技术质量控制和管理、现场临时工程设施计划、施工机具设备清单、施工材料供应渠道和计划等。

（2）施工方案的可行性。对各类工程（包括土石方工程、混凝土工程、钢筋工程、钢结构工程等）的施工方法，主要施工机具的性能和数量选择，施工现场及临时设施的安排，施工顺序及其相互衔接等。特别是要对该项目的最难点或要害部位的施工方法进行可行性论证，例如，桥梁工程的桥墩、水下的墩基、桥身的大梁等的施工方法，公路工程的大型土石方工程、隧道的掘进工程、大坝的混凝土制作和浇筑工程等施工方法，应审查其技术的先进性和可靠性。

（3）施工进度计划的可靠性。审查施工进度计划能否满足业主对工程竣工时间的要求；如果从表面上可看出其进度能满足要求，则应审查其计划是否科学和严谨，是否切实可行，不管是采用线条法还是网络法表达施工计划，都要审查其关键部位或线路的合理安排；还要审查保证施工进度的措施，如施工机具和劳务的安排是否合理与可能等。

（4）施工质量的保证。审查投标书中提出的质量控制和管理措施，包括质量管理人员的配备、质量检验仪器设备的配置和质量管理制度。

（5）工程材料和机器设备供应的技术性能符合设计要求。审查投标书中关于主要材料和设备的样本、型号、规格和制造厂家名称地址等，判断其技术性能是否可靠并达到设计要求的标准。

（6）分包商的技术能力和施工经验。招标文件可能要求投标人列出其拟指定的专业工程分包商，因此应当审查这些分包商的能力和经验，甚至调查主要分包商过去的业绩和声誉。

（7）审查投标书中对某些技术要求有何保留意见。例如，对于业主提供的机器设备的安装工程，投标者可能要求机器设备制造厂商或供货商负责指导安装，并对其性能调试负责等。应当审查这些保留性意见或条件的合理性，并进行研究和正确评价。

（8）对于投标书中按招标文件规定提交的建议方案做出技术评审。

这种评审主要是对建议方案的技术可靠性和优缺点进行评价，并与原招标方案进行对比分析。

（三）商务评审

商务评审的目的，是从成本、财务和经济等方面评审投标报价的正确性、合理性、经济效益和风险等，估量授标给不同的投标人产生的不同后果。商务评审在整个评标工作中占有重要地位，在技术评审中合格或基本合格的投标人当中，究竟授标给谁，商务评审结论往往是决定性的意见。商务评审的主要内容如下：

1. 报价的正确性和合理性

（1）审查全部报价数据计算的正确性，包括报价的范围和内容是否有遗漏或修改；报价中每一项价格的计算是否正确。可选择一些主要的子项和工程量较大的项目，将多份投标书中的报价并列比较，并与招标机构自己编制的"底标价"进行对比分析，发现它们之间的差异，并分析产生这些差异的原因，从而可以判定何者报价计算较为正确。

（2）分析报价构成的合理性。例如，分析投标报价中有关前期费用、管理费用、主体工程和各专业工程项目价格的比例关系，判定投标人是否采用了严重脱离实际的"不平衡报价法"。

（3）从用于额外工程的日工报价和机械台班报价以及可供选择项目的材料和工程施工报价，分析其基本报价的合理性。

（4）审查投标人对报价中的外汇支付比例的合理性。

2. 投标书中的支付和财务问题

（1）资金流量表的合理性。通常在招标文件中要求投标人填报整个施工期的资金流量计划。有些缺乏工程投标和承包经验的承包商经常忽略正确填报资金流量表的重要性，他们以比较草率的态度随意填报工程的资金流量计划。其实，在评审中专家完全可以从资金流量表中看出承包商的资金管理水平和财务能力。

（2）审查投标人对支付工程款有何要求，或者对业主有何优惠条件。例如，有些公司利用其本国对获得海外工程的公司资金赞助政策或其他优惠待遇，以向业主让利的办法来赢得中标机会，这种情况在国际工程承包市场竞争中时有发生，使财务资金能力较弱的承包商无法与之抗衡；也有些公司可能在标价上作某些退让以换取支付条件方面的优惠，如要求适当增加预付款比例等。当然这些建议和条件一般是在其投标致函中以委婉商讨的方式提出，并非作为投标的限制性要求。

3. 关于价格调整问题

如果招标文件规定该项目为可调价格合同，则应分析投标人对调价公式中采用的基价和指数的合理性，估量调价方面可能发生影响的幅度和风险。

4. 审查投标保证书（银行保函）

尽管在公开开标会议上已经对投标保证书做出初步检查，在商务评审过程中仍应详细审查投标保证书的内容，特别是保证书或保函中有何附带条件。如果招标文件规定投标人可提出自己的建议方案作为"副标"，那么，也要审查作为"副标"的保证书和保函。

5. 对建议方案（副标）的商务评审

应当与技术评审共同协调地审查建议方案的可行性和可靠性，分析对比原方案和建议方案的各方面利弊，特别是分析接受建议方案在财务方面可能发生的潜在风险。

（四）澄清问题

这里所指的澄清问题，是为了正确地做出评审报告，有必要对评审工作中遇到的问题，约见投标人予以澄清。这种澄清问题并非议标，只是评审过程中的技术性安排。其内容和规则如下：

（1）要求投标人补充报送某些报价计算的细节资料。例如，在评审中发现某投标书的报价基本合理，但个别子项工程的单价和总价与其他投标书比较后，出现过高或过低的异常情况，评审小组可以要求投标人提供该子项工程的单价分析表，以便澄清投标人是否有某些错误的理解，或者纯粹是计算错误。

（2）要求投标人对其具有某些特点的施工方案做出进一步的解释，证明其可靠性和可行性，澄清这种施工方案对工程价格可能产生的影响。

（3）要求投标人对其提出的新建议方案做出详细说明，也可能要求补充其选用设备的技术数据和说明书。

（4）要求投标人补充说明施工经验和能力，澄清对某些外国并不知名的潜在中标人的疑虑。

总之，凡是评审过程中有疑虑的问题或者投标人之间存在较大的报价差异时，均可直接与投标人接触澄清。但是，这种澄清问题的方式是由招标机构统一安排和组织的，不允许各评审小组，特别是评审人员与投标人单独接触和查询。在澄清问题的会见和讨论中，评审人员不得透露任何评审情况，也不得讨论标价的增减和变更问题。

一般来说，投标人都非常欢迎有机会向评审小组澄清问题，尽管澄清问题并不是议标，但投标人都清楚，这至少意味着自己的投标已引起评审小组的重视或者注意，有可能列入中标候选人之列。因此，被约请向评审小组澄清问题的投标人，常常可以利用直接向评审小组解释的机会，努力宣传本公司的技术和财务能力，甚至提出某个引进附带条件的降价措施等，以吸收评审小组和业主的注意。当然，投标人也应当在解释和澄清问题时持慎重态度，因为投标人的任何解释和补充资料，可能被认为是一种承诺，有可能在自己中标而商签合同时，因为有这些承诺而处于被动和不利地位。

（五）评审报告

1. 对投标书的评审报告

各评审小组对其评审的每一份投标书都应提出评审报告。其主要内容至少应包括：①投标报价及其分析。说明其报价的合理性、与底标价的比较、标价中的计算错误、调整其标价的可能性。②投标人施工方案的可行性和可靠性，其优缺点和风险。③工程期限和进度计划的评述。④施工机具设备选择的评述。⑤投标人的技术建议及其合理性以及价格评述。⑥投标人有何保留意见，这些保留意见对工程的影响。⑦分包商的选择和分包内容，以及其对工程进度、质量和价格的影响。⑧授标给该投标人的风险或可能遇到的问题，评审小组的基本意见。

2. 综合评审报告

综合评审报告是一份由招标机构评审委员会或评审小组对所有投标书评审后的综合性报告，它综述整个评审过程，进行对比分析，提出推荐意见。

综合评审报告对于那些拟作为"废标"或从中标备选名单中剔除的投标者，要阐明具体理由，使招标机构了解这种处理意见是合理和恰当的；同时，说明从其余的合格投标书中挑选几名作为候选人的理由（通常是报价较低的前几名）。而后，对这几名候选人做出对比分析。对比内容基本上与上述对每份投标书的评审内容相同，因此，可以采用列表对比方式，也有某些评审小组采用评分办法进行最后对比。由于记分的标准难以统一，招标单位对中标者的优势选择的侧重面各不相同，这种综合记分评定的办法未被广泛采用。

综合评审报告应当提出对中标人的推荐意见，除了介绍推荐中标人的一般情况外，要明确地说明中选理由，也要提出与该中标人签订承包合同前须进一步讨论的问题。

（六）联合国工业发展组织推荐的评标模式

世界银行及国际多边援助机构要求评标方法系统化，评标时既要保证一致性，又要减少可能出现的任何有利或不利于投标人的偏向，从而使评标工作尽可能客观。为此，联合国工业发展组织特向世界各国推荐了评标步骤及建议一览表，供各国招标人在进行评标工作时参考。

1. 工发组织推荐的评标主要步骤

（1）核对所有投标在算术上的准确性。

（2）改正所发现的任何算术误差，并取得投标人关于其同意这项改正的确认。对明显的错误，视其性质可能有必要请投标人予以改正。

（3）剔除比最低的两个报价的平均数高出如 20% 以上的所有报价，不再予以考虑。根据合同价值的大小，使用的实际百分比可能要调整，但是应在开标以前予以确定，以避免厚此薄彼。

（4）按预先准备好的一份技术方面和商业方面的一览表检查所有的报价。剔除不符合表列基本要求的报价。对每一项投标根据其是超过还是低于所要求的最低标准，或者根据其将使甲方负担较少还是较多的辅助费用，而按财务奖金或罚款予以调整。这种奖金或罚款的基数应尽可能在开标以前决定下来。

（5）重新估价这些经过改正的投标，选出两项最中意的进行讨论。

（6）把这两个最中意的投标人请来，向他们提出一系列预先选定的问题，取得对有怀疑问题的确认。如果有任何不能当时解决的问题，要坚持由投标人在规定的时间（如 48 小时）内提出书面确认。

（7）根据这种经过调整的投标和会谈结果，做出最后的选择。这时对于投标提出的一切疑问都应当已经由投标人以书面解答和写出，不致随后发生争端。在得到任何必要的财务方面的核准以后就可以尽快签订合同了。

大型合同的评标工作可以分为两个阶段进行：第一阶段只检查各项投标是否符合基本要求。任何不符合基本要求的报价都要被放在一边，不再考虑，除非得不到任何可以接受的报价。在这种情况下，再重新检查以前已经被剔除的报价。第二阶段是对已通过第一阶段检查的报价在财务方面的优点进行全面估价。用这种方法对多到难以应付的大量投标进行审议，虽然显得有些机械，但它毕竟是一种确保投标人能按照招标方的要求提出投标，并确保评价工作是用一种客观的而不是主观的方式进行的最有效的办法。

2. 评价建议一览表

通常建议一览表用表格形式画出，根据基本要求是否达到在方格里打"√"号或打"×"号，或在答案"是"与"否"中选删一个。

建议一览表通常的内容和格式如下：

Ⅰ. 工期

竣工日期	投标价格	
	增加	减少

（1）投标人是否符合规定的竣工日期？　是/否

（2）如果不符合，所提出的竣工时间是否早于可以接受的最后日期？是/否

（3）如果所提出的竣工时间晚，但是仍在可以接受的限度内，应处以罚款每周_____美元，共_____周。

（4）如果所提出的竣工时间提前，应给予奖金每周_____美元，共_____周。

注：如果竣工时间是一项基本要求，则对（1）和（2）的答案为"否"的投标必须予以剔除，不再考虑。投标价格根据（3）应增加的或按（4）应从中扣除的金额，应是由于提前或延迟竣工给业主带来的实际价值或造成的实际损害，而不是合同中所载的规定违约赔偿金按比率缩减的金额。显然，根据（4）所给的奖金，只能是针对为业主带来真正好处的该段时期。

Ⅱ. 合同价格

供应与交付	投标价格	
	增加	减少

（5）所提出的备选方案对合同价格的影响，视计划更改的需要予以调整。

a.

b.（此处填入会受到影响的各项，如基础、钢结构）

c.

（6）所提出的设计对业主进行工作的费用的影响。

（7）如果投标是以根据价格变动计算的方式提出的，在合同价格之外对整个合同期受到价格上涨条款的影响估计。

（8）在合同价格之外，投标人对拟议中合同条件提出的修正案所产生的影响估计，例如提出支付条件修正方案，要求订货时预付 5% 的货款。

（9）为提高投标人所提出的说明书规格使其达到所要求的标准而需要予以追加所引起的影响估计；或者，由于所包括的各项标准可以降低而允许予以减去所引起的影响估计。

（10）由于与标准有出入的表列项目除外事项而对合同价格予以增加或减少。

（11）操作工人标准的增减在资本利用方面的影响。这种影响要按例如为期 10 年的整个期间予以估计。

（12）由于投标人作为其说明书一部分所提出的设备或其他工作标准而引起的对维修费定额的任何增减在资本利用方面的影响，例如，采用初期资本费用低而操作费用高的泵和按照降低了的标准进行钢结构的油漆工程。这种影响要按例如整个 10 年的时期来估计。

安装　　　　　　　　　　　　　投标价格
　　　　　　　　　　　　　　　　增加　减少

（13）由于投标人对加班加点所发津贴，与为比较的目的所采用的基数相比，而对合同价格予以增加或减少。

（14）考虑到投标人报价中对应付生活津贴、工作条件津贴等方面存在任何估量不足之处而估计的对合同价格的增加。

（15）支付投标人所要求提供的任何超出业主在招标时所考虑到的范围的服务，而对合同价格的增加。

履约

（16）投标是否符合业主在他的调查表中所规定的最低工作性能标准？　是/否

（17）如果对（16）的答复为"是"，该项投标是否保证给业主以任何超过所规定的最低标准的财务利得？如果是，阐明按例如 10 年期间计算的估计利得的价值，并要考虑到业主为了赚取这种利得所必须支付的额外费用。　是/否

（18）投标人是否接受为未能达到保证的工作性能标准所规定的违约赔偿金？　是/否

（19）如果否，阐明业主因接受投标人关于一定程度降低效率的方案而遭到的资本利用方面的损失。

完成上述各项工作以后，就能估计出各项投标经过调整后的价值。

（七）资格复审与投标的拒绝

对于经过评标和比标选出的得标候选人还必须进行资格复审。候选人的资格预审文件是资格复审的基础。如经过复审后，第一中标人确实被认为在履行合同的能力和财务管理等方面都信得过，可以内定为得标人。如果该候选人在复审后不合格，则其标单将被拒绝。这时可对第二中标候选人进行资格复审，如合格，可作为中标者。

根据国际招标惯例，在招标文件中，通常都规定招标人有权拒绝全部投标。拒绝投标的决定一般是在出现下列情况下做出：

（1）最低标价大大超过国际市场的平均价格或招标人自己计算出的标底。

（2）全部投标与招标文件的意图和要求不符。

（3）投标商太少（一般不足3家），缺乏竞争性。

（4）得标候选人均不愿降价到标底线以下。

如果所有投标均被拒绝，业主方面应考虑修改其招标文件，而后重新招标或议标。

第三节 定标

定标，也称决标、中标，是指招标人根据评标委员会的评审报告，在推荐的中标候选人中最后确定中标人的过程。在某些情况下，招标人也可以直接授权评标委员会确定中标人。

一、定标前的洽谈

大多数情况下，招标人根据全面评议的结果，选出2～3家得标候选人，然后再分头进行商谈。商谈的过程也就是招标人进行最后一轮评标的过程，也是承包商为最终夺取投标项目而采取各种对策和进行各种辅助活动的竞争过程。在这个过程中，承包商的主要目标是击败对手吸引招标人，争取最后中标。

在公开开标情况下，由于投标人业已了解可能影响其夺标的主要对手和主要障碍，其与招标人的商谈内容通常是在不改变其投标实质（如报价、工期、支付条款）的条件下，对招标人做出种种许诺和附加优惠条件以及对施工方案进行修改等。一般大型国际招标工程，在商谈期间，得标候选人应特别注意洞察招标人的反应。在不影响最根本利益的前提下，灵活应变，投其所好。例如，针对发展中国家的招标人，承包商常常提出施工设备在竣工后赠送给业主，许诺向当地承包公司分包工程，使用当地劳动力，与当地有关部门进行技术合作，为其免费培养操作技术人员等建议，这些建议对招标人具有颇大吸引力，常常可以使投标承包商变被动为主动。

商谈的另一类主题就是表现自己，打击竞争对手。如向投标人递交有关资信的补充材料，特别是以对比方式说明自己比对手强，或者提出能取胜于对方的新施工组织方案和新工艺，或对原投标材料中的某些技术或财务方面的建议借澄清的机会再做修改等。

在招标人方面，由于需要最终选定得标人，在报价和投标建议反映不出较大差别时，只有靠进一步澄清的办法分头同得标候选人商谈，通过研究各家提出的辅助建议，结合原投标报价，排出得标顺序并最终决标。

如果是按照秘密开标程序，则开标后的商谈就更显得重要了。采取秘密开标的最根本原因就是招标人要使自己处于绝对主动地位。达到既能按自己的意图授予合同，又不受外界干扰的目的。这种情况，招标人同投标人之间的商谈内容同公开开标情况大不一样。

招标人可以在商谈过程中利用投标人夺标心切而迫使其降价。其手段常常是向投标人承诺在降价达到何种程度时即可授予合同，或者威胁对方"如果不降价即无中标希望"，或者故意向对方透露第一低标的报价，要求对方降至第一标以下即可决标、授予合同等。对于招标人的这些要求，特别是低于第一低标以下的要求，投标人要特别警惕。因为有时招标人会故意花钱或以某种许诺买通一家或两家承包商故意投出特别低的标，继而要求得标心切的承包商降价，以达到低价成交的目的。

二、辅助活动

虽然国际招标的基本原则是公平竞争，且多数国家的法规也明文禁止采取不正当手段获取投标项目，但事实却远非如此。无论是在发达的资本主义国家，还是在发展中国家竞标，在评标决标过程中都少不了种种必要的辅助活动。

辅助活动包括的内容很广，有通过外交途径如邀请招标人的政府要员来承包商的国家访问，使其产生良好的印象；也有通过政府施加影响；或以优惠许诺诱惑；还有以官方或非官方交易为条件的；而采取行贿手段的更多。有些超级巨型项目，政府首脑都出面活动，至于外交使节为本国公司获取项目而多方奔走则更是理所当然的。

在夺标过程中，仅靠政府的外交影响是远远不够的，承包商还得进行大量的幕后活动。常是台前活动剑拔弩张，幕后活动紧锣密鼓。

三、决标

经过多渠道同时谈判之后，招标人最后选定报价低，且其他诸如外汇比例、延期付款或工期等条件又优惠的，即综合评定价格最低的承包商，或按其内定的方案选定符合要求的投标人作为正式得标人。在招标人和得标人双方都满意的条件下，招标人才向其发出接受信。

接受信亦称中标函，它同承包商的书面回函（如果对投标书已作修订）都应具有构成业主和承包商之间有效力的合同。中标函应在其正文或附录中包括以下内容：一个完整的文件清单，其中包括已被接受的投标书以及通过业主和承包商之间的协议对原来提交的投标书所做修订（如果有的话）的确认，这些修订包括对计算错误的修改或删去某些保留条件。中标函一般应记载合同价格，并应提及履约保证书的递交以及正式合同协议的实施。

有时在中标函之前有一份意向书，在意向书中，业主表达出接受投标的意愿，但又附有限制条件。一般说来，意向书对业主没有约束力，除非其中说明业主将对中标函颁发之前已从事的指定工作进行付款。如果在中标函颁发之前承包商被要求着手开始某项工作，那么应为该项工作签署一项单独合同，而不应把该工作纳入后来阶段的合同中，这样对业主和承包商都有好处。否则，万一将来业主决定在意向书颁发之后不再继续该工程，那么承包商要得到他已完成的任何工作的补偿可能很困难，除非业主明确许诺付款给他。

凡由世界银行或多边援助机构资助的招标项目，在评价工作结束时，必须拟订一份关于投标评价的比较详细的报告，说明确定最低评定标所依据的理由，呈送世界银行或项目贷款机构的主管部门审批。只有在得到项目贷款机构的赞同批复后，才能正式决标。

世界银行和联合国工业发展组织还要求：合同应授予经评定为最低标价者并在能力和资金方面符合适当标准的投标人，不应把要求该投标人承担说明书中未规定的责任或工作或修改其投标，作为授予合同的一个条件。

按照世界银行的规定，招标人支付每项投标报价所使用的货币，均应按其所选用于对所有投标进行比较的，并在投标文件里写明的一种货币计价。这种计价所使用的汇率通常为官方公布的卖价，并适用于开标之日进行的类似交易，除非在授予合同之前币值发生变动。

选标工作结束后，招标人应向所有未中标的投标人发出通知，告知其投标书未被接受，无须讲明原因。与此同时，招标人还应通知各家未中标人的担保银行撤销其投标保函。

四、合同的缔结与批准通知

被授予合同的投标人必须在业主发给的决标通知中规定的期限（15～30天）内到招标人所在地签订合同。如投标人未按期前来签约，或以某种理由放弃承包其投标工程，则招标单位可以取消其承包权并没收其投标保函上许诺的保证金。这不仅会使投标人在信誉方面受到损害，而且在经济上也受到不少的损失。

国际竞争性招标合同的缔约程序是承包双方同时签字，合同自签字日起生效。但法语地区的合同签字及生效程序则与国际通行做法有所不同，其根本区别在于合同所依据的法律不同。

在法国及受法国影响的地区（法国的前殖民地国家），凡属私法合同，缔约双方应同时签约，合同签字后立即生效；但公共合同（包括国家工程合同即按行政法签订的合同）的缔约双方则不能同时签字，而是承包商先签字，招标单位后签字，并且须报送主管部门审批。

凡属公共合同（行政合同），业主方面的签字人根据合同项目的规模不同而可以分别是主管部长、省长或省长代表，一般情况下是省长代表。合同经业主方面签字后尚需主管部门批准方正式生效。

公共合同主管部门一般是：①省级合同委员会（有权批准一定限额酬金的合同）或中央合同委员会（审批总酬金超过省级合同委员会的批准权限的公共合同）。②财政部：主管审核批准外汇比例。③商务部：审核批准合同工程涉及的临时或永久进口物资。

合同经业主签字并由主管部门批准后方可给承包商发出合同批准通知书。审核批准合同的期限一般不超过3个月。若3个月的期限已过，而承包商仍未接到合同批准通知书，他可以通过向业主方面提出书面要求放弃承包该合同项目并撤回投标保函；若审批期限已过，而承包商未曾放弃合同的权利，那么承包商必须承包该项合同，除非合同最后未被批准。如果合同在超过3个月的审批期之后获得批准，承包商有权要求对其原始报价进行调整。其调整方法根据招标人的国家法规而定，可以按通货膨胀指数调整，也可以按一定的贴现公式调整，还可以按政府规定的幅度调整。

总之，承包商享有索取因业主方面主管部门延误批准日期而导致合同报价随通货膨胀而减值的损失补偿权利。

关键概念

开标　评标　定标

复习思考题

1. 国际工程评标的基本程序是什么？
2. 开标方式有哪几种？
3. 评标的主要步骤有哪些？
4. 行政性评审合格标书的主要条件是什么？
5. 商务评审的内容主要有哪些？
6. 怎样理解评标中的"澄清问题洽谈"？

第六章 国际工程承包合同

学习目标

理解国际工程承包合同的概念；了解承包合同的各种类型；掌握承包合同的主要内容，尤其是其常用条款；熟悉国际工程承包合同的常用术语、订立程序和基本原则；了解承包商的权利、责任和义务。

第一节 国际工程承包合同概述

一、国际工程承包合同的基本概念

（一）国际工程承包合同的定义

国际工程承包合同是涉外经济合同中的一种，又称承包契约，是一种超越一国领域的经济合同。

国际工程承包合同是一国承包商与工程项目所在国的发包人之间在招标或谈判后所达成的确定双方当事人法律关系的书面协议。

（二）国际工程承包合同的形式

国际工程承包合同的形式主要有两种：

（1）单一的合同书。这种形式主要发生在业主以委托协商方式与承包商成交时，由发包人与承包人签订的单一承包合同书。

（2）综合的合同文件。这种形式主要发生在业主以招标投标方式与承包商成交时，由一系列法律文件组成的综合的合同文件，其中除了双方当事人签订的正式协议书外，还包括招投标文件、技术规范、工程量及价格表、图纸等有关文件和资料。

（三）国际工程承包合同的特征

国际工程承包合同是一种涉外经济合同，它除了具有一般合同的法律特征之外，还具有下列几个方面的特征：

（1）国际性。国际工程承包合同的国际性，一是在于签约各方属于不同的国家。国际工程承包合同都是在不同国家的法人之间签订的，是由一国的承包商为承担另一国的工程项目的建设而和该项目的业主所订立的合同。二是国际工程承包合同往往要涉及多国的法律，要受几个有关国家的法律的制约。因为各方在商定合同条款时，各项条款的内容均不能违反签约各方本国的法律。必要时合同双方当事人还会选择第三国的法律作为合同的适用法律。例如，工程项目在 A 国，有时不是一家承包商，而是来自两个不同国家（B、C）或两个以上国家的承包商，承包商之间在签订合伙承包合同或分包时，大多不采用 B、C 两国的法律作为合同的适用法律，而是采用 A 国或 D 国的法律作为合同的适用法律。三是国际工程承包合同的付款条件，绝大多数都规定支付两种或两种以上货币。一种是当地货币，一种是国际通用货币。四是如果当事人双方在执行合同的过程中发生争执，经协商不能解决提交仲裁时，通常也是提交第三国仲裁机构进行仲裁。这些都说明国际性是国际工程承包合同的一个重要特征。

（2）多元性。虽然国际工程承包合同的签约人只有业主和承包商两方，但在合同实施过程中，却要涉及多方面的关系。业主方面有他的咨询公司、业主代表等；承包商方面有合伙人或分包商、各类材料供应商等。在业主和承包商双方之间还有银行和保险公司一类的担保人或关系人。另外，由于工程项目的规模和性质不同，有的工程项目规模大，技术要求复杂，业主也有可能不让一家承包商承包，而分别让多家承包商独立承包。业主和这些承包商分别签订许多单独的承包合同。因此，一个大型项目的实施，从纵向和横向关系来说，不只是业主和承包商两方的事，有时甚至涉及几十家公司，需要签订几十个合同。不管是哪一类合同，也不管合同是由哪一方签订的，只要合同的签约方与该工程项目的实施有关，承包商就要对其承担一定的义务。承包商对各方关系的处理和应承担的义务在国际工程承包合同中均有详细的规定。要使一份国际工程承包合同完美实施，承包商不但要处理好与业主的关系，而且还要认真地处理与工程实施有关的各方的关系。

（3）标的的特殊性。国际间最通行的涉外经济合同是贸易合同。国际贸易合同的标的，一般是指一定数量的货物。任何货物都具有可移动性，并能分割成若干个独立体。而国际工程承包合同的标的，则是工程项目。任何一个工程项目，都是一个不可分割的独立整体，且具有不可移动性。

（4）履约方式的连续性。前面已说过，国际贸易合同的标的一般是指货物，这种合同的履约方式，当事人通常是以交货和付款的方式，结清双方的权利义务关系的。交货可以一次或分数次进行，就是说贸易合同的履行，双方当事人可以集中一次或分数次完成各方的义务。国际工程承包合同的履约方式不同于国际贸易合同之处在于其具有连续性和渐进性。因为它的标的是工程项目，标的实现，就是要建成这个工程项目。这就需要有一个施工过程。施工过程就是国际工程承包合同履约的过程。施工必须连续、循序渐进地进行，这是它固有的特征。它决定了国际工程承包合同履约方式的连续性和渐进性。

另外，货物的质量只需买方一次性确认即可。而工程项目质量的确认，却贯穿于整个施工过程的始终。承包商对工程质量所承担的义务，要受到业主无数次的检查和确认，且质量所含内容十分繁多，包括施工材料和永久性设备、施工程序和规范、施工方式以及设计要求等。所有这些方面的质量都必须满足合同一方（业主）的要求，合同另一方（承包商）履约义务才算完成。

（5）履约时间的长期性。一项工程的建设是一个长期的施工过程，通常需要 1~3 年的时间才能完成。就是说，国际工程承包合同的签约双方，履行合同规定的权利义务，需要一个较长的时间。而国际贸易合同的履行期，相对来说时间较短，双方的权利义务关系一般在 2~4 个月或稍多一点时间内就可结清。

（6）风险性。国际工程的承包工作本身所固有的一些特点导致并加大了国际工程承包合同的风险性。

国际工程承包，对于一个国际工程承包商来说，是通过商务方式进行的一种经济技术业务活动，是一种资本、技术、设备、劳务和其他商品的综合性输出。在承包商实施其所承包的工程项目的过程中，要受到多种条件的制约和影响。其中有些条件是承包商自己无法估计和控制的，因而这项经济活动潜伏着较大的风险。如工程项目多在国外，合同金额大，施工工期长，项目所在国的政策和法律以及政局风云变幻难以预测，货币贬值，承包市场竞争激烈，这些都将直接影响到材料设备的价格变化，影响到工人的工资，影响到承包商的盈亏，加大了承包商的风险。所以签订一项国际工程承包合同，就孕育着一定的风险。这就要求我们在商签国际工程承包合同时，对可能构成和造成风险的因素，进行慎重、认真的分析研究，并在合同谈判中尽量避免风险性条款。

二、国际工程承包合同的作用

（一）合同是国际工程承包工作的基础

在国际上开展工程承包和劳务合作，整个工作过程概括起来只有两大环节：一是签订合同；二是执行合同。签订合同是承包商经投标报价，正式取得了承包这个工程项目的合法资格；执行合同是承包商完成这个工程项目的施工建设过程。显然，这两个环节是紧密联系不可分割的，前一个环节是后一个环节的基础，后一个环节是前一个环节的继续，缺一不可。对承包商来说，其事业的核心就是订立合同和执行合同。因此，承包商的各项工作和一切活动，都围绕这两个环节进行，都是以合同内容为基础的。

从近几年我国对外承包工程的大量实践来看，可以说一个工程项目的盈亏主要取决于这两个环节。合同条款是否合理，直接影响到项目实施的成败，影响项目的经济效益，有时甚至起决定性作用。签订一个亏本的合同，或签订一项权利和义务有失公平的合同，承包商是很难在实施合同的过程中盈利的。反之，合同条款订得再好，假如承包商在实施合同的过程中经常失误，不能正确而有效地执行合同，也不会取得成果。

合同条款订得是否正确，能否完美实施，并从中获得利益，这要受到很多因素的影响。其中重要因素是两个关键人物的作用：一个关键人物是参加合同谈判的主谈人，即制定合同的人；另一个是具体实施合同的项目经理，即执行合同的人。一个工程项目的效益好坏，在其他条件正常的情况下，可以说很大程度上是由这两个人的基本素质决定的。其中一个重要的素质条件，就是他们都要掌握和熟悉工程承包合同的内容。一位不了解和不熟悉工程承包合同内容的人，很难在对外谈判中取胜，也很难在执行合同过程中，能正确地维护自己一方的利益，避免不必要的损失。

对从事国际工程承包的人员来说，无论其工作性质是侧重于经营、谈判和订立合同，还是侧重于项目管理和实施合同，都需要对合同的基本知识及合同的主要内容有一个较全面的了解。这样才可以在订立合同和执行合同的过程中，减少失误，免受损失，从而获得较好效益。

（二）合同制约国际工程承包工作的全过程

无论是在本国还是在外国，对承包商和业主来说，其一切工作都是离不开合同内容的，都要受合同内容的制约。

在资格预审阶段，由业主确定的项目资金来源、工程工期和工程范围等，都是承包商制定价格的重要依据，也将是合同条款的主要内容。

在投标报价阶段，承包商的各种报价条件，制定价格的基础，都是承包商和业主之间今后拟订合同的基本条件。在此阶段，对承包商来说，主要是制定价格，算出总价；对业主来说，主要是对承包商所报价格的评议。对此双方经过谈判，最后形成书面协议——合同。

在实施合同过程中，双方都要对合同规定的实质性内容的实现承担责任。就是说双方都要按合同的规定，履行各方的义务。这样合同才能得到完满终结。在此阶段，对承包商来说，他的主要义务是按质、按量、按期完成合同对其所规定的工作内容。业主的主要义务是按时、按数向承包商支付工程款。双方之间相互的权利义务关系，是通过承包商的施工和业主的付款而终止的。

综上所述，合同贯穿于整个工程承包工作的始终。工程承包工作过程示意图如图 6-1 所示。

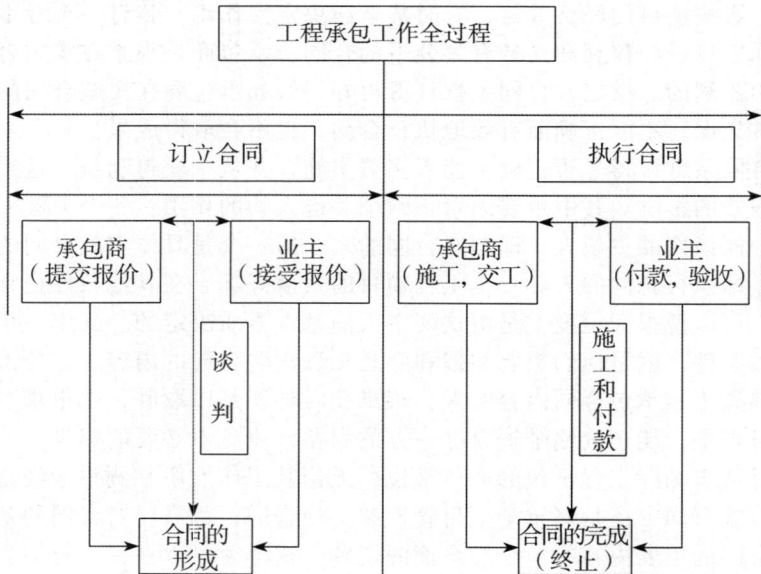

图 6-1　工程承包工作过程示意图

（三）合同是国际工程承包当事人的行为准则

合同是业主和承包商的行为准则。在国际工程承包过程中，无论是业主还是承包商，其一切行为和工作都是以合同为根据的。因为合同的订

立，是双方的法律行为，因而双方都要受法律的约束，双方都必须按合同
的规定办事。

（四）合同明确了国际工程承包当事人的法律关系

由于合同双方都规定了权利和义务，因而订立合同就使双方产生了一
定权利义务关系。但双方这种权利义务关系并不是一种道义上的关系，而
是一种法律关系。因为双方签订的合同，要受到有关缔约方国家的法律
（或国际惯例）的制约、保护和监督。就是说，双方的权利和义务均受到
法律的保护和监督，双方都必须履行合同。

（五）合同是当事人履行国际工程承包的依据

合同一经签字，不经双方同意，任何一方都无权变动合同，任何一方
均不准擅自修改合同内容。合同签订之后，双方都必须按照合同所规定的
条款履行合同，任何一方如不履行合同，或不完全按合同规定的义务和条
件履行合同，都要受到惩罚。违约一方就要承担由此而造成的损失，合同
的惩罚作用，是为保证双方都能正确地履行合同。

（六）合同是国际工程承包当事人解决纠纷的依据

在双方执行合同过程中，难免要出现这样或那样的争执和纠纷。有些
争执和纠纷通过双方友好协商，可以得到合理解决。而有些争执和纠纷双
方自行协商得不到解决，这时就要请第三者出面调解或提交仲裁。不论是
双方自行协商解决纠纷，还是请第三方出面调解或提交仲裁，只有合同才
是解决双方纠纷的唯一依据。协商、调解或仲裁裁决都是根据合同所规定
的条款内容来做出的。

三、国际工程承包合同的类型

国际工程承包合同，可以按照不同的标准、不同的划分方法进行分
类，常见的类型如下：

（一）按承包内容划分

国际工程承包合同通常分为统包合同、阶段承包合同和专项承包
合同。

1. 统包合同

统包亦称"一揽子承包"，即通常所说的"交钥匙"。采取这种方式，
建设单位只要提出使用要求或产品要求和竣工期限，承包商即可对项目建
议书、可行性研究、勘察设计、设备询价与选购、安装、材料订货、工程
施工、职工培训直到竣工投产实行全面的总承包，并负责对各项分包任务

进行综合管理、协调和监督工作。这种承包方式主要适用于各种大中型建设项目。

统包合同涉及面广，内容繁多，方方面面无所不及，且持续时间长，对于承包商来说风险较大。国际上通常将其分为两部分，即设计和施工。

2. 阶段承包合同

顾名思义，阶段承包即将一项工程分成若干阶段，分别进行承发包。

凡国际上的大型工程，多数采用分阶段进行，有时分为一期工程、二期工程……同一家承包商可以同时投标承包全部工程或其中的若干阶段或若干期工程，但合同通常按阶段工程缔结。这样的划分常常有助于工程的管理，质量保证系数较大，但如果由不同的公司分别实施的话，则有可能加大投资。

3. 专项承包合同

专项承包系指工程项目中的某一专项工程承发包。这种方式常见于专业性强的公司所从事的承包工程，如可行性研究中的辅助研究项目，勘察设计阶段的工程地质勘察、供水水源勘察、基础或结构工程设计、工艺设计、供电系统、空调系统及防灾系统的设计、设备选购，施工阶段的深基础施工、金属结构制作和安装、通风设备安装和电梯安装等。

专项承包合同也称为专业分包合同。这种分包合同常常是由专业承包公司直接同建设单位缔约。在这种情况下，专业承包商多数属于业主指定的分包商。但是，总承包商有时也出于技术或节省费用原因而将这类专业工程分包或转包给一些专业承包商。后一种情况下，专业分包合同则由专业承包商与总承包商签订。业主在批准总承包商的分包要求后，一般不与专业分包商直接发生关系。

（二）按承包方式划分

按承包方式通常分为总包合同、分包合同、独立承包合同、联合承包合同、直接承包合同和转包合同。

1. 总包合同

由一家承包商负责组织实施某项工程或某阶段工程的全部任务，对业主承担全部责任，履行承包商所拥有的全部权利，确保这种经济与法律关系的契约称为总包合同。根据总包合同赋予的权利，总承包商在征得工程师同意的前提下可以将若干专业性工作交给不同的专业承包单位去完成，总承包商负责统一协调和监督。根据总包合同的原则，业主或工程师仅同总承包商发生直接关系，而不与各专业承包商或分包商发生直接关系。承担总包任务的通常有咨询公司、勘察设计机构、一般土建公司及设计施工一体化的大建筑公司。

总包合同内容复杂，涉及面广，包罗各种任务，总承包商责任重大，工作难度较大，尤其是在多家公司参与同一工程情况下的统一协调工作。

2. 分包合同

分包合同是与总包合同相对而言的。它指的是承包商和业主签订了总包合同后，该承包商（总承包商）再与分包商签订合同。分包合同的标的或者是工程的某一阶段，或者是某一工程项目的某一分部或单位工程。分包合同条件一般应根据总包合同而定。

一般情况下，分包商要负责对其分包的工程提供材料、设备和劳务，为完成该分包工程承担一切责任。但分包商只对总承包商承担义务并从总承包商那里享有一定的权利，不直接同业主发生关系，而是要承担总承包商对业主承担的有关义务。

分包方式分为包工包料、包工不包料两种。

分包商分业主指定分包商和总承包商自选分包商两种。

业主指定分包商也必须接受总承包商的统一协调和监督，所不同的是在许多情况下，他可以直接同业主发生关系，特别是当其与总承包商发生矛盾且总承包商理亏情况下。

分包合同较总包合同简单，其内容视具体情况而定，责权利条款类似总包合同，其缔约程序亦与总包合同相仿，只是无须通过公开竞争性招标。

3. 独立承包合同

独立承包是指承包商依靠自身的力量完成承包任务，不实行分包。这种形式通常适用于规模较小、技术要求比较简单的工程以及修缮工程。

独立承包合同可以是综合性的，包括各个环节。各环节任务虽小，但包括事项却颇为繁多；也可以是比较单纯的，就某一项任务而规定相应条款。

4. 联合承包合同

联合承包是相对于独立承包而言的承包方式，即以两个以上承包单位联合起来承包一项工程任务，由参加联合的各单位推定代表统一与业主签订合同，共同对业主负责，并彼此协调关系。但参加联合的各单位仍是各自独立经营的企业，只是在共同承包的工程项目上，根据预先达成的协议，承担各自的义务，分享各自的利益。包括投入资金数额、工人和管理人员的派遣、机械设备和临时设施的费用分摊、利润的分享以及风险的分担等。

这种承包方式由于多家联合，资金雄厚，技术和管理上可以取长补短，发挥各自的优势，有能力承包更大的工程任务；同时由于多家共同作价，在报价及投标策略上互相交流经验，也有利于提高竞争力，较易得标；尤其是与当地公司联合竞标，可以享受当地政府的优惠政策，得益更大。

联合承包合同系业主与承包商联合体之间的契约，由联合体代表直接对业主负合同责任。它与总包合同的区别在于代表与联合体成员之间的关系。总包合同的签约人总承包商对参与实施工程的诸家公司起领导作用，而联合承包合同的缔约人对参与联合体的成员仅起统一协调作用，他们之间是协作关系而不是领导与被领导的关系。

联合承包合同要求各联营代表在联合承包合同缔结前达成协议，明确各自的义务及彼此相关联的责任。业主强调的是连带责任，即在联合体中的某一成员履约不力时，其他成员必须承担连带责任。总承包合同则不同，业主不直接与分包公司发生联系，只直接同总包公司缔约和履约，总承包公司要负完全责任。

5. 直接承包合同

直接承包就是在同一工程项目上，不同的承包单位分别与业主签订承包合同，各自直接对业主负责。承包商之间不存在总分包关系，也不存在联营协作关系，没有连带责任。现场上的协调工作可由业主自己去做，或委托一家承包商牵头去做，也可聘请专门的项目经理来管理。

直接承包合同视承包内容而定，不过多属项目单纯、独立性强的任务。这样的合同好处在于没有节外生枝现象，不用承担连带责任。不过承包这类合同工程的多数是专业性强的公司。

6. 转包合同

转包合同是承包商（甲方）和业主就某一工程项目的建设、完成和维修签订了工程承包合同之后，由于种种原因，甲方将该工程项目的建设、完成和维修等工作转包给另一个承包商（乙方）而签订的合同。其特点是由另一个承包商来承担原工程承包合同对甲方所规定的一切义务和权利，就是说由乙方来承担甲方的风险。同时不管乙方是否盈亏，乙方也要付给甲方一定的酬金（佣金）。

值得注意的是，转包合同对乙方来说风险是很大的。在一般情况下，甲方和业主签订工程承包合同之后，如果不是潜伏着较大的风险，他是不会把工程项目转包出去的。在转包合同中，总承包商不但要求转包商接受主合同的各项条款，而且要求转包商提供履约保函、维修保函以及保险单等。不论转包商盈亏如何，都要付给总承包商一定的佣金。这样总承包商就可以不承担任何风险，利用工程转包，把风险转嫁给转包商，这是国际工程承包商惯用的方式，对转包商极为不利。例如，有一家大的国际性工程承包公司，几年来在国际上签订了几百项工程承包合同、分包合同和劳务合同，其中只签了两项转包合同，而这两项合同执行的结果都是严重亏损。

由于工程项目的转包对乙方具有极大的风险性，所以转包在国际上成交很少，因而这种合同应用的机会也就不多。

（三）按合同范围划分

1. 工程咨询合同

工程咨询目前已成为工程建设中普遍采用的方法。国外业主要建设某项工程而缺乏必要的工程技术知识时，就可向工程咨询公司或咨询专家咨询有关的工程事务。这些事务范围广泛，主要包括：对工程进行调查研究、分析论证、可行性研究，进行各种工程方案比较，进行对承包商资格预审，编制招标文件，办理招标事宜，从事工程项目的设计，选购设备材料，技术指导，监督施工，检查工程质量，试车投产，人员培训，协调和管理工程等事项。业主可以委托咨询公司完成上述一项或多项工作。为完成任务，业主有义务提供必要的资料和数据，其性质按工程情况而定。双方就此而订立的合同称为工程咨询合同。

与此同时，咨询公司也向各国的承包商提供咨询服务。承包商为了顺利中标，以及弥补本公司不具备的专门业务，也委托咨询公司根据自己的专业知识提出比较先进合理、经济适用的工程方案、设计方案和施工计划，乃至整个工厂管理、产品销售等方案，使承包商能够节省资金，加快建设，实现高效率的施工生产和经营管理，获得较多利润。

关于咨询公司聘定，可以通过外国使馆、国际咨询协会或刊登广告招聘或招标等渠道。目前国际上有通用的咨询合同条件范本，如国际咨询协会制定的《国际发包人和工程咨询公司合同样本》《国际发包人和工程咨询公司合同共同条件》，国际顾问工程师联合会制定的《客户与顾问工程师之间的国际协议范本和协议通则》，世界银行制定的《咨询人服务合同》等。

2. 设计–施工合同

这种合同的特点是业主将设计任务和施工任务授予一个承包商完成，有时称为一揽子合同或总体合同。其中有些工业项目承包商负责工程的方案选择、规划、勘测、设计，以及全部工艺及总体规划、供应和设备安装，建筑施工到试车运转和培训人员技术援助、工业产权转让和资金融通等。这种合同称为交钥匙合同。如果承包商保证工厂投产或工程使用后一定时期（两年或三年）内生产出符合规定的质量、数量的产品和规定的原材料、燃料消耗的指标时，这种合同称为交产品合同。

设计–施工合同的优点是可以节省费用和时间，并使施工方面的专业技术结合到设计中去，同时工程可以在设计未全部完成之前，先行开工一部分。其缺点是可能使设计丧失客观独立性，不利于业主。设计–施工合同一般可采用总价、成本加费用或设计成本加费用、施工总价的合同方式。

设计–施工合同的实施，业主和承包商要有协作精神，即在计划、设计、成本管理、时间安排、场地勘测，甚至购置用地等方面紧密合作。但承包商对工程项目的各项工作要单独负全部责任。

设计–施工合同主要适用于以资源为基础的工程和复杂的工业工程。

3. 工程服务合同

工程服务合同是业主对于复杂工程项目委托工程服务公司负责工程服务。其内容同咨询合同大致相同，但范围更广，除了供应机器设备外，还可提供工程机器设备的工业产权和技术知识服务，并可出让许可证、指导安装、监督施工、进行试生产、培训技术人员等。

工程服务合同通常有两类：

（1）设计与工程服务合同。其内容包括：①初步设计，进行工艺流程选择，确定基本程序数据，绘制工艺流程图和工厂与设备平面布置图，提供设备规格和初步清单，编制设计文件、图纸和说明等。②详细设计，包括绘制施工图、平面布置图、电路与管道图、设备安装图、竣工图，提供设备规格和数量明细表、备用零件清单，并审批图纸和数据。③编制招标文件，办理招标事宜，协调各分包商的工作等。

（2）设计与监督合同。此种合同除了包括设计与工程服务合同的内容外，还包括：①作为业主的采购代理人进行设备采购。②作为业主顾问为业主提供指导和服务。③监督建筑安装、验收试生产等，进行招工并训练工作人员。

4. 设备采购与安装合同

设备采购与安装合同在国际上已形成通用的合同范本，根据服务范围不同可分为以下几类：

（1）设备材料采购与供应合同。这种合同的签订一般也通过设备材料采购供应招标的方式。业主提出供货要求一览表和技术规范书，通过招标方式择优选择供应商。一般合同内容应包括：设备及备用零件详细清单，关于设备价格、支付方式、设备规格、订单、制造和运输、交货时间表、检验、保证、包装、保险和争议的解决等。

（2）设备供应与安装合同。这种合同除了包括设备供应和采购合同的内容外，还应包括安装方面的内容：平面布置及设备安装、工地施工设备安装、专业技术人员和工人计划编制、设备运输、建筑施工与安装工作的协调计划、安装保险、设备规格和运行状况检查鉴定、机械试验和性能试验、各种保证及处罚办法制定等。

这种合同也包括单纯的安装合同，根据收费方式分为两种：一是按工时计算的安装合同，工时价格包括安装所有支出的费用和利润，费用部分包括安装用工具的折旧费、差旅费和生活费等。二是总价合同，即一次定死合同价格，但由于不由安装人负责的原因而产生的费用由业主负担。

（3）监督安装合同。这种合同适用于业主自己安装成套设备，而承包商（或设备供应商）负责指导监督的合同。业主负责提供安装成套设备的技师、工人和安装所需的一切费用，而承包商提供合格的工程师对安装工作进行必要的工程技术指导和监督。合同内容包括：业主就及时提供有关执行合同的当地法令写明工作条件，不得在有害健康或危险的环境中进行，以及其他安全条例；业主对监督安装应支付的费用一般按计时方法确定金额，并加上差旅费、节假日及生活费用等。

5. 工程项目管理合同

工程项目管理合同是咨询服务合同的扩展，代理客户组织、监督和实现咨询机构提出的建议。其基本工作有以下几个方面：

（1）组织工作。组织工作包括建立管理组织机构，制定工作制度，选择设计施工单位，组织图纸、器材和劳务供应等。

（2）合同工作。合同工作包括签订委托设计合同、总包与分包合同、准备各种合同文件、进行解释合同文件的工作并监督合同的执行。

（3）财务工作。财务工作包括编制概预算、控制投资额、确定设计内容和付酬方式、确定工程价款、控制成本、结算工程款、处理索赔事项、做出工程决算等。

（4）进度控制。进度控制包括设计施工进度计划、制订并实施施工组织设计和施工方案，协调设计与施工、总包与分包的关系并解决纠纷。

工程项目管理合同的最大优点是填补了建筑工程师所做不到的工作，对决策、设计和施工等活动进行有效的管理，使工期缩短，费用节省。

工程项目管理合同的主要内容有：①咨询服务。参加可行性研究、选择施工方案、提供劳务和材料价格信息、提出资金周转建议、指导建筑工程、编制设计和施工文件、准确估算工程费用。②进行招标和签订合同的服务，代理业主进行招标并与承包商签订合同。③进行施工行政管理。负责工程监督、协调工作，主要是对成本与进度进行监督，并预测成本及进度的变化，定期与各分包人会晤，管理各项计划并处理各类纠纷，建立一套施工成本与进度检查的汇报制度。

（四）按计价方式划分

按合同规定的计价方式分类，国际工程承包合同有总价合同、单价合同、成本加酬金合同（亦称监督开支合同）、临时价合同、极限值合同。

1. 总价合同

总价合同有四种不同形式：

（1）不可调值不变总价合同。这种合同的价格计算是以图纸及有关规定、规范为基础，合同总价不能变化。承包商在报价时对一切费用的上升因素都已做了估计并已包含在合同价格之中。采用这种合同时，在图纸和规定、规范中应对工程做出详尽的描述。合同总价只是在设计和工程范围发生变化时才能更改。

这种合同适用工期较短（一般不超过半年）的工程项目。签订这种合同，承包商必须承担一切风险。

（2）可调值不变总价合同。在合同执行过程中，由于通货膨胀而使所用的工料成本增加，因此对合同总价进行相应的调值，但总价依然不变，只是增加调值金额。

调值工作必须按合同的专用条款中有关调值的特定条款进行。

缔结可调值不变总价合同，业主通常要承担因通货膨胀而导致的工资物价上涨所增加费用之主要部分（通常占上涨数额的90%以上）。

这种形式的合同适用于工程内容和技术经济指标规定得很明确具体而且工期较长（一般在6个月以上）的工程项目。

国际工程承包大多数采用这种合同。

（3）固定工程量总价合同。由发包人或其咨询单位将发包工程按图纸和规定、规范分解成若干分项工程，由承包人据以标出分项工程单价，然后将分项工程单价与分项工程量相乘，得出分项工程总价，再将各个分项工程总价相加，即构成合同总价。

实施这种合同标的工程时，承包商不需测算工程量，只需计算在实际施工中工程量的变更。

（4）管理费总价合同。管理费总价合同是指发包单位雇用某一承包公司（或服务公司）的管理专家，对发包工程项目的施工进行管理和协调，由发包单位向负责管理的承包商付给一笔总的管理费。

上述诸种形式的总价合同中，施工说明书尤为重要。一般情况下，在确定工程的性质和体量时，光有施工说明书还不够，还必须附上总体图和必要的施工图。这些图纸必须清晰、准确、完整，与施工说明书中的要求完全一致，并标出全部必需的尺寸数字。

施工说明书的条款只有在承包商和业主双方一致同意的情况下方可修改。

总价合同一般在能够完全详细确定工程任务的情况下采用，在实践中，承包工程往往包括可定性质与体量的部分（地面上工程）和不可定性质与体量的部分（地下基础工程），因此承包工程中往往出现工程量变更问题，且常常因此导致分歧。

一般情况下，缔结总价合同时都写进机动条款，即规定工程量变化导致总价变更的极限（占合同价 5% ~ 20%），超过这个极限，就必须缔结附加条款或另行缔结合同。

总价合同的标的可以是单一的工程部分，也可以是组成一项工程总体的多个工程部分。

2. 单价合同

单价合同结算按照预先确定的单位造价乘以实际完成的工程量来进行。这种合同的单价可以根据具体合同专门确定，也可以基于已有的价目表进行协商。在协商过程中，承包商可以要求降低或增加一定百分比的价格。因此，单价合同在缔约时只写估算总价，而确切的工程总造价只能在施工完毕后方可确定。单价合同包括以下几种：

（1）单价表合同。这种合同取同业价目表中同性质、同规格要求的同类工程单价作为合同的基础价，减少或增加一定百分比，再乘以实际完成的并经过确认的工程量。

承包商的投标书（报价书或建议书）中必须写明一律套用同业价目表中的单价时须减少或增加的百分比，结算时以此为准。必要时应考虑合同的专用条款中明确规定的调值条款。

这种合同一般用于在任务不能详细准确确定情况下的工程，如设计及施工合同。因为只要设计没有完成，任何任务都无法具体确定。这类合同常见于房屋工程和保养维修工程。实施这种合同要求施工过程中必须编写施工日志、施工测量记录和月份明细账目。

单价表合同按正常的缔约方式（招标或议标）缔结。

（2）工程量表合同。工程量表合同与单价表合同颇为类似。这种合同的基础价不是不变总价，而是承包商正式确认的实际的工程量表中规定的单价。必要时考虑合同专用条款中规定的调值条款。

一般情况下，承包商的投标书（报价书或建议书）中均指出可能变更的百分比（但也有规定不增不减的）。

这种合同一般适用于工程性质比较清楚，但任务及要求标准不能完全确定且无类似工程参考单价的情况，因为这种情况下无法签订总价合同。例如，尚未设计的房屋工程及公共工程。

实施这种合同标的的工程，要求施工时编写施工日志，施工过程中及时测量并建立月份明细账目。

工程量表合同可按正常程序即招标和议标签约。

3. 成本加酬金合同

成本加酬金合同的总价是根据实际成本再加上一笔付给承包商作为酬金和利润的附加费用而确定的。酬金是指事先已商妥的承包商的经营管理费，一般为人力与物力的耗费。可接受的工程成本加酬金就是业主应支付的全部费用。成本加酬金合同包括以下几种形式：

（1）成本加百分比酬金合同。酬金按可接受的工程成本的一定百分比计算。

（2）成本加固定酬金合同。酬金通常是以双方协议的估算成本为依据计算出来的一个固定金额。

（3）成本加浮动酬金合同。酬金以可接受的工程成本为基础，参照某些浮动比率进行调整。

（4）最高限额成本加固定数目的酬金合同。这是规定工程造价的最高限额，再加上一笔固定的酬金。这种合同通常都规定超出最高限额的部分造价由承包商负担；但如果有结余，业主可根据合同分享其中一部分。

4. 临时价合同

有些复杂的且涉及某项新技术的工程，因其紧迫性或特殊的技术原因要求紧急施工，而条件尚不能完全确定。在这种情况下，可以先同承包商缔结临时价合同，而后在实施过程中由业主进行特别的监督。缔结临时价合同必须具备以下条件：

（1）紧迫性或特殊技术原因。特殊技术原因系指超出承包商正常施工时可能碰到的情况，如地质情况不明、碰到岩石、需要爆破等无法预测的情况，在工程实施之前无法确定正式价格。

（2）承包商必须接受业主的特殊监督，在合同文件中必须明确规定监督的性质，这种特殊监督既包括对任务进行监督，也包括对财务进行监督。

（3）合同中必须明确规定临时价合同所特有的有关财务方面的义务，缔约承包商必须完全履行。

（4）合同中必须指出作为确定正式酬金的基本要素和规则。

当然临时价合同还必须规定施工工期和开工日期。在承包实践中，工期和正式价格往往在附加条款中确认。

临时价合同缔约前可换文。业主在换文中明确指出任务的性质和在工程造价及工期方面可承担的范围。这种合同并不要求承包商方面的担保银行出具保函，业主既不支付预付款，也不分期付款。

在任何情况下，如果超过预定的工期，必须立即以报告形式通知财务监督人。

5. 极限值合同

这种合同既涉及不变总价合同，也涉及按同业价目表计价的单价合同，其工程付款虽然根据事先商定的单价或同业价目表，但规定任何情况下均不得超过极限值，超出部分由承包商自付。

（五）按法律性质划分

按法律性质通常将国际工程承包合同分为行政法合同（亦称合法合同）和私法合同。行政法合同依据有关行政法的规定，特点是突出公共机构的利益。其主管法庭为行政法庭，合同的管理细则中含有超越普通法条款的规定，如经济担保、工地监督、劳动条件、合同修改、工作命令、无仲裁或无司法强制措施、有展期或解除契约的决定权等。私法合同依据民法的规定，具有非行政特征，裁决须通过法院进行。

行政法合同必须具备两个条件：一是有国家或公共机构参加；二是列有超越普通法条款。但是，行政部门签订的合同不一定都是行政法合同，非行政部门签订的合同也不见得都是私法合同。其具体区分如下：

1. 行政法合同

符合下列条件之一的工程承包合同为行政法合同：

（1）为行政机构实施的派于一般用场的不动产工程，如房屋及土木工程。

（2）缔约业主必须是：①管理部门（国家或地方政府），即使工程为公私合用，如森林、公路；②私人个体，但必须是为行政机构服务或受其委托；③国有机构（或公营机构），即使具有工商业特征，如法国的电气公司，原子能公司等；④工会机构、公共事业机构；⑤为行政部门工作或被其授权的混合公司。

（3）适用法律为行政法或公法。

2. 私法合同

凡属于下述情况的工程承包合同均视为私法合同：

（1）用于私营企业或私人个体的不动产工程，如房屋及土木工程。

（2）缔约业主是：①私营部门或私人个体；②特许公司；③持有公法合同（行政法合同）的总承包商（分包合同）；④乡镇行政机构（工程仅用于乡镇经营的企业）。

（六）按承发包方式划分

鉴于国际工程的承发包方式有多种，因此在合同划分时也常按发包方式分类。通常情况下，分为招标合同和议标合同。

1. 招标合同

所谓招标合同，即通过招标方式授予工程。根据招标文件规定的内容和承包商的投标文件及报价资料而签订的契约。目前国际上大多数国家都采用招标方式对工程实行承发包。这种合同是国际公认的最为严密、合理的契约；它是以目前国际通用的 FIDIC 合同条件为基础结合本国具体要求而制定的。

招标合同分为：①国际公开招标合同，即通过国际公开招标方式授予工程。世界银行、联合国机构及国际多边援助机构提供资金的项目，多数都采用这种合同。②国际有限招标合同。同国际公开招标合同基本上没有什么区别，只是招标范围及开标程序不尽一致。英联邦地区基本上都习惯于采用这种方式授予工程。

2. 议标合同

议标实质是通过谈判形式进行招标的。其合同内容与招标合同没有什么区别，所不同的是实现承发包的手段不一样。由于是议标，许多手续如资格预审、寄标、开标等程序都省略了，但投标报价材料还是需要的，不过通常称为报价建议书。这种建议书常常作为合同谈判的基础，业主和承包商反复谈判最终达成一致意见，签订承包合同。

议标合同在国际工程承包实践中经常被采用，尤其是私营工程和以政府援款为工程资金来源的项目。

四、国际工程承包的有关方面

国际工程承包主要涉及三个方面，即业主、监理工程师或建筑师（工程师）、承包商。另外，还有分包商和供应商等。

（一）业主

业主系指对所实施工程拥有所有权的自然人或法人，业主分为政府部门、地方政府、国有企业、股份公司、私营机构或个人。

业主是工程项目的提出者、组织论证立项者、投资决策者、资金筹集者、项目实施的组织者，也是项目的产权所有者，并负责项目生产、经营和偿还贷款。业主机构可以是政府部门、社会法人、国有企业、股份公司、私人公司及个人。

业主的性质影响到项目实施的各个方面，许多国家制定了专门的规定以约束公共部门业主的行为，尤其是工程采购方面，相对而言，私营业主在决策时有更多的自由。

英文中 employer（雇主），client（委托人），promoter（发起人、创办人）在工程合同中均要理解为业主。开发房地产的业主称为发展商（developer）。

业主委托实施工程通常有以下几种情况：①在不属于自己的场地上委托实施工程；②在属于自己的场地上委托实施工程；③按交钥匙方式委托实施工程；④按包工不包料的办法委托实施工程。但是，委托分包商实施其已经承揽的工程的总承包商不能被视为业主，因为总承包商对其分包的工程没有所有权。

如果业主是政府部门、地方政府、国有公司，则所签的承包合同为公共合同（亦称国家合同）；若业主是股份公司、私人组织或个人，则该合同为私法合同。

业主代表指由业主方正式授权的代表，代表业主行使在合同中明文规定的隐含的权利和职责。业主代表无权修改合同，无权解除承包商的任何责任。

在传统的项目管理模式中，对工程项目的具体管理均由（监理）工程师负责。在某些项目管理模式中（如设计—采购—建造、交钥匙项目），不设工程师，业主代表要担负类似工程师的各项监督、检查和管理工作。总之，业主代表的具体权利和职责范围均应明确地在合同条件中规定。

（二）监理工程师或建筑师（工程师）

监理工程师系指受业主聘任或雇用的充当其首席专业顾问并为业主执行承包工程的监督和管理工作的工程技术人员。

在土木工程中，监理工程师的职责不仅是制订工程开展计划，进行工程设计和技术指导，编制技术明细书、工程量表、其他合同文件以及负责进行材料和施工检查，而且包括各种行政事务工作，例如，对已完工程的检测和估价，确定追加工程费用，以及根据合同条款规定的所有其他属于其职权范围内的事项。工程师必须在不受任何干扰的条件下做出决定。

工程师必须完成以下任务：①召开现场会议；②保管承包商递交的各种证书；③监理或认可承包商提交的关于工程进行的步骤、次序和方法的方案；④视察、检查和监督工事；⑤试验施工用材料并检查施工质量；⑥监督各种计划和各种技术措施的执行；⑦审批或认可承包商提出有关工程实施的各种建议；⑧发出工程变更命令并确定由此引起的费用和费率；⑨测量已完成工程并发给工程量证书；⑩审核各种报表及施工日志或备忘录；⑪发出支付证书；⑫发出工程暂停命令或其他工作命令；⑬按合同规定对承包商做出"失职"事项的证明；⑭签发验收证书；⑮履行合同中明文规定的其他职责。

根据合同规定，监理工程师可以随时把其拥有的权力以书面方式授予其代理人即工程师代表。

工程师代表在委托权力范围内给予承包商的任何书面指示或认可，应被视同监理工程师所做出的一样，对承包商具有同样的约束力。如果承包商对其决定有异议，可提交监理工程师裁决。后者应随时对该决定予以确认、撤销或更改。

在房屋工程承包中，业主通常聘用建筑设计师为其行使监理职权。因此，房屋工程合同的监理工程师通常是负责工程设计的建筑师。如果项目设计由承包商承担，则工程监理任务可以是业主聘请的建筑师，也可以是业主雇用的工程技术人员。

建筑师是自由职业者，受业主雇用，负责工程的设计任务。建筑师在任何时候都不得作为业主的法定委托人。建筑师一旦承担业主委托的设计任务后，不得再与实施该项目的承包商签订子项工程的设计合同（如为承包制作钢筋混凝土设计图纸等）。

（三）承包商

承包商一般指从事专门工程项目施工（有时包括设计）的个人、事务所或公司，或者他们的联合体。建筑工程承包商主要有以下几种：

（1）总承包商。业主通过合同将一项工程整体委托于某一承包商，而该承包商将不属于其专业范围的工程部分转包或分包给第三者，但对业主负全面履约责任（包括分包商的任务在内），这样的承包商称为总承包商。

（2）分包商（亦称专业承包商）。分包商通常指活动范围仅限于特定几项工程的承包商。他们一般是从总承包商那儿分包一部分或某一项或几项特定工程，对总承包商负责。

（3）个体承包商。业主将工程施工所必需的辅助工程部分委托给各不同专业的承包商，这样的承包商称为个体承包商。例如，住宅区建筑工程的外围供电供气网、外围供水管及道路工程等的承包商。这些承包商直接同业主发生关系。

（4）牵头或协调的承包商。业主可以委托一家承包公司（一般是负责主体工程的承包公司）负责牵头或协调承担子项工程任务，这样的承包公司称为牵头或协调承包商。该牵头或协调的承包公司可在监理工程师（住房工程为建筑师）的领导下完成协调任务。牵头或协调承包商也可以在没有监理工程师领导的条件下行使牵头或协调作用。协调合同的广度、标的及其作用可以是多种多样的。首先涉及委托的协调任务，其次涉及协调任务的委托条件。

负责协调任务的承包公司有时可以是不承担任何工程而专门负责协调工作（这种情况很少见）的，但多数情况下是承担主体工程任务兼管协调工作。

委托协调任务常见于承包公司联合体情况。

（5）加入联合体的承包商或承包公司联合体。所谓加入联合体的承包商，系指根据其各自特长承担同一项工程中的各不同子项工程且各自签订合同的承包商，投标时共同选定一名代表，统一投标，投标书或报价材料中注明各家公司所投标的工程部分，如果中标，则各自按报价完成任务，领取报酬。各家公司对各自的工程部分直接负责，材料各自供应，盈亏自负。

联合承包的各家公司选定的代表作为共同委托人，同时起协调作用，共同委托人对其代表的各缔约公司的履约不力负完全责任。

承包公司联合体系指两家以上的公司为承揽并实施某项工程而自愿结合成统一的联合体形式。联合体只能由一家公司充当负责人，行使合同赋予的权利，承担履约责任。

（6）连带责任承包公司。一个合同可以同时由多家公司共同持有。对于业主来说，持有合同的各家公司都是其债务人，对其义务共同承担责任。若有某一家或某几家公司履约不力，其他负有连带责任的公司均得受牵连。

连带责任合同的方式多种多样，但绝大多数情况下都必须正式指定一家作为连带责任承包公司的委托人，负责各公司之间及其与业主、与监理工程师（或建筑师）之间的联系。

连带责任承包公司之间的关系应通过一种特殊的协议来解决。这种协议的性质、方式可以是多种多样的：①连带责任公司可以共同实施全部工程，根据预先确定的比例共同承担工程亏损或分享利润。②连带责任承包公司也可以商定分摊工程和酬金，各自独立实施工程，独自承担费用、风险、亏损和分配的工程任务，领取各自应得的酬金。但这种做法将使连带责任承包公司名存实亡。

连带责任工程承包合同即联合承包工程合同。这种合同在实际工作中或在法律方面有助于克服一些困难，尤其是当连带责任承包公司联合体中的某些成员在财政上遇到困难，无力支付贷款或不能支付与其直接缔约的分包商、工人、供应商工程款时，联合体可以帮助解决。

但是，在履约过程中，这种连带责任工程承包合同给参与实施工程的各家承包商所带来的不便远远超过其有利的一面。

首先，采取这种方式承包往往是迫于工程发包国的保护政策。大多数工程发包国制定有优先授予合同由外国承包公司与本国公司组成的承包联合体或负连带责任的外国公司和本国公司的法规，以此达到借外国公司之力保本国公司之利的目的。外国公司若想夺标，就必须冒为当地公司承担责任的风险。因此，该负有连带责任的两家或多家公司必须签署措辞严谨的投标前协议，双方明确各自责任及在为对方承担责任时的条件等。但这种投标前协议不可能完全预料在履约过程中发生的所有事宜，也就是说不可能避免将来发生纠纷。

其次，这种合同中必须规定一项特殊条款，即在一家公司不能完成自己所担负的那部分工程时，另一家公司要把这部分工程作为自己的任务承担起来并负责完成，它相应地获得原合同规定的这部分工程的费用。在这种情况下，无论出于什么原因，业主对承包公司因此而增加的任务费用均不进行补偿。这一特殊条款无疑对连带责任承包公司非常不利。因为当一家承包公司不能完成其承担的部分工程时，另一家公司必须另外筹集人力、物力等物源，这必然增加工程开支，而业主却不承担这笔费用，未尽其责的承包公司必然受到指责并被要求赔偿。能否赔偿，赔偿至何种程度？这些问题都是纠纷的根源。

南斯拉夫萨格勒布水电公司（HIDKPOELEKTRA）同阿尔及利亚国家公路工程公司（SONATRO）曾按照这种方式承担了阿尔及利亚的一项公路工程。虽然合同从投标到签约都进行得颇为顺利，而且业主分别同两承包公司单独签约。但两个合同中都明确写有连带责任条款，从而把这两家公司牢牢地拴在一起。在履约过程中，双方没完没了地争吵，互相指责，致使合作异常艰难，且均受到重大损失。

因此，在缔结连带责任工程承包合同时须更加谨慎。通常情况下以不签为佳。

（四）分包商

分包商是指那些直接与承包商签订合同，分担一部分承包商与业主签订合同中的任务的公司。业主和工程师不直接管理分包商，他们对分包商的工作有要求时，一般也通过承包商处理。

国外有许多专业承包商和小型承包商，专业承包商在某些领域有特长，在成本、质量、工期控制等方面有优势，数量上占优势的是大批小承包商。如在英国，大多数小公司人数在 15 人以下，而占总数不足 1% 的大公司却承包了工程总量的 70%，从宏观来看，大小并存和专业分工的局面有利于提高工程项目建设的效率。专业承包商和小承包商在大工程中一般都是分包商的角色。

　　分包商在国内也称为二包商，下面还有分包商，在国内称为三包商及四包商等。

　　指定分包商是业主方在招标文件中或在开工后指定的分包商或供应商，一般情况下指定分包商仍应与承包商签订分包合同。

　　广义的分包商包括供应商与设计分包商。

　　（五）供应商

　　供应商是指为工程实施提供工程设备、材料和建筑机械的公司和个人。一般供应商不参与工程的施工，但是有些设备供应商由于设备安装要求比较高，往往既承担供货，又承担安装和调试工作，如电梯、大型发电机组等。

　　供应商既可以与业主直接签订供货合同，也可以直接与承包商或分包商签订供货合同。

第二节　国际工程承包合同的内容

一、合同的主要内容及其相互关系

　　（一）国际工程承包合同的主要内容

　　工程承包合同的类型不同，格式上也就存在一定的差别，有的合同条款多，最多可达五六十条，文字说明详细，内容复杂；有的条款较少，内容较简单。合同内容的复杂程度是由它所涉及的工程规模、造价、支付方式以及工期等条件决定的。但是不论是哪一类型的合同，都必须包括以下主要内容：①合同的目的（也称目标），即合同的标的，包括工作范围、数量和质量。②为完成（或实现）这一目标所规定的时间。③完成这一目标的总价格，以及支付条件和支付方式。④为完成这一目标，双方各自应承担的义务和应享有的权利。⑤为确保合同得到完美实施，合同对各方规定的保证性条款。⑥为惩罚违约行为，合同规定的惩罚性条款。

　　（二）合同中各有关条款的相互关系

　　掌握合同各有关条款的内容及其之间的制约关系，在订立和执行合同时，就能处于主动地位。如工期延误条款，在大多数情况下，对延误工期，通常合同都规定由承包商承担责任。但合同同时还规定，若延误工期属于业主的原因或不可抗力条件（恶劣天气）所造成，则承包商有权要求延长工期，而不被罚款。因而在订立合同时，承包商要仔细考虑到业主可能会有哪些行为影响承包商正常施工，致使承包商延误工期；在施工过程中，承包商还应清楚地认识到哪些是业主原因或是不可抗力的原因，而造成工程延误，这样承包商自己才可免受或少受经济损失。为了了解合同中各有关条款之间的制约关系，现将合同条款分成几种类型。

合同条款大致可以分为五种类型：即基本条款、法律条款、主要条款、保证条款和其他条款。基本条款包括当事人双方、合同文件、合同语言、通知条款、保密条款等内容；法律条款包括适用法、税捐、合同生效、不可抗力、仲裁、终止合同等内容；主要条款包括工作范围、价格、劳务、施工机械和材料、支付条件、工期等内容；保证条款包括保险、保函、误期罚款等内容；其他条款包括场地勘查、临时工程、指定分包人、转包和分包、工程量的计量方法、现场秩序、工程师及其代表出入现场等内容。其中主要条款和保证条款所含的内容是合同的实质性内容，各条之间错综复杂的关系主要集中在这两部分内容中。

关于条款之间的相互关系，现以图 6-2 表示，图中虚线连接的两项条款，表示其间存在制约关系。

（三）合同双方权利和义务的相互关系

合同双方之间的权利和义务关系是互为补充、相互制约的。一方的权利就是对方的义务，对方的权利也就是自己一方的义务。换句话说，一方某种权利的实现应是履行自己某种义务的结果，如某一方不履行自己的某种义务，那就要失去从对方取得相应的权利。这是掌握合同内容的一个重要的指导思想。例如，承包商为实现自己能按期按数从业主那里收取工程款这一权利，就一定要根据工程进度计划，按质按量履行其完成一定工程量的义务，其收款的权利是其完成施工义务的结果。若承包商不能正确地履行这一项义务，那么就要失去这一项权利；反之也一样，业主若要实现其按工期接收工程的权利，就一定要履行其按时按数向承包商付款的义务，他实现接收工程的权利是他履行付款义务的结果。因此，无论我们在制定合同还是在执行合同时，首要的一点，就是要清楚地认识到自己一方和对方在合同中各自所承担的责任、义务和享有的权利以及双方之间的权利和义务的相互关系。关于合同双方的权利和义务，以后还将详述，这里先以表 6-1 简单表示合同双方在一些重要条款中的权利和义务的相互关系。

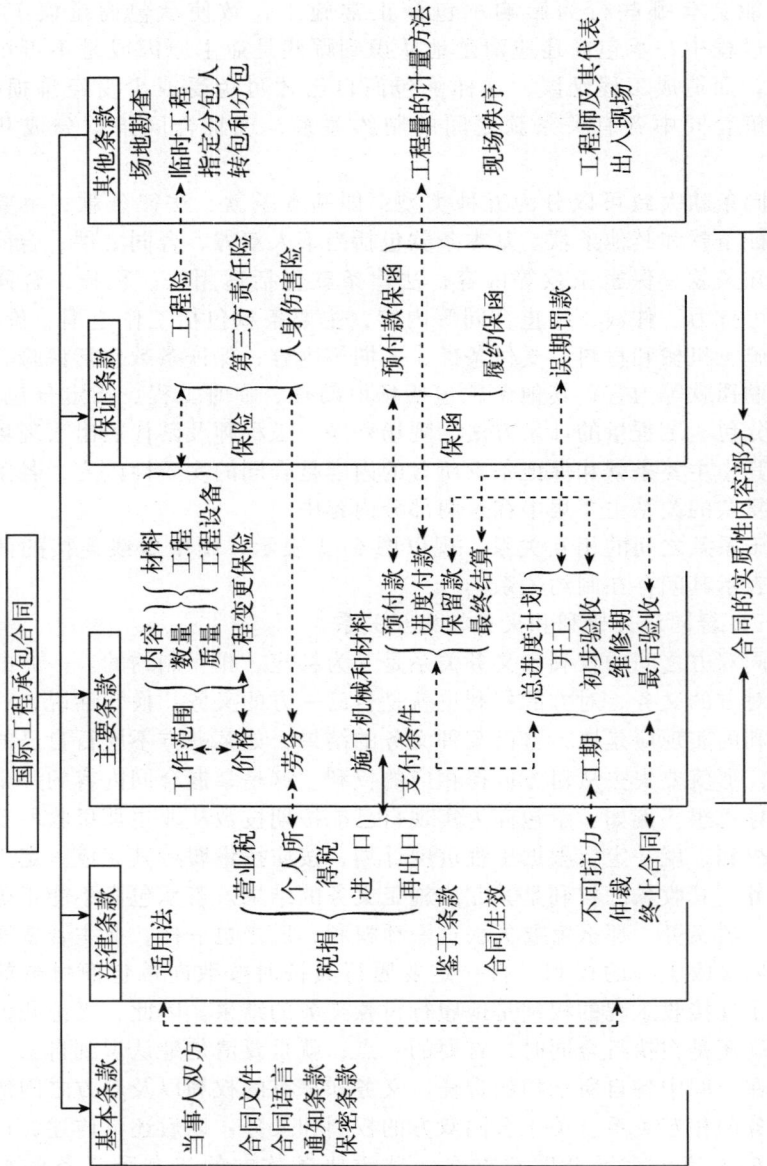

图6-2 国际工程承包合同各合同有关条款之间的相互关系图

表 6-1　　　　　　国际工程承包合同双方权利和义务的相互关系

甲　方	权利和义务的内容	乙　方
（1）批准施工总计划 （2）按时交付施工现场 （3）按时支付预付款 （4）提供合格图纸，完成乙方人员入境手续 （5）初步验收和最后验收 （6）维修期	工期	（1）提交施工总计划 （2）勘查现场 （3）提交预付款保函 （4）按时开工 （5）符合施工进度要求 （6）维修期
（1）延误工期，如属乙方原因，甲方有权对乙方罚款 （2）如误期属甲方责任，甲方应延长工期或补偿乙方的损失	误期罚款	（1）乙方应按期完成，如延误工期属乙方责任，应被罚款 （2）如误期属甲方责任，乙方有权要求延长工期和额外补偿
（1）临时验收材料和设备 （2）提供合格图纸，监督施工情况，确认乙方施工记录的检查和签字 （3）临时验收 （4）配合乙方办理其人员入境签证、工作证、居住证等 （5）维修期的权利	工程质量	（1）提供合同材料和设备 （2）施工应符合设计要求和规范要求 （3）符合工程施工进度 （4）保证乙方人员的素质 （5）维修期的责任
（1）按时支付预付款 （2）按时审核乙方的月工程进度报表，按时支付月进度款 （3）延误付款，应支付利息（甲方对乙方承担的责任）	支付条件	（1）按期提交预付款保函 （2）制定和提交月工程进度报表（进度款申请报表） （3）进度款的扣留数额（乙方对甲方承担的义务）
（1）设计变更后应及时通知乙方 （2）及时审核并确认设计变更后未完工程的工程量，以便确定增减工程量的价格	工程变更	（1）必须按图纸施工，不得自行变更（增减）工程量 （2）提出工程变更后的计量及计价方式，以确定增减工程的价格
（1）废除合同，扣留履约保函 （2）取得保险凭证（保险单和保险费收据） （3）行使其对乙方误期罚款的权利	保证条款	（1）提交履约保函 （2）完成保险手续 （3）保证按期完工

二、合同常用条款

虽然合同分类多种多样，合同条款的相互关系较为复杂，但各类合同还是有共性的通用条款，这些通用条款也是合同的常用条款。现将承包工程的各类合同的常用条款说明如下。

（一）当事人各方

这是合同的开头部分，阐明当事人的全名称和地址。如当事人是公司，还应说明该公司的设定和存在所依据的法律。

这样阐明的目的是确认各方的法律地位，和各方代表被授予的权利的性质与范围，并阐明和确认在诉讼情况下各方所受管辖的法院。

开头部分并不是合同的目标。但是根据合同中具体一方的法律地位，另一方就可以对该方的支付或合同中规定的履约义务，从第三方得到安全保证。

这一部分，在书写名称、地址时应避免错误，但是即使出现了错误也不能使合同作废，当事人仍可被认证。

（二）"鉴于"条款

"鉴于"条款主要是陈述合同的背景和合同基于的事实，阐明当事人各方的目的与意愿。"鉴于"条款对当事人在法律上并不赋予约束力。但是，在合同争议的任何诉讼中，法院逐字寻求对合同的解释时，"鉴于"条款将是解释主体合同的基础。

（三）定义

对在合同中频繁出现、含义复杂、意思难理解的术语，应明确其定义，其目的是使合同简明精确，予以定义的术语是根据这一目的来选择的。在国际工程承包合同中通常要予以定义的术语有业主、雇主、承包商、分包商、合同、合同价、工程、永久性工程、临时工程、工地、施工期、工程师、工程师代表、图纸、投标文件、合同文件、批准、成本费用等。

这些术语，有的合同是在其第一次出现时予以定义，有的合同是集中在一个"定义"段落中，还有的是通过在该术语之前加上"所述"或"上述"，以避免重复对一个已经充分阐明其意思的术语再予以定义。

（四）工作范围

由承包商承担并完成的工作范围，与合同条款和条件是密切相关的。工作范围一经确定，就要认真地考虑对其他条款和条件的影响。

工程承包合同工作范围涉及的主要内容是工程规模、种类、质量要求、材料和机械设备的供应，施工人员的提供，各方对工程施工和施工管理所承担的义务和责任，以及与上述工作内容有关的其他一切工作。

（五）通知

在执行合同过程中，一方常有许多书面通知需要发给对方。如何填写通知发送的地址和发送方法以及通知生效的时间等，均应在合同条款中阐述清楚。通常的规定是，当通知按合同所确定的地址和方式投递时，即使没有到达或迟到也应看作对方已按时收到。用电报和电传通知时，需随之以书面确认。

（六）工期

在工程承包合同中，最关键的一点是业主要求承包商在一定期间内完成工程的施工，规定明确的开工日期和竣工日期。

承包商在保证的工期内如不能完成施工任务，根据合同条款的规定，就要向业主支付违约误期罚款或其他罚金，一般按每延误一天或一星期计，但是在合同中，承包商对此也可以并且应该提出保护自己的条款，包括：①可允许的延误宽限期；②罚款的最大金额，按合同总价的一定比率计算（一般不超过 3% ~ 5% ）；③提前竣工应付给承包商奖金。

（七）合同价

按合同价格，工程承包合同主要分为固定总价合同、成本加酬金合同和单价合同。这三种合同在计价方法上有很大的差别。

固定总价合同的总价是经当事人按照商定的条件事先确定并在合同中予以规定的，其主要特征是承包商同意按议定的价格承建工程，承担一切不可预见的风险；业主也同意按议定的总价付给承包款项，不问承包商是否取得巨额利润或遭受巨大损失。

成本加酬金合同的总价是根据实际成本加上双方议定的一笔酬金、利润和附加费用确定的。其特征是要有双方同意的概算，包括以概算为基础的成本、利润和酬金，最高造价限额及其他内容。在这类合同中，通常都应由双方议定一个作为预定目标的成本和预定目标的利润，总价的最高限额以及确定最后利润和价格的公式。

单价合同是在合同中规定单价。合同的总价是按照合同规定的单价乘以实际完成的工程数量计算的。也就是说，付款不是以估算的近似的工程量为依据，而是以实际完成的工程量为依据。单价合同的重要特征是，承包商所得的总金额随实际工程量的变化而变化，而单位单价在签订合同时经双方确定之后，在整个施工过程中都保持不变。

　　不管合同价是采用哪种方式计算，在拟订合同条款时，应特别注意规定各类指标数增减幅度达到多大的百分比时需调整合同价格或单价。

　　另外，在商讨价格时，必须考虑货币贬值的风险。合同计价的货币应争取采用国际流通货币。为了避免当地货币贬值的风险，在签订合同时可在合同条款中确定一个固定的汇率。

　　在实行外汇管制的国家，通常都采用由政府规定的法定汇率（官方汇率），但官方汇率在不同时期也有变化，对此要非常慎重。特别是大型项目，工期长、金额大，如不注意，很可能给承包商带来灾难性的损失。

　　（八）支付条款

　　支付条款的主要内容包括支付的货币、兑换率、付款办法和付款手段。

　　（1）货币。要明确规定付款所用的货币，通常是用美元，也可用可兑换美元的其他货币。如果合同价所定货币与付款所用货币不相同，在合同中还要明确规定两种货币之间的兑换率。

　　（2）兑换率。关于兑换率的确定，要分两种情况来考虑。如果合同用美元计价，其中支付一定百分比的当地货币，要考虑当地货币贬值的风险性，采取支付当日当地国家银行公布的两种货币的兑换率。如合同用当地货币（非国际流通货币）计价，其中支付一定百分比的美元，则要考虑当地货币贬值的因素，对支付的美元部分在订立合同时应确定固定兑换率，即在合同条款中把兑换率定死，免得因当地货币贬值而蒙受损失。

　　（3）付款办法。常用的付款办法有进度付款、定期付款和延期付款（分期付款）3种。进度付款是按合同所规定的每项完工的部分而付款，这是最合理的付款办法。定期付款是按固定的时间表付款，一般是以合同施工进度计划表为基础。但是，如果施工进度提前或推迟，一方或另一方就会不满意这种付款办法。延期付款是一种分期付款，以月、季、年或其他一定期限为基础，如3年、5年和10年。延期付款也叫供方贷款，因为这种方式实际是卖方（承包商或供应商）给买方（业主）贷款。采用延期付款方式时，合同应表明在漫长期间内由哪一方承担兑换率变化的风险。

　　（4）付款手段。付款可以用汇款或信用证方式进行。付款方式的选择，要以安全、可靠、及时为原则，对东道国和业主的贷款状况认真考虑之后再决定。

（九）违约罚款

在合同所规定的（或延长的）工期内，如果承包商不能完成工程，合同规定承包商要赔偿业主的损失，称为误期违约罚款。

误期违约罚款一般有两种形式：一种是在合同中规定一笔固定的罚款金额，现在多数合同已不这样做；另一种是在合同中规定每延误一天或一周应罚款的金额。一般来说，不管哪一种形式的误期罚款都不应超过合同总价的 5%。误期竣工的天数是从合同规定的竣工之日起到工程误期竣工之日止。但在全部工程竣工之前，按承包合同的有关规定，如果业主对工程的一部分已签发竣工证书，且为业主占用或使用，则这部分不算误期竣工（当工程的其他部分误期时），不计算罚款。另外，延误工期如不是承包商的原因而是业主的过失所造成，承包商不应被罚款。

（十）保证

保证系指在合同一方当事人不能履行某项义务时，必须付给另一方当事人一定数额现金的书面保证，是合同双方为了确保合同的切实履行，而共同协商采取的具有法律效力的措施。

在国际工程承包合同中，对承包商所要求的保证有：①履约保证（也称履约保函），担保承包商在合同中的履约义务。②还款保证（预付款保证），担保承包商偿还业主为未完工程所付的预付款。预付款保证也称预付款保函。合同应明确规定由承包商取得的保证（保函）的种类、金额、格式、提交日期及有效期。③维修保函。有的合同规定在工程初步验收后，承包商还需提交这种保函，以保证在维修期内对工程进行正常的、必要的维修。

（十一）保险

在国际上承包工程不仅签约双方有风险，同时对相邻的或进入该项目工地的第三方以及社会财产也会带来风险。虽然承包合同一般都规定了承包商对工程项目的任何损害承担义务，并赔偿业主因索赔而产生的损失，但业主仍坚持这种赔偿损失应以承包商取得的保险单作为抵补，这是惯例。就是说，承包商必须对工程进行保险。

涉及保险的合同条款通常还规定，如有关一方未能提供业经保险的凭据（惯例上是提交保险单和保险费收据），则另一方可以自行对风险投保，并将其支付的保险费转给过失一方。

保险的目标是处理特定危险事故的发生，保险的主要作用是补偿损失。

　　国际工程承包业务中的保险主要有三种，即工程保险（亦称财产保险）、第三方责任保险和人身伤害保险。

　　（十二）税金

　　国际工程承包合同通常涉及的税金项目有合同税、所得税、社会福利税、社会保险税、养路及车辆执照税、地方政府所征收的特种税以及关税和进口税。

　　各种海外工程承包合同的税金条款无一定标准。因为不同的国家、不同的地区和不同的业主，要求承包商支付的税金种类、税率及课征办法各不相同。因此在签订合同时，当事人各方应对纳税的范围、内容、税率和计算方式一一明确规定。

　　（十三）不可抗力

　　不可抗力通常系指事先不能合理预见和无法避免的一种人为或自然力量所产生的环境或事变，它包含一切非人力所能控制的危险或意外事件，如战争、地震、洪水、海啸等。在承包合同中，什么样的事件算是不可抗力事件，要由当事人双方议定。

　　一旦不可抗力事件发生，承包商就可免除对业主所承担的履约义务，如按合同竣工期完成该项工程的义务等。但应注意到，假如在合同中没有列入不可抗力这一条款，而遭遇天灾等不可抗力事件时，则当事人仍有履行合同的义务。

　　在讨论本条款时，需要考虑的第一点是劳工纠纷是否算作不可抗力。第二点是要不要对一种长期延续的不可抗力做出安排，即在所述的一定期间内，如果不可抗力事件的影响仍然存在，则合同是否允许任何一方按其自己的观点取消或终止合同。另外，如港口滞塞，严重影响卸货，能否规定为不可抗力。由于各国对不可抗力的规定标准不一，这些都需要双方具体商定。

　　（十四）适用的法律

　　合同按照某一种管辖区域的法律的解释可能会不同于按照另一种管辖区域的法律的解释。解释合同所依据的法律称为"适用法律"。在绝大多数国际工程承包合同中，当事人各方都同意规定适用法律，都很重视适用法律的选择。

　　合同规定这一条款的目的，是为解决双方日后发生的纠纷，为进行仲裁或诉讼确定法律依据。

　　在不同国别的当事人各方之间最困难的谈判条款之一是选择适用法

律，因为通常双方都熟悉本国的法律而不熟悉对方国家的法律。这样，双方有时也就同意用第三国的法律作为合同的适用法律。

如果合同选用的适用法律是第三国的法律，那么它和项目所在国的法律关系如何处理？例如，合同双方当事人分别来自 A 国和 B 国，他们选用 C 国的法律作为合同的适用法律，但项目是在 D 国。在这种情况下，如双方发生纠纷，而对合同的某一条款的解释，C 国的法律和 D 国的法律发生冲突时，根据国际惯例，合同的适用法是 D 国的法律。

如果合同没有规定"适用法律"这一条款，仲裁时仲裁机构将依据合同签字地的法律或项目所在国的法律解释合同。因而国际上一些有经验的承包商，为了使其本国的法律成为合同的适用法，往往不在合同中规定这一条款，采用改变合同签字地的手法，有时合同明明是在第三国签字的，而在合同文本上却表明合同是在其本国签字的。

另外，在签订分包合同时，通常选用的分包合同的适用法应和总包合同的适用法相一致。

（十五）终止

承包合同通常含有终止条款，根据此条款的规定合同可以终止，或某些事件发生后合同可自动终止，如破产；或在一定期间内任何一方因不可抗力而不能履行合同对其规定的义务，或实质性违约行为等。

什么样的违约行为是实质性的，什么是不可抗力以及什么事件发生就可终止合同？这些都应在合同中规定清楚。

有些合同规定一方可以终止合同而"不承担赔偿义务"，就是免除终止合同的一方应为另一方的各种损失（因终止合同所造成的）承担付款义务。

在合同中双方可以规定实质性违约行为发生后允许终止合同，或规定希望终止合同的一方给违约方事先通知，这样就可以使被违约方在一定的期限内有补救其违约行为的机会。

（十六）仲裁条款

在执行合同的过程中，合同双方当事人之间发生争议和纠纷是不可避免的，因而规定解决纠纷的办法是合同不可缺少的内容。

解决合同纠纷通常有四种方式，即协商、调解、仲裁和诉讼。

1. 协商

协商是指纠纷发生之后，合同双方当事人根据合同条款内容和发生的事实，自行协商，寻找出一种双方均可接受的办法，合理解决纠纷。

2. 调解

调解是合同双方虽经协商，但纠纷仍无法解决，这时一方或双方便邀请第三者出面，在双方之间做些说服和调解工作，使矛盾得到解决。

一般来说，合同双方的纠纷大多数是用协商和调解的办法来解决的。因为这样可以省时间，也可节省大笔仲裁费或诉讼费，同时也有利于维护双方的名誉，有利于维持双方的友好情感和继续合作。但当协商和调解不起作用时，一方就要将纠纷提交仲裁。仲裁大多是迫不得已，或双方争议很大（例如，争议的金额大），而各方又都不肯做大的让步，或一方故意制造争端有意抵赖。

3. 仲裁

仲裁条款是双方当事人愿意把他们将来可能发生的争议交付仲裁解决的一种协议。这种协议通常包含在主合同中，又称仲裁条款。仲裁条款是仲裁机构和仲裁员受理争议案件的依据。

在合同谈判中，仲裁条款的拟订是双方都十分关心的问题。因为仲裁条款订得适当与否，关系到将来可能发生的争议能否得到合理的处理，关系到双方的切身利益。一般来说，仲裁条款应当尽量订得具体明确，以便需要仲裁时有所遵循。

仲裁条款一般应包括仲裁地点、仲裁机构、仲裁程序和仲裁效率等内容。

仲裁地点是仲裁条款的主要内容。在商订仲裁条款时，双方都力争在本国仲裁。这一方面是当事人对自己所在国的法律和仲裁做法比较了解和信任；另一方面是因为仲裁所适应的程序法一般都要适用仲裁地的法律，就是说，在哪个国家仲裁，就要适用哪个国家的仲裁法规。对于确定双方当事人权利和义务的实体法，如果在合同中没有做出明确的规定，仲裁员一般要按照仲裁地（国）的法律冲突规则来确定合同所适用的法律。适用不同国家的法律，就会对当事人的权利和义务做出不同的解释，得出不同的结论。合同也可规定在第三国仲裁。

仲裁机构一般都是民间组织，是由双方当事人指定的。我国现行对外经济合同采用的仲裁机构多为中国贸易促进委员会对外经济贸易仲裁委员会或瑞典斯德哥尔摩仲裁院。通常在合同条款中均应规定具体的仲裁机构。

仲裁程序一般包括提出仲裁申请、指定仲裁员、案件审理及答辩、仲裁裁决及对仲裁裁决的执行。这些程序和做法均按合同规定的仲裁程序规则进行。

仲裁裁决的效力是指裁决是否是最终的，对当事人有无约束力，当事人能否在裁决之后再向法院上诉。现在国际上通行的仲裁条款一般均明确规定仲裁裁决是最终的，对双方都有约束力，双方都必须执行，且任何一方都不可再向法院提出变更或撤销裁决的起诉要求。

在商讨仲裁条款时，还需要注意的是，由于各国的文化传统、价值观念不一样，因而对处理合同纠纷的态度及采用的方式也就不尽相同。在对仲裁条款的处理态度上，日本人和美国人就不一样。在合同中规定由第三者进行仲裁，是美国人的合同中的一项标准条款。可见，美国人着重于合同（条款）原则。但和日本人订立合同时，虽然也规定仲裁条款，可是通常还要同时规定"如双方发生争议，双方将通过友好协商解决，如通过协商仍不能解决，可提交仲裁"。可见，协商原则是日本人解决合同纠纷的一项基本原则，这一点，与中国是一样的。中国人重信誉、讲道义，所以解决合同纠纷都以友谊、合理为指导思想，以友好协商为基本原则。只要认为对方的要求是合理的，即使对己不利，也能实事求是地承担全部或部分属于自己的责任，使双方纠纷得到合理解决。因此，我国对外签订的绝大多数合同，都有"通过友好协商"解决双方之间纠纷的条款内容。

4. 诉讼

经以上三种方式不能解决问题的，合同双方当事人有权向法院提起诉讼，通过法律解决双方纠纷问题。

（十七）工程变更

承包工程中，工程变更是经常发生的，也是最关键的问题。因为它涉及甲乙双方的权利和义务，并且直接影响合同价格。工程变更是指设计和规范的变更。根据国际惯例，承包商有权按原来的设计和规范执行合同，而拒绝业主变更工程的要求。因为种种理由，在工程进行过程中，业主总是要求对工程作一些改变。在工程承包合同中，如果没有关于工程变更的条款，业主就没有合法权利单方面变更工程的内容，所以通常都有一项关于工程变更的条款。对此，在会谈讨论时应特别慎重，应根据不同的国家和不同工程的性质，制定出合理的规定。

（十八）合同文本和合同语言

在合同中，应明确规定书写合同及有关合同文件、通知和命令所使用的语言文字。国际间合同所用的语言文字多为英文。如果是使用两种以上不同的语言文字写成的书面协议，应规定两种语言文本是否具有同等效力；如不具有同等效力，应规定在解释上发生差异时应以哪种语言文本作为正式文本，哪种语言文本只用译文。

合同文本还须说明本合同共有几份，双方各存多少份。如与合同有关的其他主管部门也保存合同正本，应加以说明。

（十九）合同生效

合同一般都是自签字之日起开始生效，但有的合同签字后，还需经一方或双方某主管部门批准，作为合同的生效条件。属于这一情况时，在合同中应明确规定。同时还需说明，如在签字后的一定期限内，某主管部门不予批准，不能完成这一条件，则本合同完全失效，任何一方都不得向对方要求赔偿。

三、国际工程承包合同常用术语

（1）竣工奖励。竣工奖励是指业主对承包商按期提前竣工给予的奖励。如果承包商要求业主对其提早竣工给予奖励，在合同的有关条款中就应予以规定，并且要明确具体。

（2）汇款。汇款是付款方通过银行，使用各种结算工具，将款项汇交收款方的结算方式。

（3）汇款人。在汇款业务中，付款方叫作汇款人。汇款人在委托汇出行办理汇款时，要出具汇款申请书。此项申请书在西方国家被当成汇款人和汇出行之间的一种合约。汇款人是汇款业务中的四个当事人之一。

（4）收款人（受款人）。在汇款业务中，收款方叫作收款人。收款人亦称受款人，系指收受汇票、期票或支票票款的人，是票据的主债权人。他有权向付款人要求付款，如遭拒绝，有权向出票人追索票款。收款人经票据议付背书，成为背书人时，同样承担对于票据的承兑或付款人的保证责任，如遭退票，当持票人向其追索时应负责偿还票款，然后再向出票人追索补还。

（5）汇出行。受汇款人的委托汇出汇款的银行，叫作汇出行。汇出行有义务按照汇款申请书的指示，用电汇、信汇、票汇中的任何一种方式通知汇入行。汇出行和汇入行之间事先订有代理合约，在代理合约规定的范围内，汇入行对汇出行承担解付汇款的义务。

（6）汇入行（解付行）。受汇出行委托，解付汇款的银行叫作汇入行或解付行。

（7）票汇。票汇是汇出行应汇款人的申请，代汇款人开出以其分行或代理行为解付行的银行即期汇票，支付一定金额给收款人的一种汇款方式。

（8）电汇。电汇是应汇款人的申请，由汇出行拍发加押电报或电传给在另一国家的分行或代理行（汇入行），指示解付一定金额给收款人的一种汇款方式。

（9）密押。在电汇业务中，为了使汇入行核对金额，证实汇出行拍发电报的真实性，汇出行在发给汇入行的电报上须加注密押，发电后将电报证实书寄给汇入行，作为汇入行核对电文之用。汇入行收到电报，核对密押相符后，填制电汇通知书，通知收款人取款。

（10）信汇。信汇是应汇款人的申请，由汇出行将信汇委托书寄给汇入行，授权解付一定金额给收款人的一种汇款方式。

（11）信汇委托书。信汇委托书不加密押，但须签字，经汇入行核对签字无误，证实信汇的真实性后，方能解付。

（12）兑换率。兑换率是表示一个国家的货币单位可折换成另一个国家的货币单位的数目。汇率表示方式有两种：①每元或每百元本国货币折换外国货币若干；②每单位外国货币折换本国货币若干。

（13）利息。就广义而言，利息是使用金钱或资本的费用，使用者按期支付。

资金的时间因素是计算经济效果的一个重要因素。货币存入银行，是以失去使用资金的权利为代价，所以要付利息，这就叫作资金的时间价值。

（14）单利。单利系指利息的计算不经由累积性的程序，而每个周期末，全部由本金一次计算而求得。支付利息的多少与借贷本金的时间长短成正比。单利的计算公式为：

$$I = P \cdot S \cdot N$$

式中：I 为单利利息；P 为借贷数额；S 为单利率；N 为偿还前经历的周期数。

（15）复利。复利的计算是以特定的周期为基准，在每个周期末将单利加入本金，即将本期利息转为下一周期的本金。下一期按上一周期末的本利和计付利息。复利的计算公式为：

$$I = P\left[\ (i+1)^{N} - 1\right]$$

式中：I 为复利利息；P 为本金；i 为计算周期的利率；N 为计算利息的周期数。

（16）银行透支。银行透支指存款人在其银行往来户内所欠银行的金额。

（17）不可撤销的信用证。不可撤销的信用证是指信用证一经开出，在有效期内，非经信用证各有关当事人的同意，开证行不能片面修改或撤销的信用证。只要受益人提供与信用证条款相符的货运单据，开证行就必须履行其付款义务。不可撤销的信用证对受益人收取货款较有保障，所以在国际贸易中使用得最多。

不可撤销的信用证必须在信用证上标明"不可撤销"字样，如无此明确表示，则被视为可撤销的信用证。

（18）银行手续费。银行为顾客服务所收取的费用（不包括利息及贴现），如代为收款、拒付、兑换、支票或提供其他服务收取的费用。

（19）银行保证书——保函。在国际投标过程中，银行保证书是为承包商一方担保，向业主开立的保证文件，也有的是为分包商一方担保，向总承包商开立的保证文件。工程承包业务的保函一般有投标保函、履约保函和预付款保函3种，也有少数合同应用维修保函。

（20）投标保函。投标交易过程包括3个环节，即招标、投标、开标。其中投标一环的具体做法是招标人要求投标人在规定的期限内，将投标文件用密封信件寄给或由投标人或其代表当面提交给招标人。为了预防判标后投标人不同招标人签订合同的风险，业主（招标人）就要求投标人经银行开立投标保证书，向其担保投标人在得标之后一定签约。

投标保函金额一般为投标总价的2%～5%，有效期自开标之日起3个月或6个月不等。投标保函要与投标文件同时提交，否则投标无效。若不得标，招标人应将投标保函退还投标人注销。

（21）履约保函。投标人得标后，根据投标文件所规定的各项条件，与招标人签订合同。投标人要求当地银行开出履约保函，向招标人（业主）担保投标人一定按照合同条款履约，否则银行赔偿占合同总价一定百分比的保证金。

为了简化开证手续，有时银行也可将开出的投标保函，经过修改手续和确认，改为履约保函。

（22）预付款保函。预付款保函，是业主向承包商（或承包商向分包商）预付款前，由承包商向业主（或分包商向承包商）提供偿还预付款的保证。这项保证是应承包商（或分包商）的要求，由银行开具的，通常称预付款保函。

（23）现场勘察。在投标文件中"现场勘察"的含义包括：

①业主交给承包商的投标文件是可用的，承包商已从业主或代表业主部门取得从考察中得来的与工程有关的水文和地质条件的资料，且投标书被认为是以这些资料为基础的，但承包商对其中的理解，应由承包商自己负责。

②承包商还被认为已考察和查看了现场（周围）环境并取得与此有关联的适用资料，就其适用范围而言，已使他满意。

③在提交投标书之前，有关现场的地形和特征，其中包括地表状况、水文和气候条件、工程范围和类型、建设工程所需的材料、进入现场的道路和方式，以及承包商可能需要的居住设施。总之，应认为承包商已取得一切必要的资料，包括对其投标有影响或损害的易受风险、意外事故及其他资料。

（24）关税。关税是商品经过一国国境时，该国政府对进出口商品所征收的税。关税的种类可分为：

①按征收的目的来分，可分为财政关税和保护关税。财政关税主要是为了增加财政收入而征收的关税。这种关税的特点是税率不太高，以利于增加进出口带来更多的关税收入。

保护关税是为了保护国内市场而征收的关税。其特点是税率高，因为只有税率高才能达到限制进口的目的。有时税率会高达百分之几百，这实际上等于不准进口。

②按征税商品的流向来分，可分为出口税和过境税、进口税。出口税是一国政府对出口商品所征收的关税。征收出口税不利于出口，起到了阻碍商品出口的作用。一些国家对某些商品征收出口税是为了保障国内市场对这些商品的需要。为了提高本国商品在国外市场的竞争力，扩大商品出口，现在征收出口税的国家很少。

过境税是对通过本国关境输往第三国的外国商品所征收的关税。征收过境税会减少商品过境，从而不利于获取运输、港口、仓库等行业的收入和利润。所以现在征收过境税的国家较少。

进口税是对外国商品进口时所征收的关税。这是最重要的关税。征收进口税的目的是控制和限制商品的进口，以保护国内市场或维持国内垄断，防止外国竞争。

③按征收方法来分，可分为从量税和从价税。从量税是按进口商品的重量、长度、体积等数量单位而征收的关税。如每进口一吨冻虾，征收

200 美元的关税；每进口 100 米布，征收 10 美元的关税。从量税不随物价的上涨而变动。因此，在通货膨胀、物价上涨的情况下，就等于降低了税率，不利于保护国内市场。

从价税是按进口商品价格征收一定比率的关税，如有的国家对服装进口按价计征 40% 的进口税。从价税是以货物的价格作为征税的基础，所以它会随物价的上涨而提高。有的国家对进出口商品既征收从量税，同时也征收从价税，这称为混合税。

④按征税条例的规定来分，可分为单一税和复式税。单一税是对进出口商品只规定一个税率，适用于来自任何国家的商品，没有差别待遇，一视同仁。复式税却不一样，它对进出口商品规定的税率有两种以上，用来分别对待来自不同国家的商品，即对不同的国家实行优惠或者歧视，所以复式税是国家之间利用关税进行贸易战的重要手段。

（25）投保。投保是指与他人（保险人，保险公司）订立合约，以承担其由于意外事件所发生的损失。

（26）要保人（投保人）。要保人是指与保险人订立保险合约的人，又称投保人，亦即负责支付保险费的人。对要保人的资格没有限制，可以是个人，也可以是团体。

（27）要保书。要保书又称投保书，即要保人根据其要保的意愿，向保险人提出要保时所做的书面凭据。一般来说，要保时都要填写要保书。要保书经保险人接受后，即成为保险合同的一部分。

（28）保险人。保险人又称承保人，即经营保险事业的人，也即偶然事件发生、保险标的物遇到承保范围的危险时，应向被保险人赔偿损失的人，通常指经营保险事业的各种组织或公司。

（29）被保险人。保险事故在其财产或身体上所可能发生的人称为被保险人。如属财产保险，则被保险人应是被保险财产的所有人；如属人身保险，即被保险人本人。

在保险书中的当事人有保险人和被保险人，其中被保险人包括两种人：一种是对保险标的物有保险利益的人，另一种是向保险人投保的人。被保险人与要保人之间的关系，通常有两种：一是在要保人为自己所考虑的偶然事件而订立保险合约时，要保人同时亦是被保险人，这一情况多见于财产保险；二是在要保人为他人所考虑的偶然事件而订立保险合约时，要保人和被保险人为两个人，这种情况多见于人身保险。

（30）保险费。保险费系指某一保险单（合约）投保人所应缴的总费用。如果保险费率为 0.15%，1 000 000 元保险金额的保险单，就应交保险费 15 元。保险费又简称保费，通常包括两部分：一部分称为纯保险费，即准备作为保险事故发生时给付保险金的费用，这一部分是根据危险率计算的；另一部分称为附加保险费，主要是指各种营业费用、资本利息及预计利润等。保险费用均以直线法或利益收得法，按保险期进行分摊。

（31）保费率。保费率是指保险费与保额之比，标准保险费率通常以每千元保额为基准，付若干元保险费，用‰表示。

（32）保险单。保险单简称保单，是保险合同具体表示的书面凭据，载明当事人双方在法律上的权利、义务与责任。保险单虽非合同，并且与保险合同是两个不同的名称，但两者在实际业务中已互相通用。

（33）伤害保险。伤害保险，是指被保险人因遭遇意外事故，身体机能受到伤害，而不能从事日常工作以及因伤害而致残或死亡时，由保险人负责给付的保险。

认定伤害，主要有两个条件：一是伤害必须直接由外界原因引发，如墙屋倾倒，伤及人体；车辆翻倒，肢体折伤。二是伤害必须因意外事故所致，即危险的发生既是不确定性的又是意料之外突然发生的，猝不及防，因而身体遭受伤害。

（34）第三者保险。第三者保险，又称第三者责任保险或责任保险，或公共责任保险，即被保险人依法对第三者负损害赔偿责任时，由保险人承担补偿责任的保险。也就是说，被保险人以免除自己对第三者的损害赔偿责任为目的所订立的保险合约。

（35）财产保险。财产保险，又称产物保险，以财产为保险标的，指因财产的毁损等保险事故，而以金钱或实物支付的保险合约。

（36）仲裁。仲裁是指争议双方所选定的人员或法院，对某一争议所作的法律裁决。

仲裁包含下列各项特性：①争议当事人自行选择仲裁员组成仲裁庭，仲裁员人数通常由仲裁协议规定。②仲裁所根据的法律是国际法原则、特殊协议的规则以及公认的原则等。③仲裁裁决一般是最终的，故不得申请复议，对争议当事人具有约束力。

（37）仲裁协议。仲裁协议是双方当事人愿意把他们之间所发生的争议提交仲裁解决的一种书面协议。它是仲裁机构和仲裁员受理争议案件的依据。

仲裁协议有两种：一种是由双方当事人在争议发生之前订立的，这种协议一般都包含在主合同内，作为合同的一项条款，因此通常也称为仲裁条款。另一种是由双方当事人在争议发生之后订立的，表示同意把已经发生的争议交付仲裁解决的协议，这种协议称为提交仲裁协议。

（38）协商解决。在国际经济交往中，合同的履行在很大程度上受合同双方当事人所在国或第三国的政治、经济和自然条件等因素的影响，情况复杂多变，双方在执行合同过程中发生争议在所避免。

协商解决是解决国际经济交往中双方当事人的争议的一种方式。这种方式是指在争议发生之后，由双方当事人自行磋商，各自都做出一定的让步，在彼此都认为可以接受对方条件的基础上达成和解协议，消除纷争。

（39）接受。被报价人完全同意报价人的报价内容，在法律上称作接受。

（40）佣金（手续费）。职员或代理人对于有关销购货物交易或其他事项，因提供服务而收取的报酬。该项报酬通常以有关服务事项金额的一定百分比计算。

（41）计时工资。计时工资，指以职工的工作时间作为计算依据的工资。计时工资制计算简单，而且职工的收入有保障，但起不到对职工的激励作用。

（42）时件工资。时件工资就是将工作时间和完成件数合并在一起计算以确定职工的工资，即以"工作的时间"和"生产量"作为计算工资的基础。前者属保障性，而后者属奖励性。例如，规定工作一天工资为10元，但必须完成20件，假若一天的工作件数超过了20件，则依超过的件数另行加给工资。

（43）补偿贸易。补偿贸易也称产品返销，即外国投资一方（卖方）同意用其设备、零配件、材料或专利生产出来的产品，作为对其投资的全部或部分付款。如注塑成型机的卖主同意用该机器生产出来的塑料制品作为对其机器价格的全部或30%的付款。

（44）专利。专利是由政府有关部门根据发明人的申请，经过验证认为其发明符合法律规定的条件，而授予发明人在一定期限内制造并销售其发明的独占权利。

我国专利法规定授予专利权的原则是：产品是发明的，而且具有新颖性、创造性和实用性；采用先申请原则，即一种产品有两人或多人同时发明生产，该产品的发明专利权应授予先申请的人；专利需经审查，不违反社会公德和公共利益，不影响国计民生，不是抽象的理论。我国对发明专利权的保护期限为 10～20 年。

（45）技术诀窍。技术诀窍是一种可以转让和可以传授的技术，这种技术既没有被公众所掌握，也没有取得专利权。专利与技术诀窍的区别在于：①专利权的发明内容是公开的，而技术诀窍则尽量保密，不予泄露的。②专利权是一种工业产权，受到有关国家专利法的保护；而技术诀窍的转让只能通过交易双方在合同中的相应规定而得到保护。③专利根据有关国家专利法的规定有一定的保护期；技术诀窍无保护期，一旦被公开，他人随时都可使用。

（46）国际惯例。所谓国际惯例，即国家与国家之间对于某种特定的情形，往往采用某种特定的行为，成为习惯。这种习惯为国际社会所共同遵守，经过相当时期以后，各国开始明示或默示该习惯具有法律上的约束力，也即成为国际法的不成文法规。

（47）惯例。它是在实际工作中以明示或暗示方式公认的一种通用原则。用以解决某一类问题，或于某种情形下作为行为的准则。

（48）代理人。代理人指代表他人行为的人。总代理的权限甚广，可用被代理者的名义接洽贸易，其职能往往相当于经理人。特约代理权限，则只限于某一行为或某一种交易。

（49）委托书。一人委托另一人代表其行使职权的书面证明。委托书内容包括授权人和被委托人及其各自的职务，委托办理的业务范围和地点以及委托书的有效期限。

（50）授权。上级对下级的授权，即准予下级在一定范围之内，代表上级行使其职权。据此，下级可先做出决定，然后呈报上级备案。

第三节 国际工程承包合同的订立

一、国际工程承包合同的订立程序

从广义上说，订立国际工程承包合同，也和其他经济合同的订立程序一样，须经要约和承诺。但由于国际工程承包合同涉及的内容极其广泛，往往双方要经过较长时间的反复协商和谈判，才能达成一致意见，因而订立这种合同，要比订立一般经济贸易合同的过程复杂得多，大体上要经过六个主要的步骤，即建立联系，表明合作意愿，投标报价，谈判，形成书面协议，签署。在某种情况下还需鉴证和公证。

（一）建立联系

工程项目的存在是订立合同的基础，只有存在需要建设的工程项目，才会发生业主和承包商签订承包合同的关系。因而对承包商来说，获取和追踪拟建项目的信息，是其承包工作中至关紧要的第一步。这类信息可以从国内外各种报刊中得到，如外国公司、外国银行和财团的专业性刊物或年报，有关国家公布的财政计划和预算等；也可以在同国内外咨询人和代理人、国内外各界友好人士、外国朋友和华侨的交往中获得。另外，中国驻外使馆及其他驻外机构，中国的各类进出口贸易公司及其他涉外单位，均可以成为承包商收集信息的来源地。总之，要想及时获取大量的最新的项目信息，就要设专人从各个方面收集资料并加以分析研究。同时，还要广交朋友，寻找适当的代理人，在国内外建立广泛的联系，以形成一个反应迅速的信息网络组织。这样承包商才能及时捕捉最佳时机，很快做出必要的反映和决定。

（二）表明合作意愿

承包商在取得项目信息之后，不能草率做出决定，还需要和该项目的业主或咨询公司，或与此工程有关系的其他各方继续联系，以便进一步了解这项工程的基本性质和一般情况。如对项目的资金来源、建设规模、质量要求、工期以及付款条件，一定要掌握准确，因为这些是投标决策的基础。不仅如此，若这项工程是公开招标的项目，承包商还须详细了解投标条件、投标日期和投标方式、预付款额度和开工日期以及是否要进行资格预审等情况。承包商掌握了项目的上述情况之后，就要决定本公司是否参加对该工程项目的投标；如果参加，还应确定是对部分工程还是对全部工程投标，以及采用何种方式投标最为合适有利；是本公司独立投标，还是和其他公司合作投标；如合作投标，本公司是作为总承包商还是作为分包商。所有这些经公司有关高层决策之后，承包商就可用信件、电传、电报、电话或面谈等方式向业主表明本公司参加该项工程投标的愿望，或向其他承包商表明合作意愿和合作方式。

（三）投标报价

承包商对打算参加投标的一些项目，有时需要向业主提交资格预审书，经业主对其资格审核并准许其投标，承包商才能参加投标。承包商的资格预审通过后，就应抓紧时间索取或购买投标文件（书）。根据投标文件规定的工程量和技术规定及其他条件，及时组织人员进行预算估价工作。工程总造价估算出来之后，再按标书规定的投标时间和投标方式，向业主提交填写好的投标书（内容包括报价条件和价格等）。

在投标报价阶段，承包商所制定的报价条件和价格，将是今后双方制定合同条款的主要依据。因此这一项工作做得好坏，要直接影响到承包商在合同中所享有的权利和应承担的义务，影响到承包商的实际利益。因为承包商的报价条件和价格，是根据投标文件的内容而制定的，所以承包商在制定报价条件和价格之前，一定要仔细认真地阅读投标文件，准确掌握标书规定的各项内容。这是制定合理价格的关键。

（四）谈判

国际工程承包的议价谈判工作，是在对方（业主）基本同意但未正式接受承包商的报价条件和价格之前进行的。开标后，业主按各承包商的报价和价格，进行议价判标工作。所谓议价判标，就是业主从参加投标的所有承包商当中选择二至三家标价低且报价条件相同的承包商，要求他们再次报价，或分别和他们进行讨价还价的谈判。这是在正式判标之前，业主迫使承包商降价的主要手法。通过承包商的二次报价以及分别和承包商进行谈判，业主就可达到以低价判标的目的，并为其最终正式选择一家承包商来承包该项工程（最终判标）做好准备。在这一阶段，对于承包商来说，谈判的目的应是促成项目的成交，为争取拿到项目，为今后签订正式合同创造条件。在双方愿意成交，并有可能成交的前提下，谈判的中心议题将是确定总价，明确双方的义务，详细规定双方的权利和具体责任，其实质是双方对将要可能成交的合同总价（总条件）讨价还价。谈判的过程，实际上也是合同条款逐渐形成的过程，是双方具体权利和义务确定的过程。而权利和义务的确定又将直接影响双方今后各自利益的多少和承担风险的大小。可见初始谈判工作进行得好坏，对项目能否成交要起决定性的作用。因此，对待谈判自始至终都要严肃、慎重、周密、细心，切不可马虎、草率。另外，承包商在这一议价谈判阶段，要注意保密，对自己一方所能降低的价格，让步的条件及坚持的条件均不得泄露出去。因为谈判场外还有你的竞争对手，还有其他承包商也正在和业主谈判，一旦竞争对手掌握了你的主要报价条件和价格之后，你就有可能成为失败者。

（五）形成书面协议

法人之间的合同一般都要采取书面的形式。如上所述，双方在谈判的过程中，实际上也是认定了合同的基本条款。由于国际工程承包涉及的内容广泛，工期较长，合同的履行期也长，因此对当事人各方一致同意的条件必须制成书面协议，形成书面合同。合同稿的拟订可由一方先起草，提交给另一方，经双方商讨并征得另一方同意后，即可形成正式合同。或由双方各起草一份合同稿，互相交换，再经双方综合讨论，逐条商定，最后形成双方一致同意的合同。

（六）签署

书面合同制成之后，最后是各方当事人签署。国际工程承包合同的当事人多属法人，所以签署时应署法人的全名称（公司的全称）和签署人的姓名及职务。作为证明人签署者，如无特殊规定，都不享有协议规定的权利和义务。对于大型项目的合同，视双方要求，有时签署人还需要持有各自所属公司授权签字的委托书，才可代表本公司签署。

在所有当事人不能同时汇集签署时，可以先将合同文本打印好，先由一方当事人签署，再送给其他当事人签署。在这种情况下，当事人签署的日期和地点各不相同，通常都是以最后一个当事人的签署日期和地点作为签约的时间和地点。

合同末尾的签署姓名处，要空出一定的地方以便签署。另外，在页与页之间还要加以签署，或在每页的角上，由当事人签上姓名的起首字（母）也可以。

（七）鉴证和公证

在有些国家合同签订还需要经有关主管部门的鉴证，或经司法部门公证后，使其具有法律效力。合同鉴证是行政监督，合同公证是法律监督。

是否要鉴证或公证，要根据各个不同国家的需求而定，这项工作不可忽视。因为合同一经公证，就取得了双方必须执行合同的法律保证。一旦出现单方撕毁或违背合同规定的情况，便于提出上诉，迫使对方赔偿损失或执行合同。

二、签订国际工程承包合同的基本原则

国际工程承包合同的签订关系到合同的履行和实现，关系到公司利益和国家利益，并直接关系到公司的信誉、国家的声望，因此必须采取严肃认真的态度。只有这样，才能使合同较为顺利地履行，才能达到预期的目的和效果。为此，在签订国际工程承包合同时，应遵循一定的基本原则。

（一）"守约、保质、薄利、重义"的原则

这是我们签约时应坚持的根本原则。在国际上承包工程，提供技术服务和劳务合作，伴随着激烈的竞争。在竞争中我们要靠政策取胜。中央领导同志提出要"守约、保质、薄利、重义"，这是我们进行国际经济合作的根本指导思想和基本方针，也是我们对外签订合同应遵循的根本原则。

守约，就是要信守契约（合同）。订立合同是双方当事人的法律行为，它规定了双方的权利和义务，对双方都具有法律约束力。合同一经生效，就要严格地履行，同时对方也要遵守，双方都不能违约。

保质，就是要确保工作质量。我方派出的人员和供应的设备材料要把好质量关，对由我方承担的工程，无论是承包还是分包，都要做到一丝不苟，保证工程质量，符合合同要求；如出现了质量问题，应调查原因，分清责任，凡应由我方承担责任的，就应按合同规定主动补救和认真处理。

薄利，就是要随行就市，有利可图。既不能漫天要价，也不能无利可图。

重义，就是要重视同友好国家政府和人民的友谊，考虑对方需要，照顾对方困难，处事合情合理，不能见利忘义；不做有损于发展中国家的事。重义是社会主义对外经济工作的显著标志，是我们争取、团结朋友的一个法宝，必须时刻注意。

守约、保质、薄利、重义，体现了我国对外经济合作的平等互利精神，也是我们对外经济合作的特有风格。认真贯彻执行这个基本方针，我国的对外信誉就会进一步提高，有力地促进国际经济合作事业的发展。

（二）合法的原则

所谓签订国际工程承包合同要贯彻合法的原则，就是指合同各项条款的内容，对双方权利和义务的规定和订立程序都必须符合有关国家（通常要涉及两国或三国）的法律、法令和社会公共利益，凡是与有关国家法律、社会道德准则相抵触的合同内容，即使签约双方自愿协商订立，合同也是不能成立和履行的。因此，在签订合同之前一定要详细研究和掌握签约双方当事人所在国（及项目所在国）与承包工程有关的法律和规定，这样才可保证订立的合同具有法律效力，能有效成立，从而得到履行。

（三）平等互利的原则

签订国际工程承包合同，双方当事人的权利和义务必须对等，就是说合同对各方规定的责任必须公平合理，要照顾到双方的利益。平等的前提是互利，没有互利就谈不上平等。在国际工程承包中坚持平等互利的原则是双方搞好长期合作的基础，是顺利履行合同的根本保证，也是树立我们信誉的基本方针。

（四）双方地位平等的原则

平等是指签约各方经济法律地位的平等。订立国际工程承包合同的双方当事人，不论是业主，还是承包商；不论业主是（外国）政府部门，还是私人企业；不论承包商是国际性的大公司，还是中小型公司，他们就某一项目的建设签订承包或分包合同时，双方就发生了以合同形式体现出来的经济关系，但彼此之间并不存在隶属关系，双方的法律地位是平等的。因此，作为承包商来讲，我们对外签订各种承包或分包业务合同时，对业主既不应委曲求全，答应其无理要求，对分包商也不应以大欺小，以强凌弱。在任何情况下都必须始终不渝地坚持双方地位平等的原则。

（五）等价有偿原则

订立国际工程承包或分包合同，双方当事人经济法律地位平等，同时双方的权利和义务也应是对等的，要等价有偿。等价有偿是双方经济法律地位平等的具体体现。订立合同时，不应接受对方强加于自己的，对方只享有权利而不承担义务的不合理条款，或权利和义务严重失衡的条款。不管哪一方，只要享有某种权利就应承担相应的义务；反之，只要向对方承担了某种义务，同时也应为自己谋求相应的权利，即权利和义务必须对等，公平合理。任何一方都不得损害另一方的正当利益，必须照顾到双方的利益。

（六）对方一定要具有法人资格

目前在国际工程承包市场上有成千上万个各种类型的大大小小的公司，有信誉很高的大型的国际性公司，也有地方性的小型的私人公司。对外签订承包或分包合同时，为防止上当受骗，防止对方不履约、违约，或无力履约，要求签约对方一定具有法人资格。所谓法人资格，就是具有一定的组织机构和可以独立支配的财产，能够独立进行经济活动和独立承担民事责任，享有权利和承担义务，依照法定程序成立。要求对方具有法人资格，目的是确保自己的利益不受损害。

（七）维护国家利益的原则

目前，我国有近百家公司在国际工程承包市场上承揽各种工程，提供技术服务，开展劳务工作。所有这些公司应根据国内一盘棋的精神，互通信息，协调一致，取长补短，团结协作。执行统一计划、统一政策和联合对外这个原则，有助于增强我们对外联合竞争的能力，对个人、企业和国家都有利。违背这个原则，各自为政，互相倾轧，只能损害国家利益。任何一家公司都不能只图本企业的一点利益，而无原则地在内部兄弟公司之间相互削价竞争，使国家利益受到损害。

维护国家利益，还要在签订合同之前，认真地进行一些调查研究，充分掌握各种资料，核实价格，并做出科学的经济分析，合理分析风险，不能马虎、草率地做出决定。

三、签订国际工程承包合同应注意的问题

（一）充分掌握和熟悉各种资料

签订一项总承包或分包合同，涉及的面很广，既有技术问题，也有经济的和法律方面的问题。为能获得理想效果，避免经济损失，承包商在正式签订合同之前，应该收集和掌握各方面的资料并对之进行认真的研究。只有掌握和分析研究了各种资料之后，才能使订立的合同内容更合理，才不致上大当，吃大亏。

（二）进行风险分析

在国际上承包工程，是一项带有"风险性的事业"。承担任何一项工程，风险和利润都是同时存在的。没有不担风险的纯利润，也没有无利润可图的纯风险。要想获取利润，就要承担一定的风险。发生的或潜伏的风险越大，利润就会越小，而大的风险往往都会导致承包商的严重亏损，甚至破产。

为了避免或减少风险带来的损失，承包商在投标报价之前和投标过程中，应全面地对各种风险因素进行分析，从而力争在制定和签订合同时避免和减少风险。

（三）争取合理的合同条款

对承包商（或分包商）来说，争取合理的合同条款，是减少风险、获得利润的重要方式。

1. 力求使风险性条款合理

在签订合同时，应按照双方权利、义务对等的原则，对风险性条款要求规定得合理。根据国际惯例，承包商可以从以下几个方面争取权利：①对业主延期支付工程款，可以要求业主支付利息；②物价上涨和工人工资提高，承包商可以要求业主调整合同价；③对货币贬值的处理，可在合同中规定一个合理的兑换率；④因政府法律政策变化，而引起工程成本费用增加，承包商可以要求业主按实际情况给予补偿。如关税或其他税务的变化，但这些要求要先在合同中规定好，若在问题发生以后承包商再提出要求，业主将难以接受，因而也难以保证自己的权利。

2. 防止潜伏性的损失

一些有经验的承包商在签订合同时，特别注目于关键性的条款。如合同期计息方式、付款时间、工程量的计算方式、双方责任范围、工作内容、劳务分包合同中的材料交付、劳务合同中工人解雇等。在这些影响全局性的条款上作文章，想方设法防止潜伏性损失。

如总承包商在签订劳务合同时，虽然工程项目的工期是二年或二年以上才能完工，但却把劳务合同期定为一年。这是为什么？因为根据国际惯例及大多数国家的劳动法规定：①凡被雇佣者工作期满一年，应增加工资；②凡雇佣人员工作期满一年，均可享受一个月带薪回国探亲假，并且由雇主承担雇员的往返机票。

把合同期定为一年，合同就不能规定探亲假和提高工资的条款，就是说被雇人员的上述两项权利无形中就丧失了。相反，总承包商则可合理地省掉这两方面的费用。

遇到这种情况，作为劳务提供方（乙方）应当怎样处理合同条款呢？乙方应明确要求在合同中规定被雇佣人员工作期满一年后，如被总承包商或业主（甲方）继续雇佣，则甲方应给乙方增加工资，连续雇佣的时间越长，每月增加工资的幅度也应越大。这样就可以补偿因劳务提供工作期满一年后而不能回国休假所发生的损失。

3. 避免有名无实的条款

有的外国承包商利用我们缺乏某一方面的经验和对有关情况不够完全了解，在一些条款内容上，采用模糊手法，蒙骗我们。如我国有的公司与外国少数总承包商订立的分包合同，有的条款的内容从表面上看订得很合理，好像是有益于分包商，但实际上根本无损于总承包商的利益，而我们自己却蒙受损失，在不知不觉中上了当。

4. 避免限制自己权利的条款

我们有些人员在对外签订承包或分包合同时，对自己一方的正当权利不知如何规定，或规定不明确，或是不自觉地限制了自己的权利。有的人甚至习惯用国内写报告和公函商量的口气来选用合同的词语，而不了解订立合同条款用词、表达的意思必须明确具体的重要性，特别是"有权"和"无权"一类的词语，该用的时候就一定要用，否则就会限制或丧失自己一方的正当权利。这里要注意两个方面：一是要设法争取自己的权利，二是要避免限制自己一方的权利。

在承包合同的某些条款中，有的内容承包商只能服从，而无任何决定权。例如，关于工程变更和修改设计，承包商是无权决定的。但即使这样，如果工程量的变更超过一定的范围，承包商还是有权要求提高合同价和延长工期的。就是说，无论在哪种情况下，承包商（或分包商）都要争取能够保障自己权利的赔款。

在劳务合同中，工人的解雇问题是合同中的一项重要条款，也是雇主（甲方）和劳务提供方（乙方）双方保障各自权利的一个焦点。因为工人被解雇的连带责任是由哪一方承担被解雇人员往返机票的问题。解雇的正常理由，通常是工人的技术水平不符合合同要求，或工作态度不好，或违反合同规定的其他原因。乙方要想在这一点上保障自己的权利，防止甲方随意解雇人员，避免不必要的经济损失，就一定要争取规定自己一方对解雇工人有一定的决定权，或是把对方的权利尽量缩小。

5. 注意在细微之处算大账

我们在对外商订承包、分包或劳务合同时，当然要时时注意抓住关键性条款和主要条款的内容，但对一些影响全局的细小问题也不要忽视。要注意在细小的问题上算大账。

6. 防止在关键性条款中失误

前面已经说过，工程承包合同的关键性条款，包括工程范围、合同价、付款方式和时间、工期、材料进口及价格、工程验收、工程变更、违约责任等内容。在签订合同时，对这些内容所规定的书面条款一定要认真研究，避免因文字上的疏忽大意，或遣词造句不严密，造成漏洞，招致损失。

第四节　国际工程承包合同的履行

国际工程承包合同一经签订之后，即具有法律效力，当事人双方就产生了法律上的联系。所谓承包合同的法律效力有三层含义：各方都应认真履行各自的义务；任何一方都无权擅自修改或废除合同；如果任何一方违反履行合同义务，就要按不同的情况和规定，承担相应的法律责任。

合同的履行是指当事人实现合同内容的行为。合同的正确签订，只是履行合同的基础。合同的最终实现，还需要当事人双方严格按照合同的各项条款和条件，全面履行各自的义务。

工程承包合同都规定，如任何一方不能履行合同义务违反合同规定，或不认真履行合同而给对方造成损失时，都应承担赔偿责任。

一、承包商的合法权利

根据国际经济法，工程承包合同的双方应该平等。在履行合同义务方面，双方各有应尽的义务；在履行合同权利方面，双方亦应平等。业主的权利表现在对承包者发出工作命令、提出各种要求及在承包商违约的情况下对其进行处罚；而承包商的权利则表现在领取提前竣工奖、要求价格贴现和调值、索取补偿或赔偿、废除合同及收取各种筹款等。

（一）提前竣工奖

业主有时出于紧急需要或某种利益，希望工程尽早部分或全部完工，以便交付使用。为了鼓励承包商挖掘潜力，业主往往采取给予提前竣工奖的鼓励办法。为落实提前竣工奖措施，业主在编制合同时，常常规定两种工期：最短工期和最长工期。若承包商在最短工期内保质保量部分或全部完工，可以要求按合同规定给予部分或全部提前竣工奖；如果承包商在最短工期和最长工期之间竣工，则可以要求按规定的折扣比例给予提前竣工奖；如果是在最长工期内交工，则不奖不罚。当然，如果超过最长工期，那就得交纳按规定的罚款公式计算的罚金。

工期是工程承包的关键因素之一。工期对承包商的投标竞争力起着举足轻重的作用，是发包单位授予合同的重要条件之一。在报价条款相同或相似的情况下，自然是工期短的承包商得标。不过，鉴于承包工程的复杂性和重要性，对工期的要求必须本着科学的态度，从实际出发，不能机械地认为越短越好。通常情况下，工期过短，必然导致费用加大，因而风险也就增大。承包商必须对此有充分的思想准备。有些承包商为了赢得竞争而不顾后果或对风险估计不足，报出与其能力不相称的过短工期，等到履约时，便一而再、再而三地要求延长工期，致使工程无法按原计划完成。为避免这种情况发生，业主在考虑工期时，一般都留有一定余地，既考虑到争取在尽可能短的期限内使项目投入使用，又考虑到工程实施的客观需要，因而给予的提前竣工奖往往并不十分具有吸引力，最多不超过合同总额的5％。提前竣工奖通常是按提前竣工的天数计算的。

提前竣工奖只在少数国家实行。大多数国家不设或虽曾设立但近年已取消这种奖励。因为工程承包合同的互换性和等值性只是限于理论，而实际上，合同条款多数是倾向于业主利益的。近年来国际工程承包市场供过于求，承包商竞争激烈，在价格无法再降低的情况下，只好靠工期短赢得竞争。这就为业主提供了极为有利的条件，以至于在不设提前竣工奖的情况下，同样能在尽可能短的期限内完成合同的工程。因此在工程承包合同中，误期罚款是必备条款，而提前竣工奖则不多见。

（二）价格贴现和调值

鉴于物价和工资不断上涨，为保障承包商的利益，国际工程承包合同通常都规定承包商在一定的条件下有权要求给予价格贴现和调值，这是承包商的合法权利。

1. 价格贴现

根据工程承包的国际惯例，中标承包商的报价寄存日与合同批准生效日（或开工令下达日）之间有一个特定的间隔期限，通常称为合同批准期。这个期限一般为 3 个月，如果缔约承包商的报价寄存日与合同批准生效（或下达开工令）日之间的实际间隔时间超过了规定的合同批准期，就是说超过 3 个月（有的国家规定为 6 个月），承包商就有权要求业主给予价格贴现，不管所签合同是可调值还是不可调值。

价格贴现的前提条件是合同为不变总价；合同中必须写有价格贴现条款，并规定了价格贴现的计算公式。

价格贴现的关键依据是承包商的报价日期和合同批准日期（或开工令下达日期），这两个日期必须明确，不能有任何模棱两可。报价日必须明确写在报价单或投标书和合同中，必须尽可能与标书寄存日期接近。

价格贴现的基本算法有两种：不可调值合同的贴现计算和可调值合同的贴现计算。

（1）不可调值合同的贴现计算。所谓不可调值，即合同价格不随物价或工资上升而浮动，其价格始终不变，除非工程变更。

不可调值合同的贴现计算原则是合同生效日（或开工令下达日）往前推 3 个月的月份价格指数除以正式报价的月份价格指数所求出的贴现系数，再与原始合同价或正式报价相乘即求出贴现金额。

例如，假定承包商的正式承包日期为 2 月 1 日，合同批准生效日或要求开工日为同年 8 月 15 日，间隔期为 6 个月，超过 3 个月。

这样，承包商就有权要求给予价格贴现。其贴现系数计算应为：用 5 月份的价格指数除以 2 月份的价格指数，将计算出的贴现系数与原始合同价相乘即可求出贴现值。

（2）可调值合同的贴现价计算。可调值合同的贴现价计算根据工程性质不同采用各种相应的公式。

2. 价格调值

在符合合同规定的条件下，承包商有权要求对合同价格进行调值。一般情况下，调值必须具备以下两个条件：①合同必须是可调值不变总价合同；②合同工期必须在 6 个月以上，少数情况例外。

如果合同工期不超过 6 个月，一般都签不可调值不变总价合同。因为任何一个国家都不会允许持有工期不超过 6 个月的合同的承包商进行调值。调值从合同工期的第 7 个月开始执行。但是，如果因业主的原因导致工程延期致使项目总工期超过 6 个月，则自第 7 个月开始实施的工程可以进行调值。

通常情况下，调值有两种办法：①业主和承包商分摊在合同原始价基础上的超出部分；②根据政府公布的调值指数，按相应的调值公式计算，在不超过规定极限的条件下，由业主单独承担。

不管采用何种方法，总是先由承包商提出书面申请，工程师根据从开工令下达后的第 7 个月起承包商完成的工程量，以原始价或合同贴现价为基础价，依照合同中规定的调值公式计算出调值后的总价 P 和通过调值而增加的金额 D（$D = P - P_0$）。

若应调金额 D 不超过合同原始价（有些国家规定不超过合同贴现价）P_0 的 5%，即（$P - P_0$）$\div P_0 < P_0 \times 5\%$，则由承包商自己承担，业主不予补贴；

若应调金额 D 大于合同原始价（或贴现价）的 5%、小于或等于 20%，即 $P_0 \times 5\% < （P - P_0）\div P_0 < P_0 \times 20\%$，则首先扣除应由承包商承担的占原始总价的 5% 的款项以后，业主承担应调金额的剩下部分的 90%，另外的 10% 由承包商承担。具体计算公式为：

业主承担 =（$D - P_0 \times 5\%$）$\times 90\%$
承包商承担 = $P_0 +$（$D - P_0 \times 5\%$）$\times 10\%$

若应调金额 D 超过合同原始价（或贴现价）P_0 的 20%，则必须另签附加条款。在这种情况下，承包商可以要求解除合同并索取一笔补偿。但在实践中，由于官方的调值指数的公布日期往往要晚 6 至 12 个月，承包商在施工期间无法知道调值后的结果是否超出原始总价（或贴现总价）的 20%，因此基于调值原因而解除合同的权利条款形同虚设。

第二种方法比较简单，即按照与第一种办法同样的原则计算出应调金额 D。在应调金额 D 不超过合同原始价（或贴现价）20% 的条件下，全由业主承担；若超过 20%，必须另签附加条款。如果承包商未在合同的特别说明书中规定的时间内签订附加条款，超出 20% 以外的部分由承包商承担。

承包商无权对上述两种办法做出选择，只能根据缔约业主国家的合同法提出调值要求。

一般情况下，调值时不考虑非发包国的调值范围，除非合同另有明文规定。

绝大多数承包工程合同的特别说明书中都规定了调值公式及增加调值的各项内容。调值包括两部分费用：人工费和材料费。

要求履行价格贴现和调值是承包商的合法权利，但是，如果承包商在缔约时忽略了贴现和调值条款，等到出现这种可能性时再向业主要求，那就晚了。通常情况下，业主是不会答应承包商在缔约后要求增加或补充这项条款的。即使在附加条款中也不大可能增加这项内容（附加条款只能对调值额超过极限情况予以规定解决办法），因为作为国际工程承包商，必须了解这一常识。值得注意的是，有些承包商只把盈利的希望寄托在工程管理这个单一的环节上。而对于价格贴现和调值，则往往因为缺乏相关知识，或者以为可索赔数目不大，或因为怕得罪业主影响后续工程项目的获得等原因而不去充分行使甚至放弃这一权利，这是十分可惜的。殊不知价格贴现和调值是工程索赔的一项重要内容。而工程索赔则是当前国际工程承包商获取利润的重要手段之一。在一项国际工程承包中，通过索赔可获得的益处往往并不亚于通过工程管理所赢得的利润。

（三）不可抗力情况

所谓不可抗力情况，通常指一切不可遏制或不可预料且不以承包商和业主的主观意志为转移的事件。它主要指：

（1）特大洪水、风暴、飓风、特大雪、龙卷风；罕见的干旱、洪水、罕见的冰冻、特大的雪崩；泥石流、爆炸、雷劈或地震等引起的火灾或意外事件；气象灾难、海潮、地震、严重的流行病等事件，但一般性的上述事件不得被视为不可抗力情况。

（2）突发性的全面罢工、战争或起义、导致无法履行合同义务的军事征地、政府的专制行为等导致工程中断、终止，但有些国家规定罢工不属于不可抗力事件。

下述情况不得视为不可抗力情况：①局部的非突发性的罢工，或在承包商的施工队伍中出现了罢工但承包商拒绝采取缓解措施；②承包商破产或处于接受法律清算状态；③在两国已产生敌对情绪之后签订的合同在履约期间爆发战争，因为承包商在缔约时应当写进战争情况下的预防条款。

不可抗力情况必须经双方一致确认，方可作为援引条件。如双方有分歧，则应提交主管法庭裁决。

一旦双方确认或经由主管法庭判定为不可抗力情况后，承包商就有权提出解除合同，无须承担赔偿责任，但也不能得到额外利润。如果不可抗力情况并不导致无法执行合同，而只是使合同的履行展期一段时间，则因不可抗力情况而推迟实施的工程部分可以免除误期罚款。

如果不可抗力情况摧毁损坏已完成的工程或临时工程，或卸放在工地上的建筑材料或设备，承包商有权索取该损毁部分的工程或材料或设备之付款或补偿，有权要求业主按合同价格或按实际支付报销为恢复或重新建造被毁工程所花费用。

不可抗力情况经确认后，如果承包商遭到严重损失，业主可在以下方面给予补偿：①机具设备损失；②已运至工地的工程用材料损失；③工地组织安排方面的损失；④预备工程及已实施工程的损失；⑤对企业的正常工作造成紊乱而带来的损失。

不可抗力事件发生后，承包商应该最迟于事故发生后 10 天内向业主发出书面通知。

如果不可抗力情况持续 6 个月或 6 个月以上，各方均有权书面通知对方要求撤销合同。

承包商若因不可抗力情况而不得不撤离工地，应立即以电传或电报通知业主并补发挂号信作为确认凭证。

承包商撤离工地之前应同工程师确立一份工程状况清单和一份有关工地的现有材料和物品记录。手续办妥之后，工地交由业主看管。若撤离工地时间超过 6 个月，承包商有权以不可抗力情况为动因要求解除合同。如果承包商不行使撤销合同的权利，而是重返工地复工，双方应对工地的保存状况进行察看并建立一份状况复查清单。自承包商撤离工地之日起直至复查清单确立之日为工程中断期。复查清单中应确切记载：①工地上存有的材料和物品；②短缺的材料和物品；③工程状况；④经查证属于已损坏或遗失的工程部件，包括已进入工程或已安装就位的设备和材料。

承包商可根据复查清单的记录情况决定是否向业主索取赔偿。

（四）不可预见事件

在履约过程中，若遇不可预见事件，承包商有权向业主索取一笔补偿，以弥补损失。

不可预见事件系指在履约过程中发生的不取决于双方主观意志的导致合同条件发生重大变化的重要事件，如经济危机、政治动乱等。发生这类事件后，履行合同必须付出更高的代价，承包商处于一种超越契约地位。一方面，承包商必须保证继续履约；另一方面，承包商有权向业主索取补偿，以弥补因不可预见事件而遭受的损失。

不可预见事件的确认原则是导致合同的经济条件与缔约时严重不相符。只有承包商才可援引不可预见事件，业主不能援引。

不可预见事件与不可抗力情况不同，前者系指在经济范畴出现的不取决于缔约双方的意志的，缔约时无法预料的，导致合同条件发生重大变化从而使承包商严重亏损的重大事件；后者则指人力无法阻止的自然和人为事件。两者的鉴别标准是：前者发生在经济范畴，破坏了合同的经济条件，导致承包商严重亏损；后者则不属此列。在由业主支付补偿方面，法律规定也有区别：对于不可预见事件，业主只支付相当于承包商所受损失的90%（特殊情况下为95%）的补偿；而对于不可抗力情况，业主则补偿承包商所受损失的100%。

不管按什么法律缔结的承包合同，即使合同中包括排除各种调值可能性的条款，承包商均可援引经过确认的不可预见事件而索取补偿。规定不可预见事件补偿，反映了业主参与承担承包商遭受的在双方缔约时无法预料的损失，这笔补偿乃是作为承包商在遇到不可预见事件继续履行义务的抵押。执行不可预见事件条款要求确定超越契约阶段的起止日期，该超越契约阶段是计算不可预见事件补偿的根据，这个阶段系指承包商实施的工程的成本价上升幅度超过缔约时预计的最大极限的阶段。此阶段超出最大极限的成本部分称为超契约负担。

（五）索赔与废约

承包商除享有领取提前竣工奖、要求价格贴现和调值及在不可预见事件和不可抗力情况发生时应享有的权利外，还享有在特定情况下索取补偿或赔偿以及要求解除合同的权利。

（六）收款权

不管何类工程，承包商均有权收取以下款项：①各种预付款；②工程进度款及逾期利息；③增加工程款；④保留金归还款。

二、承包商的责任

工程承包的责任的总原则是建立在对所造成的损失予以赔偿的基础上，但并非所有的损失都可以追究他人的责任。

追究责任必须有一个前提，就是必须首先确认已对他人造成损失或侵犯了他人的权利。

合同双方的责任范围是判定责任的基础，这些范围只能由法律或契约规定。

就工程承包而言，"责任"一词包括契约责任和法律责任两种。承包商应承担的契约责任包括履约和施工技术两方面；其法律责任则包括民事和刑事两种。

契约责任产生于践约行为。这种践约行为一般导致承担不履约责任和技术责任。

法律责任则是由法律所强加的。承包商的法律责任通常是因触犯民法或刑法而必须承担的责任。

承包商自接到开工令之日起，直至工程最后验收，都必须对其造成的损失和侵权行为承担责任。一般说来，在此期间，承包商应承担的责任有两大类：一类是因为不履行合同义务或履行得很不得力而应对业主承担契约责任；另一类则是由于对与其毫不相干的第三者造成损失而应承担法律或准法律责任。此外，工程最终验收后，承包商还得通过保险公司承担十年（细小工程为两年）保险责任。

（一）契约责任

契约责任是承包商对业主承担的责任。这种责任产生于承包商对其自愿许下的承诺的违背，通常称为践约。契约责任有时也称为职业责任。

契约责任的判定依据是合同文件，尤其是一般管理条款、特别说明书和通用要求条例等。契约责任也受民法制约，因为合同是民事法律关系，合同当事人不履行自己的义务时，司法机关可以强制其履行。

契约责任通常包括履约责任和技术责任。

1. 履约责任

合同一经签订，双方当事人就必须严格按照合同的规定全面履行自己的义务。当事人按照合同的要求完成自己应该完成的义务，这种行为称为合同的履行。从法律上讲，履行合同乃是缔约双方的义务，但在工程承包实践中则偏重于强调债务人即承包商的履约责任。

　　承包商必须在合同规定的期限、地点，按规定的方式来履行自己的义务。若因承包商不履约或履约不力而造成损失，承包商应承担由此引起的全部责任。

　　不履约或履约不力可由主观或客观两方面原因所致。客观原因导致承包商不履约不属于承包商应承担的履约责任范畴。至于主观原因，则可以有两种：有意不执行和执行过关。区分这两种原因在刑法上意义重大，在民法或合同法上虽然意义不是如此重大，但在解决合同纠纷时是十分有用的。

　　大凡建筑工程承包合同，都写有规定承包商对其造成的所有损害负责的条款。在执行有关损害赔偿条款时，业主或主管法庭强调的是损害事实，而不注重于追究动机。

　　在工程承包活动中，工程师或建筑师与承包商因合同的标的工程而同时对业主承担契约责任。如果承包商既承担设计又承担施工任务，其履约责任便具有双重性。一方面，承包商要保证施工符合合同要求，另一方面还承担建筑设计责任，即对设计方面存在的缺陷必须负全部责任。鉴于一项工程的设计离不开实施手段，因此，承包商在进行设计时必须充分考虑技术和法律上的可能性，具体落实设计任务，尤其是制定与法规相符的设计文件。

　　2. 技术责任

　　无论从法律范畴还是从契约角度，工程承包都存在技术责任问题。

　　鉴于承包商并非不懂技术，因此当图纸中有明显错误时，承包商有责任向工程师指出。如果工程师依然坚持己见，承包商应提出保留意见。若工程师硬性要求使用某种不符合规范的材料，承包商亦应提出保留意见。如果承包商未曾提出保留意见，只是完全服从，则应当承担一定的技术责任。

　　如果因业主提供的资料不准确而导致工程设计或施工缺陷，承包商可不承担责任。

　　施工缺陷系指无可争辩的与合同要求严重不符的工程缺陷。这些缺陷是因承包商的技术笨拙而不是因不可抗力情况或业主强加意图所造成的后果。

　　施工缺陷的责任必须由承包商承担。

　　（二）法律责任

　　如果在履约过程中或工程竣工后触犯法律的话，承包商除应承担契约责任外，还应承担法律责任。

通常情况下，承包商应承担的法律责任包括民事或刑事两个方面。

1. 民事责任

行政法合同的民事责任基于行政法的执行原则，这与民法的执行原则多少有点区别。例如，在无过失责任方面，工程承包合同强调：受害者可以无区别地要求承包商或业主或者同时要求两方面予以赔偿。

按私法缔结的工程承包合同的民事责任基于民法条款。

民事责任的本义是要求责任承担者尽可能准确地恢复由损害破坏的平衡和置受害者于受害前的境遇。

确立民事责任必须有三个条件：①过失事实；②过失与损害的因素关系；③实际遭受的损失。

确认民事责任事实后还应分析该责任的起因。通常情况下造成民事责任事故的起因有三种：

（1）人为起因。由承包商的作业人员在作业时造成的事故。由这种起因导致的民事责任应由其雇主即承包商承担。

（2）非人为起因。除车辆事故外，非人为起因造成的事故屡见不鲜。

承包商自接收场地之日起，就有责任保护工地，有义务修复其在进行建筑活动时对他人造成的损失，有责任承担其造成损失的后果。

如果多家承包公司在同一工地作业，各承包商只承担由其雇用的人员在作业时所造成的损失责任，在这方面不存在连带责任问题。

（3）人为和非人为双重起因混合。有些事故的发生既有人为因素，又有非人为因素，也就是说既有主观原因，又有客观原因，因此在确定责任时不能绝对分开，只能视各种因素的程度而定。在考虑赔偿时亦应两方面同时兼顾。

2. 刑事责任

在工程实施过程中，违章事件时有发生，例如承包商为达到某种目的而不顾当地法律规定，尤其是有关保护劳工利益及卫生安全等方面的法规，从而造成刑事责任事件，承包商必须承担其后果。

承包商应承担的刑事责任通常包括因违反劳动法造成人员伤亡及违反治安条例而造成损失，承包商必须承担由此而被追究的刑事责任。但是，如果违章事件及触犯刑律的事故是由承包商的工作人员或雇员所犯，则承包商仅仅承担民事责任，不能对承包商的公司执行惩罚条款。这些责任应由具体肇事人员本人承担。

若涉及违反税收法规而导致惩罚，自然应由承包商的公司承担全部责任。

（三）工程验收后的责任

在工程实施期间，承包商要对工程负全面责任：业主有权责成承包商修复全部不合格工程。若承包商拒绝修复，业主可以废除合同，拒绝验收工程，甚至对承包商起诉，要求其赔偿损失。

工程临时验收之后，承包商应承担质量担保责任。对于质量担保期间出现的任何工程质量缺陷（因使用不当而导致的缺陷除外），承包商必须承担修复和弥补之责任，直至业主最后无保留验收。

关于房屋工程，除了质量担保责任以外，承包商还必须同建筑师一起共同承担十年责任（主体工程）或两年责任（细小工程）。

十年责任所担保的内容为因建筑设计和施工缺陷或土质不良而造成的房屋完全或部分损坏和全部主体工程因非使用原因而出现的损坏。

主体工程通常包括：①保证房屋稳定和牢固的所有支撑物以及与支撑物结合或组成整体的构件或工程。②起封闭、覆盖及防水等作用的固定工程。包括：a. 除油漆和贴墙纸以外的墙体贴面工程；b. 天花板及固定隔墙；c. 贯穿墙体、天花板及楼地板的管线工程；d. 固定电梯架；e. 门窗框架及玻璃天棚等。

两年责任的担保内容为除上述工程或部件以外的由承包商制作、成型或安装的细小工程和部件，包括：①除组成主体工程以外的管线设备、散热器及覆盖物；②为封闭、覆盖所必需的活动部件（如门、窗百叶）等。

这些细小工程和部件只是在工程最终验收后的两年期内出现缺陷方可视为两年责任的担保内容。

由承包商安装或供应的机电设备不得作为十年或两年责任的担保内容。

无论是十年还是两年责任，承包商都不是直接承担，而是通过向当地的保险公司投保的办法履行。因此，在宣告工程最终验收（有些国家要求临时验收）之前，承包商必须提交两年责任或十年责任保险单。

两年责任或十年责任担保的起始日视工程验收情况而定：①如果工程是一次性验收，担保自验收之日起算；②若采用两次验收（临时验收和最终验收）办法，则从无保留最终验收之日起算；③如果业主在进行最终验收之前已占用工程，则两年或十年责任担保期自业主占用工程之日起算。

只有总承包商才承担十年和两年责任。分包商在一般情况下都不与业主发生关系，因而不承担十年责任。当然，有些分包商与业主直接打交道，因而必须承担十年或两年责任。

如果承包商除实施工程外还负责设计，则应承担两方面的责任（设计与施工）。

如果业主本人是技术人员（特别是建筑师），承包商在执行业主或工程师的错误命令之前已提出了保留意见，可以不承担责任。

如果工程缺陷不是起因于施工，而是出自设计，则应由设计师单独承担责任。但是如果业主拥有有资格的技术部门，且已审批了图纸，则设计师的责任可以减轻。

如果工程是由行政管理部门派员领导和管理，则承包商单独对工程缺陷全面负责。当然，如果业主的人员犯有错误，当按事先规定的惩罚办法处理。

三、承包商的义务

国际工程承包合同一经批准生效，便成为约束缔约双方的法律文件。缔约双方都必须不折不扣地履行由合同规定的各自的义务。尽管国际工程承包合同具有双务、可换和等值三大特点，但在规定双方义务时总是强调对承包商的严格的甚至有时过于苛刻的要求，而对于业主的义务却规定得既简单又抽象。

作为一个国际工程承包商，在实施一项国际工程承包的全过程中必须履行承包商的个人义务、合同义务、强制性义务和信守价格义务。

（一）承包商的个人义务

首先，承包商必须不折不扣地履行项目发包国的有关法规及合同条款对其本人所要求的义务。这是衡量承包商能否圆满履约的首要条件。根据国际工程承包实践，承包商的个人义务通常包括以下五项：

（1）承包商未经业主许可不得擅自分包或转包其承担的合同标的工程，也不得擅自邀请未得到业主认可的其他公司帮其施工。

（2）在允许分包的情况下，承包商不得向无执照或未注册的分包商分包或转包工程，也不得以谋取利润为目的而转包其承揽的工程，当然，委托给持有执照的包工头的劳务包工不属此类。

（3）承包商必须在工程所在地区选定住址，并通知业主项目负责人士。若承包商在合同生效后 15 天内不向业主告知其选用的地址，则承包商总部或承包商所在的市政府发出的通知同样有效。施工期间，承包商若远离工地，必须指定一名有资格的代表。该代表必须得到业主项目负责工程师认可。

每当主管工程师约见时，承包商必须按时赴约；若主管工程师要求巡视工地，承包商必须亲自或委派代表陪同之。

（4）若承包商去世，承包合同可以在不予承包商任何补偿的条件下解除。若承包商的继承人要求继续实施工程，必须重新报价。若报价条件为业主接受，合同可以继续执行。但继承者必须承担已故承包商生前许诺的履约责任和一切后果。尤其是由于施工笨拙而导致的经济后果。如果前任承包商已实施的工程严重不合格或有违约现象而导致要求损失赔偿，继承人亦必须承担。

在联合承包的情况下，联合体中的某一家承包商去世，不能影响合同的继续执行，因为参加联合体的承包商均负有连带责任。

国有承包公司的缔约人去世或离职不影响合同的继续执行。

（5）如果承包商在履约过程中宣告破产或接受法律清算，业主有全权解除合同，且不予承包商任何补偿。这种情况下，合同必须在法庭正式清理之前解除。如果破产债权团的法定代表在得到法律允许的条件下提出继续实施该项工程的建议，业主可以考虑甚至采纳。如此可以免于解除合同。

在承包商宣告破产或接受法律清算的情况下，业主有权决定采取安全保护措施以保存工地设施。这些措施的落实执行由承包商负责。宣告破产或接受法律清算的承包商只有在取得法庭许可之后方可继续其经营活动。如果该承包商未经法庭许可而继续实施其工程，或该工程由一家未曾得到业主认可的二包商完成，业主可以不承担任何付款义务。

（二）承包商的合同义务

为保证工程的实施符合要求，业主在项目发包之前对承包商规定了一系列的条件，承包商在投标时必须声明接受之。合同批准生效后，这些要求条件即构成承包商的合同义务。

合同义务包括的范围很广，既涉及材料的来源、质量及其配比，又包括材料的用法（按照技术规范实施工程，要求达到足够的强度等）。

通常情况下，承包商的合同义务分别写在一般行政条款和组成特别说明书的特殊条款中，主要包括行政管理、财务担保及技术要求三个方面。

1. 行政管理义务

承包商应了解其必须遵循的行政法规和有关其工程实施的特殊要求。

承包商必须确认其工地的准确位置和进入工地的手段。必要时还必须取得有关许可证，如临时占地许可、临时通行证、建筑执照、施工机具临时进口和设备材料永久进口许可证等证件。在某些国家，上述证件是由业主或工程师协助取得的，但在为数不少的国家，却全部由承包商办理。

如果承包工程涉及专利许可等问题，承包商应负责办理专利许可转让手续并承担相应费用。

承包商必须遵循发包国关于保护本国劳动力的法规，招收当地劳动力。承包商应最晚于工程开工之前一个星期向当地的劳工部门告知其招收当地工人的可能性及所要求的条件。若无正当理由，承包商不得拒绝接收当地劳工部门介绍的合格人选。承包商所使用的外国劳务人员（包括承包商本公司的雇员）与当地的劳务人员之比例必须符合有关法律规定，必要时，工程师有权审阅承包商雇用的劳务人员名单。

承包商必须遵守发包国的劳动法及有关社会规定，尤其要严格保护其施工人员的健康和安全。

如果实施国防工程，承包商还必须严格履行保密的义务。

承包商必须为其雇用的外国雇员办理劳动执照和居住证件。若招聘当地的劳动力，承包商必须严格遵守发包国的工资规定。一般情况下，其招聘的当地工人的工资不得低于当地政府规定的同行业的最低工资。

承包商实施工程所需要的材料必须首先在当地购买。若当地工业不能满足，可向工程所在国的主管部门申请进口。不管是在当地购买或采购，还是进口，材料的质量都必须符合特别说明书的要求。如果工程用物资需要海运，承包商必须遵循发包国海运公司享有优先的原则。

在工地组织管理方面承包商必须严格执行有关规定，特别是在工地入口处应设立施工信号标志或告示牌；采取预防措施以避免因施工而引起交通事故；若拆除与公共交通有关的施工信号牌，必须至少提前48小时告知主管工程师。

承包商必须在业主提供的场地上安置其全部工地设施，包括存放设备和临时材料的仓库。

承包商在挖土方或拆除工程施工过程中发现的任何贵重物品都必须向当地政府上交，承包商可因其在挖掘过程中的仔细认真而得到相应的奖赏。

2. 财务担保义务

承包商必须履行的财务担保义务主要包括三个方面：出具保函、参加保险和纳税。

合同生效前，承包商必须出具履约保函，在领取工程预付款之前，必须出具预付款归还保函。在工程临时验收前，必须出具质量担保保函（或者在领取工程款时采取扣留一定百分比的办法）。如果施工机具由业主提供，承包商还必须出具机具使用保函。有些国家还要求承包商出具材料预付款归还保函。

除出具合同要求的保函外，承包商还必须按合同规定在当地保险公司投保。凡合同规定的投保，一般是强制性的。其具体内容在不同的国家虽然不尽相同，但大体一致的有：建筑工程一切险（包括第三者险）、安装工程一切险、十年责任险、施工机具险、交通车辆险以及社会保险等。

工程开工后，不管在什么情况下，只要承包商未曾履行强制保险的投保义务，业主在催告无效后可替其缴纳，而后从承包人的收入款项中扣除。如果不够，则从保函金额中提取。

纳税，这是承包商必须履行的涉及财务方面的另一项义务。不同的国家有不同的税收法规，承包商必须无条件执行。

3. 技术要求的义务

承包商必须按照特别说明书或通用要求条例中规定的技术规范实施工程。

在工程的准备阶段，承包商应向工程师提交其根据业主提供的或由承包商自己制订但经过业主批准的设计图纸制作的工程各部分施工详图和工程进度计划。

如果是房屋工程，承担主体工程的承包商应在工程师的协调下就各个互相交错的工程部分（如打孔、管线接通等）同各有关专项工程承包商协商一致，以便共同制订各个工程部分施工进度的整体施工计划。这项计划一经项目监理工程师批准认可后，即构成契约性文件，各有关承包商均须严格遵循。

承包商必须严格执行工程师签发的工作命令。如果承包商认为工程师签发的某项工作命令的要求超出其合同义务，他可在接到工作命令的15天内提出书面意见，陈述理由，但不得悬置工作命令。就是说在工程师改变其工作命令之前，承包商不得拒绝执行。

承包商应认真审核工程师向其提交的全部资料，若发现明显的错误和遗漏，必须在开工之前向工程师指出。

承包商必须根据业主提供的有关施工场地周围及地下设施的资料，进行放线定位。如果工程师提供的资料不全或不确切，承包商应进行必要的验证或补充，但不得因此而对工程造价提出异议。

工程开工前，承包商应制定工程的防水、排水措施。施工过程中若使用爆破手段，必须采取完善的安全措施以保证不出任何事故。

承包商必须严格执行合同中规定的对有关工程部分及所用的材料进行试验和检查的条款，尤其是那些在进行下一道工序之后便无法检查的工程部分，在覆盖之前，承包商必须通知技术监督部门及时检查认可。

一旦工程完毕，承包商应立即通知工程师并要求其进行验收。如果在施工过程中或临时验收时，工程师确认施工不合格或有工程缺陷，承包商必须立即修复，甚至返工重建。否则，工程师可派人拆除重建或修复，全部费用由承包商承担。

随着工程的发展，承包商应及时清理施工现场。如果承包商不曾按照特别说明书中规定的条件及时清扫无用的设备和废料，工程师将向其发出催告。催告期一般为30天，若逾期尚不见效果，业主可按行政办法做出决定，派员清理打扫并按清理的物品性质分别堆放于仓库或垃圾场，一切费用及其后果均由承包商承担。

（三）承包商的强制性义务

国际工程承包合同虽然具有等值性，但缔约双方的地位实际上是不平等的：承包商必须严格执行合同条款，对已签字生效的合同条款不能有丝毫变更要求；而业主则相反，他可以向承包商强加一定量的或大或小的附加约束。业主的这种强加约束的行为通常称为专制行为。这种专制行为对于承包商即构成强制性义务。因为承包商不能拒绝业主在一定期限内强加的任务或要求。

专制行为分为狭义和广义两种：狭义的专制行为系指缔约业主出于保护其国家利益或因某些不可预见的实质性因素（如资金困难或设备订货合同有变等）而单方面采取的措施；广义的专制行为则是指除缔约业主以外的当权部门采取的对工程承包合同有直接影响的措施，如大幅度提高税收、紧缩基建开支等。

承包商必须履行由于业主上述专制行为而在一定限度内强加的义务。

这些强制性义务通常包括以下几个方面：

1. 执行工作命令

承包商必须执行由工程师代表亲自承担责任的前提下发出的任何工作命令。

承包工程的领导权不属于承包商，而属于业主的代表——工程师。承包商的作用主要是购买材料、招聘工人和按照工程师的指示实施工程。简言之，承包商处在执行地位，只是具体地执行业主及其代表工程师的命令。承包商的活动实际上是由工程师或根据工程性质或要求的期限来安排的。

在施工过程中，只要工程师的命令不导致产生超越规定极限的工程数量或性质的变更，承包商就必须执行，否则业主可以接管或重新发包工程。

任何情况下，即使工程师发出的命令导致工程量增加或减少，不管承包商对工作命令提出何种意见，在业主做出新的决定之前，承包商不得放弃工地，否则业主有权接管工程、废除合同或重新招标。不管采用何种方式，承包商均不得要求补偿。

合同批准生效后，业主常常因缺乏资金而不得不命令工程（不论是否开工）展期，这种情况下，承包商固然可以要求业主予以赔偿，但必须执行业主的展期命令。

2. 接受工程变更要求

在实施工程过程中，出现工程变更是一种正常现象。一项工程从设计到施工，不可能样样都可预见到，即使在设计过程中尽了最大的努力，也不能排除不可预见因素，这些不可预见因素有时导致工程出现重大变更，由此而要求承包商接受一定程度的工程变更要求。因此，接受工程变更要求是承包商的另一项强制性义务。工程变更通常有三种情况：

（1）工程量增加。凡新建或大修工程，如果业主要求增加的工程按合同原价估算的价值不超过合同原始总价的20%，承包商必须无条件接受，不得提出任何要求条件；如果超过20%，承包商有权按无补偿亦无赔偿条件立即废除合同，但必须在自接到业主要求增加工程量的工作命令之日起两个月的期限内向工程师提出书面要求。

若是维修或保养工程，承包商必须接受的工程量增加的极限为原始合同总价的50%。若超过50%，承包商可按上述要求条件提出废约要求。但是，如果业主不同意解除合同且坚持增加工程，则承包商必须按原合同条件实施业主要求增加的工程，直到达到规定的强制义务极限即 20%（新建或大修工程）或 50%（维修或保养）。只有在超越这个强制义务极限的条件下，承包商才可能提出补偿或者废除合同的要求。

如果合同工期长达数年，则应按工期平均计算出每年所占合同总额的比例，从而按年合同总额规定增加工程量情况下的强制性义务极限。例如某项工程的工期为 48 个月，则年合同额应为：

12÷48 = 0.25 = 25%

即占合同总额的 25%，那么，承包商每年作为强制性义务而必须接受的工程增加量为年合同额的 20%（新建工程）或 50%（维修合同），若按合同总额计算应为：

20%×25% = 5%（占合同总额的 5%）

或　50%×25% = 12.5%（占合同总额的 12.5%）

（2）工程量减少。在履约过程中，常常出现工程量比原预计数量减少或业主要求减少的情况。任何情况下，只要工程压减的数量按原始合同价计算不超过合同总额的 20%（维修合同为 50%），承包商便不得提出任何要求。如果压减的工程超过极限（20% 或 50%），承包商可以以该变更所造成的损失为由提出补偿要求，也可以提出废除合同。但在业主坚持其压减要求的情况下，承包商必须按其强制性义务规定先压减至规定极限，然后根据超过压减极限的数量给其造成的损失而提出补偿要求或废除合同。

压减工程量与业主放弃实施部分已发包工程不能同样处理。在前一种情况下，承包商可以获取因压减工程而给予的补偿；但后一种情况就不是补偿问题，而是直接影响合同标的，应按不履约处理。

当然，如果工程量压减虽然超出规定极限，但承包商不能提出其因此而遭受损失的证明，或者不是由业主的错误而导致工程量压减，则业主不能给予承包商损失赔偿。

如果业主因非承包商方面的原因撤回业已委托给承包商的一部分工程转而交给另一家承包商或由业主接管实施，承包商可以要求补偿其利润损失，但必须提交损失证明材料。但是，如果缔约承包商因缺乏施工机具而无法实施某部分工程，或者在缔约时，业主已明文声明保留将部分工程委托给其他承包商的权利，那么业主可以将其业已委托给缔约承包商的一部分工程收回再委托给另一家承包商，原缔约承包商不得提出任何补偿要求。

同增加工程量规定一样，大修或新建工程的压减数量极限为 20%，而保养和维修工程的压减数额极限为 50%。若超过这两种极限，承包商可以提出补偿要求或者自接到压减工程量的工作命令之日起两个月内提出废约要求。

如果承包商在接到压减工程的工作命令之日并未曾意识到工程的压减数量将会超过压减极限，故不曾提出补偿要求或没有在规定的两个月内提出废约要求，只是到后来才发现工程变更已超过压减极限，在这种情况下，承包商只有在能证明其先前接到的工作命令不可能允许其判断出将会超过压减极限的情况下方可索取补偿。

（3）子项工程的性质改变。如果合同文件中包括详细概算书规定了各种性质的工程比重，因业主的工作命令或因承包商方面的行为导致某种（或某些种类）工程量变化（增加或减少）超过原概算书规定的 35%，承包商可以在出示证明材料的前提下提出补偿要求，但不得要求废除契约。如果详细概算中只规定其价格而不曾提及其工程性质，或者如果有明文规定业主保留改变工程性质（如用塑料代替陶瓷制品或用混凝土代替其他材料）的权利，则承包商不得提出补偿要求。

在工程承包过程中，鉴于业主随时都可以发出改变工程性质的工程变更命令，因此，承包商只能在施工结束或工程临时验收或提交最后结账单时才能提出补偿要求。通常情况下，提出补偿要求的合法期限为 40 天，自承包商接到正式结账通知之日起算。

3. 服从工程展期或绝对停工命令

强制性义务还可表现在服从工程的展期或绝对停工命令方面。业主往往因某种原因（其政府方面或其本身）而要求工程展期或绝对停工，承包商首先必须服从展期或停工命令。

如果业主要求绝对停工或要求展期一年（一次展期时间或连续多次累计时间）以上，承包商可以要求按业主过失解除合同，并对已实施的工程进行临时验收。但如果展期时间不足一年（一次或多次累计），则承包商无权提出解除契约，只能根据其遭受的且经工程师确认的损失给予赔偿，而业主的展期命令必须圆满执行。

承包商必须在自接到业主发出的展期命令之日起 4 个月内向业主提出索赔或解除合同的书面要求。

工程展期时间计算的起始日的确定有两种情况：①如果工程业已开工，则以要求停工的工作命令所规定的日期为准；如果工作命令中未曾规定停工日，则以承包商接到工作命令之日起为起始日。②如果工程尚未开工，则以正式决标日或合同生效日为起始日。

如果业主命令绝对停工，承包商必须同业主一起做好解除合同前的工程清理工作。例如，确认已实施工程，制定材料、设备及工地设施装备清单；撤除临时设施等。

如果业主因不可抗力原因而命令暂停施工，承包商不得以此为由索取赔偿。

4. 遵守规定期限

承包商必须履行的第四项强制性义务是遵守规定期限。作为强制义务规定的期限有两种：合同工期；提出各种要求的期限。

（1）合同工期。凡是工程承包合同，都必须规定合同工期，承包商必须严格遵守，否则将导致罚款、废约或由业主接管工程。

承包商必须按合同的特别说明书中规定的期限内向工程师提交详细施工计划。工程师将根据工程的实际进展情况进行合理比较。若发现延误情况，将敦促承包商采取必要的补救措施。

承包商一旦接到工程师发出的开工令，就得立即开工。工程的开工日期可以在合同条款中规定，但绝大多数情况下是通过工作命令规定的。

合同规定的期限可以因以下两种原因而延长：①由于业主的行为，或者是因为改变项目设计，或者是由于业主的过失或错误；②由于不可抗力事件。

改变合同工期对于合同来说是一种更新，因而需要缔结一份合同的附加条款。

房屋工程承包合同在规定工期时通常还另加上预备期。预备期的长短随工程体量及可预见的恶劣天气而定。这个预备期可供工程师、业主和承包商具体计划商讨以制订出确切的施工计划。预备期从承包商接到合同批准通知书之日起计算，直至工程正式开工。

（2）承包商向业主提出各种要求的有效期限。显然，在履约过程中，承包商只有在合同规定的有效期内提出要求才被接受。若晚于合同规定的相应期限，不管其要求是否合理，业主完全有权不予理睬。

鉴于承包商提出的要求可以涉及多项合同条款，因此为各种要求所规定的有效期限各不一样。

通常情况下，承包商提出的要求及有效期见表6-2。

表 6-2　　　　　　　　　　　承包商提出的要求及有效期

提出要求的动因	有　效　期	要求内容
工作命令要求超出承包商的义务范围	自收到业主发出的工作命令之日起 10 天内	陈述不执行工作命令的理由或索取补偿
不可抗力情况	发生不可抗力事件 10 天内	索取补偿，要求延长工期或免除罚款
工程量变更（增减）超过规定的百分比	收到变更命令之日两个月内 收到正式结账通知之日 40 天内	废约并索取补偿 索取补偿
工程子项性质变化	收到正式结账通知之日 40 天内	索取补偿
工程展期超过 1 年	收到展期通知 4 个月内	废约或索取补偿
工程展期，但不足 1 年	收到展期通知 4 个月内	索取补偿
不同意施工日志或持保留意见	工程师要求签字之日 10 天内	陈述拒绝签字或持保留意见的理由
对年终结算账单或部分正式结算账单持不同意见或保留意见（分期分批验收情况）	自接到要求其审阅年终账单（或部分结账单）通知之日 30 天内	陈述理由并提出要求金额
对正式总结账单有不同意或持保留意见（各项工程同时验收情况），承包商在工程临时验收 3 个月内可收到要求其阅签正式总结账单的通知	接到要求其审阅正式总结账单的通知 40 天内	陈述拒绝签字或持保留意见的理由并提出要求金额
承包商与工程师在有关材料的来源和质量、材料或工程是否符合要求及工程的潜在缺陷等问题上有分歧	接到确认分歧的通知后 5 天内	陈述理由并提出相应的要求

续表

提出要求的动因	有　效　期	要　求　内　容
承包商与工程师在除上述问题以外的其他方面有分歧	接到确认分歧的通知 2 个月内	陈述理由并提出相应要求
承包商与工程师之间出现分歧	接到工程师的答复信后 3 个月内	陈述理由并提出相应要求
在支付工程进度款（包括支付利息）问题上出现分歧	若是察看、审核问题上的分歧：土木工程，1 个月；房屋工程，2 个月。如无察看审核需要，则为出现分歧 15 天内	陈述理由，提出要求

5. 房屋承包商的特殊义务——工程协调及工地组织

在承包房屋工程情况下，总承包商或负责主体工程的承包商有义务根据施工需要而采取必要措施以确保工程协调、工地秩序及施工安全，为此而支付的费用在工程师审核后按各参与施工公司的承包任务比例分摊。

各分包公司必须严格遵守工程施工的统一管理原则，明确各自的责任，对有共性的工程部分必须事先对施工顺序及各项要求协商一致，相互提供有关其负责部分的工程的数据。若出现分歧，由工程师出面调停。

房屋工程承包通常有三种情况：由一家具有多种承包功能的承包公司承担工程实施任务；由多家彼此无法律联系的承包公司分项承包；由承包公司联合体承包。第一种情况不存在多家公司互相配合问题，无须履行本项特殊义务。本项特殊义务仅适用第二、第三两种情况。

（1）由多家彼此无法律联系的承包商分项承包时的协调和组织。在由多家承包商分项承担房屋工程的情况下，工程协调原则上由工程师负责。但是参与工程实施的各分包商必须推选出一家分包商作为联络员，配合工程师，负责分包商之间的联络工作。合同的特别说明书中必须规定该联络员的作用及行使职能的起始和终止日期。联络员的任务是负责分包商之间及分包商与工程师之间的联系。联络员应参与制订施工进度计划、工地组织安排，并列席工地会晤。

如果合同的特别说明书中未曾规定工程师的协调任务，也未曾指定负责联系工作的分包商，则负责主体工程的承包商有义务采取必要措施以确保工程协调、工地秩序及施工安全，并且承担联络及工地组织任务。为此，该主体承包商应监督执行有关保护环境卫生和施工安全及其他带有共性的措施，直至工程全部完工。各分包商负责其本公司的施工机具和工地设施，但有关诸家分包商的集体需求和利益，如水电供应、污物排放、共用道路及入口、工地围墙、门卫及公害清除等任务，必须事先明文规定。执行这些任务的总负责人是承担主体工程的承包商。其费用原则上按分包额比例在分包商之间直接分摊，但业主或工程师有权过问其执行情况。

除上述任务外，负责协调的承包商还必须负责：工程的放线定位及水准确定；在工地设置办公室供工程师或业主使用；如果需要占用土地以存放材料或机具设备及零配件，则租赁工作及善后清理均由协调承包商承担。

在占用土地之前，协调承包商必须履行全部必要手续；在临时占用的地域内，如无主人的许可，承包商不得从事除施工以外的任何其他活动。

凡需由各家分包商共同摊派的支出，应先由协调承包商垫付，而后由其按比例分摊；若垫付数额过大，协调承包商可要求其他分包商预付。待履约完毕时，制定分摊账目并告知各家分包商其应摊份额。如果发生分歧，工程师负责审核并制定正式分摊账目。分包商工程款的尾款结清取决于其是否交纳了应摊份额。如果有某家分包商拒绝交纳或迟迟不交纳应摊份额，业主先以挂号信催告，若五天尚不见效，则从该分包商的工程尾欠款中扣除。

（2）由承包公司联合体承包时的协调与组织。在由承包公司联合体各成员公司分别承担各子项工程的情况下，联合体内的联络和协调任务由共同委托人承担。业主下达的工作命令及联合体各成员公司对业主的各项要求一律通过共同委托人转达。

在联合体投标时，共同委托人的承包工程总价中还应加上执行协调任务所应收取的费用。至于工地组织及账目的按比例分摊的管理自然应由共同委托人负责。分摊的具体办法应根据联合体内部签订的协议执行。

（四）承包商的信守价格义务

信守合同价格也是承包商的一项重要义务。合同价格一经确定，承包商在任何时候均不得以任何借口提出反悔。

信守价格义务主要是由价格的不变性这一总方针决定的。工程承包合同多数是按不变总价或单价方式计算的。所谓不变总价，系指在工程量不变情况下，总价不变。但在工程承包实践中，工程量绝对不变的情况极为罕见，尤其是大型承包工程。因此，原始合同价通常都得加上诸如某些未预见或不可预见工程的费用，因设计修改而导致的工程量变更所引起的费用以及因价格贴现和调值而引起的费用增加等项款额。总之，不变总价只是相对而言的，单价不变系指在组成单价的各项因素不发生变化的前提下，合同单价不变。

工程承包合同是缔约双方建立联系的依据，价格则是合同的实质性因素。合同一经缔结便不得更改（只能签订附加条款予以补充、修改和完善），因此，价格自然也就不能更改了。

价格不变性有两方面含义：一方面，承包商在正常条件下（包括施工过程中碰到的正常困难）不得要求补偿；另一方面，业主不得拒绝支付由承包商按规定条件所完成的工程。

价格不变是工程承包的指导原则。根据这一指导原则，承包商无权对项目设计作任何修改。在特殊情况下，承包商虽然可做一定的修改，但即使其修改方案完全符合技术规范和业主的喜好，也只能是其修改意见被业主采纳而已，而承包商却不得因实施修改方案导致材料及工程费用增加而提高工程造价，除非双方已事先达成特别协议。

合同价除包括项目工程总造价及强制性的税收、保险费用外，还包括意外开支，但不包括不可预见费用。意外开支与不可预见费用是不容混淆的两个概念。前者是为工程实施所必需的、可预见但不可避免的费用。虽属意外，但承包商却不得以此为由向业主索取补偿；另有一些辅助费用在承包商投标报价时不可预见，如税收上涨等，导致工程费用上升，这类费用属于不可预见费，承包商有权向业主索取补偿。

意外开支通常包括以下内容：①未投保险的设备机具及材料丢失；②因承包商未曾发现或虽然发现但未向业主声明的图纸中对于承包商来说是显而易见的错误或缺陷而造成的额外支出；③施工详图的制作和复印费用；④由于承包商的粗心或缺乏预防措施或操作技术笨拙而导致的物品损坏；⑤由于承包商违章或技术笨拙而造成工伤事故或增加无益劳动所导致的开支；⑥实施土方工程中爆破所需费用；⑦承包商额外临时占地所需费用；⑧注册税、印花税及合同辅助费用；⑨其他意外开支等。

在任何情况下，上述费用都必须由承包商承担。除非合同中另有特殊条款明文规定。

合同价格的不变原则只是相对的。就是说在通常情况下，承包商必须始终信守合同的既定价格。但在工程承包实践中常常出现特殊情况，导致合同价格不变原则的例外执行。承包商只有在具备例外执行的要求条件时才可以要求改变合同的不变总价。

导致价格变化的特殊情况通常有以下几种：①增加工程：包括不可预见工程和业主要求增加的工程；②因修改设计而导致工程变更或改变施工条件；③由于业主的行为或错误而导致工程变更；④发生不可抗力事件；⑤发生导致经济条件紊乱的不可预见事件。

如果出现上述五种情况之一，合同的原始总价必将发生变化，这些变化不外乎三种：合同总价增加；合同总价减少（压减工程情况）；维持原合同价，但给予承包商相应的补偿。

不管出现哪一种情况，只要不超出合同条款规定的范围，承包商都必须接受，否则按违约处理。

第五节　国际工程承包常用的标准合同格式

国际工程承包，通常采用国际公认的标准合同格式，这些标准合同格式中的合同条件规定了合同各方的权利、责任以及风险分配，是合同文件最重要的内容之一。工程标准合同条件（standard conditions of contract）能够合理地平衡合同各方的利益，特别是可以在合同各方之间比较公平地分配风险和责任。另外，使用标准合同条件使得各方对合同都较为熟悉和理解，减少了合同管理的风险。

一、国际著名标准合同格式概述

国际上著名的标准合同格式有：FIDIC（国际咨询工程师联合会）、ICE（英国土木工程师学会）、JCT（英国合同审定联合会）、AIA（美国建筑师学会）、AGC（美国总承包商协会）等组织和机构制定的系列标准合同格式。其中，最为常见的是 FIDIC 标准合同格式，特别是 FIDIC 土木工程施工合同条件（红皮书）。ICE 和 JCT 的标准合同格式是英国以及英联邦国家和地区的主流合同条件。AIA 和 AGC 的标准合同格式是美国以及受美国建筑业影响较大国家的主流合同条件。FIDIC 标准合同格式主要适用于世界银行、亚洲开发银行等国际金融机构的贷款项目以及其他国际工程，是我国工程界最为熟悉的国际标准合同条件，也是我国《建设工程施工合同示范文本》1991 年版和 1999 年版以及 2017 年版的主要参考蓝本。在这些标准合同条件中，FIDIC 和 ICE 合同条件主要应用于土木工程，而 JCT 和 AIA 合同条件主要应用于建筑工程。

（一）ICE 标准合同

ICE 标准合同条件具有很长的历史，它的《土木工程施工合同条件》已经在 1999 年出版了第 7 版。ICE 的标准合同格式属于单价合同，即承包商在招标文件中的工程量清单（bill of quantities）填入综合单价，以实际计量的工程量而非工程量清单里的工程量进行结算。此标准合同格式主要适用于传统施工总承包的采购模式。随着工程界和法律界对传统采购模式以及标准合同格式批评的增加，ICE 决定制定新的标准合同格式。1991年 ICE 的《新工程合同》（new engineering contract，NEC）征求意见版出版，1993 年《新工程合同》第一版出版，1995 年《新工程合同》又出版了第二版，第二版中《新工程合同》成了一系列标准合同格式的总称，用于主承包合同的合同标准条件被称为《工程和施工合同》（engineering and construction contract，ECC）。制定 NEC 的目的是增进合同各方的合作、建立团队精神，明确合同各方的风险分担，减少工程建设中的不确定性，减少索赔以及仲裁、诉讼的可能性。ECC 一个显著的特点是它的选项表，选项表里列出了 6 种合同形式，使 ECC 能够适用于不同合同形式的工程。

（二）JCT 标准合同

JCT 是由 RIBA（英国皇家建筑师学会）主导的由多个专业组织组成的一个联合组织，其标准合同条件的制定可以追溯到 1902 年。JCT 的《建筑工程合同条件》（即 JCT80）用于业主与承包商之间的施工总承包合同，它的最新版本是 2011 年版。同 ICE 的传统合同条件一样，JCT80主要适用于传统的施工总承包。JCT80 属于总价合同，这是和 ICE 传统合同条件不同的地方。JCT 还分别在 1981 年和 1987 年制定了适用于 DB 模式的 JCT81，适用于 MC 模式的 JCT87。JCT 在 1998 年制定了 JCT98，主要用于传统采购模式，也可以用于 CM 模式，共有 6 中不同的版本。JCT在 2011 年又制定了适用于 DB 模式的合同。

（三）FIDIC 标准合同

FIDIC 于 1945 年出版了《土木工程施工合同条件》（红皮书），在1989 年出版了第四版。红皮书来源于 ICE 传统的合同条件，它们之间有很多相同的地方，它同样适用于传统的施工总承包模式，同样是单价合同类型。红皮书虽然被工程界称为工程领域的"圣经"，但是红皮书里工程师的角色也引起了不少争议，这促使 FIDIC 在 1996 年红皮书的增补本里引入了"争端裁决委员会（dispute adjudication board，DAB）"，以替代工程师的准仲裁员角色。值得注意的是，我国几种标准施工合同格式基本上都是以 FIDIC 红皮书为蓝本的，故必须重新考虑其中工程师（监理单位）的角色是否恰当的问题。另外，FIDIC 在 1990 年出版了《业主/咨询工程师标准服务协议书》（白皮书），在 1994 年出版了《土木工程施工分包合同条件》（与红皮书配套使用），在 1995 年出版了《设计–建造与交钥匙合同条件》（橘皮书）。这几个标准合同格式和 1987 年第三版《电气与机械工程合同条件》（黄皮书）共同构成了 1999 年以前的"FIDIC 合同条件"。1999 年，FIDIC 正式出版了一系列新的标准合同条件，即《施工合同条件》（新红皮书）、《工程设备和设计–建造合同条件》（新黄皮书）、《EPC（设计–采购–建造）交钥匙合同条件》（银皮书）、《合同的简短格式》（绿皮书）。这四个新的合同条件和 1999 年以前的系列合同条件有着极大的不同，不仅在适用范围上大大拓宽，而且在具体的合同条件上、形式上、措辞上也有很大的不同，可以说它们是对原有 FIDIC 合同格式的根本性变革。"新红皮书"不仅可以用于土木工程，还可以用于机械和电气工程。"新黄皮书"和"银皮书"可以用于"设计–建造"和"EPC（设计–采购–建造）交钥匙"等情况。"绿皮书"则适用于各类中小型工程。2017 年，FIDIC 正式出版了一系列新的标准合同条件，即《施工合同条件》（新红皮书）、《工程设备和设计–建造合同条件》（新黄皮书）、《EPC（设计–采购–建造）交钥匙合同条件》（银皮书）。

（四）AIA 标准合同

美国建筑师学会（AIA）成立于 1857 年，是重要的建筑师专业组织，致力于提高建筑师的专业水平。AIA 出版的系列合同文件在美国建筑业以及国际工程承包领域具有较高的权威性。AIA 从 1911 年就不断地编制各种合同条件，到目前为止 AIA 已经制定出了从 A 系列到 G 系列完备的合同文件体系，其中 A 系列是用于业主与承包商之间的施工承包合同，B 系列是用于业主与建筑师之间的设计委托合同。AIA 系列合同文件的核心是"通用条件（A201）"，采用不同的项目采购模式和合同价格类型时，只需要引用不同的协议书格式与通用条件。AIA 合同文件涵盖了所有主要项目采购模式，如应用于"传统模式"（即施工总承包）的 A101、B141、A201（A101 是业主与承包商之间的协议书，B141 是业主与建筑师之间的协议书），应用于代理型 CM 的 B801/CMa、A101/CMa、A201/CMa

（CMa，即 CM agency），应用于风险型 CM 的 A121/CMc、A201 （CMc，即 CM constructor）。

二、FIDIC 标准合同格式

（一）FIDIC 组织

FIDIC 即 国 际 咨 询 工 程 师 联 合 会 （fédération internationale des-ingénieurs-conseils），它于 1913 年在欧洲成立。第二次世界大战结束后，FIDIC 迅速发展起来。至今已有 60 多个国家和地区成为其会员。中国于 1996 年正式加入。FIDIC 是世界上多数独立的咨询工程师的代表，是最具权威的咨询工程师组织，它推动着全球范围内高质量、高水平的工程咨询服务业的发展。

FIDIC 下 设 两 个 地 区 成 员 协 会：FIDIC 亚 洲 及 太 平 洋 成 员 协 会 （ASPAC）；FIDIC 非洲成员协会集团 （CAMA）。FIDIC 还设立了许多专业委 员 会，用 于 专 业 咨 询 和 管 理，如 雇 主/咨 询 工 程 师 关 系 委 员 会 （CCRC），合 同 委 员 会 （CC），执 行 委 员 会 （EC），风 险 管 理 委 员 会 （ENVC），质量管理委员会 （QMC），21 世纪工作组 （Task Force 21） 等。

FIDIC 总部机构现设于瑞士洛桑 （FIDIC P. O. Box 861000 Lausanne 12，Swi-terland）。

（二）FIDIC 合同条件体系

FIDIC 专业委员会编制了一系列规范性合同条件，构成了 FIDIC 合同条件体系。它们不仅被 FIDIC 会员国在世界范围内广泛使用，也被世界银行、亚洲开发银行、非洲开发银行等世界金融组织在招标文件中使用。在 FIDIC 合 同 条 件 体 系 中，最 著 名 的 有：《土 木 工 程 施 工 合 同 条 件》 （conditions of contract for work of civil engineering construction，通称 FIDIC "红皮书"）、 《电气和机械工程合同条件》 （conditions of contract for electrical and mechanical works，通称 FIDIC "黄皮书"）、雇主/咨询工程师标准服务协议书》 （client/consulant model services agreement，通称 FIDIC "白皮书"）、《设计—建造与交钥匙工程合同条件》 （conditions of contract for design—build and turn key，通称 FIDIC "橘皮书"） 等。

为了适应国际工程业和国际经济的不断发展，FIDIC 对其合同条件要进行修改和调整，以令其更能反映国际工程实践，更具有代表性和普遍意义，更加严谨、完善，更具权威性和可操作性。尤其是近十多年，修改调整的频率明显增大。如被誉为 "土木工程合同的圣经" 的 "红皮书"，第一版制定于 1957 年，随后于 1963 年、1977 年、1987 年分别出了第二、三、四版。1988 年、1992 年又两次对第四版进行修改，1996 年又作了增补。

1999 年，FIDIC 在原合同条件基础上又出版了 4 份新的合同条件。2017 年，FIDIC 在 1999 年版的第一版基础上进行修订，FIDIC2017 版是迄今为止 FIDIC 合同条件的最新版本。

（1）施工合同条件（condition of contract for construction，简称新红皮书）。新红皮书与原红皮书相对应，但其名称改变后合同的适用范围更大。该合同主要用于由雇主设计的或由咨询工程师设计的房屋建筑工程（building works）和土木工程（engineering works）。合同计价方式属于单价合同，但也有某些子项目采用包干价格。工程款按实际完成工程量乘以单价进行结算。一般情况下，单价可随各类物价的波动而调整。业主委派工程师管理合同，监督工程进度、质量，签发支付证书、接收证书和履约证书，处理合同管理中的有关事项。

（2）永久设备和设计——施工合同条件（conditions of contract for plantand design-build，简称新黄皮书）。新黄皮书与原黄皮书相对应，其名称的改变便于与新红皮书相区别。在新黄皮书条件下，承包人的基本义务是完成生产设备的设计、制造和安装。适用于承包商做大部分设计的工程项目，承包商要按照业主的要求进行设计、提供设备以及建造其他工程（可能包括由土木、机械、电力等工程的组合）。合同计价方式采用总价合同方式，如果发生法规规定的变化或物价波动，合同价格可以随之调整。

（3）EPC 交钥匙工程合同条件（conditions of contract for EPC turn key projects，简称银皮书）。银皮书又可译为"设计-采购-施工交钥匙工程合同条件"。它适用于在交钥匙的基础上进行的工程项目的设计和施工，承包商要负责所有的设计、采购和建造工作。在交钥匙时，要提供一个设施配备完整、可以投产运行的项目。合同计价方式采用固定总价合同，只有在特定风险出现时才调整价格。在该合同条件下，没有业主委托的工程师角色，由业主或者业主代表管理合同和工程的具体实施。与前两种合同条件相比，承包商要承担较大的风险。

（4）简明合同格式（short form of contract）。该合同条件主要适于价值较低的或形式简单，或重复性的，或工期短的房屋建筑和土木工程。合同计价方式采用单价合同、总价合同或者其他方式。

（三）FIDIC 合同条件编制原则

（1）标准化原则。它采用了标准的合同样式、详尽的合同条款、规范的工作关系和程序。

（2）竞争择优原则。合同条件仅适用于采用竞争性招标方式选择承包商。合同条件还规定了招标的程序和办法，以确保竞争的可靠性，确保承包商的技术和质量，又能控制造价和工期。

（3）他人监督原则。FIDIC 合同条件是针对独立的工程师进行项目管理而编制的，适用的前提是委托工程师进行项目管理。

（4）依法管理原则。FIDIC 合同条件明确了它据以解释的有关法律和适用的后继法律，以法律为应用保障。

（5）平等交换原则。工程建设实质上是实物工程量和货币金额之间的等价交换，该合同条件以固定单价方式编制招标文件为前提，工程价格随工程量的变化而变化，体现了承包商和业主之间的平等交换。

（四）FIDIC 合同条件的特点

1. FIDIC 合同条件的基本特点

（1）国际性、权威性、通用性。FIDIC《土木工程施工合同条件》的国际性和权威性，从其出台的过程以及它被多年应用于国际工程所证实。其通用性，表现在只要是土木工程，包括房屋工程、桥隧工程、公路工程等均通用。同时，它不仅用于国际工程，也可应用于国内工程，如我国国内工程广泛应用的原交通部编制的《公路工程施工合同条件》就是等同采用 FIDIC 合同条件，铁道部编制的《铁路工程施工合同条件》就是等效采用 FIDIC 合同条件而出台的。

（2）权利与义务明确、内容完善。FIDIC 合同条件主要是对承包商的一般权利、义务规定十分明确，所占条款数多，在 72 条 194 款中占 26 条 54 款。对于工程师职责和权力的规定也十分明确，涉及 72 条中的 50 条。经过国际工程领域多年的广泛使用，四次再版，日臻完善。文字严密，逻辑性强，内容广泛具体，可操作性强。

（3）法律制度严格。合同条件中形成了一整套科学的具有法律特性的管理制度，如工程监理制度、合同担保制度、工程保险制度、质量责任制度等，为合同的履行提供了制度保证。

（4）合同文本构成科学合理。通用条件和专用条件的有机结合，也即固定模式和机动模式的有机结合，既完备又简洁。这样能保证合同当事人依法或按照国际惯例签订合同，避免了缺款少项等现象的发生。合同公开性好，具体表现在权利义务趋于平等，风险分担合理。

（5）具有社会成本的效益性。在投标前，由于采用严谨的标准合同条件作为招标文件的组成部分，因而投标人在投标时有一个细致而稳定的依据，容易形成较低的标价。在项目实施中，由于合同条款的严密性及对各方责任的严格要求，对降低社会成本、控制质量和进度、提高业主和承包商的效益等都有好处。从总体上讲，减少了项目实施的社会成本。

2. FIDIC 最新合同条件的发展变化

（1）适应国际工程承包方式的新发展。自 20 世纪 70 年代以来，国际建筑市场的承包方式有了迅速发展，使得 FIDIC 原有的合同条件体系在适应国际工程承包方式发展和需要方面不是特别及时，因此，所作的修改适应了当今世界的发展形势，同时，也有利于扩大 FIDIC 组织以及 FIDIC 合同条件在国际工程界的影响。

（2）结构体系统一。FIDIC1999 年新版合同条件实现了结构体系的统一，三个合同条件文本均为 20 条（与橘皮书一致）163 款。这为承包商分析和比较不同合同条件（实质上反映的是不同采购方式）的区别提供了便利。

（3）大多数条款相同。在新红皮书、新黄皮书、银皮书三个合同条件中，大多数条款的名称和条款的数目均相同（实际上大多数条款的名称也相同，只是未在表中反映出来），可以明显反映出不同合同条件的根本区别。

（4）利于计算机辅助合同管理。上述结构体系统一和多数条款相同两个特点，将大大提高计算机辅助合同管理的效率和水平。

（五）FIDIC 合同条件应用方式

FIDIC 合同条件是在总结了各个国家、各个地区的雇主、咨询工程师和承包人各方经验基础上编制出来的，也是在长期的国际工程实践中形成并逐渐发展成熟起来的，是目前国际上广泛采用的高水平的、规范的合同条件。这些条件具有国际性、通用性和权威性。其合同条款公正合理，职责分明，程序严谨，易于操作。考虑到工程项目的一次性、唯一性等特点，FIDIC 合同条件分成了 "通用条件（general conditions）" 和 "专用条件（conditions of particular application）" 两部分。通用条件适用于某一类工程，如红皮书适用于整个土木工程（包括工业厂房、公路、桥梁、水利、港口、铁路、房屋建筑等）。专用条件则针对一个具体的工程项目，是在考虑项目所在国法律法规不同、项目特点和雇主要求不同的基础上，对通用条件进行的具体化的修改和补充。FIDIC 合同条件的应用方式通常有如下几种：

1. 国际金融组织贷款和一些国际项目直接采用

在世界各地，凡世行、亚行、非行贷款的工程项目以及一些国家和地区的工程招标文件中，大部分全文采用 FIDIC 合同条件。在我国，凡亚行贷款项目，全文采用 FIDIC "红皮书"；凡世行贷款项目，在执行世行有关合同原则的基础上，执行我国财政部在世行批准和指导下编制的有关合同条件。

2. 合同管理中对比分析使用

许多国家在学习和借鉴 FIDIC 合同条件的基础上，编制了一系列适合本国国情的标准合同条件。这些合同条件的项目和内容与 FIDIC 合同条件大同小异。其主要差异体现在处理问题的程序规定上以及风险分担规定上。FIDIC 合同条件的各项程序是相当严谨的，处理雇主和承包人风险、权利及义务也比较公正。因此，雇主、咨询工程师、承包人通常都会将 FIDIC 合同条件作为一把尺子与工作中遇到的其他合同条件相对比，进行合同分析和风险研究，制定相应的合同管理措施，防止合同管理上出现漏洞。

3. 在合同谈判中使用

FIDIC 合同条件的国际性、通用性和权威性使合同双方在谈判中可以以"国际惯例"为理由要求对方对其合同条款的不合理、不完善之处作出修改或补充，以维护双方的合法权益。这种方式在国际工程项目合同谈判中普遍使用。

4. 部分选择使用

即使不全文采用 FIDIC 合同条件，在编制招标文件、分包合同条件时，仍可以部分选择其中的某些条款、某些规定、某些程序甚至某些思路，使所编制的文件更完善、更严谨。在项目实施过程中，也可以借鉴 FIDIC 合同条件的思路和程序来解决和处理有关问题。

需要说明的是，FIDIC 在编制各类合同条件的同时，还编制了相应的"应用指南"。在"应用指南"中，除了介绍招标程序、合同各方及工程师职责外，还对合同每一条款进行了详细的解释和说明，这对使用者是很有帮助的。另外，每份合同条件的前面均列有有关措词的定义和释义。这些定义和释义非常重要，它们不仅适合于合同条件，也适合于其全部合同文件。

系统地、认真地学习和掌握 FIDIC 合同条件是每一位工程管理人员掌握现代化项目管理、合同管理理论和方法，提高管理水平的基本要求，也是我国工程项目管理与国际接轨的基本条件。目前，我国土木工程行业面临着许多机遇与挑战。不少施工单位参与了许多大型工程项目的建设，对 FIDIC 合同条件及管理模式有了一定的体会和认识。因此，进一步加强这方面的学习，关注和及时获取这方面的信息，对提高管理水平是十分有益的。

三、美国 AIA 标准合同格式

美国建筑师学会（The American Institute of Architects，AIA）已有近 140 年的历史，致力于提高建筑师的专业水平，促进其事业的成功以达到改善大众的居住环境和生活水准的目的。作为建筑师的专业社团，其制定的 AIA 系列合同条件在美国建筑业界及美洲地区工程界具有很高的权威性，影响大、使用范围广。AIA 系列合同条件经历了 15 次修改，其最后一次修改在 1997 年，可见美国建筑师学会对于合同文本的实用性是非常重视的。

AIA 系列合同条件主要用于私营的房屋建筑工程。AIA 系列合同条件涵盖了主要的项目采购模式，如应用于传统 DBB 模式的 A101、B141、A201（A101 是业主与承包商之间的协议书。B141 是业主与建筑师之间的协议书）；应用于代理型 CM 的 B801/CMa、A101/CMa、A201/CMa（CMa，即 CM agency）；应用于风险型 CM 的 A121/CMc、A201（CMc，即 CM constructor）。其中，传统模式又按工程规模大小划分为普通工程、限定范围工程、小型工程、普通装饰工程和简单装饰工程等。

AIA 合同针对三种不同的项目采购模式制定了各自的合同文件体系，主要包括标准协议书和通用条件。从计价方法上看，AIA 合同文件主要有总价、成本补偿和最高限定价格三种方式。

（一）AIA 系列合同条件的基本结构

美国建筑师学会（AIA）制定发布的合同条件主要用于私营的房屋建筑工程，在美国应用甚广，影响很大。针对不同的工程项目管理模式及不同的合同类型出版了多种形式的合同条件。AIA 文件中包括 A、B、C、D、F、G 等系列。

A 系列——用于业主与承包人的标准合同文件，不仅包括合同条件，还包括承包人资质报表，各类担保的标准格式等。

B 系列——用于业主与建筑师之间的标准合同文件，其中包括专门用于建筑设计，室内装修工程等特定情况的标准合同文件。

C 系列——用于建筑师与专业咨询人员之间的标准合同文件。

D 系列——建筑师行业内部使用的文件。

F 系列——财务管理报表。

G 系列——建筑师企业及项目管理中使用的文件。

AIA 系列合同文件的核心是"通用条件"（A201 等）。采用不同的工程项目管理模式及不同的计价方式时，只需选用不同的"协议书格式"与"通用条件"。AIA 为包括 CM 方式在内的各种工程项目管理模式专门制定了各种协议书格式。

AIA 合同文件的计价方式主要有总价、成本补偿合同及最高限定价格法。由于小型项目情况比较简单，AIA 专门编制用于小型项目的合同文件。

（二）AIA 合同系列的主要标准文件

1. AIA 文件 A101，《业主与承包人协议书标准格式——固定总价》

该协议书标准格式用于以固定总价方式支付的情况。该文件应与 AIA 文件 A201 一同使用，构成完整的法律性文件。二者结合适用于大部分的工程项目。

对于限定范围的项目，为了简单起见，可不必采用 A101 与 A201 一同使用的做法，而直接使用 AIA 文件 A107，《业主与承包人协议书简要格式——固定总价——用于限定范围的项目》。该文件中包含以 A201 为基础的简要通用条件。该文件适用于业主和承包人在该项目之前已经建立了联系或项目比较简单且工期较短的情况。

2. AIA 文件 A111，《业主与承包商协议书标准格式——成本补偿（可采用最高限定价格）》

该协议书标准格式用于以成本补偿方式支付的情况。此时，间接费用和利润可以是固定费用亦可以是比例费用，也可指定最高限定价格。该文件应与 AIA 文件 A201 一同使用，构成完整的法律性文件。二者结合适用于大部分的工程项目。

3. AIA 文件 A121/CMc，《业主与 CM 经理协议书（CM 经理负责工程施工）》

该文件是 AIA 与 AGC 合作的产物，又称为 AGC 文件 565。该文件适用于存在风险型 CM 经理的情况。CM 经理向业主提出最高限定价格的建议书。业主可予以接受、拒绝或就此开始谈判。业主接受该建议书后，CM 经理开始准备工程实施。该文件将 CM 经理的服务分为施工前阶段与施工阶段两部分。为了加快工程进度，其中某些部分可同时进行。A121 应与 A201 及 B141 同时使用，为了避免出现混淆与错误，不得将本文件与 AIA 及 AGC 的建筑工程管理文件一同使用。

为了使业主能够随时监控工程成本，也可采用成本补偿而非最高限定价格的方法签订合同，但此时应采用另外一个协议书文本，AIA 文件 A131/CMc，《业主与 CM 经理协议书——成本补偿》（CM 经理负责工程施工）。该文件亦应与 A201 配合使用。

4. AIA 文件 A191，《业主与设计-建造承包商协议书》

该文件包含按顺序使用的两份协议书，用于业主从同一实体处得到设计与施工服务的情况。第一份协议书涉及初步设计和概算服务，而第二份协议则用于最终的设计与施工。虽然期望业主与设计建造承包商在完成第一份协议之后能够签订第二份协议，但双方都不受此约束。在第一份协议的内容完成之后，双方的关系可能结束，也可能继续实施第二份协议。

5. AIA 文件 A201，《施工合同一般条件》

该文件是施工合同的实质性部分，其中规定了业主、承包商之间的权利、义务及建筑师的职责和权限。该文件通常与其他 AIA 文件共同使用，如业主-建筑师协议书，业主-承包商协议书，业主-分包商协议书等。因此，该文件通常称为"核心文件（keystone document）"。

由于对不同的地区和不同的项目，情况会有不同，通常需要为该一般条件编制专用条件。编制时，可参阅 AIA 文件 A511《专用条件指南》。

6. AIA 文件 A401，《承包商与分包商协议书标准格式》

该文件用于在承包商与分包商之间建立合同关系，同 A201 类似，该文件亦说明了各方的权利和各自的责任。留出的空白处可由各方填入其协议的细节，可对 A401 进行适当修改，用于分包商与下级分包商的合同。

7. AIA 文件 B141，《业主与建筑师协议书标准格式》

该文件是业主与建筑师之间最基本的协议书。该文件规定的五个阶段代表了按传统习惯划分的从项目概念设计开始直至合同管理服务的建筑师的专业服务。B141 所述的施工阶段的服务是与 A201 中建筑师的责任与义务相对应的。

（三）AIA 合同系列的主要特点

1. 适用范围广、合同选择灵活

AIA 合同系列是一套适用于美国建筑业通用的系列文件，被美国建筑业广泛采用并被作为拟订和管理项目合同的基础。AIA 合同系列涵盖了主要项目采购模式的各种标准合同文件，主要包括业主与总承包商，业主与建设管理承包商，业主与设计商，业主与建筑师，总承包商与分包商等众多标准合同文本，这些标准合同文件可应用于不同的项目采购模式和计价方式，为业主提供了充分的选择余地，使用范围广泛。

2. 对承包商的要求非常细致

美国工程界所采用的合同形式很多，其中业主和承包商以固定总价合同和成本加补偿合同较为常见，这两类合同中关于承包商职责的条款有 21 条之多，要求非常细致。而相对来说，对业主的利益较为保护，如合同中规定业主代表要对实施过程进行检查和验收，但通过检查和验收并不等于免除承包商的责任等。

3. 适用法律范围较为复杂

美国作为一个联邦国家，各州均有独立的立法权和司法权，因此，AIA 合同条件中均有适用法律的有关条款，法律关系较为复杂，但是为了减少争端，一般选择采用项目所在地法律。

四、英国 ICE、NEC、JCT 标准合同格式

目前，除了 FIDIC、AIA 标准合同格式外，在国际工程承包领域，世界上著名的并得到广泛应用的标准合同格式还有英国的 ICE、NEC、JCT 和美国的 AGC 等。这些标准合同格式在建筑业发展史中发挥了重要作用，建立了现今国际工程承包领域的通行做法和习惯，平衡和明确了建筑业中业主、承包商、工程师/建筑师、分包商之间的权利和义务关系，合理分配了建筑业中的风险和分担机制，形成了国际工程承包领域的法律、判例以及政府管理与监管的基本规则和体系。

（一）英国 ICE 标准合同格式

1. ICE 简介

ICE 是英国土木工程师学会（the institution of civil engineers）的英文缩写。ICE 是设于英国的国际性组织，拥有包括从专业土木工程师到学生在内的会员 8 万多名，其中 1/5 在英国以外的 140 多个国家和地区。ICE 是根据英国法律具有注册资格的教育、学术研究与资质评定的团体。创立

于 1818 年的 ICE，已经成为世界公认的学术中心、资质评定组织及专业代表机构。ICE 出版的合同条件目前在国际上亦得到广泛的应用。

ICE 的标准合同条件具有很长的历史，它的《土木工程施工合同条件》在 1991 年已经出版到第六版。1999 年已经出版了第 7 版。ICE 标准合同格式采用单价合同，即承包商在招标文件中的工程量清单结算。此标准合同格式主要适用于施工总承包的传统采购模式。随着工程界和法律界对传统采购模式以及标准合同格式批评的增加，ICE 决定制定新的标准合同格式。1991 年 ICE 的 "新工程合同（new engineering contract，NEC）" 征求意见版出版，1993 年《新工程合同》第一版出版，1995 年《新工程合同》又出版了第二版，第二版中《新工程合同》成了一系列标准合同格式的总称，用于主承包合同的合同标准条件被称为 "工程和施工合同（engineering and construction contract，ECC）"。1999 年已经出版了第 7 版。制定 NEC 的目的是增进合同各方的合作、建立团队精神，明确合同各方的风险分担，减少工程建设中的不确定性，减少索赔以及仲裁、诉讼的可能性。ECC 一个显著的特点是它的选项表，选项表里列出了 6 种合同形式，使 ECC 能够适用于不同合同形式的工程。

2. ICE 合同系列的主要标准文件

英国土木工程师学会（ICE）在土木工程建设合同方面具有高度的权威性。它编制的土木工程合同条件在土木工程界有着广泛的应用。除了 ICE 外，还有英国咨询工程师协会（ACE），土木工程承包商联合会（FCEC）等参与制定 ICE 合同条件。

FIDIC "红皮书" 的最早版本来源于 ICE 合同条件，因此可以发现二者有很多相似之处。ICE 合同条件属于单价合同格式，同 FIDIC "红皮书" 一样是以实际完成的工程量和投标书中的单价来控制工程项目的总造价。ICE 也为设计–建造模式制定了专门的合同条件。同 ICE 合同条件配套使用的还有一份《ICE 分包合同标准格式》，规定了总承包商与分包商签订分包合同时采用的标准格式。

ICE 由英国土木工程师学会、咨询工程师协会、土木工程承包商联合会共同设立的合同条件常设联合委员会制定，适用于英国本土的土木工程施工。ICE 合同条件第一版于 1945 年出版，其后陆续进行了修订，目前最新版本是 1999 年第 7 版。

现行的 ICE 合同体系如下：

（1）《ICE 合同条件，测量估价版》，第 7 版（IEC Conditions of

Contract, Measurement Version, 7th Edition)。

(2)《ICE 设计和施工合同条件》,第 2 版(ICE Design and Construct Conditions of Contract, 2nd Edition)。

(3)《ICE 合同条件,约定期限方式》,第 1 版(ICE Conditions of Contract, Term Version, 1st Edition)。

(4)《ICE 小型工程合同条件》,第 3 版(ICE Conditions of Contract for Minor Works, 3rd Edition)。

(5)《ICE 合同条件,合作伙伴补遗》(ICE Conditions of Contract, Partnering Addendum)。

(6)《ICE 合同条件,考古调查版》,第 1 版(ICE Conditions of Contract, Archaeological Investigation)。

(7)《ICE 合同条件,地质调查版》,第 2 版(ICE Conditions of Contract, Ground Investigation, 2nd Edition)。

(8)《ICE 合同条件,目标成本版》,第 1 版(ICE Conditions of Contract, Target Cost Version, 1st Version)。

3. ICE 合同条件的特点

(1)ICE 合同条件没有独立的第二部分(即专用条件),而是将第 71 条作为其专用条款,在第 71 条中专门列举工程项目的特殊要求及相关数据。

(2)ICE 合同条件对土木工程合同中经常遇到的问题,在条款中都有较全面和严格的规定,如第 69 条、第 70 条就专门对税收问题作了严密的规定。

(3)有关工程师的职责和权限的规定,ICE 合同条件明确指出,工程师在向承包商发布是否属于不利的自然条件、延长工期、加速施工、工程变更指令以及竣工证书等指示之前,必须事先得到业主的批准。

(4)ICE 合同条件主要在英国及英联邦国家中使用,一些历史上与英国关系密切的国家,也有使用 ICE 合同条件的。

(5)FIDIC 合同 1999 年版明显与 ICE 合同框架相异。FIDIC 合同是亲承包商的,英文称为 Pro-Contractor,它维护承包商的利益更多些。ICE 合同倾向于亲业主的,英文称为 Pro-Employer,它侧重于维护业主的利益。作为承包商,要善于维护自己的利益,对业主争取使用 FIDIC 合同,而对分包商却要尽量采用 ICE 合同或 ICE 的分包合同,并不主动推荐 FIDIC 版本的分包合同。

4. ICE 与 FIDIC 合同条件的主要区别

ICE 合同条件（土木工程施工）自 1945 年出台进行了多次修改，其内容基本上与 FIDIC 合同条件相同，所不同的主要有以下方面（或 ICE 合同条件的事先规定）：

（1）关于工程师。合同中规定的工程师应是英国皇家注册工程师，否则该工程师应授权某皇家注册工程师代替其承担合同规定的全部责任。

（2）关于转让。雇主和承包商均可将合同或合同的某一部分或权益转让出去，但这部分转让必须得到另一方的书面同意。

（3）关于进度计划。在授权后 21 天内，承包商应编制一份进度计划并提交工程师批准，如果工程师不批准，则承包商应在 21 天内提交经修订后的进度计划。如果在 21 天内，工程师未表态，则可认为工程师已经接受了所提交的进度计划。

（4）关于噪声干扰及污染。如果在工程实施过程中产生了不必要的噪声干扰和其他污染，承包商应承担由此产生的一切责任，包括一切有关的索赔和各种费用。但是，如果工程施工过程中不可避免地要产生噪声干扰和其他污染，业主应承担由此产生的一切责任，包括一切有关的索赔和各种费用。

（5）关于保险。工程保险是合同条件中规定的承包商的重要义务之一。承包商应以承包商和业主的联合名义，以全部重置成本加 10%的附加金额对工程、材料和工程设备进行保险，以弥补各种损失所产生的费用。

（6）关于暂时停工。在停工持续了 3 个月后承包商可要求复工。如不能复工可采取将工程删减或认为业主违约等行动。

（7）关于业主未能支付。如果工程师未能及时对月支付、最终支付或保留金的支付出具证明或业主未能及时支付，业主应当按照月复利向承包商支付每日的利息。

（8）关于争端的解决。一般情况下，如果承包商和业主之间发生争端，包括与工程师的决定、建议、指令、命令、证明和评估的争端，则首先提交工程师来调解。双方在收到调解人建议一个日历月内如果没有提出仲裁要求，则认为采纳了调解人的建议。

（9）关于安全管理中的职责。ICE 合同条件规定："承包商应为一切现场操作和施工方法的足够稳定性和安全性负责"；"承包商在工程实施全过程中，应全面关心留在现场上的任何人员的安全，并保持现场（在承包商控制范围内）和工程（尚未竣工或尚未为雇主占用）处于秩序良好状态，以避免对上述人员造成危险"，还要求提供各种防护装置和安全标志。ICE 合同条件中规定，"如业主方使用自己的工人在现场工作，则业主应全面关心现场所有人员的安全……如业主在现场雇用其他承包商，则应要求他们同样关心安全，避免危险"。

（二）英国 NEC 标准合同格式

1. NEC 合同简介

英国土木工程师学会（ICE）于 1995 年出版的第二版"新工程合同（new engineering contract，NEC）"是对传统合同的一次挑战，它具有明确的指导思想，即力图促使合同参与方按照现代项目管理的原理和实践，管理好自身的工作，并鼓励采用良好的工程管理，以实现项目质量、成本、工期等目标。这一指导思想在 NEC 系列合同中的"工程和施工合同（engineering and construction contract，ECC）"核心条款第一条第一款作了明确规定："雇主、承包商、项目经理和监理工程师应按本合同的规定，在工作中相互信任、相互合作，裁决人应按本合同的规定独立工作。"而且，这一指导思想贯穿于所有合同条件中，特别反映在如"早期警告"机制，"裁决人制度""提前竣工奖金""补偿事件"等合同条件中，充分反映了 NEC 合同"新"的指导思想。

NEC 合同首先引入合同双方"合作合伙（partnering）"的思路来管理工程项目，以减少或避免争端。合同双方虽有不同的商业目标，但可以通过共同预测及防范风险来实现项目目标，同时实现各自的商业目标。NEC 合同强调合同双方的合作，强调各自的管理工作，鼓励开展良好的管理实践以减少或避免争端，使合同参与各方均受益。业主从项目达到预期目标而受益；承包商可从施工中节省成本并充分地在工程实践中运用他们的施工技术而获利；项目经理和监理工程师可以从更有效的管理和更充分地在工程中运用他们的管理技能而获益。由于争端事件减少，项目目标就能顺利实现，最终业主受益。

2. NEC 合同系列的主要标准文件

New Engineering Contract（NEC）是英国土木工程师学会 ICE 编制的，用来处理设计和施工工程项目的工程标准合同族和项目管理的法律框架，充分体现了灵活性、有效项目管理和语言简明的特征，适用于各种大小工程。

NEC 合同强调合作，鼓励业主、设计咨询工程师、承包商、项目经理相互合作，促进对项目进行有效的控制和管理。

NEC 合同族的核心是设计和施工合同（engineering and construction contract，ECC），并在此基础上安排了选项（Option），供合同使用人进行选择。历史上 ICE 曾编制了 NEC 合同族、NEC2 合同族，目前推荐使用的是 NEC3 标准合同族。

构成一套 NEC 完整合同文件的文件有：核心条款（core clause）、主要选项条款（main options）、次要选项条款（second options）、费用构成表、合同资料表（schedule of contract data）。

为适用合同各方之间不同的关系，NEC 合同包括了以下不同系列的合同和文件：

（1）工程施工合同（ECC），用于业主和总承包商之间的主合同，也被用于总包管理的一揽子合同。

（2）工程施工分包合同（ECS），用于总承包商与分包商之间的合同。

（3）专业服务合同（PSC），用于业主与项目经理、监理工程师、设计师、测量师、律师、社区关系咨询师等之间的合同。

（4）工程施工简要合同（ECSC），适用于工程结构简单，风险较低，对项目管理要求不太苛刻的项目。

（5）裁决人合同，既可以用来作为雇主和承包商（联合在一起）与裁决人订立的合同，也可以用在工程施工分包合同和新工程合同中的专业服务合同中。

3. NEC 施工合同的特点

NEC 系列合同中的工程施工合同，类似于 FIDIC 的土木工程施工合同条件，是 NEC 系列合同中的核心文件，在许多国家得到广泛采用，并成为英国及英联邦国家建筑行业的标准合同。

（1）灵活性。NEC 施工合同可用于包括任一或所有的传统领域，诸如土木、电气、机械和房屋建筑工程的施工；可用于承包商承担部分、全部设计责任或无设计责任的承包模式。NEC 施工合同同时还提供了用于不同合同类型的常用选项，诸如目标合同、成本偿付合同等。NEC 施工合同除了适用于英国外，也适用于其他国家。这些特点是通过以下几个方面来实现的：

①合同提供了六种主要计价方式的选择，可使业主选择最适合其具体合同的付款机制。

②具体使用合同时，次要选项与主要选项可以任意组合。

③承包商可能设计的范围从 0～100%，可能的分包程度从 0～100%。

④可使用合同数据表，形成具体合同的特定数据。

⑤针对特殊领域的特别条款从合同条件中删除，将它们放入工程信息中。

（2）清晰和简洁。尽管 NEC 施工合同是一份法律文件，但它是用通俗语言写成的。该文件尽可能地使用那些常用词以便能被那些第一语言为非英语的人们容易理解，而且容易被翻译成其他语言。NEC 施工合同的编排和组织结构有助于使用者熟悉合同内容，更重要的是让使用合同的当事人的行为被精确地定义，这样，对于谁做什么和如何做的问题就不会有太多争议。NEC 施工合同是根据合同中指定的当事人将要遵循的工作程序流程图起草的，有利于简化合同结构。NEC 施工合同有利于使用者阅读的很重要的一点是，合同所使用的条款数量和正文篇幅比许多标准合同要少得多，且不需要，也没包含条款之间的互见条目。

（3）促进良好的管理。这是 NEC 施工合同最重要的特征。NEC 施工合同基于这样一种认识：各参与方有远见、相互合作的管理能在工程内部减少风险，其每道程序都专门设计，有助于工程的有效管理。其主要体现在：

①允许业主确定最佳的计价方式。

②明确分摊风险。

③早期警告程序，承包商和项目经理有责任互相警告和合作。

④补偿事件的评估程序是基于对实际成本和工期的预测结果，从而选择最有效的解决途径。

总之，工程施工合同旨在为雇主、设计师、承包商和项目经理提供一种现代化手段以求合作完成工程。该合同还可以使他们更加协调地实现各自的目的。使用工程施工合同可以使雇主大大减少工程成本和工期延误以及竣工项目运行不良的风险。同时，使用工程施工合同还增加了承包商、分包商和供应商获得利润的可能性。

4. NEC 与 FIDIC 合同条件的主要区别

（1）合同的原则。NEC 是对 ICE 合同条件的发展，NEC 施工合同在订立时坚持灵活性、清晰简洁性和促进良好管理的原则，但纵观合同全文的条款以及运用中的一些实际情况，NEC 合同还是倾向业主的，它侧重于维护业主的利益。

FIDIC 的最大特点是程序公开、公平竞争、机会均等，对任何人都没有偏见，至少出发点是这样的。从理论上讲，FIDIC 对承包商、业主、咨询工程师都是平等的，谁也不能凌驾于其他人之上。相对 NEC 合同，FIDIC 合同条件更倾向承包商，它维护承包商的利益更多。因此，作为承包商应尽量选用 FIDIC，这样才能更好地保护自己的经济利益及合法权利；而作为业主或向外分包，则希望采用 NEC 合同。

（2）合同的结构。NEC 旨在用于那些包括所有的传统领域诸如土木、电气、机械和房屋建筑工程的施工，为了在合同使用时具有灵活性，其在核心条款后规定了主要选项条款和次要选项条款。首先从主要选项条款中决定合同形式的选择，然后再从次要选项的 15 项中选出适合合同的选项。

FIDIC 土木工程施工合同条件分为通用条件和专用条件两个部分。把土木工程普遍适用的条款逐条以固定性文字形成合同通用条款，条款中详细规定了在合同执行过程中出现开工、停工、变更、风险、延误、索赔、支付、争议、违约等问题时，工程师处理问题的职责和权限，同时也规定了业主和承包商的权利、义务；而把结合具体工程情况需要双方协商而约定的条款作为合同专用条款。在签订合同时，合同双方根据工程项目的性质、特性将通用条件具体化。

（3）项目的组织模式。NEC 工程施工合同假定的项目组织包括以下参与者：雇主、项目经理、监理工程师、承包商、分包商和裁决人。两个合同条件对于雇主、承包商和分包商在合同中的地位、项目管理中的角色等方面的主要规定是基本相同的；不同之处在于，对项目管理的执行人和准仲裁者的规定上。FIDIC 施工合同条件项目管理的执行人是工程师；而 NEC 施工合同规定项目管理由项目经理和监理工程师共同承担，其中监理工程师负责现场管理及检查工程的施工是否符合合同的要求，其余的由项目经理负责。FIDIC 施工合同条件中准仲裁的执行人是工程师，由于依附于雇主而很难独立；而 NEC 施工合同的准仲裁人是独立于当事人之外的第三方，由雇主和承包商共同聘任，更具独立性和公正性。

（4）承包商的义务。在承包商的设计、施工方面，两个条件的规定是很类似的，只是侧重点不同，FIDIC 注重工作范畴的界定，而 NEC 却对实施的细节步骤加以明述，但在遵守法律、现场环境和物品、设备运输等方面，FIDIC 做出了细节性的阐述，而 NEC 却对这些方面没有涉及。同时，在 FIDIC 中出现了为其他承包商提供机会和方便的规定，而在 NEC 中提到的却是承包商与其他方的合作，以及分包时承包商责任的规定。

（5）索赔问题。FIDIC 有一个专门的"索赔程序"条目，把索赔过程写得一清二楚，进行索赔时可依据这个程序进行工作，而 NEC 却对此没有相应条款。其主要原因是 FIDIC 属于普通法（common law）体系，是判例法，属于案例汇成的不成文法，而 NEC 是在成文性的法律体系基础上编制的，并且 NEC 施工合同强调的是合同条件的简明和促进良好的管理，在成文法律的规定下，雇主和承包商以一种合作式的管理模式来完成项目。所以，为了促进这种关系，NEC 没有涉及法律中有规定的而又是表现雇主和承包商之间矛盾的索赔问题。

（三）英国 JCT 标准合同格式

1. JCT 合同简介

JCT（Joint Contracts Tribunal），中文译为"联合合同审理委员会""联合合同裁判所""联合合同仲裁庭"或"共同合同评议委员会"等。英国的联合合同审理委员会（JCT）成立于 1931 年，是一个审议合同的组织。该组织是由九家英国与建筑有关的协会组成的民间组织，其成员包括英国资产联合会（BPF）、地方政府协会（LGA）、英国皇家建筑师学会（RIBA）、英国皇家注册测量师学会（RICS）、建筑业联盟（CC）、国家专业承包商理事会（NSCC）和苏格兰建筑合同委员会（SBCC）的代表，以及业主、咨询工程师、承包商和分包商的代表，并于 1998 年成为一家在英国注册的有限公司。JCT 自成立以来致力于私人和公共建筑的标准合同文本的制定与不断更新。JCT 合同的文本都是由这一组织起草的。该组织制定的合同文本具有广泛的代表性，是由建筑业各参与方的代表经过反复讨论并同意后颁发的，充分考虑了各方利益的平衡，易于业主和承包商双方接受。因此，是英国最权威的合同条件之一，在欧洲被广泛采用，也是中国香港标准合同文本的原型。自 1991 年上海港陆广场项目采用 JCT 合同条件以来，我国已有上百个建设工程项目使用了 JCT 合同，初期以外资项目以及私人工程项目居多，经过不断的实践探索，近几年也有不少政府投资项目及大型合作项目纷纷采用了 JCT 合同，但由于中国的法律体系不同于英国，JCT 合同在中国的应用需要进一步研究。

2. JCT 合同系列的主要标准文件

JCT 合同的核心文本是《建筑合同格式文本》这一合同的最早文本可以追溯到 19 世纪。英国皇家建筑师协会（RIBA）于 1902 年编辑出版的《建筑合同标准格式》，是世界上第一部房屋建筑工程标准合同格式，在英联邦国家和地区影响深远。其主要版本有 1939 年版、1963 年版、1980 年版、1998 年版、2005 年版和 2011 年版。目前，世界上应用比较广泛的是 JCT1998 年版标准合同格式和 2005 年版合同族以及 2011 年版合同。

（1）JCT1998 年版合同主要标准文件。

①JCT98（joint contract tribunal standard form of building contract 1998 edition）。JCT98 是 JCT 的标准合同，在 JCT98 的基础上发展形成了 JCT 合同系列。JCT98 主要用于传统采购模式，也可以用于 CM 采购模式，共有 6 种不同版本，分别为私营项目和政府项目的带工程量清单、带工程量清单项目表和不带工程量清单形式。JCT98 还有一些修订和补充条款，包括私营项目和政府项目的通货膨胀补充、计算规则、带工程量清单，带工程量清单项目表的分段竣工，不带工程量清单的分段竣工，带工程量清单的承包商完成部分设计工作补充条款，以及不带工程量清单的承包商完成部分设计工作补充条款。另外，还有和 JCT98 配套使用的分包合同条款。

②MW98（agreement for minor work）。MW98 包括一份简单的协议书和关于税收的补充条款，主要用于小型的简单工程。合同条件仅给出了双方责任和义务的简要概括，它可以用于一些小型的直接分包工程，但通常合同金额较低，以不超过 50 万元为宜（英国标准是按照 1992 年物价水平，总价低于 70 000 英镑）。它的主要优点就是简单，但对于大型工程项目来说就是最大的缺点。

③IFC98（intermediate form of building contract）。IFC98 是一种介于 JCT98 和 MW98 之间的合同条件形式。IFC98 比 JCT98 要短但仍然比较复杂，它主要用于一些没有复杂安装工程的项目，适用于传统采购模式或 CM 采购模式。IFC98 同样也分为私营项目和政府项目的带工程量清单或不带工程量清单的形式。虽然它没有指定分包选项，但也有一种不同的做法可以实现类似的结果，它主要通过在招标文件中列出分包商的名称或列出暂定金额来控制。

④CD98（JCT standard form contract with contractor's design 1998 Edition）。CD98 主要用于承包商承担房屋的设计和施工的情况，设计和施工的责任全部由承包商承担。与 JCT98 不同的是，CD98 中业主没有委派建筑师和测量师。

⑤CDPS98（contractor's designed portion supplement）。CDPS98 主要用于承包商承担房屋的部分设计和全部施工的情况，设计和施工的责任仍然

全部由承包商承担。CDPS98 中业主聘请建筑师完成方案设计，承包商根据业主的要求继续深化设计，再完成施工。

⑥JCT construction management contract。JCT construction management contract 主要用于 CM 采购模式，业主必须是项目管理的专家，所有承包商由业主直接发包确定，所有的顾问服务也同样由业主直接发包。JCT Construction Management Contract 没有固定的标准格式，可以根据业主的要求而变化，最大限度地满足了灵活性要求。

⑦JCT building contract for a home owner/occupier。此种仅适用于家庭或个体业主的房屋建筑工程。

（2）JCT1998 年版合同的适用条件

JCT98 是 JCT 的标准合同，在 JCT98 的基础上发展形成了 JCT 合同系列。JCT98 主要用于传统采购模式，也可以用于 CM 模式，共有 6 种不同的版本。JCT98 的适用条件如下：

①传统的房屋建筑工程，发包前的准备工作完善。

②项目复杂程度由低到高都可以适用，尤其适用项目比较复杂，由较复杂的设备安装或专业工作。

③设计与项目管理之间的配合紧密程度高，业主主导项目管理的全过程，对业主项目管理人员的经验要求高。

④大学项目，合同总金额高，工期较长，至少 1 年以上。

⑤从设计到施工的执行速度较慢。

⑥对变更的控制能力强，成本确定性较高。索赔条件较清晰。

⑦违约和质量缺陷的发现主要由承包商承担，但工期延误风险由业主和承包商共同承担。

（3）JCT 2005 年版合同族主要标准文件。JCT 2005 年版合同族的合同文件包括：小型工程建筑合同、中型工程建筑合同、标准建筑合同、设计和建造合同、大型项目施工合同、JCT-施工采购合同、施工管理、管理建筑合同、住宅许可工程建筑合同、测量条件合同、直接成本建筑合同、修复和维护合同、类别合同、框架协议、裁决协议书等。

在 JCT 2005 年版合同族中，每一合同类型中均包括主合同和分包合同标准文本，以及其他能够跨越不同合同体系的标准文件。

为加深 JCT 合同使用人对合同体系的理解，JCT 还出版了合同选择指南，为用户正确选择合同类型和种类提供帮助与服务。

关键概念

国际工程承包合同　业主　承包商

复习思考题

1. 国际工程承包合同具有哪些特征？
2. 国际工程承包合同常见的类型有哪些？
3. 国际工程承包合同的主要内容有哪些？
4. 国际工程承包合同订立的主要步骤是什么？
5. 签订国际工程承包合同的基本原则是什么？
6. 怎样理解承包商的权利、责任和义务？
7. 国际工程承包通常采用的标准合同格式有哪些？

第七章　国际工程风险和风险管理

理解国际工程风险的概念和分类；熟悉国际工程风险识别的方法；掌握国际工程风险的防范措施。

第一节　国际工程风险

一、国际工程风险的定义

风险是在给定的情况下和特定的时间内，那些可能发生的结果之间的差异。这种结果可能伴随某种损失的产生，差异越大，风险越大。

项目风险是所有影响项目目标实现的不确定因素的集合。风险存在于人类各种活动之中，风险的大小可以用客观的尺度来测度。

国际工程风险是指一项国际工程在设计、施工及移交运行各个阶段可能遭受的风险。工程风险与国别风险的不同之处在于：国别风险具有普遍性，在一国之内，不管哪个行业，只要发生这类风险，各个行业都受其影响；而工程风险则不然，它仅能涉及工程项目，其他行业并不受其影响。

风险是潜在的，只有具备了一定的条件时，这种潜在的风险才能转变成现实的风险，一定的条件称为转化条件和触发条件。只有转化条件而没有触发条件，风险不一定会发生。当这两种条件同时起作用时，潜在的风险就可能转变成现实的风险。控制风险，实际上就是控制风险的转化条件和触发条件。

风险是客观存在的，不以人的意志为转移。风险贯穿于工程实施的全过程，风险与利润并存，风险大的项目通常也是有较高的盈利机会的项目，只有不求利润才有可能不承担风险。所以，风险是对工程管理者的挑战，科学的风险管理和控制能使企业获得较好的经济效益，有助于企业竞争力的提高。

二、国际工程风险的分类

（一）从风险的来源性质进行分类

国际工程风险从风险的来源性质进行分类，大体可以划分为政治风险、经济风险、建设环境风险、工程管理失误风险等。

1. 政治风险

政治风险通常表现为政治形势的变化带来的风险，它包括工程项目所在国的政局是否稳定，会不会经常发生政权的更迭；有没有发生战争、动乱、内战的可能；周边国家政局是否稳定；政策上的稳定性和连续性如何，有没有没收外资、拒付债务的可能；工程项目所在国有没有发生大规模政治运动的可能；当地政府的办事效率如何，政府官员廉洁与否，当地工会组织对外国公司的态度，是否常用罢工手段向雇主提出各种要求等。

政治风险一旦发生，对承包商来说常是无法控制和转移的，承包商遭受的损失极大，多数承包商是难以承受的，所以，常被称为"致命风险"。承包商必须对政治风险给予高度的重视，认真做好市场调查、预测，结合承包商的实际做慎重决策。

2. 经济风险

经济风险主要表现在付款方面和通货膨胀、汇率急剧变化等方面。经济风险一旦发生，会造成承包工程的经济效益急剧下降，承包商损失严重，所以也被称为"严重风险"。其具体包括：

知识扩展7-1

桑尼亚达市快速公交线项目的汇率风险

（1）延时付款。业主延时付款而不予误期付款的利息，或虽有利息但利息率很低；汇率大幅度下降，致使原先签订的合同的实际支付额锐减。

（2）换汇控制。有的国家不允许将正当利润换成硬通货汇往国外，有的国家虽然允许换汇和寄出，但期限甚至比施工期还长。

（3）通货膨胀。多数国家都有此风险，有些国家的通货膨胀超过承包商的预期范围，如果合同中没有调值条款或该条款写得太笼统，就会给承包商带来风险。

（4）保函风险。有些国家的业主要求承包商提交首次即付保函，承包商担保银行经常不认真审查而草率填写，承包商甚至不清楚保函中填写了什么内容，因而构成风险。

3. 建设环境风险

建设环境的风险主要由自然、地理气候、人为因素、基本外部设施等方面构成。

自然、地理气候条件主要指自然环境、气候特点，诸如暴雨、台风、地震、酷暑、严寒、海啸、雪崩、泥石流等现象。对这些现象估计不足会加大风险。

人为因素是指当地政府制定种种约束性法规，如禁止夜间作业、强制招聘当地劳工、增加劳工福利等；另外还指宗教信仰、社会习俗、社会治安状况等给施工带来的困难，如在伊斯兰教的斋月期间施工会出现出勤低、工作效率低的情况，影响正常施工；又如当地的社会治安状况差，会出现增加保安的费用、加大成本产生的风险。

基本外部设施主要指水电供应、交通和通信状况、服务后勤设施等，如果出现问题，就会影响建设工期，形成风险。

4. 工程管理失误风险

如果承包商缺乏管理经验或本身的资金、技术力量不足，则也会带来风险。这种风险常表现为：投标报价的失误，报价与标底相距甚远，这就使承包工程缺乏良好的条件和基础，从而造成风险；有的承包商超越自己的技术能力和资金状况，承揽特别大的工程；有些业主或分包商对招标文件中一些模棱两可的条款没有及时澄清，进而招致风险。

（二）从风险涉及的当事人进行分类

1. 业主的风险

（1）经济风险。

①政府或主管部门的决策行为。一国政府或某一行业的主管部门常常因为整体利益采取一些带有全局性的决策，如调整国民经济计划，强行下令某些已开工的项目下马，或强行征地，或颁发新的政策法规等。从全局考虑，这些决策无可非议，但任何全局性决策总难免造成一些牺牲，许多业主常常不得不因此而改变其投资计划或经营决策。由此，不可避免地要遭受重大损失，而这些损失常常无法获得补偿。

②资金筹措困难。资金筹措困难特别是后期资金不能保证时，会导致项目严重拖期、引起巨额索赔甚至迫使项目夭折，使业主蒙受巨大损失。

③通货膨胀幅度过大。在正常情况下，人们通常能比较准确地做出投资估算并有效控制投资。但在经济形势不稳、通货膨胀幅度过大时，投资人将很难做出较为准确的预测，且通货膨胀会导致工程费用猛增。如果投资商没有足够的应变能力，势必会出现工程追加资金无着落，而承包商将

会因为资金不足而中途停工。

④合同条款不严谨。通常情况下，工程合同由咨询工程师起草，但也有不少合同是由业主根据政府规定的格式拟订的。除国际通用合同条款外，多数合同条款难免有不严谨或疏漏之处，实施过程中又常常发生超出预见的情况，有经验的承包商往往会利用这些漏洞。

⑤工程师失职。在工程承包实践中，并非所有的工程师都能秉公办事，操行廉洁，工程师失职或缺乏应有的职业道德，会使业主面临巨大的风险。

⑥设计错误。工程设计是工程质量的根本，如果设计出现错误，轻则返工修复，重则可导致工程毁损。虽然设计师要为其错误承担法律责任和民事责任，但这并不能完全抵消业主所遭受的损失。

（2）自然风险。

①恶劣的自然条件。项目所处地域的自然条件对项目成本影响很大。不同地域的自然条件各不相同。例如，地震多发带、洪水、海啸、泥石流多发区等，都潜伏着直接威胁工程的严重自然灾害。这些灾害轻则破坏已竣工工程，重则完全摧毁工程项目。

②恶劣气候和环境。除了自然条件会构成项目的风险外，恶劣的气候与环境也会导致业主的风险。例如，长时间的暴雨、台风、酷暑等，都会给工程实施带来不便，从而增加工程成本。

2. 承包商的风险

（1）决策失误的风险。

①市场和项目选择风险。国际承包市场上信息颇多，几乎所有的国家每天都会发布一些工程招标或发包信息。但到底开发哪些市场，投哪些标，承包商需要经过认真的调查、分析、研究，稍有不慎就会陷入风险的泥潭，甚至被某一个项目或某个市场拖垮。

②中介与代理风险。随着商业交易的日益复杂，许多业务需要借助于中介业务。但中介业务会给交易带来风险，因中介人往往以牟取私利为目的，以种种不实之词诱惑交易双方成交，从中获利。此外，代理人也常常是风险之源。根据代理职业的性质和通则，代理人的利益应该与承包商一致。正因为这一点，承包商往往对其失去警惕。然而，事情往往是复杂的，代理人追求的是中标，而亏损则与其无关。如果承包公司能以低价中标，虽然其提取的佣金较之报高价会少一些，但如果承包商报高价而失去夺标机会，他便一无所获。因此，对代理人的选择及使用要十分认真和慎重。选择不当或代理协议不严谨会给承包商造成重大损失。

（2）履约过程中的风险。

①合同风险。承包合同中的风险一般有合同中明确规定应由承包商承担的风险，合同条款本身不完整、不全面或歧义带来的风险，业主单方面提出的带有约束性的苛刻条款。

②工程管理风险。工程管理对于有经验的承包商来说通常并不算困难，但若是大型复杂工程，参与实施的分包商太多，工序错综复杂，加上地质、水文及自然条件发生意外变化，总承包商将面临很多风险。例如，协调处理好交叉衔接问题，处理好人际关系，不断更新管理手段，以保证整个工程的进度。

③物价上涨与价格调整风险。物价上涨风险是最常遇到的风险，几乎世界上任何国家都不例外，一些发展中国家则更为严重。物价上涨风险表现为多种形式：对固定总价合同，虽然投标时考虑了各种物价上涨因素，但对这些因素很可能估计不足；有时合同中没有价格调整公式，或仅有外币价格调整公式而无当地货币价格调整公式；有时虽有价格调整公式，但是包含的因素不全，或有关价格指数不能反映物价上涨的实际情况等。

3. 咨询工程师的风险

（1）来自业主的风险。咨询工程师与业主之间的关系是契约关系，确切地说是一种雇佣关系。业主聘用咨询工程师作为其技术咨询人，为其项目进行咨询、设计和监理，在多种情况下，咨询工程师的任务贯穿于自项目可行性研究至工程正式验收的全过程。咨询工程师的责任自始至终都是很大的，所承担的风险自然也不会小。

（2）来自承包商的风险。咨询工程师作为业主委聘的工程技术负责人，在合同实施期间代表业主的利益，在与承包商的交往中难免会出现分歧和争端。如果承包商能重信誉、守合同、通情达理，则分歧和争端不难解决。但在实践中，承包商并非都是如此。许多承包商出于自己的利益考虑，常常会设法偷工减料或以次充好，设法在变更或索赔上漫天要价，这些都会给咨询工程师带来风险。

（3）职业责任风险。咨询工程师的职业要求其承担重大的职业责任风险。例如，在承担设计任务的情况下，若设计不充分、不完善，无疑是咨询工程师的失职。虽然原因可能有多方面，但咨询工程师作为直接的设计者，不可避免地要承担责任。设计错误和疏忽可以铸成重大责任事故，不仅会造成财产损失，甚至可能发生人员伤亡。一旦发生这种因设计错误或疏忽而造成的风险损失，咨询工程师不仅要承担经济赔偿责任，还要承担相应的刑事责任。

第二节　国际工程风险管理

风险管理是为了达到一个组织的既定目标，而对组织所承担的各种风险进行管理的过程，其采取的方法应符合公众利益、人身安全、环境保护以及有关法规的要求。

一、国际工程风险识别

项目风险识别的内容包括确定危险源、危险发生的条件和危险的征兆。它是进行风险分析、风险评价的基础，是制订风险应对计划的依据。

（一）进行风险识别

进行风险识别，要调查研究，要收集资料，要对项目的内容做详尽的分析。重点在于突出其中的薄弱环节和不确定性因素，以便采取应对措施，降低风险程度。在项目建设之初，应对项目实施过程中可能存在的风险进行充分估计，最大限度地识别清楚危险来自何处，危险属于何种类型，危险发生的可能性，危险可能造成的后果，损失有多少，有无规避风险、减少损失的策略。凡此种种都要进行详尽的识别、分析并做出评价。

（二）风险识别的方法

1. 检查表法

检查表法是风险识别中常用的方法，简单易行。将项目可能发生的风险列于一张表上，便于风险识别人员考察核对。检查表是制表人员根据历史上类似项目发生过的事件和他们所掌握的丰富资料以及积累的知识编制而成的，是项目风险管理经验的总结。检查表法的优点是使风险识别系统化，不足之处是一张表不可能包含全部的内容。

2. 工作分解结构

工作分解结构是用来识别项目潜在风险的有效工具，可用树型结构图表示。首先，将项目的总任务，即主要交付成果或项目管理的主要目标绘制在结构图的上端，然后将项目总任务分解成若干较小的、易于管理的子任务，排列于结构图总任务的下面。每个子任务再行分解成若干个更小、更详细的组成部分，排列于结构图各相关子任务的下方，如此继续分解下去，直至延伸到不能再分解或不必再分解为止。这个结构图是一棵倒树，树根就是总任务，枝叶向下蔓延，枝叶是各子任务及更小、更详细的组成部分。例如，施工项目可以分解成分项工程、分部工程、单位工程等子项目，各子项目继续分解，要求分解充分，直至可以进行费用和完成时间的估算以及它们的构成要素落实到相应部分或保证完成的人员为止。各子项目有各自组成的要素，它们可分解的层次也各有不同。

3. 态势分析法

态势分析法（SWOT）是在风险识别基础上进行风险分析，并做出应对决策的一种方法。SWOT 英文的全名是 strength – weakness – opportunity – threat，中文含义是强势–弱势–机遇–挑战。SWOT 法实施时首先要对项目或企业的强势和弱势识别清楚，对潜在的风险与自身抵御风险的能力有一个清晰认识；同时要对项目或企业所处的外部环境，包括可利用的机会以及竞争对手的实力和所形成的威胁有准确的判断。在此基础上制定项目或企业规避风险和发展的策略。

4. 德尔菲法

德尔菲法（Delphi）是在对项目风险识别基础上提出问题，用反馈匿名函询法征求专家意见进行风险分析与预测的一种方法。它的应用领域很宽广。其运作过程为：将项目风险识别获得的信息和归纳的问题提供给专家，专家匿名提出意见；归纳专家意见，提出预测事件一览表，反馈给专家；专家匿名提出意见，归纳、统计专家意见，提出调查表，反馈给专家，专家匿名提出意见，归纳、统计专家意见。反复多次后停止，将归纳总结的意见提供给决策者作为决策的依据。

德尔菲法在归纳专家意见时采用了归纳统计方法。这种方法与一般归纳方法不同，一般的做法是将多数人的意见作为最终意见，对少数人的观点忽略不计，至多略予概括。而归纳统计方法却不是这样，它在意见汇总报告中，将大多数人的意见和少数人的不同意见统统包含在内，避免了一般归纳法反映不全面的弊端。

5. 层次分析法

在工程风险分析中，层次分析法（AHP）提供了一种灵活的、易于理解的工程风险评价方法。一般是在工程项目投标阶段使用 AHP 来评价工程风险。它使风险管理者能在授标前就对拟建项目的风险情况有一个全面认识，判断出工程项目的风险程度，以决定是否投标。

应用层次分析法进行风险分析的过程共有八个步骤：

第一步，通过工作分解结构（WBS），按工作相似性质原则把整个项目分解成可管理的工作包，然后对每一工作包作风险分析。

第二步，首先对每一个特定的工作包进行风险分类和辨识，常用的方法是专家调查法，如德尔菲法；然后，构造出该工作包的风险框架图。

第三步，构造因素和子因素的判断矩阵，请专家按照风险框架图所示的规则对因素层和子因素层间各元素的相对重要性给出评判，求出各元素的权重值。

第四步，构造反映各个风险因素危害的严重程度的判断矩阵。严重程度通常用高、中、低风险三个概念来表示，求出各子风险因素相对危害程度值。

第五步，利用 AHP 计算机软件，对专家评判的一致性加以检验。由于在第三、第四步中，均采用专家凭经验、直觉的主观判断，那么就要对专家主观判断的一致性加以检验。如检验不通过，就要让专家重新评价，调整其评价值；然后再检验，直至通过为止。一般来说，一致性检验率不超过 0.1 即可。

第六步，把所求出的各子因素相对危害程度值统一起来，就可求出该工作包风险处于高、中、低各等级的概率值大小，由此可判断该工作包的风险程度。

第七步，对组成项目的所有工作包都如此分析评价，并把各工作包的风险程度统一起来，就可得出项目总的风险水平。

第八步，决策与管理，根据分析评估结果制定相应的决策并实行有效的管理。

6. 蒙特卡罗法

蒙特卡罗法又称蒙特卡罗模拟技术、随机抽样技巧或统计试验方法，它是估计经济风险和工程风险常用的一种方法。在一般研究不确定因素问题的决策中，通常只考虑最好、最坏和最可能三种估计。如果不确定因素有很多，只考虑这三种估计便会使决策发生偏差或失误。例如，一个保守的决策者，他若使用所有因素的最坏（即最保守）估计，所得出的决策可能过于保守，会失掉不应失掉的机会；同理，如果一个乐观的决策者，他若使用所有因素的最好（即最乐观）估计，便可能得出过于乐观的估计，他所冒的风险要比他原来所估计的大很多，也会造成决策的失误或偏差。而蒙特卡罗方法的应用就可以避免这些情况的发生，使在复杂情况下做出的决策更为合理和准确。

使用蒙特卡罗模拟技术分析工程风险的基本过程如下：

第一步，编制风险清单。通过结构化方式，把已辨识出的影响项目目标的重要风险因素构造成一份标准化的风险清单。在这份清单中能充分反映出风险分类的结构和层次。

第二步，采用专家调查法确定风险因素的影响程度和发生概率。这一步可以编定风险评价表。

第三步，采用模拟技术，确定风险组合。这一步就是要对上一步专家的评价结果加以量化。在对专家观点的统计评价中，关联量相对增加很快，这样完整、准确的计算就不太可能，因此，可以采用模拟技术评价专家调查中获得的主观数据，最后在风险组合中表现出来。

第四步，分析与总结。通过模拟技术可以得到项目总风险的概率分布曲线。从曲线中可以看出项目总风险的变化规律，据此确定应急费的大小。

应用蒙特卡罗模拟技术可以直接处理每一个风险因素的不确定性，并把这种不确定性在成本方面的影响以概率分布的形式表示出来。可见，它是一种多元素变化方法，在该方法中，所有的元素都同时受风险不确定性的影响，由此克服了敏感性分析方法受一维元素变化影响的局限性。

二、国际工程风险防范

（一）风险管理

1. 风险管理的概念

风险管理的目的是避免或减少风险损失。风险管理是研究风险发生的规律、控制风险频率和风险幅度的策略、程序、技术和方法。通过对风险的识别、估计、分析，并在此基础上应用各种风险管理方法，对风险实施有效的控制，妥善处理风险所导致损失的后果，期望达到以最小的经济成本获得最大安全保障的目标。

2. 风险管理的基本程序

（1）风险识别。风险识别是风险管理的基础。风险事件具有一定的隐蔽性和突发性，首先要识别风险存在的可能性，研究风险发生的概率、严重程度和造成的损失，以便确定风险防范的范围和内容。

（2）风险分析。在风险识别的基础上，进一步对风险作深入的分析与研究，以便了解这些风险的准确情况。风险分析就是应用各种分析技术和方法，对风险的不确定性及可能造成的影响进行准确的分析和评估。风险分析分为三个步骤：首先采集风险的相关数据；其次建立不确定性分析模型；最后进行风险影响的评价。

（3）风险管理对策选择。在风险分析的基础上，对于不同的风险采取不同的对策。选择风险管理对策，应根据具体情况，研究各种措施和手段，综合考虑各种因素，科学论证，制定正确的风险管理决策。在有效地管理各种风险的同时，要特别重视发生频率高和影响重大的风险，尽量避免或减轻风险造成的损失，甚至利用风险扩大收益。

（4）风险管理措施实施与评估。采取果断的行动，实施风险管理对策中预定的措施；在付诸实施之后进行效果评估，其目的是查明决策的结果是否与预期的目标相同，分析发生目标偏差的原因，把信息反馈给有关决策者。

（二）风险控制

采用风险控制措施来降低企业的预期损失或使这种损失更具有可测性，从而改变风险。这种手段包括风险回避、损失控制、风险分隔及风险转移等。

（1）风险回避。风险回避主要是中断风险源，使其不致发生或遏制其发展。这种手段主要是拒绝承担风险。采取这种手段有时可能不得不做出一些必要的牺牲，但较之承担风险，这些牺牲比风险真正发生时可能造成的损失要小得多，甚至微不足道。

（2）损失控制。损失控制包括预防损失和减少损失。预防损失是指采取各种预防措施以杜绝损失发生的可能。例如，房屋建造者通过改变建筑用料以防止用料不当而倒塌；供应商通过扩大供应渠道以避免货物滞销；承包商通过提高质量控制标准以防止因质量不合格而返工或罚款；生产管理人员通过加强安全教育和强化安全措施，减少事故发生的机会等。减少损失是指在风险损失已经不可避免地发生的情况下，通过种种措施遏制损失继续扩大或控制其扩展范围使其不再蔓延或扩展，也就是说使损失局部化。控制损失应采取主动，以预防为主，防控结合。

（3）风险分隔。风险分隔是指将各风险单位分离间隔，以避免发生连锁反应或互相牵连。这种处理可以将风险控制在一定的范围内，从而达到减少损失的目的。风险分隔常用于承包工程中的设备采购。为了尽量减少因汇率波动而导致的汇率风险，承包商可在若干不同的国家采购设备，付款采用多种货币。比如，在德国采购支付欧元，在日本采购支付日元，在美国采购支付美元等。这样即使汇率发生大幅度波动，也不会全都导致损失风险。以日元、欧元支付的采购可能因其升值而导致损失，但以美元支付的采购则可能因其贬值而获得节省开支的机会。在施工过程中，承包商对材料进行分隔存放也是风险分离手段。因为分隔存放无疑分离了风险单位。各个风险单位不会具有同样的风险源,而且各自的风险源也不会互相影响。这样就可以避免材料集中于一处时可能遭受同样的损失。

(4) 风险转移。风险转移是风险控制的另一种手段。经营实践中有些风险无法通过上述手段进行有效控制,经营者只好采取转移手段以保护自己。风险转移并非损失转嫁。这种手段也不能被认为是损人利己有损商业道德,因为有许多风险对一些人的确可能造成损失,但转移后并不一定同样给他人造成损失。其原因是各人的优劣势不一样,因而对风险的承受能力也不一样。

风险转移的手段常用于工程承包中的分包和转包、技术转让或财产出租。合同、技术或财产的所有人通过分包或转包工程、转让技术或合同、出租设备或房屋等手段,将应由其自身全部承担的风险部分或全部转移至他人,从而减轻自身的风险压力。

风险的财务转移包括保险的风险财务转移和非保险的风险财务转移。

保险的风险财务转移的实施手段是购买保险。通过保险,投保人将自己本应承担的归咎责任(因他人过失而承担的责任)和赔偿责任(因本人过失或不可抗力所造成损失的赔偿责任)转嫁给保险公司,从而使自己免受风险损失。

非保险的风险财务转移的实施手段则是除保险以外的其他经济行为。例如,根据工程承包合同,业主可将其对公众在建筑物附近受到伤害部分或全部责任转移至建筑承包商,这种转移属于非保险的风险财务转移。而建筑承包商则可以通过投保第三者责任险将这一风险转移至保险公司,这种风险转移属于保险的风险财务转移。

非保险的风险财务转移的另一种形式就是通过担保银行或保险公司开具保证书或保函。根据保证书或保函,保证人保证委托人对债权人履行某种明确的义务。保证人必须履行担保义务,否则债权人可以依据保证书或保函向保证人索要罚金,然后保证人可以向委托人追偿其损失。通常情况下,保证人或担保人签发保证书或保函时,要求委托人提交一笔现金或债券或不动产作抵押,以作为自己转嫁损失的赔偿。通过这种形式,债权人可将债务人违约的风险转移给保证人。

关键概念

国际工程风险　政治风险　经济风险

复习思考题

1. 什么是国际工程风险？举例说明。
2. 国际工程风险从风险的来源性质分为几类？
3. 国际工程中，业主的风险有哪些？
4. 国际工程中，承包商的风险有哪些？
5. 举例说明国际工程风险识别的方法。
6. 国际工程风险防范措施有哪些？

第八章　国际工程承包保险

学习目标

　　了解国际工程承包保险的含义；熟悉国际工程承包保险种类，尤其是建筑工程一切险和安装工程一切险；重视保险公司的选择、保险顾问的选聘；掌握保险索赔与理赔的程序和方法。

　　保险是转移风险的重要手段，同时它也是国际工程承包合同中规定的承包商的义务和责任。几乎所有的国际工程承包合同都强制要求进行各种保险。这种强制性的要求固然是为了保障业主本身的利益，同时对承包商也是有利的。尽管某些风险可以预测和加以防范，但由于一项工程的建设周期很长，涉及政治、法律和商务、技术，乃至地质、气象和环境等等，情况复杂，关系错综，一旦发生风险，特别是发生某些灾害和事故，会给承包商带来灾难性、无法承受的经济损失。但通过保险，承包商至少可从保险公司得到赔偿和部分经济补偿。承包商不应对风险损失抱侥幸心理，为节省保险费而不进行保险；也不能认为保险后就万事大吉，仍应预防灾害和事故的发生。

第一节　国际工程承包保险概述

一、国际工程承包保险的含义

（一）保险的概念

1. 保险的定义

　　保险是指投保人根据合同的约定，向保险人支付保险费，保险人对于合同约定的可能发生的事故因其发生所造成的财产损失承担赔偿保险金责任，或者当被保险人死亡、伤残、疾病或者达到合同约定的年龄、期限时承担给付保险金行为。

　　保险是一种经济补偿制度。这一制度通过对有可能发生的不确定性事件的数理预测和收取保险费的方法，建立保险基金；以合同的形式，将风险从被保险人转移到保险人，由大多数人来分担少数人的损失。保险并不能防止风险的发生，但可以减轻被保险人对不确定性的担忧和经济负担。

2. 保险的性质

如果不做仔细分析，保险与赌博在很多情况下似乎具有相似性。首先，保险和赌博都基于某种事件发生的基础上才得到一定的货币。例如，可以支付给保险公司 4 000 元的保费购买一份 10 万元的汽车保险，在一次交通事故中汽车完全报废了，就可以从保险公司得到最多 10 万元的赔偿，但如果没有发生交通事故，保险公司不赔偿也不再退还保费，在经济上得不到补偿。同样，在赌博的场合，下了 4 000 元的赌注，有可能输掉，也有可能赢回来几万元甚至更多。

尽管保险和赌博在交易上具有相似点，但它们之间还是存在很大的差异。赌博的输赢风险是由交易本身创造出来的，如果我们不去参加赌博，就不会面临输掉赌注的风险，但也可能获利；保险所面临的是纯粹风险，投保人或者遭受损失，或者得到补偿而无损失，但他不会从保险中获利。可以说，赌博是一种为参加者创造风险的活动，保险则是一种将现存的风险从一方转移到另一方的工具。

（二）风险管理与保险的关系

1. 联系

风险管理与保险之间无论是在理论渊源上，还是在各自作为一种经济活动与经济制度的发展中，都有着密切的关系。首先，从两者的客观对象来看，风险是保险存在的前提，也是风险管理存在的前提，没有风险就不需要保险，也不需要进行风险管理。其次，从两者的方法来看，保险和风险管理都是以概率论和大数定律等数学原理作为其分析的基础和方法，事实上企业的风险管理就是从保险开始，进而逐步发展形成的。最后，在风险管理中，保险仍然是最有效的措施之一。保险的基本作用是分散集中性的风险。企业为了应付各种风险，单靠本身力量，需要大量的后备基金。一般来说，这样既不经济，也不能承受巨额损失，但如果通过保险把不能由自己承担的集中性风险转嫁给保险人，就能以小额的固定支出换取巨额损失的经济保障。因此，保险是风险管理所采用的处理风险的最有效的措施之一。

2. 区别

尽管这两者之间有着密切的联系，但还是有一些区别的。最主要的区别表现为两者管理的风险范围不同。虽然风险管理与保险的对象都是纯粹风险，但风险管理包括所有的纯粹风险以及某些投机风险，而保险只是对付纯粹风险中的可保风险。因此，无论从性质上还是从形态上来看，风险管理都远比保险复杂、广泛。

（三）可保险的条件

保险所涉及的风险主要是纯粹风险，但并非所有的纯粹风险都是保险公司可以承保的，从保险公司的角度来看，适合承保的风险必须满足以下条件：

1. 经济上具有可行性

也就是说损失的潜在严重性很大，但是损失发生的可能性比较小。对于投保人（被保险人）来说，如果损失发生的可能性很大，但发生以后所造成的损失并不严重，购买保险就不是经济的，完全可以通过风险自留来解决。例如，我们经常丢失办公用的圆珠笔，但由于圆珠笔非常便宜，所以不会为圆珠笔投保，保险公司也不会提供这样的保险。再如损失发生的可能性很大，发生以后所造成的损失也非常严重的战争，也被全世界各保险公司列为保险的除外责任。汽车发生交通事故、正在施工的建设工程坠落物品砸坏过往汽车的可能性很低，但一旦发生，损失却非常大，只有这种情况才是适合投保的。

2. 损失的概率分布是可以被确定的

如果一种风险是保险公司可以承保的，它的预期损失必须是可以计算的。也就是说，如果某种风险损失的概率分布不可能被精确地计算，这个风险就是不可保的。需要注意的是，正在施工的建设工程对第三者造成损失的可能性随着时代的不同也是变化的，例如，20 世纪 70 年代以前的建筑大多高度较低，建筑物的间距较大，施工过程中即使有坠落物品，对过往汽车造成损失的可能性也较小。但进入 20 世纪 90 年代后，高层和超高层建筑大量涌现，建筑物的间距较小，街道上高级汽车数量急剧增多，施工过程中一旦有坠落物品，那么对过往汽车造成损失的可能性增大，损失的金额也增大了，但施工防护措施也比 70 年代加强了。显然，如果仍以 70 年代建设工程对第三者造成损失的可能性来预测 90 年代的情况就不太合适，以 80 年代的可能性再参考国外类似的数据来预测 90 年代的情况就比较准确。

3. 有大量相似的保险标的

只有大量相似的保险标的存在，才能体现出大数定律所揭示的规律，保险公司也才能根据以往的资料计算出正确的损失概率，合理收取保费。参加保险的人越多，保险基金越雄厚，赔偿损失的能力就越强，每个被保险人所承担的保险费也相应越少。

4. 损失的发生具有偶然性

严格地讲，只有被保险人对所投保的风险既不能加以控制，也无法施加影响，才能说这种风险的发生具有偶然性。但现实生活中这样的情况并不普遍，只有地震、台风等自然现象才具有这样的偶然性特征。各种各样有形和无形的风险因素都会对损失发生的可能性和损失的程度产生影响，如个别承包商在投保了建筑工程一切险和第三者责任险后，就可能放松了安全防护工作，但大多数承包商出于道德和声誉的原因，是不会在投保之后疏于安全防护工作的。所以假定，在大多数场合损失发生具有偶然性。之所以要求损失的发生具有偶然性是由于以下两个原因：一是为了防止道德风险和行为风险的发生；二是由于大数定律是保险运作的基础，而大数定律的应用以随机（偶然）事件为前提。

5. 损失是可以确定和计量的

确定和计量的含义是发生的损失必须在时间和地点上可以被确定，在数量上可以被计量。例如，在建筑工程一切险的保单上必须规定损失在什么期限、什么地点范围发生，损失金额的大小。如果这些问题不能确定，保险公司就无法预测和计算未来的损失，也无法确定损失是否在保险人的赔偿范围之内。

6. 不会发生特大灾难事故

当保险公司承保一组风险时，从总体上来说，某些保险标的必然会遭受损失，但遭受损失的保险标的所占总数的比例是很小的。正是基于这种预测，保险公司才可能以每个投保人所缴纳的比较少的保费来弥补遭受了损失的投保人。例如，某个保险公司在某个地区承保了100个建筑工程一切险。根据以往十年的经验数据预测在两年保险期限内，可能会有一些工程发生程度不同的损失，于是保险公司计算出每个投保人应该缴纳的保费，以便能够弥补保险期限内这些工程的损失。但如果这一地区突然遭受战争或强烈地震，那么这100个工程可能全部遭受损失，这就叫作特大灾难。所以战争等敌对、动乱因素和地震长期以来普遍被世界各国的保险公司列为除外责任。各家保险公司也不会把自己的业务局限在单一的保险标的或某一个地区。特大灾难事故除上述这种情况，即大多数保险标的都面临同样的风险因素外，还有一情况，即保险标的价值巨大，如卫星、航天飞机等一旦发生损失，其后果往往是一家保险公司无法承担的。对后一种情况，只能借助于保险公司之间的再保险。

（四）保险的分类

1. 按保险标的划分

根据保险标的的不同，可以将保险分为财产保险与人身保险。

（1）财产保险。财产保险是以物或其他财产利益为保险标的的保险，广义的财产险包括有形财产险和无形财产险。财产保险又可以分为三类：第一类是以有形物质财产为标的的财产保险，包括海上保险、货物运输保险、火灾保险、运输工具保险、工程保险、农业保险、利润损失保险、航空保险和卫星保险等；第二类是以与物质财产有关的利益为标的的财产保险，即利益保险，包括信用保险和保证保险，保证保险又分为忠诚保证保险和履约保证保险；第三类是以损害赔偿责任为标的的财产保险，即责任保险，包括公众责任保险、产品责任保险、雇主责任保险和职业责任保险等。

（2）人身保险。人身保险是以人的生命、身体或健康作为保险标的的保险。包括人寿保险、意外伤害保险和健康保险等。

（3）财产保险与人身保险的区别。财产保险承保标的是物、人身保险承保标的是人，两类保险的差异很大。

①保险金额确定方式不同。人身保险和财产保险在保险金额确定方式上有所不同：由于人的身体和生命无法用金钱衡量，所以保险人在承保时，是以投保人自报的金额为基础，参照投保人经济状况、工作性质等因素来确定保险金额、财产保险是补偿性保险，保险金额依照投保标的的实际价值确定。

②保险期限不同。除意外伤害保险和短期健康保险外，大多数人身保险险种的保险期限都在1年以上。这就要求在保费计算中要考虑利率的绝对水平，还要考虑利率未来的波动走势。除工程保险和长期出口信用险外，财产保险多为短期（1年及1年以内），计算保费时一般不考虑利率因素。

③保费具有的储蓄性不同。长期人寿保险所交纳的纯保费中，大部分被用于提存责任准备金。这部分资金是保险人的一项负债，保险单在一定时间后，具有现金价值，投保人或被保险人享有保单抵押贷款等一系列权利，而这是一般财产保险所不具有的。

④超额投保与重复投保不同。保险中的补偿原则规定：所获的补偿金

额不应超出实际损失金额，即不允许通过保险补偿而获利。事实上，此原则仅限于财产保险。因为人身保险的保险标的具有特殊性，保险利益难以用货币衡量，保险人只能在签发保单时，根据实际情况，对保险金额加以控制。而且投保人可同时在几家保险公司进行投保，一旦发生保险合同规定的事故，他可同时在几家保险公司获得保险的给付。

⑤代位求偿不同。代位求偿是指当损失由第三方造成时，保险人在履行赔偿义务后，有权以被保险人的名义向第三方进行追偿，投保人或被保险人相应地让渡出这一权利。这同样是根据补偿原则——被保险人不能从中获益而规定。但这一原则仅在财产保险范围内有效，在人身保险中，投保人或被保险人既能从保险公司获得保险金，又同时可从肇事者处获取赔偿，而保险人仅有提供保险金的义务，没有从肇事者处索取赔偿的权利。

⑥展业方式不同。保险展业渠道主要包括直接展业、代理人展业及经纪人展业。其中，直接展业指保险人依靠自己的业务人员争取业务；代理人展业指在保险人授权范围内，由代理人进行保单推销，它又可分为专业代理和兼业代理。我国目前在财产保险中主要依靠直接展业和兼业展业，而人身保险除采用直接展业方式外，一般由专业代理人招揽业务。

⑦承保选择的对象不同。保险承保的过程实质是对风险选择的过程。选择可分为对"人"的选择和对"物"的选择。财产保险的标的是物，但拥有或控制财产的被保险人也会影响标的风险的大小，因而财产保险除了对"物"进行选择外，还存在对"人"的选择问题。人身保险中，对"人"的选择就是对标的的选择，一般不涉及对"物"的选择。

⑧理赔适用原则不同。财产保险和人寿保险在损失通知、索赔调查、核定损失金额以及最后结案的整套程序中都基本相同，人寿保险不适用损失补偿原则和代位求偿原则。

⑨防灾防损表现不同。在人身保险中，保险人进行防灾防损体现在研究对付逆选择的措施，以及向社会宣传健康保护方案、捐赠医疗设备等行动上。在财产保险中则体现在保险人积极参与社会防灾防损工作和自身业务经营中，如在条款设计、费率厘定、承保经营等方面，贯彻保险与防灾防损相结合的原则。

⑩投资的重要性不同。由于人身保险具有储蓄性，所以保险人必须将提存的责任准备金用于投资，不断增值，以应付将来给付的需要。财产保险多为短期，其责任准备金也有不断增值、资金运用的问题，但其投资的重要性不及人身保险。

　　人身保险准备金实际上是保险人为履行将来的给付责任而预先提存的对被保险人的负债，因此，采用人身保险与财产保险混业经营的方式，很可能发生寿险准备金被挪用的情况，最终导致拥有寿险保单的被保险人利益受到侵害，保险公司也可能发生给付危机。为预防这类事件发生，财产保险与人身保险应实行分业经营。在当今国际购并浪潮中出现的产、寿险公司相互控股现象，与它们分业经营并不矛盾，因为相互控股的产、寿险公司在法律上都是独立的法人，在财务上仍是相互独立的。

　　2. 按承保方式划分

　　根据保险人业务承保方式的不同，可以将保险分为原保险、再保险、共同保险和重复保险。

　　（1）原保险。原保险是指投保人与保险人直接建立保险关系的保险。也就是说，这种保险关系是投保人与保险人直接就有关保险事项达成协议，签订保险合同而形成的。

　　（2）再保险。再保险也称分保。它是保险人为了稳定经营，防止过度承担风险责任，以转让一部分所收取的保险费为代价将自己所承保的风险责任转移给其他保险人承担而建立的一种保险关系，也即保险人将其承担的保险业务，以承保形式，部分转移给其他保险人的行为为再保险。转让人就是原保险人，接受转让的保险人则为再保险人。这种原保险人通过转让部分风险责任而同再保险人建立的保险关系就叫再保险。

　　再保险合同的双方当事人都是保险公司，与原保险合同中的被保险人毫不相干。在再保险合同中，承担了被保险人转移给它的风险后又转移给其他保险公司的保险公司，由于它是把自己承保的业务分给别人，所以称之为分出公司，而承担其他保险公司所转移风险的保险公司，由于它是接受别人分给的业务，所以称之为接受公司。原保险合同中的被保险人是与他投保的保险即再保险合同中的分出公司发生保险关系，但是这一关系是通过订立原保险合同而建立的，被保险人与再保险合同中的接受公司没有合同关系。

　　原保险合同与再保险合同既相互独立又相互依存。没有原保险合同也就没有再保险合同，前者是后者的基础。两合同在保险期限和保险责任等方面的内容是一致的，但它们毕竟是两个独立的法律关系，独立性主要体现在以下几个方面：第一，原保险合同中的投保人没有向再保险合同中的接受公司支付保险费的义务。第二，原保险合同中的被保险人或受益人在发生保险事故以后，不能向再保险合同中的接受公司提出赔偿或给付的请求。第三，原保险合同中的保险公司不能以其作为再保险合同中的分出公司身份没有从再保险合同中的接受公司获得分保赔款为由，拒绝或拖延履行其对原保险合同中的被保险人或受益人承担的赔偿或给付义务。

再保险合同承保的标的不是人的生命或身体，也不是财产和民事法律责任，它是以分出公司的保险责任，即分出公司在原保险合同中对被保险人或受益人所应承担的，却又转移给接受公司承担的保险责任为保险标的。

再保险合同的当事人是分出公司和接受公司，合同中的权利义务分别是：分出公司为自己向接受公司转移保险责任而承担向接受公司支付分保费的义务，在它与投保人订立的原保险合同所约定的保险事故发生后，有权从接受公司摊回分保赔款；接受公司则有权从分出公司收取分保费，在分公司所承保的对象或财产发生保险事故后，应当履行向分出公司摊付分保赔款义务。

（3）共同保险。共同保险也称为共保，指同一标的存在两个或两个以上的风险责任承担者的保险。共同保险有两种情况：一种情况是两个或两个以上的保险以相同的期限和保险责任范围承保同一保险标的。这种情况下如发生保险风险损失，通常各保险人按照各自所承保的保险金额所占总保险金额的比例来承担保险责任。另一种情况是不足额保险，即投保人未按标的的价值足额投保，其不足部分的责任由被保险人自负。这种情况可以视为被保险人和保险人共同保险。需要指出的是，这里所说的共同保险以及责任承担方式，仅仅针对财产保险而言，人身保险一般不适用。

共同保险和再保险都是保险公司分散风险，保证保险经营稳定性的重要手段。例如，A 保险公司承保一艘巨型油轮，根据国家关于保险公司最低偿付能力的法律规定，该公司只能承保这笔业务的 2/5。那么，它有两种选择来处理其余的风险：一是承保这笔业务以后把其中的 3/5 风险责任通过投保转移给 B 保险公司；二是约定 B 公司与它分别按 3/5 和 2/5 的份额共同承保这笔业务。第一种方法就是再保险，而第二种方法则是共同保险。

我们可以从以下三个方面来分析这两种保险方式的区别：①再保险合同中的接受公司与原保险合同中的被保险人不发生保险关系，不直接对被保险人承担赔偿或给付保险金的义务，而参加共同保险的保险公司则各自单独对被保险人承担保险责任。②再保险合同中的分出公司与接受公司之间存在合同关系，而参加共保的保险公司之间则可以有，也可以没有合同关系。③再保险合同与保险合同的承保条件，包括保险期限和保险责任在内，是一致的，而参加共保的保险公司各自对被保险人承保的条件可以是一致的，也可以是不一致的。

（4）重复保险。重复保险指投保人以同一标的，向两个或两个以上的保险人投保相同保险期限、责任，且保险金额之和超过标的价值的保险。在这种情况下发生保险事故，各保险人一般依据自己所承担的责任限额承担责任。重复保险只适用于财产保险。

3. 按保险实施方式划分

按保险实施方式的不同，可以将保险分为自愿保险和强制保险。

（1）自愿保险。自愿保险是投保人与保险公司双方在自愿的基础上，通过签订保险合同而建立保险关系的保险。自愿原则是保险合同订立的一个原则，与其他各种民事活动一样，保险双方当事人订立保险合同的行为都应当是自愿的，是各自真实的意思表示。在自愿的原则下，投保人可以自行决定是否投保、保什么险、向哪家保险公司投保、投保多少金额以及投保多长时间。任何组织或个人都不能强迫他人参加保险，或者干涉投保人的投保选择。同样，保险公司也可以决定是否承保，选择承保金额或条件，对不符合保险条件的可以拒保，但对符合法律规定或条款的投保申请不得拒绝。

概括地说，自愿保险有以下一些特点：一是保险关系是根据保险双方当事人通过协商订立的保险合同而确立的；二是保险金额由投保人自由确定；三是保险责任依照保险合同产生，而不是自动产生；四是保险责任要在投保人按合同规定缴纳保险费或与保险公司商定缴纳保费的时间和方式后方才开始。

（2）强制保险。强制保险，又叫法定保险，是投保人与保险公司以国家有关法令为依据而建立保险关系的保险。强制保险根据法律产生效力，不需要双方当事人签订保险合同作为依据，也就是说，并非出于投保人的意愿而由国家规定其必须投保。

强制保险的特点有以下几点：一是保险关系是根据国家法规建立的，具有强制性和全面性，凡是属于法令规定范围之内的，不管投保人愿意与否，都必须投保；二是保险金额由国家统一规定；三是保险责任自动产生，不需要投保人办理投保手续；四是实施的目的与政府为解决某领域里的特殊风险，实现一定的社会目标或政策目标有关。

强制保险的产生通常有两种情况：第一种情况是经过国家立法程序，

由国家行政机关颁布实施，如我国曾颁布过《财产强制保险条例》《铁路车辆强制保险条例》《船舶强制保险条例》《铁路旅客意外伤害强制保险条例》《飞机旅客意外伤害强制保险条例》等6项强制保险条例。第二种情况是不必经过国家立法程序，仅根据国家某些机关颁布的行政法规或地方政府颁布的地方性法规而实施。这些法规往往规定一定范围内的人或财产必须参加某种保险，否则就不允许这部分人从事法律许可的业务活动，如1981年我国公安部以公安文件颁布《城市轻便摩托车和轻便摩托车驾驶员管理的暂行规定》，对私人轻便摩托车实行第三者责任法定保险，1985年辽宁省人民政府颁布《关于实行机动车辆第三者责任法定保险的通知》等。

目前在我国，属于强制保险的有铁路和公路旅客意外伤害保险，旅客购买的车票即为保险凭证，保险费包括在票价之内，有关保险金的支付、保险责任范围和责任免除，均依照国家颁布条例中的规定办理。

4. 按保险的目的划分

根据保险的目的不同，可以将保险分为商业保险、社会保险和政策性保险。

（1）商业保险。商业保险是指按商业原则经营，以营利为目的的保险形式，由专门的保险企业经营。所谓商业原则，就是保险公司的经济补偿以投保人交付保险费为前提，具有有偿性、公开性和自愿性，并力图在损失补偿后有一定的盈余。

（2）社会保险。社会保险是指由国家通过立法手段对公民强制征收保险费，形成保险基金，用以对其中因年老、疾病、生育、伤残、死亡和失业而导致丧失劳动能力或失去工作机会的成员提供基本生活保障的一种社会保障制度。社会保险不以营利为目的，运行中若出现赤字，国家财政将会给予支持。两者比较，社会保险具有强制性，商业保险具有自愿性，社会保险的经办者以财政支持作为后盾，商业保险的经办者要进行独立核算、自主经营、自负盈亏，商业保险保障范围比社会保险保障范围更为广泛。

我国的社会保险与国外有所不同，主要表现在：

①经营主体不同。国际上社会保险有国家社会保险、地方社会保险、民营社会保险、联合社会保险和工会团体社会保险等。其中，地方社会保险是在国家政策和法令允许的范围内，由地方政府自己举办的社会保险事业，比如，美国除老年人医疗保险项目由联邦政府管理外，其他社会保险

项目由各州政府自治管理。我国目前各地统一遵照国家社会保险办法实施，不属于独立举办的概念。

②强制程度不同。某些西方国家社会保险的对象，按法律规定只限于存在雇用劳动力关系的企业，而自由职业者、家庭雇用人员都被排斥在社会保险之外。但法律同时规定，这些人经济条件允许，又自愿参加，也可以享有社会保险待遇，只是交费或纳税负担相对较高。我国社会保险一律强制实行。

③保障范围不同。国际上通常的社会保险项目有养老、医疗、失业、疾病、工伤、残疾、生育、丧葬和遗嘱保险等。不同国家由于社会、历史、经济、法律等方面情况的不同，社会保险保障范围也不尽相同。我国社会保险尚处在发展初期，保障范围正在逐步扩展。

（3）政策性保险。政策性保险与商业保险不同。为了体现一定的国家政策，如产业政策、国际贸易政策，国家通常会以财政为后盾，举办一些不以营利为目的的保险，由国家投资设立的公司经营，或由国家委托商业保险公司代办。这些保险所承保的风险一般损失程度较高，但出于种种考虑而收取较低保费，若经营者发生经营亏损，将由国家财政给予补偿。这类保险被称为"政策性保险"。

常见的政策性保险有出口信用保险和农业保险等。商业保险公司出于利润最大化的考虑通常不会主动经营政策性保险。

出口信用保险是为鼓励和扩大出口而开办的。它承保出口商在经营出口业务的过程中因进口商方面的商业风险和进口国方面的政治风险（比如，买方国家的法律、政策或局势的突然改变导致买方国家限制汇兑、禁止贸易、吊销有关的进口许可、颁布延期付款令或发生战争、内乱、非常事件等）而遭受损失风险。由这种保险对应的风险特别巨大，难以用统计方法测算损失概率，一般的商业保险公司不愿经营，只能依靠政府支持来开办。出口信用保险的作用是为出口企业提供银行贷款和收汇的可靠保障。由于做出承保决定要以获取有关风险的各方面信息为前提，因此，经办出口信用保险的机构还能为出口企业提供市场信息等方面的咨询服务。

另外一种政策性保险是农业保险。它对种植业、养殖业在生产、哺育、成长过程中遭受的由自然灾害或意外事故所造成的经济损失提供经济补偿。农业保险是由农业生产的特点所决定的。在农业生产过程中，劳动对象（主要是有生命的动植物）生长周期长，而且受自然条件的影响大，容易遭受自然灾害或意外事故导致损失。因此需要由保险公司来进行保险。农业保险之所以是一种政策性保险，首先是因为农业是国民经济的基础，实行以财政为后盾的农业保险是国家扶持农业发展的政策之一。其次是农民的经济承受能力不足，农业保险经营难度大，几乎不可能取得利润。在商业保险不愿承办，客观上又十分必要的情况下，只能采用政策性保险的办法给予解决。

国际上，很多国家都十分重视发展政策性保险。各国政府通常会给经办单位以经济上的优惠、法律上的支持和行政上的保护。例如，对农业保险实行减免税政策，采取政府分保、承担部分支出、超赔补偿、保费补贴等方式扶持它的发展。有的国家还把政策性保险列为强制保险。制定政策性保险的实施原则是收支基本平衡，略有盈余。但总的看，各国政策性保险，特别是农业保险，都需要在技术上不断改进。

5. 按保险保障对象划分

根据保险保障对象不同，可以将保险分为个人保险和团体保险。

（1）个人保险。个人保险是个人或家庭作为被保险人的保险。

（2）团体保险。团体保险是以团体中众多成员作为被保险人的保险。

在团体保险中，投保人是"团体组织"，如机关、社会团体、企事业单位等独立核算的单位组织、被保险人是团体中的在职人员。已退休、退职的人员不属于团体的被保险人。另外，对于临时工、合同工等非投保单位正式职工，保险人可接受单位对其提出的特约投保。

团体保险包括团体人寿保险、团体年金保险、团体人身意外伤害保险、团体健康保险等，在国外发展很快。特别是由雇主、工会或其他团体为雇员和成员购买的团体年金保险和团体信用人寿保险发展尤为迅速。团体信用人寿保险是团体人寿保险的一种，是指债权人以债务人的生命为保险标的的保险。团体年金保险已成为雇员退休和责任保险项目，比如团体的私用汽车保险和雇员保险等。我国保险公司也开展了团体寿险、人身意外伤害险、企业补充养老保险和医疗保险等团体保险业务，但险种还不完善。随着经济体制改革的不断深入，商业保险的作用将不断加强，团体保险应有更大的发展空间。

以人身保险为例，个人保险与团体保险在经营方式上存在以下不同：

①风险选择的对象不同。对保险人而言，个人保险的风险选择对象基于个人，出于公平对待保户，保证保险公司偿付能力的考虑，保险人总是要对投保的个人及其风险状况作小心谨慎的判断。比如需要考虑的因素

有：年龄、性别、职业、健康状况、病史、居住地、险种和财务状况等。由于个人健康状况和家庭病史在保险人决定是否承保时起着至关重要的作用，保险人通常会要求被保险人进行体检并由医疗机构开具体检报告书，以此作为证明帮助保险人做出承保决定。团体保险以团体的选择代替个人的选择，不需要团体成员体检或提供任何可保证明，保险人就予以承保。它的风险控制手段主要是：投保单位的资格、被保险人是否是能够参加正常工作的在职人员以及对投保人数和保额的限制。一般投保单位无权选择为哪些人投保或对哪些不保。另外，保险金额或者全部相同，或者保险人依据被保险人工资水平、职位、服务不同，为每个被保险人制定不同的保险金额。

②承保的方式不同。个人保险采用一张独立的保单约定投保人和保险人之间的权利、义务。保单中的承保表部分须填写投保人、被保险人的个人有关资料，以及关于受益人、保险金额、保险费金额和交付方式、签单日期等内容。保险条款则包括保险责任、责任免除等核心内容。在团体保险中无论被保险人有多少，都只用一张总的保险单提供保障证明，而给每个被保险人只发放一张保险凭证。总的保单与个人保单内容相似，其中列明了所有被保险人的姓名、受益人姓名、年龄、性别、保额等，在保险凭证中并不包括所有保险条款。

③保险合同内容的灵活性不同。个人保险合同充分体现了保险合同是符合合同这一特点，即保险人事先拟就合同的主要内容，投保人只能表示同意或不同意。对于团体保险，特别当投保单位是较大规模的团体时，投保人可以就保单条款的设计和保险内容的制定与保险人进行协商。当然，团体保险单也应遵循一定格式和包括一些特定的标准条款，但与个人保险合同相比明显具有灵活性。

④成本与费率计算方法不同。个人代理人不得办理企业财产保险业务和团体人身保险业务。因此，团体保险减少代理人的佣金支出，再加上它手续简单，免于体检，所以团体保险较个人保险更能节约保险公司的业务管理费用。此外，与个人寿险依据生命表制定费率不同，团体保险一般以上一年度团体的理赔记录或经验计算本年度费率，即采用经验费率法。

需要注意，这几种类型完全可能是交叉的。例如，再保险既可以是财产保险，也可能是人身保险，个人保险和商务保险都既可以是财产保险，也可以是人身保险，社会保险也是强制保险等等。因此在讨论某一险种时，必须明确是以什么作为分类标准的。

（五）国际工程承包保险的含义

国际工程承包历史上被列为"风险事业"之一，因此，承包商为了转移风险或少受经济上的损失，总是尽可能地参加各种类型的社会保险，国际工程承包中的保险关系是基于保险公司与被保险的承包商（即双方当事人）订立保险契约而产生的一种法律关系，它一般是指承包商交付议定的保险费后，保险公司根据保险契约的规定对执行协议过程中发生承保责任范围内的损失给承包商以经济上的补偿。

根据各个国家和地区对于保险范围规定的不同，国际工程承包保险的范围按不同的要求可分为三种形式：一是根据各国法律的规定必须参加的保险；二是根据业主的要求提出的保险；三是承包商仅仅为了本企业的意外事故而提出的保险。从工程业主看，为了保障工程的实施，增强承包人抗风险的能力，往往要求承包人参加必要的保险，并且在标书的合同条件中加以规定。如规定承包商在签订合同后的限定时间内，必须向业主提交保险单，并向业主送交保险公司收到保险手续费的收据，否则，业主将自由选择一家保险公司进行投保并保持保险有效，业主为此而交纳的保险费，将从应付给承包商的工程款中扣除。这一规定的目的，显然是保障业主自己不受损害，并且不承担承包商或第三者遭受的任何损失，也不补偿与上述损失有关的任何索赔、诉讼和其他费用。从各国法律的规定看，尽管不尽相同，但有些项目，如社会福利保险、汽车保险都属于强制性的规定，承包人必须进行必要的保险，而且很多国家都明文规定，承包人必须在工程所在国投保。如科威特建筑法规定，在科威特保险公司保险费不高于外国保险公司保险费 10% 的情况下，应优先向科威特保险公司投保。从承包商看，为了减少风险，也必须进行必要的保险，而不应为了节省保险费而不进行投保，更不能抱侥幸心理，以致因小失大。

国际工程承包中保险关系的双方当事人，即保险人与被保险人（承包商）有着共同的利害关系，防止事故或灾害的发生，是承包商和保险公司共同的愿望。因此，双方当事人在选择对象时是十分慎重的。承包商选择那些财力雄厚，讲求信誉和保险费低的保险公司为自己的工程承保，而保险公司选择那些在过去以往的承包工程中信誉好，质量好，风险小的承包商作为自己的合作对象。

二、保险合同

（一）保险合同的概念

与一般消费者和商家的商品买卖关系不同，保险产品的买卖是建立在合同基础之上的，因此它是一种法律关系。保险合同是保险关系双方间订立的一种在法律上具有约束力的协议，即根据当事人双方的约定，一方支付保险费给对方，另一方在保险标的发生约定事故时承担经济补偿责任。

任何法律关系都包括主体、客体和内容三个不可缺少的组成部分。**保险合同**的主体为保险合同的当事人和保险合同的关系人；保险合同的客体为保险利益；保险合同的内容也就是保险合同当事人和关系人的权利与义务关系。

（二）保险合同的主体

1. 保险合同的当事人

保险合同的当事人包括保险人和投保人。保险人是向投保人收取保险费，在保险事故发生时对被保险人（受益人）承担保险责任的人，一般保险人即指保险公司；投保人又称要保人，是对保险标的具有保险利益，向保险人申请订立保险合同并负有缴付保险费义务的人，对建筑工程一切险来说，投保人为业主或承包商。

2. 保险合同的关系人

保险合同的关系人包括被保险人、保单所有人和受益人。

被保险人是指其财产、利益或者生命和健康等受保险合同保障的人。在建筑工程一切险等财产保险中，保险标的是建筑工程、临时设施、材料设备等财产，被保险人可以是业主、承包商、分包商、监理公司等所有与投保工种有关的利益方；在建筑工程第三者责任险中，保险标的是民事赔偿损害责任，被保险人是对第三者的财产损毁或人身伤亡负有法律责任，因而要求保险人代其进行赔偿，因此对自己的利益进行保障的人，可以是业主、承包商、分包商、监理公司等；在人身保险中，人的生命、身体和健康是保险标的，被保险人是从保险合同中取得对其生命、身体和健康保障的人，同时也是保险事故发生的本体。

保单所有人又叫保单持有人，是拥有保单各种权利的人，保单所有人的称谓主要适用于人寿保险的场合。

受益人也叫保险金受领人，是指在保险事故发生后直接向保险人行使赔偿请求权的人。

（三）保险合同的客体

保险合同的客体为保险利益，保险利益是指投保人或被投保人对保险标的所具有的法律上承认的利益。保险标的则指保险合同中所载明的投保对象，是保险事故发生所在的本体。保险利益与保险标的的含义不同，但两者又是互相依存的，在被保险人没有转让标的的情况下，保险利益以保险标的的存在为条件。

保险利益必须满足三个条件才能成立：必须是法律认可的利益；必须是可以用货币计算和估价的利益；必须是可以确定的利益。

（四）保险合同的特点

1. 具有经济合同共有的性质

保险合同属于合同的一种，因此具有一般合同共有的法律特征。保险合同的当事人必须具有民事行为能力；保险合同是双方当事人意思表示一致的行为，而不是单方法律行为，任何一方不能把自己的意志强加给另一方，任何单位或个人对当事人的意思表示不能进行非法干涉；保险合同必须合法才能得到法律的保护，一方不能履行义务时，另一方可向国家规定的合同管理机关申请调解或仲裁，也可以直接向人民法律起诉。

2. 特殊性质

但与一般合同相比保险合同又是一种特殊类型的合同，有自己的特点，这些特点主要体现在它的最大诚信性、双务性、机会性、补偿性、条件性、附和性和个人性方面：

（1）最大诚信性。任何合同的签订都是以合同当事人的诚信作为基础的，采取欺诈、胁迫等手段所签订的合同为无效合同，从订立之日起就没有法律约束力。由于保险的特殊性，最大诚信性在保险合同中体现得更加明显。这是因为保险公司在考虑是否承保某种风险时，必须具有精确完整的信息才能做出理性的决定。

（2）双务性。合同有双务合同和单务合同之分，单务合同只对当事人一方发生权利，对另一方只发生义务，如赠与合同。双务合同则是当事人双方都享有权利和承担义务，一方的权利即另一方的义务，在等价交换的经济关系中，绝大多数合同都是双务合同。保险合同的投保人有按约定缴付保险费的义务，而保险人则负有在保险事故发生时赔偿或给付保险金义务。但保险合同又有其特殊性，在一般的双务合同中除法律或合同另有约定以外，双方应同时对等给付。而在保险合同中，虽然投保人一定要先缴保险费，但只有在保险事故发生后，保险人才履行保险金赔偿或给付的义务，如果没有发生保险事故，保险人则无须履行赔偿或给付的义务。

（3）机会性。保险合同具有机会性特点，履行的结果是建立在事件可能发生，也可能不发生的基础之上的。保险合同的机会性特点来源于保险事故发生的偶然性，这在财产保险合同中表现得尤为明显。在合同有效期内，假如保险标的发生损失，则被保险人从保险人那里得到的赔偿金额可能远远超出其所支付的保险费，反之，如果保险标的未发生损失，则被保险人只付出了保费而得不到任何货币补偿。保险人的情况则正好与此相反。当保险事故发生时，它所赔付的金额可能大于它所收取的保费；而如果保险事故没有发生则它只有收取保费的权利而无赔付的责任。

（4）补偿性。保险合同的补偿性主要体现在财产保险合同上，保险人对投保人所承担的义务仅限于对损失部分的补偿，补偿不能高于损失的数额。保险的一个最主要目的是为了让被保险人恢复到损失发生前的经济状况，而不是改善被保险人的经济状况。这样做的目的是为了避免个别被保险人故意犯罪，通过保险获利的道德风险。

（5）条件性。合同的条件性是指只有在合同所规定的条件得到满足的情况下，当事人一方才履行自己的义务，保险合同就具有这样的特点。投保人可以不去履行合同要求的义务，但他也就不能强迫被保险人履行其义务。比如说，保险合同通常规定被保险人必须在损失发生以后的某一规定的时间内向保险人报告出险情况，如果被保险人未在规定的时间内向保险人报告，保险人就可以不向其赔付。

（6）附和性。附和性是指当事人的一方提出合同的主要内容，另一方只是做出取或舍的决定，一般没有商议变更的余地。改革开放前，我国保险合同就具有这样的特点，保险公司制定出格式的合同条款，投保人一般没有修改条款的权利，只能选择或接受该条款投保，或不接受该条款拒绝投保。但近年来，随着保险市场的开放，各家保险公司已经采取与投保人协商的方式签订保险合同，有经验的投保人可能在保险公司制定的格式合同条款的基础上，扩展保险范围。所以说除人寿保险外，建筑工程一切险等财产保险合同并不是严格的附和合同，而是具有附和合同的性质。保险合同之所以具有附和合同的性质，是因为保险公司掌握保险知识和业务经验，而投保人往往不熟悉保险业务，因此被保险人很难对条款提出异议。在本章第4节的内容中，我们将讨论借助保险顾问，增加承包商与保险公司讨价还价的力度。

（7）个人性。保险合同的这一特点主要体现在财产保险合同中。保险人在接受投保人的投保时，是根据不同的投保人的条件来决定是否接受，或者有条件地接受。甲承包商和乙承包商各承包了一栋高层住宅工程，到同一家保险公司投保建筑工程一切险，得到的条件就不一定是相同的。甲承包商具有建筑一级资质，高层建筑施工经验丰富，施工质量和安全等方面都有良好的记录；乙承包商只有建筑二级资质，从未承包过高层建筑，去年出现过一次重大质量事故。保险公司以1‰的费率接受了甲承包商的投保，同时还在格式合同条款的基础上扩展了承包责任范围；对乙承包商却要求其支付3‰的费率，并且拒绝为其扩展保险内容，很明显保险公司是以比较委婉的方式拒绝为乙承包商承保。如果甲承包商在承包一栋高层住宅工程后，向保险公司投保，后又将工程转包给乙承包商，那么甲承包商必须经过保险公司的同意后才能向乙承包商转让保险合同。

（五）保险合同的应用原则

1. 最大诚信原则

诚信就是诚实和信用。任何保险合同的签订都必须以当事人的诚信作为基础。因为建设工程自开起直到竣工，始终处于承包商的控制中，如果承包商在投保时向保险公司承诺采用混凝土钻孔桩的方法护坡，实际施工时为降低造价改用水泥砂浆钢丝网护坡，又未及时将更改通知保险公司，就是没有遵守最大诚信原则，一旦发生塌方、滑坡等事故造成工程的损失，保险公司可以拒绝赔偿。

2. 保险利益原则

之所以强调保险利益，是为了避免道德风险。道德风险是指投保人或被保险人投保的目的不是为了获得保险保障，而是为了谋取保险赔款。在这种心理的驱使下，有些投保人、被保险人、受益人不是积极地防止保险事故的发生，而是希望和促使其发生，甚至故意制造保险事故。根据保险利益原则，保险事故的发生以被保险人实际遭受的经济损失为前提，而且不论投保人的投保金额是多少，保险人的赔偿损失责任都不应超过被保险人的实际损失。如果不坚持赔偿的最高额以保险利益为限的原则，则投保人、被保险人或者受益人可以因较少的损失而获得较大的赔偿额，这也同样会诱发道德上的风险。

3. 赔偿原则

当被保险人的财产发生损失时，保险人应当按保险合同所规定的条件进行赔偿。但保险人只对被保险人所遭受的实际损失给予赔偿，使被保险人在经济上恰好能恢复至保险事故发生前的状态，被保险人不能通过赔偿获得额外的利益。而且赔偿金额以保险金额和被保险人对标的的可保利益为限。保险人对赔偿的方式也可以选择，保险人可以选择货币支付或修复、换置的方法来补偿被保险人的损失。

4. 近因原则

近因原则是在事故造成损失时，为了分清与事故相牵连的多方的责任，明确因果关系而设立的一种原则。近因是指对事故的发生起直接的、决定性作用的原因。也就是说，这个原因起到不可避免地会造成该事故的作用。当一个事故发生的原因有两个以上时，如果多个原因之间的因果关系并未中断，那么最先发生并造成以后一连串事故的原因就是近因。保险人在确定事故是否属于保险责任范围内的造成原因时，以近因为准。

一般来说，保险人在发生事故后，分析损失原因时，面临三类情况：第一类是保险合同中列明属于承保范围内的承保风险；第二类是保险合同中列明保险人不承保的除外风险；第三类是保险合同中既未列明承保又未列明不承保的风险，我们把这类风险叫作不保风险。如果被保险人遭遇事故受到损失是由承保风险造成，而且没有其他原因穿插其中，保险人自然要承担赔偿责任。但是，有些危险因素是同时或连续发生并造成损失的，这些危险因素中有承保风险、不保风险，甚至还有除外风险，要判断损失是否由承保风险引起，就需要运用近因原则。

5. 代位追偿原则

代位追偿原则在保险合同中是保险人的一种权利。当保险人将赔款付给被保险人之后，他便可以用被保险人的名义向造成损失的有关第三者要求赔偿。而被保险人在取得保险人的赔偿之后就有义务将其向第三者责任方追偿的权利转让给保险人，因此又叫权益转让。

6. 比例分摊原则

比例分摊原则主要基于两种情况：一种是重复保险，另一种是不足额保险。分摊原则只对赔偿性的财产险合同适用，对非赔偿性的人身险合同则不适用。

（1）重复保险的分摊。当同一种保险标的由投保人分别向几家保险人投保同一风险的保险，而保险人事先并不知晓，没有事先共同商定各自承保的比例，这就是重复保险。多家保险单的保额总和会超出保险标的的保险价值，有的会大大超过。如果在法律上对重复保险不做出限制规定的话。那么被保险人将因损失而获取额外的高额利益，这就有违赔偿原则。为此，大多数国家有关保险的法律规定，如果被保险人将受损标的的损失向多于一家的保险人索赔，并且获得的赔款的总和超过实际损失的价值时，他有责任将超过部分的款项退还给多家保险人。如果被保险人只向一家承保的保险人索取赔款。该保险人可以赔付全部赔款，但有权要求其他承保的保险人按其承保整个保额总和的比例分担该项赔款。被索赔的保险人不能因为是重复保险而拒绝赔偿，他只能在支付赔款后向有关重复承保的其他保险人行使分摊权。

重复保险人分摊的承保损失是以总保险金额的和为计算基础的。例如，某承包商有一台价值 50 万元的塔吊，向甲保险公司投保财产一切险后用于某工程，该承包商又就这个工程向乙保险公司投保了建筑工程一切险，保险金额中又包括了这台价值 50 万元的塔吊，这台塔吊就是被重复承保的财产。不久由于基础不牢塔吊倾覆受损，经有关人员估算修复约需 10 万元，按照分摊原则，甲乙两家保险公司应赔付金额各为：

甲公司赔偿额 $= 10 \times [50 \div (50+50)] = 5$ （万元）

乙公司赔偿额 $= 10 \times [50 \div (50+50)] = 5$ （万元）

（2）不足额保险的分摊。投保人应该按投保标的的实际价值足额投保，如果保险金额低于实际价值即视为不足额投保，被保险人就得不到足额赔偿。不足额部分视为投保人自保，损失要由保险人与被保险人比例分摊。这种比例分摊同重复保险的比例分摊在性质上是不同的。

假设某工程价值 1 000 万元，但承包商出于侥幸心理为减少保费只投保 600 万元，施工过程中发生火灾，造成 100 万元的损失。保险公司按保险金额与实际价值的比例计算赔偿额：

赔偿额 $= 100 \times (600 \div 1\ 000) = 60$ （万元）

三、国际工程承包保险的强制性

同一般的国内工程不同，几乎所有的国际工程承包合同都强制要求进行各种保险，例如，工程保险、第三方责任险、工人工伤事故险等。这种强制性的要求固然是为了保障业主本身的利益，同时对承包商也是有利的，因为所有的招标都承认承包商可以将保险金计入到投标报价和合同价格之中。对保险的强制性主要体现在合同文件中。在国际咨询工程师联合会制定的《土木工程（国际）合同条件》范本中对保险问题做了十分明确和严格的要求。

《土木工程（国际）合同条件》第 20 条规定，除了意外风险（指战争、革命等特殊风险）外，承包商从开工到竣工整个期间应对工程进行照管，不论什么原因，如发生任何损坏、损失或损伤，都要求承包商自费进行修理或修复，并达到原合同规定的要求。

《土木工程（国际）合同条件》第 21 条更进一步规定，承包商应当以承包人和业主联合的名义对上述任何原因引起的一切损失和损坏进行保险。这种保险不仅包括施工期的一切已完工程、在建工程和永久性工程所用的材料设备，还应包括施工机具设备和其他物品，甚至还应包括由于施工原因造成的维修期内发生的损失和损坏。

《土木工程（国际）合同条件》第 22、23、24 条规定了承包商还应对工程施工和维修期内发生的或由施工和维护所引起的任何人员、物资和财产的损害负责，使业主不受索赔、诉讼、赔偿等损害，要进行对包括业主及其雇员在内的任何财产和物资有形损害的责任进行保险（即通常称之为第三方责任险），要对工人和雇员的任何人身工伤事故进行保险。

除这些规定外，在第 25 条还进一步规定，如承包商未进行保险，则业主可以自己进行这些保险，并从对承包商应付的工程款项中扣除所花费的保险金。

以上所有保险条款都要求承包商向现场工程师呈交保险单和其已付保险金的收据。这份国际合同条件范本中关于保险的规定，几乎为所有国家的国际工程承包合同所接受。有些国家甚至规定在签订承包合同之后，承包商在某一规定时间内必须呈交保险单，否则承包商不能取得预付款，并被认为是违约行为。

四、国际工程承包保险的必要性

由于国际承包工程周期很长，遇到的各种复杂情况往往是难以完全预测和防范的。特别是一些大型工程，有些灾害和重大事故会给承包商带来灾难性的、无法承受的经济损失，但通过保险，他们可以从保险公司得到赔偿或部分经济补偿。我国不少工程公司在从事国际工程承包中，已有很多实例说明了保险将带来实惠。例如，我国某公司在伊拉克承包的一项水坝工程，因为洪水突然爆发而造成工地淹没，幸亏人员紧急撤离未造成伤亡，但一些大型机具设备和工程材料受淹，损坏严重。由于进行了工程保险，获得了保险公司的赔偿。另一家公司在约旦施工住房工程，半夜一场暴雪使挡土墙受冻崩塌，也由保险公司进行了补偿。至于人身伤亡和汽车事故因有保险而获得补偿的事例更多。

所以，承包商必须研究标书和合同中规定的责任和义务，在自己的责任和义务范围内进行保险。同时，有些保险还可以根据情况要求分包商去投保，例如，分包商负责的那一部分工程中的各类保险和他们雇用的劳工人身意外险及其材料运输险、汽车保险等，均可要求分包商投保。

五、国际工程保险的总体要求

（一）工程保险的一般规定

FIDIC2017 年版第 19.1 款"总体要求"给出了关于工程保险的一般规定，并且指出关于工程保险的问题。

承包商是直接对业主负责的，工程师（或银皮书的业主代表）有知情权。承包商和业主要在中标函发出或者合同签署前，商定好保险人和保险单的相关条款规定。

通用合同条件中关于工程保险的规定仅仅是业主对工程保险的最低要求，承包商可自费增加其认为有必要的其他保险。承包商应投保相应保险并保持保险有效。

承包商应投保的范围具体包括工程、货物、职业责任（承包商负责的设计）、人身伤害和财产损害、雇员伤害以及法律法规要求的其他保险内容。

在工程项目中，业主也可根据工程具体情况选择由业主投保部分保险，如工程一切险、第三者责任险、业主方人员的雇主责任险等。由业主投保工程实施期的工程保险，可以增强业主对整个项目风险管控的主动性，同时业主统一打包投保也有助于降低保费。如果有些险种由业主投保，则业主应在起草招标文件时征求专业人士的建议，修改合同条件中相关的规定，并应详细列明业主投保的条件、赔偿限额、免赔额、除外责任等，最好能提供业主投保保单的格式，以便投标者决定哪些保险由自己投保，进而估算相应的保费。对于使用贷款的项目，贷款银行和金融机构往往对项目实施期和运营期的保险有强制要求。

（二）保险相关方的沟通

保险公司和保单条款应征得业主的同意，保险条款应与签发中标函前合同双方商定的投保条件一致。

当业主要求时，承包商应提供合同规定的保单；在支付保费后，承包商应立即向业主提交付款凭证或保险公司确认保费已支付的证明文件。

投保时，被保险人应向保险人（保险公司）充分告知保险有关的重要事实。投保后，被保险人（本合同中为承包商）应将工程实施过程中关于工程性质、程度和进度等的实质性变化通知保险人。

如果保单风险出现了实质性的变化，或者发生了引起或可能引起保单下的索赔事故，被保险人应通知保险人并做出及时止损的预防措施。只有保险人同意改变保单风险范围（并且有可能修改保费金额）的情况下，保险人才会为工程新增加的风险买单。

（三）免赔额

保单中规定的免赔额度不应超过合同数据表中规定的金额（如果合同数据表没有规定，以业主同意的金额为准）。保单中会针对不同的损失项目设有单个或一组免赔额，免赔额和赔偿限额共同界定了保险人的赔付范围。通常情况下，免赔额越低、保费费率越高。

（四）对本合同与保单条款的遵守

如果承包商没有按照 FIDIC2017 版第 19.2 款"承包商提供的保险"的规定投保并保持保险的有效，业主可以投保该保险并保持其有效，为此支付的保费从承包商处获得补偿，补偿可以通过扣减应支付给承包商的任何款项获取，也可以另向承包商索赔。

如果承包商和业主均未遵守根据合同规定投保的保险条款的规定，违反保险条款的一方应补偿另一方因此产生的所有直接损失（包括法律费用）。

同时该款规定，"业主和承包商的索赔"条款不适用于该情境，即如果出现有一方不遵守本合同和保单相关条款规定，受损一方可以直接向另一方索赔，而无需经过通用合同条件规定的索赔程序。

（五）共担责任

如果合同规定了共担责任，则针对保险人不予赔偿的损失，只要该部分损失不能归责于承包商或业主的违约行为，合同双方应按共担责任的比例承担该损失；如果该部分损失是由某一方的违约行为造成，则违约方应该承担该损失。合同中也可对某些例外事件造成的、保险不予赔偿的损失做出共担责任的约定。同时说明，办理保险不会减轻合同双方应承担的合同义务和责任。

六、保险后仍须预防灾害和事故

尽管承包商对新承包的工程进行了各种保险，并且交纳了相当数量的保险费，但是，灾害和事故造成的恶果，不是保险公司支付了赔偿费就可以全部弥补的，即使是经济方面的损失，也不可能全部由保险公司补偿。

因此，承包商仍然要采取各种有力措施防止事故和灾难的发生，并阻止事故损失的扩大。

正是由于任何承包商和保险公司都不希望灾害和事故发生，保险公司才敢于和愿意接受为数不大的保险费，为价值大于保险费数百倍的工程承担赔偿责任。保险公司承保的项目越多，得到的保险费也越多，其总的赔偿费同总的保险费收入的比例也就越小。保险公司为了使这个比值大大低于1，采取各种办法在同行业中进行联合和竞争。承包商可以利用这种竞争，选择那些财力雄厚、讲求信誉和保险费率低的保险公司为自己的工程承保。

第二节　国际工程承包保险种类

目前，国际上保险公司林立，保险的种类也很多，承包商究竟进行哪几种保险，这要由标书中合同条件的规定及该项目所处的外部条件、工程性质和承包商对风险的分析和评价来决定。但一般标书文件中所要求的保险项目大都是强制性的，承包人必须投保。对一些特殊的风险，如政治风险，承包人则可以根据具体情况进行选择。一般地说，国际承包工程中常见的保险有建筑工程一切险、安装工程一切险、第三者责任险、雇主责任险、人身意外伤害险、机动车辆险、货物运输险、十年责任险、其他险别等。

一、建筑工程一切险

工程一切险也称工程全险，即对工程在施工和保修期间，由于自然灾害、意外事故、操作疏忽或过失而可能造成的一切损失进行保险。保险范围包括合同规定的全部工程，到达工地的设备、材料和施工机具，临时设施及现场上的其他物资。

FIDIC2017 年版合同条件的通用条件中对工程一切险的投保要求。工程一切险要求承包商以业主和承包商共同的名义，按照全部重置价值对工程、承包商文件、拟用于工程的材料和生产设备投保。

工程一切险对应建筑工程一切险、安装工程一切险或者建筑安装工程一切险。工程一切险的被保险人应包括业主、承包商和分包商。工程一切险的保险金额应为工程的重置价值，通常以工程合同总价作为保险金额。工程一切险的主保险的期限为自开工日期至工程接收证书签发之日，但会延展至缺陷通知期。

（一）建筑工程一切险的概念

建筑工程一切险简称建工险，是对施工期间工程本身、施工机具或工具所遭受的损失予以赔偿，并对因施工对第三者造成的物质损失或人员伤亡承担赔偿责任的一种工程保险。多数情况下由承包商投保，若承包商因故未能按合同规定办理或拒不办理投保，业主可代为投保，费用由承包商负担。如果总承包商未曾就该部分购买保险的话，负责分包工程的分承包商也应办理其承担的分包任务的保险。

建筑工程一切险适用于所有房屋建筑和公共工程，尤其是工业与民用建筑、电站、公路、铁路、机场、桥梁、隧道、水利工程等。其承保的内容包括工程本身（预备工程、临时工程、施工所必需的材料、占整个造价不到50%的安装工程）、施工设施和机具、场地清理费、第三者责任、工地内现有的建筑物、由被保险人看管或监护的停放于工地的财产。建筑工程一切险的保险金额的确定亦是按照不同的保险标的而定，比如，合同标的工程的保险总金额即为建成工程的总价值，施工机具和设备及临时工程列专项投保，物资的投保金额一般按重置价值，附带的安装工程项目保险金额一般不超过整个项目保险金额的20%，场地清理费按工程的具体情况由保险公司和投保人协商决定，第三者责任的投保金额根据在工程实施期间万一发生意外事故时，对工地现场和邻近地区的第三者可能造成的最大损害情况而定。

（二）建筑工程一切险的被保险人

建筑工程保险可以在一张保险单上对所有参加该项工程的有关利益方都给予保障，即所有在工程进行期间，对这项工程承担一定风险有关利益方，都具有保险利益，都可以作为被保险人之一。每一个被保险人享有赔款的权利以不超过其对保险标的具有的利益为限。建工险的被保险人大致包括以下各方：

（1）业主或所有人，即投资建设该工程的法人组织或个人；

（2）总承包商或分承包商；

（3）业主或工程所有人雇用的建筑师、设计师、工程师、技术顾问和其他专业顾问；

（4）其他关系方，如贷款银行等。

凡是有一方以上被保险人时，均由投保人负责缴纳保险费，并负责将保险标的在保险期内的任何变化通知保险公司，在出险时，由其提出原始索赔。

如果有多个被保险人，而且每个被保险人各有其自身的权益和责任须向保险公司投保，为了防止各方之间互相追偿责任，大部分保单都加贴"交叉责任条款"，根据这一条款，每一个被保险人自身投保的保险单也独立存在。

（三）建筑工程一切险的投保人

投保人往往是被保险人中的一个，他必须代表自己和其他一起投保的被保险人交付保险费，实际上他成为同保险人协商保险的中间人。这个第一被保险人可以是业主也可以是承包商，他同保险人签订的合同必须同时代表其他各利益方。许多工程承包合同中都约定，保险合同提供的保险保障不仅对承包商，而且对业主也有效。显然，一份保险合同每增加一个被保险人，保险公司就相应多承担一份风险，就多一份赔款的可能性。因为被保险人越多，在作业中发生过错的可能性越大，被保险人之间互相造成损失的可能性越大，引起第三者责任的可能性也越大。但增加一个被保险人往往并不会引起保险费的大幅度增加。所以不论是业主还是承包商去投保，都应该尽可能多地把与工程有关的各方列为被保险人。

著名的《土木工程施工合同条件应用指南》（FIDIC）第 21.1 款和21.2 款约定："……承包商应以全部重置成本对工程，连同材料和工程配套设备进行保险……应以承包商和雇主的联合名义进行投保……"

经常更换保险公司也不利于企业的管理。因为承包商有可能从一个相对固定的保险公司，以较低的保费购买一份保障范围比较广泛的保险。

（四）建筑工程一切险的保险标的

建筑工程一切险的保险标的主要包括：

（1）永久性和临时性的工程及物料：承包合同规定的承包范围内的主要项目，包括建筑物的结构、装修、机电安装、配套设施、存放在施工现场的材料设备、临时建筑设施等；

（2）在施工现场使用的机械、工具和临时工房及存放其内的物资：属于被保险人所有或被保险人负责保管，而且施工必需使用的塔吊、打桩机、铲车、搅拌机、临时供电供水设备、脚手架等；

（3）业主或承包商在工地原有的财产：如业主原有的工厂，应该放在这一项目内加保，以分清责任；

（4）安装工程项目：如饭店大楼内发电、取暖、空调等及其设备的安装项目；

（5）场地清理费：发生灾害事故后，为恢复重建必须清理场地上留下的大量残砾，根据经验估算需要的费用；

（6）工地内的现成的不属于工程范围内的建筑；

（7）业主或承包商在工地上的其他财产；

（8）施工期间被保险人对第三者造成损失或人身伤亡，依法应由被保险人承担的经济赔偿责任，投保时由投保人和承保人根据经验估算赔偿金额。

（五）建筑工程一切险承保赔偿责任的因素

建筑工程一切险系承保建筑工程施工中由于下列原因造成的损失和费用，对这些损失和费用，保险公司将根据保单明细表的规定负赔偿责任：①洪水、潮水、水灾、冰雹、海啸、暴雨、雪崩、地崩、山崩、冻灾、地震及其他自然灾害；②雷电、火灾、爆炸；③飞机坠毁、飞机部件或飞行物体坠落；④盗窃；⑤工人、技术人员缺乏经验、疏忽、过失、恶意行为；⑥原材料缺陷或工艺不善所引起的事故；⑦其他不可预料和突然事故。

（六）建筑工程一切险不承保赔偿责任的因素

建筑工程一切险的除外责任按照国际惯例，通常有以下几种：①由军事行动、战争或其他类似事件、罢工、骚动、民众运动或当局命令停工等情况造成的损失（有些国家规定投保罢工骚乱险）；②因被保险人的严重失职或蓄意破坏而造成的损失；③因原子核裂变而造成的损失；④由于合同罚款及其他非实质性损失；⑤由施工设施和机具本身原因造成的损失，但因这些损失导致的建筑事故则不属除外情况；⑥因设计错误而造成的损失；⑦因纠正或修复工程差错（例如，因使用有缺陷或非标准材料而导致的差错）而增加的支出；⑧自然磨损、氧化、锈蚀；⑨全部停工或部分停工引起的损失、费用或责任；⑩各种后果损失如罚金、耽误损失、丧失合同；⑪文件、账簿、票据、现金、有价证券、图表资料的损失；⑫保单中规定应由被保险人自行负责的免赔额；⑬领有公共运输用执照车辆、船舶和飞机的损失；⑭盘点货物当时发现的短缺；⑮建筑工程第三者责任险条款规定的责任范围和除外责任。

（七）建筑工程一切险被保险人应承担的义务

（1）应采取合理的预防措施，避免投保工程工地发生意外事故，对保险公司提出的合理化防损建议应认真考虑，并付诸实施。

（2）发生保单承保的损失事故后，应立即通知保险公司，并用书面形式提供详细经过。

（3）为便于调查，在检查损失前应保护事故现场。

（4）为防止损失扩大，应采取一切必需的措施将损失减少至最低限度；保险公司负责偿付有益的合理措施费用，不过此项费用和赔款总额以不超过受损失项目保额为限。

（5）保险内容如有变化（如保险项目有增减、工程期限缩短或延长等），应及时书面通知保险公司，办理批改手续。

（6）被保险人及其代表如故意不执行上述规定义务，保险公司将不负赔偿责任。

关于保险的索赔与赔款，被保险人必须首先提出必要的、有效的证明单据作为索赔的依据。

（八）建筑工程一切险的保险费率的组成

建筑工程一切险没有固定的费率表，具体费率根据风险性质、工程本身的风险程度、工程的性质及建筑高度、工程的技术特征及所用的材料、工程的建造方法、工地邻近地区的自然地理条件、灾害的可能性、工期长短、同类工程及以往的损失记录等因素再结合参考费率表制定。其保险费率通常有五个分项费率组成：①业主及承包商的物料及建筑工程项目、安装工程项目、场地清理费、工地内现存的建筑物、所有人或承包人在工地的其他财产等为一个总的费率，规定整个工期一次性费率。②施工设施和机具为单独的年度费率，因为它们流动性大，一般为短期使用，旧机器多，损耗大、小事故多。因此，此项费率高于第一项费率。如投保期不足一年，按短期费率计收保费。③第三者责任保险费率，按整个工期一次性费率计。④保证性费率，按整个工期一次性费率计。⑤各种附加保障增收费率或保费，也按整个工期一次性费率计。

（九）办理建筑工程一切险应注意的问题

办理建筑工程一切险必须注意以下事项：①一般不使用委托人，由承包商亲自办理。②建筑工程的名称一定要填写合同中指定的全称，不得缩写；地点一定要填写工地的详细地址及范围，因为保险公司对工地以外损失如无特别加批是不予负责的。③要写明保险期、试车期和维修期。④保险金额、免赔额、费率、保费均应根据保险金额具体确定。工程结束时，还应根据工程最终建造价调整保额，若最终价额超过原始的±5%，应出具批单调整，保额原费率按日比例增加或退还。

（十）办理建筑工程一切险应提交的文件

投保建筑工程一切险应提交以下文件：①工程承包合同；②承包金额

明细表；③工程设计文件；④工程进度表；⑤工地地质报告；⑥工地略图。

（十一）　办理建筑工程一切险的现场查勘重点

承保人在了解并掌握上述资料的基础上，应向投保人或其设计人了解核实，并对以下重点做出现场查勘记录：①工地的位置。包括地址及周围环境，例如，邻近建筑物及人口分布状况，是否靠近海、江河、湖，以及道路和运输条件等。②安装项目及设备情况。③工地内有无现成建筑物或其他财产及其位置、状况等。④储存物资的库场状况、位置、运输距离及方式等。⑤工地的管理状况及安全保卫措施，例如，防水、防火、防盗措施等。

（十二）　承保人与投保人应明确承保的主要内容

承保人与投保人进一步协商以明确以下承保内容：①建筑工程项目及其总金额；②物资损失部分的免赔额及特种风险赔偿限额；③是否投保安装项目及其名称、价值和试车期等；④是否投保施工设施和机具及其种类、使用时间、重置价值等。

（十三）　建筑工程一切险的保险金额

建筑工程一切险的保险金额，应为保险标的建筑完成时的总价值，包括运费、安装费、关税等。建筑用机器、设备、装置应按重置价值计算。其他承保项目应按双方商定的金额确定。保险费则按不同项目的危险程度、地理位置、工地环境、工期长短和免赔额高低等因素确定，约在1.8‰至5‰（整个施工期）之间。

（十四）　建筑工程一切险的保险期限

建筑工程一切险的保险期限自工程开工之日或在开工之前工程用料卸放于工地之日开始生效，两者以先发生者为准。开工日包括打地基日在内（如果地基亦在保险范围内）。施工机具保险自其卸放于工地之日起生效。保险终止日应为工程竣工验收之日或者保险单上列出的终止日。同样，两者也以先发生者为准。

二、安装工程一切险

（一）　安装工程一切险的概念

安装工程一切险，简称安工险，是专门承保新建、扩建或改造项目的机器设备或钢结构建筑物在整个安装、调试期间，由于责任免除以外的一切危险造成财产的物质损失、间接费用以及安装期间造成的第三者财产损失或人身伤亡而承担赔偿责任的一种工程保险。

（二）建工险与安工险的区别

安装工程一切险的适用范围，承保的责任范围和除外责任，同建筑工程一切险基本相同，它们之间的主要区别如下：

（1）建筑工程一切险的保险标的从开工以后逐步增加，保险额也逐步提高，而安装工程一切险的保险标的从开始存放于工地起，保险公司就承担着全部货价的风险。在机器安装好之后，在试车过程中发生机器损坏的风险是相当大的，这些风险在建筑工程一切险部分是没有的。

（2）在一般情况下，自然灾害造成建筑工程一切险的保险标的损失的可能性较大，而安装工程一切险的保险标的多数是建筑物内安装及设备（石化、桥梁、钢结构建筑物等除外），受自然灾害（洪水、台风、暴雨等）影响的可能性较小，受人为事故引起损失的可能性较大，这就要督促被保险人加强现场安全操作管理。严格执行安全操作规程。

（3）安装工程在交接前必须经过试车考核，而在试车期内，任何潜在的因素都可能造成损失，损失率有时要占安装工期内总损失的一半以上。

（三）安装工程一切险的保险标的

它主要包括：①安装项目；②附属的土木建筑工程项目；③场地清理费用；④业主或承包商在工地上的其他财产；⑤施工期间对第三者造成的财产损失或人身伤亡。

（四）安装工程一切险的保险金额

安装工程一切险的保险金额的具体规定办法如下：

1. 安装项目

这是安装工程一切险的主要保险项目，包括被安装的机器设备、装置、基础工程（地基、机座）以及工程所需的各种临时设施（如水、电、照明、通信等设施）。安装工程一切险承保标的大致有三种类型：①新建工厂、矿山或某一车间生产线安装的成套设备；②单独的大型机械装置如发电机组、锅炉、巨型吊车、传递装置的组装工程；③各种钢结构建筑物，例如，储油罐、桥梁、电视发射塔之类的安装和管道、电缆敷设等。

安装项目的保险金额视承包方式而定：①采用完全承包方式：保险金额为该项目的合同总价；②由业主采购设备，承包人负责安装并培训：保险金额为设备的 CIF 价加国内运费和保险费以及关税、安装费（人工、材料）、可能的专利、人员培训及备品、备件等费用的总和。

2. 土木建筑工程项目

这指新建、扩建厂矿必须有的工程项目，如厂房、仓库、道路、办公楼、宿舍等。其保险金额应为该工程项目建成的价格，包括设计费、材料设备费、施工费、运保杂费、税费及其他相关费用。如果这些项目已包括在一揽子承包合同价内，则不必另行投保，但应加以说明。

3. 场地清理费

这指发生承保风险所致的损失后清理工地现场所支付的费用。此项费用的保额由被保险人自定并单独投保，不包括在合同价内。大型工程的场地清理费一般不超过总价的 5%，中小型工程一般不超过 10%。

4. 工程业主或承包人在工地上的其他财产

这指上述三项以外的可保标的，大致包括安装施工用机具设备，工地内现存财产，其他可保财产。

施工机具设备一般不包括在承包工程合同价内，因此列入本项投保。这项保险金额应按重置价值，即重新换置同一型号、同种性能规格或类似性能规格和型号的机器、设备的价格，包括出厂价、运费、关税、机具本身的安装费及其他必要的费用在内。

工地内现存财产指不包括在承包工程范围内的，工程业主或承包人所有的或其保管的工地内已有的建筑物或财产。这笔保险金额可由保险双方商定，但最高不得超过该项现存财产的实际价值。

其他可保财产指不能包括在上述四项范围之内的可保财产。其保险金额由双方商定。

以上四项保额之和即构成物质损失总保险金额。

5. 施工期间对第三者造成的财产损失或人身伤亡

施工期间被保险人对第三者造成财产损失或人身伤亡，依法应由被保险人承担经济赔偿责任，赔偿限额应根据责任风险大小的具体情况来考虑，没有统一的规定。通常有两种情况：①只规定每次事故赔偿限额，不分项，也无累计限额。②先规定每次事故中各分项限额，各项相加构成每次事故的总限额，最后算出并规定一个保险期内的累计赔偿限额。

若风险不大，可采用第一种办法。若风险较大，则采用第二种办法。

（五）安装工程一切险的保险期限

安装工程一切险的保险期限自投保工程的动工日起或第一批保险项目被卸到施工地点时（以先发生者为准）即行开始。动工之日系指破土动工之日（如果包括土建任务的话），保险责任的终止日可以是安装完毕验收通过之日或保险单上所列明的终止日，这两个日期同样以先发生者为准。

安装工程一切险的保险责任也可以延展至为期一年的维修期满日。

安装工程一切险的保险期内一般应包括一个试车考核期的保险责任不超过三个月，若超过三个月，应另行加费。这种保险对于旧机器设备不负考核期的保险责任，也不承担其维修期的保险责任。如果同一张保险单同时还承保其他新的项目，则保险单中仅对新设备的保险责任有效。

在征得保险人同意后，安装工程一切险期限可以延长，但应在保险单上加批并增收保费。

（六）办理安装工程一切险的现场查勘重点

保险公司在承保安装工程一切险之前，除了认真审阅工程文件资料外，还必须到现场查勘，并记录以下情况：①被保险人、制造商及其他与工程有利害关系的各方的资信情况；②工程项目或机器设备的性质、性能、新旧程度以及以往发生过的情况，有无保险或损失记录；③工厂所用原料的性能及其风险程度；④安装或建筑工程中最危险部位及项目；⑤机器设备及原料的启运时间、运输路线、运输和保管方法、运输中风险最大的环节；⑥工地周围的自然地理情况和环境条件，包括风力、地质、水文、气候等，尤其是发生特种风险如地震、特大自然灾害的可能性；⑦工地邻近地区情况，特别是附近有哪些工厂，有无河流、公路、海滩，这些因素可能对保险标的产生什么影响；⑧工地附近居民的情况，如生活条件、治安、卫生等；⑨安装人员的组织情况，负责人及技术人员的业务水平及其素质；⑩工程进度及实施方式，有无交叉作业；⑪无法施工季节的防护措施；⑫扩建工程情况下原有设备财产的情况，是否已投保，谁负责保险，保险内容；⑬试车期及开始日。

了解并掌握上述情况，保险双方即可商定保险标的内容，进而签订安装工程一切险的保险合同。

（七）建工险与安工险的选择

选择投保建工险或者安工险时，应具体工程具体对待。建筑工程一切险的保险标的中可以包括机电安装工程内容，安装工程一切险的保险标的中也可以包括建筑工程内容。那么如何判断一个工程需要投保建筑工程一切险，还是投保安装工程一切险呢？在一般情况下，可以根据一个工程中建筑项目和安装项目各自所占金额的比例来划分。

建筑项目占总造价50%以上的工程应投保建筑工程一切险。如果安装项目只占总保险金额的 20% 以下，则全部工程的保费都按建筑工程一切险的费率计算；如果安装项目占总保险金额的 20% ~ 50%，则建筑项目按建筑工程一切险的费率计算保费，安装项目按安装工程一切险的费率计算保费。

同理，安装项目占造价 50% 以上的工程应投保安装工程一切险。如果建筑项目只占总保险金额的 20% 以下，则全部工程的保费都按安装工程一切险的费率计算；如果建筑项目占保险金额的 20% ~ 50%，则安装项目按安装工程一切险的费率计算保费，建筑项目按建筑工程一切险的费率计算保费。

（八）建工险与安工险的免赔责任

工程保险还有一个特点，就是保险公司要求投保人根据不同的损失，自负一定的责任，这笔由被保险人承担的损失额称为免赔额。工程本身的免赔额为保险金额的 0.5% ~ 2%；施工设施和机具等的免赔额为保险金额的 5%；第三者责任险中财产损失的免赔额为每次事故赔偿限额的 1% ~ 2%，但人身伤害没有免赔额。

三、第三者责任险

（一）第三者责任险的概念

承包商在投保建筑工程一切险或安装工程一切险时，要附加第三者责任条款，所以在报价中应考虑充足的保费。所谓第三者，是指被保险人及保险公司以外的法人及自然人。但不包括被保险人、业主、其他承包商和分承包商等所雇用的现场工作人员。一般来说，第三者责任险不作为一个单独的险种向保险公司投保，而是附加在建筑工程一切险或者安装工程一切险中。

（二）第三者责任险的保险标的

第三者责任险保险单所承保的，是建筑工程或安装工程在保险期限内，因发生意外事故，造成在工地及其邻近地区内的第三者人身伤亡、疾病或财产损失，依法应由被保险人负责的，以及被保险人因此而支付的诉讼费和事先经保险公司书面同意支付的其他费用，均可由保险公司负责赔偿。

（三）第三者责任险的赔偿金额

保险公司对每次事故的赔偿金额，根据法律或政府有关部门裁定的应由被保险人偿付的数额确定，但不能超过保单列明的总赔偿限额。总赔偿限额是保险公司对该保单在整个保险期限内赔偿第三者责任的最高限额，这个限额一般由招标文件约定，如果招标文件没有约定则由承包商与业主协商确定。

第三者责任险的保费以总赔偿限额为基础按比例计取，费率为2.5‰~3.5‰。一般来说，承包商参加投标报价时，招标文件中就限定了第三者责任险的总赔偿限额的金额。如果招标文件无特定要求，承包商可以根据工程所处地理位置来估算总赔偿限额，估算必须适度，如果限额过高则保费也高，影响报价的竞争力，如果限额过低则一旦发生风险，得不到完全保障。尤其在繁华地区施工时，周围街道上车辆、行人密度大，与其他建筑物之间距离近，给第三者造成损失的可能性就比较大，损失金额也较大，第三者责任限额就应该较高。

第三者责任的赔偿限额除必须约定保单有效期内的总赔偿额外，有时保险公司还要求针对不同的保障内容分别约定赔偿限额，如每个人的人身伤亡赔偿限额；累计人身伤亡赔偿限额；每次事故以及同一事故引起的一系列事故的财产损失赔偿限额。如果约定了后几种分项赔偿限额，金额比较低的话，对承包商是不利的。承包商应坚持不约定后三种赔偿限额，只要在第三者责任范围内，无论是第几次发生风险，也无论造成了什么样的损失，只要损失金额在总赔偿限额内，保险公司都应该赔偿。

（四）第三者责任险不承担的责任

第三者责任险不包括以下各项赔偿责任：①明细表列明的应由被保险人自行负担的免赔额（即只有超过此额赔偿责任由保险人承担，免赔额由双方商定）；②被保险人和其他承包人的在现场从事工程有关工作的职工的人身伤亡和疾病；③被保险人及其他承包人或他们的职工所有的或由其照管、控制的财产的损失；④领有公共运输用执照的车辆、船舶和飞机造成的事故；⑤被保险人根据与他人的协议支付的赔偿或其他款项。

（五）FIDIC2017年版关于第三者责任险的要求

承包商应以业主和承包商的名义对因履行合同引起的、在履约证书签发前发生的任何人员的人身伤亡或任何财产（工程除外）的损失或损害投保，例外事件导致的损失除外。

第三者责任险所保障的是在现场内的或者邻近现场的不参与工程实施的第三方（即业主和承包商之外的相关方），因发生工程风险事故而引起的人身伤亡或财产损失。第三者责任险的保险期限涵盖缺陷通知期，直至履约证书签发。

四、雇主责任险

（一）雇主责任险的概念

雇主责任险所承保的是被保险人（雇主）的雇员在受雇期间从事工作时因意外导致伤、残、死亡或患有与职业有关的职业性疾病，而依法或根据雇佣合同应由被保险人承担的经济赔偿责任。雇主所承担的这种责任包括过失行为乃至无过失行为所致的雇员人身伤害赔偿责任。保险人为了控制风险，并保障保险的目标与社会公共道德准则相一致，均将被保险人的故意行为列为除外责任。

在西方许多国家，雇主责任险以立法的形式强制投保，保证雇员的合法权益，如果雇主不投保雇主责任险，则以刑事责任论处，因此普及率极高。由于我国长期实行计划经济，大多数企业是国有企业，雇员的医疗、劳保等权益由国有企业负责，加上雇主责任险保费偏高，所以几乎无人投保。改革开放以来"三资"工程大量涌现，业主中的外方管理人员对承包商投保雇主责任险的要求比较严格。但承包商企业为了降低报价提高竞争力，往往在报价中未包含雇主责任险的保费。遇到这种情况，可以有两种变通的解决方法：第一种方法是向雇主解释雇主责任险在我国并非强制保险，并书面承诺雇员的合法权益由国有企业保障；如果上一种方法行不通，可以采用第二种方法，即以较低的保险金额为雇员购买人身意外伤害险，由于保费较低，对承包商企业的成本压力不是很大，在报价中不包括保费的前提下，业主也比较容易接受这种替代方案。

实际上，我国的现状是，承包商企业通过各种各样的分包形式组织施工，真正在施工现场操作的建筑工人，多是来自农村的民工。建筑业是高风险的行业，施工中民工由于各种意外而伤亡或致残，其合法权益是很难受到保护的。随着市场经济的完善和法制的健全，相信雇主责任险会得到普及的。

（二）雇主责任险保费的计算

雇主责任险的保费是按不同工种雇员的适用费率乘以该类雇员年度工资总额计算出来的。雇主责任险采用预付保费制，在订立雇主责任险保单时，雇主估计在保单有效期内应该支付给其雇员的工资（包括奖金、加班费及各种津贴等）总额。保单期满后的一个月内，雇主提供保险期内实际付出的工资数额，据以调整保费，预付保费多退少补。

不同行业和不同工种的雇员适用的费率不同，同样在施工现场工作，管理人员和工人的适用费率相差很大，前者约是后者的1/2。除行业和工种外，赔偿限额也影响保险费率，从保险公司需要代雇主承担对雇员伤残、死亡责任的赔偿金额来看，在同行业和同工种的条件下，赔偿限额越高，费率也就越高，但不一定是成比例增长的。

（三）FIDIC2017年版关于雇主责任险的要求

承包商对因实施工程引起的承包商任何人员的伤害、患病、疾病或死亡导致的索赔、损失和费用（包括法律费用）投保。业主和工程师也应在该保单下得到保障，但因业主或其人员的行为或疏忽引起的损失和索赔除外。该保险应在承包商人员参与实施工程的整个期间保持有效。

五、职业责任保险

FIDIC2017年版的职业责任要求承包商对其负责的设计投保职业责任保险（也称为职业赔偿保险），保障承包商在履行其设计义务过程中因任何行为、错误或遗漏引起的责任。

一般来说，职业责任险需要保险公司的承保能力很强，所以可以赔付的限额也不会太高，大致就是设计费用，同时也会有免赔额的约定。职业责任险主要针对的是负责设计的承包商的投机行为，一旦出险，承包商未来投保该险种的保费将非常高。

六、人身意外伤害险

（一）人身意外伤害险的概念

人身意外伤害险是指被保险人在保险有效期间内，因遭受非本意的、外来的、突然的意外事故，致使其身体蒙受伤害而残疾或死亡时，保险人依照合同规定给付保险金的保险。

"非本意的"事故是指偶然的、非所预见的、非能预料的事故。一般有三种形式：事故发生的原因是偶然的；事故发生的结果是偶然的；事故发生的原因和结果都是偶然的。例如，建筑工人在操作中不慎触电致残，就是非本意的。"外来的"是指伤害是由被保险人自身以外的原因所造成的。"突然的"是指意外伤害的直接原因是突然出现的，而不是早已存在的。这三点都符合的事件才能构成意外伤害，例如，建筑工人在施工过程中由于眩晕而坠落摔伤，虽然符合"非本意的"，但不符合"外来的"和"突然的"这两个条件，因此不属于承保范围。也有些伤害尽管符合上述的三个条件，却不属于承保范围，例如，由于战争和军事行动所导致的伤害就是除外责任。

（二）人身意外伤害险保费的计算

保费是按不同的适用费率乘以保险金额（最高赔偿限额）计算出来的。在签订人身意外伤害险时，投保人与保险公司商订好一个固定的保险金额，保险金额与被保险人的工资无关。与雇主责任险一样，人身意外伤害险的费率受行业和工种的影响，同样在施工现场工作，管理人员的费率比工人的费率低很多。但人身意外伤害险的费率与雇主责任险不同，不受保险金额的影响。

现阶段，我国尚未强制推行雇主责任险，业主招标时往往也不要求承包商投保。为了有效保障雇员的合法权益，体现企业的管理水平，同时又不提高报价，承包商可以为自己派往施工现场的管理人员投保人身意外伤害险，以替代费率较高的雇主责任险。例如，为 30 名现场管理人员投保人身意外伤害险，每人保险金额 20 万元，费率为 2‰，那么每年的保费仅为 6 000 元。同时在分包合同中约定，分承包商必须为其雇员（包括工人）投保人身意外伤害险，以保障其雇员的合法权益。

（三）人身意外伤害险与雇主责任险的区别

人身意外伤害险与雇主责任险承保的虽然都是自然人的身体和生命，但两者有着本质的不同：

（1）性质不同。人身意外伤害险承保的是被保险人自己的身体和生命，是一种有形的实体标的，属于人身保险的范畴。雇主责任险所承保的是雇主的民事损害赔偿责任或法律赔偿责任，是一种无形的利益标的，属于责任保险的范畴。

（2）保险责任不同。人身意外伤害险对被保险人不论是否在工作期间及工作场所内所遭受的意外伤害均予以负责。雇主责任险仅负责赔偿雇员在工作期间及工作场所内遭受的意外伤害。

（3）责任范围不同。人身意外伤害险仅承保非本意的、外来的、突然的意外事故所造成的伤亡。雇主责任险除承保意外事故造成的伤亡外，还负责雇员因职业性疾病而引起的伤残、死亡及医疗费用。

（4）承保条件不同。人身意外伤害险的承保对象是自然人，只要是自然人就可以向保险公司投保。雇主责任险需要以民法和雇主责任法或雇主与雇员之间的雇佣合同作为承保条件。

（5）保障效果不同。人身意外伤害险的保险对象是被保险人，直接保障的也是被保险人，保险人与被保险人之间是直接的保险合同关系。雇主责任险的被保险人是雇主，但在客观上却是直接保障雇员（第三者）的权益的，保险人与被保险人的雇员之间并不存在保险关系。

（6）计费与赔偿的依据不同。人身意外伤害险按照保险人和被保险人在保险合同中约定的保险金额（最高赔偿标准）来计算保险费和赔款。雇主责任险以被保险人的雇员的若干个月的工资为基础计算保险费和赔款。

七、机动车辆险

（一）机动车辆险的概念

机动车辆险是指以机动车辆本身及其相关经济利益为保险标的的一种不定值财产保险。机动车辆包括汽车、电车、电瓶车、摩托车、拖拉机、各种专用机械车、特种车。有些车辆如果已列入施工机具设备清单中，则这些车辆在工地以外作业中发生事故，应在工程一切险外，保险公司是不会给予赔偿的。因此，承包商在工地以外使用的运输车辆，仍应投保机动车辆险。

（二）机动车辆险的标的

（1）机动车本身。车身险的责任范围包括因汽车与其他物体碰撞或翻车所造成的损失和由自然灾害（如雷电、洪水、地震、雪山等）和意外事故（如失火、爆炸、自燃以及偷窃、丢失等）造成的损失。

（2）第三者责任。所谓第三者责任是指承保被保险汽车因发生保险事故而产生的被保险人对于第三者（包括乘客）的人身伤害及其财产损失依法应负的责任。第三者责任险是汽车保险中最重要的部分。

（三）机动车辆险保险人承担责任的因素

1. 机动车车身险

车辆损失险对承保车辆在行驶或停放中由于下列原因造成的损失负赔偿责任：①碰撞、倾覆、失火、爆炸；②雷击、暴风、洪水、沙暴等各种自然灾害、隧道坍塌、空中运行物体的坠落；③全车失窃在三个月以上；④运载保险车辆过河的渡船发生自然灾害及意外事故，但只限于有驾驶人员随车照料的；⑤由于上述原因采取保护、施救措施所支出的合理费用。

2. 第三者责任险

第三者责任险，是对被保险人或其允许的驾驶人员，在使用保险车辆过程中发生意外事故，造成第三者遭受人身伤亡或财产的直接损毁而在法律上理应由被保险人承担的经济赔偿责任进行承保，由保险公司按照有关规定负责赔偿。但由此产生的善后工作须由被保险人负责处理。

（四）机动车辆险的除外责任

1. 机动车车身险

车身险的除外责任有：①战争或军事行动以及政府征用；②被保险人故意造成的损失；③自然磨损、轮胎爆炸、未经修复而继续使用以致遭受的损失；④由被保险人驾驶但不属于其所有的车辆的车身损失。

2. 第三者责任险

商用车第三者责任险的除外责任有以下几种：①被保险人或驾驶人员故意造成的第三者人身伤亡和财产损失；②被保险人或驾驶人员自有的或自运的财产；③被保险人租用、使用或者保管的财产；④被保险人雇用人员的人身伤亡和其财产损失（此种情况属于雇主责任险的范围）；⑤未经被保险人允许而擅自驾驶被保险汽车时发生的事故；⑥被汽车的司机或工作人员以外的任何人在装货或卸货的过程中造成的人身伤亡或在车道以外引起的人身伤亡；⑦由被保险汽车运送的财产以及因车辆损坏路面、其他车下物件或车上载的货物。

汽车保险中有无赔偿优待折扣和被保险人自负责任的特殊规定。无赔偿优待折扣系指投保人在续保汽车险时，若被保险的汽车前一年没有发生导致赔偿的事故，则续保时的保费可给予一定的优惠折扣，连续两年没有导致赔偿，优惠比例再增加，直到连续五年达到优惠比例的最高限额。被保险人自负责任与免赔额是同一道理，即要求被保险人自负一部分责任，这在一定程度上可以加强被保险人的责任心。

八、货物运输险

（一）货物运输险的概念

货物运输险是指以运输过程中的货物作为保险标的，保险人承保因自然灾害或意外事故造成损失的一种保险。货物运输保险是随着海上贸易的发展而产生和发展起来的。进入现代社会后，货物运输出现了内河、航空、陆上、邮递等多种方式，货物运输保险也因此取得了全面的发展。货物运输保险有利于企业进行经济核算和促进货物运输的安全防损工作。

（二）货物运输险的分类

1. 按运输工具划分

按运输工具可分为：①水上运输险；②陆上货运险；③航空运输险；④邮递险；⑤联运险。

2. 按适用范围划分

按适用范围可分为：①国内货物运输保险；②国际货物运输保险。

3. 按保险人承担责任划分

按保险人承担责任可分为：①基本保险；②综合保险。

（三）海上货物运输险

在国际货物运输中，目前仍以海上货物运输为主，因此，我们单独介绍海上货物运输险。

1. 海上货物运输险的基本险

（1）平安险。投保平安险时，保险人承保的责任范围主要包括：因自然灾害和意外事故所导致的货物的全部损失；因意外事故导致的部分损失；在运输工具已发生意外事故的情况下，货物在此前后遭受自然灾害所导致的部分损失；在装卸转船中因发生一件或数件货物丢失造成的全部或部分损失；共同海损引起的牺牲、分摊以及救助费用、施救费用等。

（2）水渍险。其承保范围除了平安险所包括的责任范围外，还包括被保险货物由于恶劣气候、雷电、海啸、地震、洪水等自然灾害所造成的部分损失。可见，水渍险的责任范围大于平安险。

（3）一切险。一切险是基本险别中承保责任范围最大的险别，它是在水渍险承保范围的基础上又包括了由一般外来风险所造成的全部或部分损失。

2. 海上货物运输险的附加险

除了上述三种基本险外，投保人还根据需要酌情加保一项或几项附加险。附加险承保的是除自然灾害和意外事故以外的各种外来原因所造成的损失。附加险分为一般附加险和特殊附加险。一般附加险主要有：偷窃、提货不着险、淡水雨淋险、短量险、混杂玷污险、渗漏险、受潮受热险、包装破裂险、锈损险等。特别附加险主要有：战争险、罢工险、交货不到险、进口关系险、舱面险和拒收险。

附加险本身不能作为一种单独的项目投保，只能在投保基础上，根据需要加保。由于一般附加险的责任范围已包括在一切险之内，所以，当事人只要投保一切险，就不需要加保一般附加险，但可根据需要加保特殊附加险。

3. 海上货物运输险责任的起讫

关于海上货物运输险责任的起讫，一般采用国际保险业务中惯用的"仓到仓"条款。其含义是保险货物运离保险单所载明的启运地发货人仓库或储存处所开始运输时生效，包括正当运输过程中海上、陆上、内河和驳船运输在内，直到该项货物到达保险单所载明的目的地收货人的最后仓库或储存处所，或被保险人用作分配、分派或非正常运输的其他储存处所为止。如果未抵达上述仓库或储存处所，则以保险货物在最后卸货港全部卸离海轮后满 60 天为止。如在上述 60 天内被保险货物需要转运至非保险单所载明的目的地时，则以该项货物开始转运时终止。上述"仓到仓"条款适用于除战争险之外的各种险别。而战争险采用的是保险人只负水面危险的原则，即以货物装上海轮或驳船时至卸离海轮或驳船时为止，如果不卸，则以货物到达目的地港当日午夜起 15 天有效。

（四）陆运、空运和邮包运输险

陆运、空运和邮包运输的保险险别分为两类，即陆上运输险，陆运一切险；航空运输险，航空运输一切险；邮包运输险，邮包运输一切险。前一类险别只承保运输途中因自然灾害或意外事故所造成的货物损失。后类险别，是在前一类险别的基础上加保了由于外来原因所导致的损失。

不论是办理陆运、空运还是邮包运输保险，都可以在上述任何一种险别之外加保战争险。

"仓到仓"条款同样适用于陆运险、空运险和邮包险，但其保险期限不同于海运险。陆运险为货到目的地站满 60 天终止，空运险为航空公司发出到货通知的当日午夜起算满 30 天终止，邮包险则是目的地邮局签发到货通知当日午夜起满 15 天终止。

（五）货物运输险的责任范围

1. 基本责任

货物运输保险承保的基本责任包括：火灾、爆炸、雷电、冰雹、暴风、洪水、海啸、破坏性地震、地面突然塌陷、突发性滑坡、崖崩、泥石流；因运输工具发生火灾、爆炸、碰撞造成所载被保险货物的损失，以及运输工具在危险中发生卸载对所载货物造成的损失以及支付的合理费用；在装货、卸货中转载时发生意外事故所造成的损失；利用船舶运输时，因船舶搁浅、触礁、倾覆、沉没或遇到码头坍塌所造成的损失；利用火车、汽车、大车、板车运输时，因车辆倾覆、出轨、隧道和码头坍塌或人力、畜力的失足所造成的损失；利用飞机运输时，因飞机遭受碰撞、倾覆、坠落、失踪（在 3 个月以上）、在危险中发生卸载，以及遭受恶劣天气或其他危难事故，发生抛弃行为所造成的损失；在发生上述灾害或事故时，遭受盗窃或在纷乱中造成被保险货物的损失；在发生保险责任事故时，因施救或保护被保险货物支出的直接的合理费用。

2. 除外责任

货物运输险的除外责任包括：被保险人的故意行为或过失；发货人不履行贸易合同规定的责任；保险责任开始前被保险货物早已存在的品质不良和数量短差；被保险货物的自然损耗、市价跌落和本质上的缺陷；货物发生保险责任范围内的损失，根据法律规定或有关约定由承运人或第三者负责赔偿的部分；战争、军事行动、核辐射或核污染等。

3. 附加或特约责任

附加或特约责任承保的责任分为一切险、单独附加险、综合险和特别附加险四种。一切险包括偷窃险、提货不着险、淡水雨淋险、短量险、混杂玷污险、渗漏险、碰撞破碎险、串味险、受潮受热险、钩损险、包装破裂险、锈损险等险种。

（六）货物运输险的费率

1. 基本险费率

国内货物运输险的基本险费率和附加险费率按运输工具可分为陆运、水运和空运三种。陆运包括火车、汽车和驿运三种；水运包括沿海、内河的轮船、机动船和非机动船等几种；空运按货物分为一般货物、一般易损货物、易损货物和特别易损货物四类。危险品根据危险程度提高费率，集装箱运输的货物减少费率。按运输方式分，可分为直达运输和联合运输两种，联合运输的基本险费率应按联合运输中收费最高的一种运输工具来确定，并另加保费。对一些特约承保的附加险需要另按附加险费率增加保费。凡承保综合险的，其有关附加险费率均包括在综合险费率内。

2. 附加险费率

附加险费率是在平安险、水渍险或基本险的基础上加保附加险后计算所增收的保险费率。一切险费率包括基本险和多个附加险在内，除费率另有规定外，加保多种附加险中的一种附加险，一般按照一切险费率计收。同一险别对亚、欧、美、大洋等不同洲、不同国家和不同港口的费率都有所不同。

（七）货物运输险的保险金额

货物运输险的保险金额的确定分为国内和涉外两种情况。国内货物运输险的保险金额的确定采用定值保险的方法，保险金额可由被保险人和保险人双方具体协商确定。一般按以下标准确定保额：起运地发货票价；目的地成本价；目的地市价。涉外货物运输保险金额一般按货价确定。在国际贸易中，货价是由货物本身的成本、运费和保险费三个部分构成的。运输和保险是由买方还是卖方办理可根据不同的价格条件来决定。较为普遍的价格条件有三种：离岸价格、成本加运输价格和到岸价格。根据国际贸易术语解释规则，对到岸价格卖方在保险方面的责任和费用的规定是：由卖方向信誉可靠的保险人投保海洋运输险，险别为平安险，要取得可转让的保险单，保险金额按到岸价格加 10%，除非经买卖双方约定，到岸价格不包括特定行业和买方个别需要的特种保险；对偷窃、渗漏、破碎、碰损和与其他货物相接触所导致的损失，应由买卖双方考虑并约定是否需要加保；买方如果要求投保战争险，卖方应该代办，费用由买方负担；如果可能，保险单的保险金额币种应采用售货合同的货币。

（八）货物运输险的期限

货物运输险的期限有其航程性，责任起讫以约定的运输途程为准，即以被保险货物离开起运地点的仓库或储存处所开始，直到到达目的地收货人的仓库或储存处所时终止，一般没有固定的时间约束。

（九）FIDIC2017 年版关于货物运输险的要求

要求承包商以业主和承包商的名义按照合同数据表中规定的金额或者全部重置价值对运抵现场的货物及其他物品投保，保险期限自货物运抵现场直至其不再为工程所需。

为承包商施工设备购买保险有两种途径：一是在工程一切险项下扩展；二是单独为承包商施工设备购买财产险。无论是哪一种途径，保险公司都不负责赔偿施工设备由于内在的机械及电气故障引起的损失，以及领有公共运输行驶执照的车船及飞机的损失。

九、十年责任险

十年责任险是指建筑师或承包商对其设计或承建的建筑物，自最后验收之日起十年内，因建筑缺陷或隐患而造成的损失，由保险公司承担赔偿责任的保险。

有些国家强制要求承包商在工程竣工验收前，为其承包工程的主体部分投保十年责任险。建筑工程造价高、使用期长，工程中遗留的许多缺陷或隐患不一定都能在保修期内暴露，保修期后一旦对工程造成损坏，承包商可能根本无力赔偿，工程保险的保险期限也已经终止。所以十年责任险是保障业主利益的，业主是被保险人。

十年责任险的责任范围并非始终不变。工程正式验收前，十年责任险仅仅保证对因主体工程全部或部分倒塌所造成的损失负赔偿责任，这阶段的十年责任险不含场地清理费。工程最后验收后，十年责任险承担对因本保险范围内工程本身的物质和非物质损失负赔偿责任，而且灾后清理所必需的费用亦在赔偿之列。

十年责任险的保险标的是楼房工程或硬材料建筑物的主体工程部分，如地基、骨架、承重墙、挡土墙、楼板、平台、楼梯、屋顶、隔墙等。这种保险所承保的危险与损害主要是建筑物或第三者遭受的财产损失和人身伤亡。十年责任险的被保险人是业主及第三者（包括工程的使用人）。十年责任险的保险费率系根据主体的总额而确定的一定百分比，这个费率根据国家的有关法律制定，不能更改。十年责任险的保险费必须在工程最后验收前一次付清。

十年责任险的除外责任一般有：①被保险人或雇员的蓄意破坏、发生偷窃或诈骗行为；②直接或间接的火灾或爆炸所造成的损失，除非该火灾或爆炸系由本保险范围内的事故所引发；③采矿引起的地层震动；④自然灾害如地震、洪灾、暴雨和飓风；⑤内外战争所造成的损失；⑥原子核裂变直接或间接的后果；⑦属于承包商的维修义务；⑧验收时明文指出的保留部分。

十年责任险的保险金额计算办法如下：临时验收时，按投保人申报的实施工程估算价，根据要求费率计算，另加特别要求的费用；最后验收时，根据工程的最后结算价调整，任何导致保险费额变化的追加工程费或工程费变化均应如实申报，否则保险人有权拒付赔偿；罚款及与此有关的民事诉讼费不得计入保险金额，但正常的民事诉讼费应计入保额。

十、其他险别

（一）预期利润损失险

1. 预期利润损失险的概念

在我国预期利润损失险开展得还比较少，国际上预期利润损失险与建筑工程一切险相辅相成，这个条款保障业主。由于工期延误导致的经济损失。它只保障由于建筑工程一切险所承保的损失的延误，因此建筑工程一切险的责任范围越广泛，则预期利润损失险的责任范围也越广泛。

保险公司要求建筑工程一切险和预期利润损失险同时生效。因为在物质损失后保险公司如果可以控制工程的恢复情况，也就能控制预期利润的损失程度。例如，保险公司可以在经济上进行分析比较后，决定花费额外的费用对损失进行紧急修复，以缩短延误的工期。

2. 预期利润损失险的赔偿期限

预期利润损失险的赔偿期限的开始日为：如果不发生损失，开始日为投保工程应该开始营业之日；一旦发生损失导致工期拖延，未能如期开始营业，开始日为被保险人提供确切证明有效的起期日，如原定的工期计划等。一般来说，引致预期利润损失的风险往往已经先引发了物质损失，所以保险公司在处理物质损失赔偿时，就已经掌握了预期利润损失保险的证据。保险公司在赔偿期限内，只要营业活动未遭受影响，保险公司就应该负责赔偿。

预期利润损失险只承保保险责任范围内导致的延误，在大型、复杂的工程中，保险公司应该派专人监督工程的实施过程。

3. 预期利润损失险的保险金额

预期利润损失险的定义与传统的间接利益损失险类似。但间接利益损失险的保险金额，通常可以查询被保险人以往经营的财务账目，根据以往一段时间内经营状况计算保险金额。但预期利润损失险的保险金额，只能建立在假设或推定的基础上。每个工程在投保之前都要做详细的测算，特别是贷款人介入的工程。对于营业开始时的毛利润和年产量等都要有详细的日程和计划。实际的保险金额以预期的毛利润或者成本为基础。

这个条款还可以保障施工成本的增加，这是因为有时为了避免预期利润的损失而必须支付额外的施工成本。但额外的施工成本的增加额不能超过其可以避免的预期利润损失额。

（二）社会福利险

有的国家对本国籍雇员和工人要求强制性社会福利保险，而且指定在该国劳工部门主办的国有专业保险公司投保。

对社会福利保险，虽然各国有不尽相同的规定，但大致包括被保险人享受伤残、失业、退休、死亡的社会福利和救济待遇。这种保险对于雇用的外籍人员显然不合理，因为他们并不属于工程所在国定居的长期居民。有的国家对此有强制性的法律规定，承包商不得不遵守其规定。外国承包商可以要求在外籍雇员离开这个国家时由保险公司退还一部分社会福利保险金，至于退还的比例，则需根据这个国家的具体规定。也有的国家对签有避免双重税收协定的国家，而且该协定中明确包括社会福利税在内的外籍人员，在出示在其本国已交纳社会福利税或已进行相应保险的证明后，可以免除再进行社会福利保险（如美国）。

（三）财产险

财产险系指承包商为属于自己所有或为自己享有可保利益的财产购买的保险。这种保险是在传统的火险基础上产生的一种适用范围较广险种。财产保险通常以自然灾害和意外事故（如水管爆裂和飞机坠落等）为保险责任范围，财产保险承保的是保险财产的物质损失，保险公司按保险财产损失当时的市价对被保险人进行经济补偿。国际工程承包商驻现场机构所拥有的或租赁的设施、设备、材料、商品及个人物品、行李等，只要未曾列入建筑工程一切险保险标的的，都可以列入财产险保险标的，投保财产险。

财产险保险金额的计算办法如下：

（1）固定资产。可按重置价值投保，按账面价值计算。可根据货物CID价加到岸后的运费、境内运输保险费、关税及安装费等总值投保，但计算保险金额时有两种方法：一是仅按 CIF 价投保，不考虑其他费用，按这种办法，理赔时要扣除与保险无关的其他费用。二是根据国际行情涨落趋势，投保时要求把涨价因素考虑在内。通常做法是根据历年的增值比例，计算出一个合理的增长幅度，加价投保。理赔时，如果涨价，在保额限度内给予赔付，但如果落价，则按市价赔付。

（2）流动资产。按每月平均数结算，即年初按运算末的月平均账面金额投保，并计收保费，年底按当年的实际流动金额结算，多退少补。习惯上，当年的实际流动资金数可按每季的平均数，而每季的平均数则由 3 个月末的平均数得出。

（3）加工装配业务的财产保额外负担可按原料加加工费计算出总价投保，亦可按分项投保加成办法，即分别计算原料费和加工费各自的保额，然后汇总。理赔时亦照此办理。

（4）二手设备的投保额原则上按重置价值计算，但要视具体情况酌定。财产保险的保险期限可由保险双方自行商定，国际上并无统一标准做法。保单起讫日期通常为下午 4 点或中午 12 点，因为白天易于辨明事故赔偿责任。

（四）责任险

责任险包括一般责任险、总括责任险、职业责任险、汽车责任险和工人伤病赔偿险。职业责任险系指对从事各种职业的人士（如医生、律师、建筑师等）在职业活动中可能碰到追究其职业责任的风险给予保障的险种；汽车责任险已在机动车辆险中介绍；工人伤病赔偿险在国外属于社会保险的内容。这里仅就一般责任险、总括责任险和与建设工程有关的其他责任险作简要介绍。

就建筑工程而言，一般责任险主要包括：业主责任险和承包商责任险。

承保因被保险房产的所有权、维持和使用而产生的责任，并承保该房产因用于经营活动而产生的责任的保险称为业主责任险。这种保险排除由完工和产品责任险承保的各种损失以及因结构改造造成的损失。

业主责任险对每次事故中的人身伤害和财产损失都规定有单独的赔偿限额。

承包商责任险中的承包商在工程承包活动中具有双重身份，即对于业主，承包商是卖方，他应对由其实施的工程或其制造的产品承担质量和工期责任；对于工人，承包商是雇主，他应为雇员的安全、健康承担责任。因此，承包商既要购买完工和产品责任险，还必须投保雇主责任险。

完工各产品责任险系对因工程完工和产品制造而产生的责任的保险，由于承包商实施工程时必须投保建筑工程一切险或安装工程一切险，因此，这种保险责任发生在营业场所之外，例如，由某一代理人看管或在看护期间发生的损失或损毁，只在这种情况下，完工和产品责任险方能生效。

在国际工程承包范围内，雇主责任险属于社会保险的内容，指的是雇主为其雇员办理保险，保障雇员在受雇期间，因工作而遭受意外导致受伤、死亡或患有与业务有关的职业性疾病的情况下，获取医疗费、工伤休假期间的工资，并负责支付必要的诉讼费等。

总括责任保险通常有两种类型：一是就被保险人的所有传统责任保险单的超过部分提供保险；二是承保被保险人的其他责任，主要保险不予承保的合同责任，但对某一较大的损失数额规定有最低的自负额。

总括责任险可以承保的责任主要有：主要保险不予承保的合同责任，如非自有飞机的责任、广告业务中侵犯私生活的责任等。

总括责任险的最大责任限额一般是每次事件至少100万美元，最高可达250万美元。要取得总括责任保险必须首先购买基本责任险，即综合一般责任险。

与工程承包业密切相关的责任保险还有以下四种：①信用保险，承保被保险人的企业在应收款上的非常损失。信用保险适用的情况：账簿未被损坏，但债务人因经营管理不善而不能按期归还欠款，致使债权人蒙受的损失。②出口信贷保险，承保出口商的信用风险（如买方无力偿付）和政治风险（如外币不能自由兑换为流通外汇，进出口许可证被吊销或受限制等）。③有价证券保险，指对有价证券和有价记录（如计划、图纸、邮寄的单据和财务账簿）提供一切风险保障的保险。这种保险承保研究费用以及因恢复这些被盗窃、损坏或毁坏的有价证券和有价记录发生的其他费用。④权利保险，承担被保险人在因其对不动产的权利被证明是有缺陷时而可能发生的任何损失。权利保险人在他们的办公室和其他地方收集各种记录，保障被保险人避免他们未发现的已有缺陷。

（五）政治保险

由于政治风险所造成的损失常常是致命的，因此许多国家的保险公司纷纷开辟了政治风险的保险业务。鉴于政治事件的不确定性很大，很难根据历史上同类事件的发生概率判断出其发生的可能性，也不易预测其损失的严重性，更不能通过被保险人采取某种预防措施以控制或使损失最小化，因此很难为政治风险保险规定出保险额和保险费率。政治风险保险的保额和具体费率通常是具体商定。还应当指出，政治风险通常不是以单一险种投保，而是以加保形式办理，另行加费。政治保险中最主要的是战争险和罢工险。

战争险主要承保由于战争、敌对行为、武装冲突以及因此引起的拘留、捕获、禁止或扣押所造成的损失。此外，对常规武器包括水雷、鱼雷、炸弹所造成的损失，以及因战争险责任范围内的事故所引起的共同海损牺牲、分摊和补助费用也予以负责。但对于使用原子或热核制造的武器所造成的损失规定为除外责任。

罢工险是对由罢工者、被迫停工工人或者工潮、暴动、民众斗争的人员的行动，或者任何人在罢工期间的故意行为所造成的损失和上述行动或行为所引起的共同海损、救助费用负赔偿责任。

（六）汇率保险

汇率保险是近十年来新兴的一种保险。由于国际间交易所使用的货币汇率浮动不定，如果签订合同时没有规定汇率保值条款，而随市场浮动，则承包商常常难免因付款货币对其他流通货币贬值而蒙受损失。虽然通过期货交易可起到一定的保值作用，但承包商更愿意通过保险转移汇率保险。因为，这种方法既经济实惠，又易于操作。

汇率保险不是以工程合同工期为起始和终止日，而是就具体汇率保险合同而定，其保险期限通常为两年。汇率损失理赔时，被保险金的损失自负额通常为 2% ~ 3% 。鉴于这种保险目前仅在少数发达国家实行，国际上尚无统一标准，因此有关保额、保险费率及除外责任都是由保险双方具体商定。

第三节　保险公司的选择

国际上保险公司众多，良莠不齐，必须正确选择保险公司投保。投保人可以通过保险顾问向保险公司询价、招标，也可以直接向保险公司询价、招标，对投保人来说选择保险公司是购买保险的一个重要环节。因为投保人在缴纳了保费以后，整个保险期限内都与保险公司有着密切的关系，可以说保险公司的信誉和赔偿能力对被保险人来说是至关重要的。

一、保险公司的组织形式

由于保险人所经营的业务涉及面广，技术复杂，对人们的生活和国民经济的影响重大，所以许多国家对保险业的监督都非常严格。对保险公司的形式、经营活动、财务活动和公司的解散都有具体详细的规定。目前，世界上保险人的组织形式有很多种，如国有独资保险公司、保险股份有限公司、相互保险公司、相互保险社、劳合社等。我国在过去的几十年中，只有国有保险公司，随着境外保险公司的陆续进入，在我国经营的保险公司的组织形式也必将变得多样化起来。

（一）国有独资保险公司

国有独资保险公司是指经国家保险监管机关批准设立、经营保险业务的国有独资公司。国有独资保险公司的法律特征主要是：

（1）国家是国有独资保险公司的唯一股东，代表国家投资的股东可以是国家授权的机构，也可以是国家授权的部门。

（2）国家仅以出资额为限对公司承担有限责任。如果公司的资产不足以清偿公司债务，则国家对公司的债务不负连带清偿责任。

（3）代表国家出资的机构或部门必须获得国家授权。任何机构或部门未经国家授权，不得代表国家向保险公司投资。经国家授权的机构或部门代表国家对保险公司行使股东权力，即"谁投资，谁持有股权"。

（4）国有独资保险公司不设股东会。由于其股东具有单一性的特点，不具备设立股东会的条件，所以只设置董事会、监事会等。董事会成员由国家授权投资的机构或部门委派、更换。另外，还有职工选举的代表参加董事会。董事会是公司的常设权力及执行机构，依法行使股东会的权力和董事会的权力。董事会设董事长1人，董事长为公司法定代表人。

（5）国有独资保险公司的章程，由国家授权投资的机构或部门制定，或者由公司董事会拟定，由国家授权投资的机构或部门批准，并报经国家保险监督管理委员会核准后生效。国有独资保险公司的董事长为公司法人代表，总经理在公司章程范围内，按照董事会的决议，负责日常经营管理活动。总经理经国家授权投资的机构或部门同意，可由董事会成员兼任。

（6）国有独资保险公司设监事会作为公司的监督机构。监事会由金融监督管理部门中的专家和保险公司工作人员的代表组成，对国家保险公司的各项准备金、最低偿付能力和国有资产保值等情况，以及高级管理人员违反法律、行政法规或者公司章程的行为和损害公司利益的行为进行监督。

（二）保险股份有限公司

保险股份有限公司是指由国家保险监管机关批准设立，经营保险业务的股份有限公司。保险股份有限公司的法律特征主要是：

（1）发起人应当达到法定人数。

（2）公司全部资本分为等额股份。保险股份有限公司的全部资本必须划分为相等份额的股份，并以每股作为公司资本的基本单位。

（3）股东对公司负有限责任。股东不论大小，均以其认购的股份对公司承担有限责任；公司资产不足清偿债务的，股东对公司债务不负连带责任。

（4）公司的账目应当公开。在每个财政年度终了时公布公司的年度报告，以供股东、债权人及有关机构和人员查询。

（5）公司的所有权与经营权分离。公司的最高权力机构是股东大会，股东大会委托董事会负责处理公司重大经营管理事宜。

保险股份有限公司的股东仅以其认购的股份承担有限责任，并且在公司股票获准上市交易后，其资产又能保持较高的流动性。因此，采用这种组织形式在筹资方面具有巨大的优越性。从国际保险发展趋势看，股份有限公司是保险公司最主要的组织形式。

（三）相互保险组织

相互保险组织是一种非营利性的保险组织，它的成员既是保险人又是被保险人。每一个成员在参加相互保险组织时，要以会费形式预先交纳一定数量的保险经费，形成责任准备金，用以支付赔款及管理费用。虽然这种保险组织形态较为原始，但目前在欧美国家依然存在，且相当普遍。相互保险组织有两种方式：相互保险社和相互保险公司。

相互保险社是一种传统的保险组织，于 1881 年产生于美国。通常由一具有法人资格的代理人代为经营，负责处理有关保险的一切事务。相互保险社成员以保费形式承担责任，同时也以保费形式分享经营成果。目前，欧洲的船东互保协会是相互保险社的典型。其中伦敦保赔协会、利物浦保赔协会等实力雄厚，已组成了国际分保集团。美国加州洛杉矶农民相互保险社和联合服务汽车保险协会的规模甚大，联合服务汽车保险协会是世界上最大的汽车保险人之一。

相互保险公司是由相互保险社演变而来。与相互保险社不同的是，相互保险公司是法人组织，且参加人员不受行业限制；而相互保险社为非法人组织，会员为同一行业的人员。相互保险公司与股份保险公司也不尽相同。相互保险公司的投保人具有双重身份，既是公司的所有人，又是保单持有人；而股份保险公司的股东并不一定是公司的保单持有人。但是，随着相互保险公司的组织机构逐步走上所有权与经营权分离的模式，股份保险公司也先后引进了分红保单，因此，二者之间的差异已不甚明显。尤其在保单持有人与股份保险公司中股东的地位已极为相似。比如，投保人有权选举董事会；当公司盈利时，投保人可分得红利，或以其盈余用做积累，以增强公司财力；当公司亏损时，保单持有者或以分摊保费的形式，或以盈余积累资金的形式予以弥补。

相互保险公司比较适合人寿保险公司，因为寿险期限一般较长，会员间的相互关系能够长期维系。目前，世界上较大的人寿保险公司中有许多是相互保险公司。

（四）保险合作社

保险合作社属非营利的保险组织，它与相互保险社组织类似，但又存在许多差异。其主要区别如下：

（1）成员身份不同。保险合作社的成员只能是自然人，而相互保险社的成员可以是自然人，也可为法人。

（2）成员与社团的关系不同。保险合作社的成员作为出资股东，可以不与保险合作社建立保险关系，但保险关系的建立必须以成为保险合作社成员为条件。保险关系消灭也不影响成员身份。相互保险社的成员既是出资者，又是被保险人、投保人，一旦保险关系解除，成员身份也随之丧失。

（3）保险业务范围不同。保险合作社的业务范围仅局限于其组成成员，而相互保险社可以将保险社以外的其他人作为被保险人。

（4）资金来源方式不同。保险合作社的保费收取采用固定制，不足补偿时不予追加，而在营运准备金中扣除。相互保险社则有摊收保费、预收保费、永久保险制等几种形式。

（五）自保组织

自保组织始创于 20 世纪 50 年代，一般都是有限责任公司，是大企业集团为保障其财产在遭受意外风险时，能得到及时补偿而设立的保险组织。目前美国已有 1 000 多家自保组织，大多数设在百慕大。其主要原因是那里的自由港有着有利的经营环境，资本要求和税收均比较低。自保组织的主要优点是：

（1）自保组织将以更经济的办法，为企业提供各种保险业服务；

（2）有利于企业加强风险管理；

（3）比较容易获得再保险保障，再保险公司通常只与保险公司做交易，而不与被保险人打交道；

（4）调节企业积累资金，自保组织除了向母公司及附属企业提供保险外，也向其他单位提供保险服务，借以积累资金；

（5）减轻税赋，增加利润收入，企业向自保组织交付的保险费可从公司税赋中扣除。

目前，世界各国的大企业集团特别是跨国公司及一些特殊行业的公司，为了节约保费，降低成本，一般都设有自保组织。自保组织业务范围较为单一，旨在防灾防损，与商业保险公司有着显著的区别。

（六）个人保险组织

个人保险组织形式，最早存在于英国。伦敦的劳合社是世界上最大的个人保险组织。劳合社不是保险公司，本身并不承保业务，而是一个保险社团组织，只向其成员提供保险交易场所和各种服务。劳合社实际上是作为保险市场，从事水险、非水险、航空险和汽车险业务，以上各种保险均由其承保社员以个人名义承保，并由其经纪人进行斡旋成交。

（七）中国境内的外国保险公司

1. 中国境内的外国保险公司分公司

中国境内的外国保险公司分公司是指外国保险公司依照《保险法》和行政法规的规定，经国家保险监管机关批准，在中国境内设立的从事保险经营活动的分公司。

外国保险公司是相对于本国保险公司而言的。怎样区分外国保险公司与本国保险公司，各国标准不一。主要有以下几种标准：第一种是采用准地域主义，即根据保险公司设立所依据法律的所属国及登记注册地来确定公司国籍；第二种是采取股东国籍主义，即根据保险合同、股东的国籍确定公司国籍；第三种是采取设立行为地国籍主义，即根据保险公司设立行为所在国的国籍确定公司国籍；第四种是采取住所国籍主义，即以公司住所所在地国为公司国籍。我国采用第一种标准。因此，我国所说的外国保险公司就是指依照我国法律设立的保险公司。

我们所说的外国保险公司分公司，指外国保险公司依照我国保险法规在我国境内设立的分公司。我国公司法规定，外国公司属于外国法人，其在中国境内设立的分支机构不具有中国法人资格。外国公司对其分支机构在中国境内进行的经营活动承担民事责任。这一规定明确了外国保险公司分公司在我国的法律地位是：

（1）外国保险公司在我国的分公司不是中国企业法人，不具有独立的法人资格，只是外国保险公司的分公司。它在我国只能以其总公司，即外国保险公司的名义开展业务，不能以自己的名义开办业务。它没有独立的财产，没有自己的章程，也不能独立地承担民事责任。

（2）外国保险公司的分公司不是中国的经济组织。

（3）外国保险公司的分公司必须按照我国保险法规的规定来设立，未经批准，不得在我国设立分公司。由于保险公司义务履行的滞后性，大部分国家为保护本国被保险人的合法权益，要求外国保险公司分公司在所在国境内的资产价值不低于其负债金额。

（4）经批准成立的外国保险公司的分公司，在中国境内从事业务活动必须遵守中国的法律，依法纳税，不得损害中国的社会公共利益，接受中国有关部门监管。同时，外国保险公司分公司，在其登记的经营范围内享有充分的经营自主权，其合法权益受中国法律保护。

2. 中国境内的中外合资保险公司

中国境内的中外合资保险公司是指中国合营者与外国合营者依照中华人民共和国法律的规定，在中国境内共同投资，经保险监管部门批准设立的保险公司。

中外合资保险公司是中国企业法人，其组织形式为有限责任公司。其法律特征主要是：①在公司注册资本中，外国合营者的投资比例一般不低于 25%；②合营各方按注册资本比例分享利润和分担风险与亏损；③合营各方的注册资本如果转让必须经合营各方同意；④公司以全部资产对其债务承担有限责任。

公司权力机构为公司董事会。董事会人数由合营各方协商，在合同、章程中确定，由合营各方委派和撤换。董事长和副董事长由合营各方协商确定或由董事会选举产生。董事会根据平等互利的原则，决定公司的重大问题。公司的正副总经理由合营各方分别担任，负责公司的经营管理活动。公司职工的雇用、解雇，依法由合营各方的协议、合同规定。

公司的一切活动应遵守中华人民共和国法律、法令和有关条例的规定，依法纳税，并接受有关部门的管理，国家依法保护外国合营者按照中国政府批准的协议、合同、章程、在公司的投资、应分得的利润和其他合法权益。国家对公司不实行国有化和征收。在特殊情况下，根据社会公共利益的需要，对公司可以依照法律程序实行征收，并给予相应的补偿。

（八）股份保险公司与相互保险组织的对比

股份保险公司和相互保险组织各有所长，它们之间的不同点主要体现在以下几方面：

（1）从企业主体来看，股份有限公司由股东组成，而相互保险组织由社员组成。股份保险公司的股东，并不只限于投保人，而相互保险组织的社员必定是投保人，社员与投保人同为一人。

（2）从企业经营的目的来看，保险公司是为了追逐利润，而相互保险组织则是为了向投保人提供较低保费。

（3）从权力机构来看，股份保险公司的权力机构是股东大会，相互保险组织则是社员代表大会。股份保险公司的董事与监事一般仅限于股东，而相互保险组织的理事并不以社员为限。

（4）从经营资金来看，股份保险公司的资金来源是股东所缴纳的股本，而相互保险组织的资金来源则是基金，基金的出资人并不限于社员，公司可以在创立时向社员以外的人借入，然后进行偿还。

（5）从保费的缴纳来看，股份保险公司大多采用定额保费制，换句话说，股份保险公司的经营责任是由股东来负担的。因此当由投保人所缴纳的保费有剩余时，通常被计入盈利；反之，若保费不足时，应由股东设法弥补，投保人没有追缴的义务。相互保险组织则大多采用不定额保费制。如果所收的保费有剩余，可以予以返还；如果入不敷出，就向社员征收，社员负有追缴保费的义务。

（6）从所有者与经营者的关系来看，股份保险公司中所有者对经营者的控制程序相对较高。因为在股份制的场合，所有者可能以通过"用手投票"的内部管理机制和"用脚投票"的市场机制来约束经营者。相互保险组织的所有者对经营者的控制就比较弱，缺乏较为完善的市场机制。由于这个差别，产生了下述代理成本的不同。

（7）从代理成本来看，以往的统计分析资料表明，股份保险公司的代理成本比较低，相互保险组织的代理成本比较高。

（8）从对风险的防范来看，股份保险公司由于股东的分散和股东与投保人在很多场合下的分离，股东与投保人的利益是不一样的。股东追求的是较高的投资回报，投保人追求的是较低的保费。由于这一冲突，投保人之间的利害关系较弱，欺诈行为相对来说易于发生。而相互保险组织的投保人就是所有人，利益冲突较小，投保人之间有相对较强的利害关系。因此，在很大程度上可以避免和防止投保人或被保险人的欺诈行为。

（9）从公司的业务发展来看，股份保险公司相对来说易于扩大经营规模，而相互保险组织除非动用盈余和借贷，否则很难做到这一点。

二、投保前的调查与评价

为了正确选择保险公司，投保人投保前必须做好调查与评价工作。

（一）保险公司财务状况的调查与评价

当投保人购买了保险以后，他实际上是从保险人那里购买了一个在将来某一个时期才能兑现的承诺。那么，保险人将来是否履行他的承诺呢？很显然，对于投保人来说，保险人的经济实力和经营的稳定性是至关重要的。保险人的经济实力和经营的稳定性主要可以通过保险人的财务状况反映出来。在西方国家，有许多专门的保险评估机构每年对保险公司做出综合评价，投保人可以根据评估报告做出购买选择。评估保险人的财务状况有两个重要指标，即偿付能力指标和流动比率指标。

（1）偿付能力指标。公司的资产超过其负债时，公司就具有偿付能力。常用的一个偿付能力指标是净资产比率，其公式为：

$$净资产比率 = \frac{净资产}{资产总额}$$

在使用净资产比率来观察公司的经营状况时，必须注意两个问题。首先，只有将净资产和净资产比率这两个指标放在一起来衡量，才能比较真实地反映一家公司真正的偿付能力。两家公司即使净资产比率相同，但其资产总额可能不同，经营状况相差很远。其次，使用净资产比率指标必须特别慎重。因为该指标很容易被人为地操纵。假定有两家保险公司面临相似的理赔案件和赔偿数额，但其中一家公司故意低估其价值，提留的准备金就低于另一家公司。这种情况下，前者的净资产无疑要高出后者。

（2）流动比率指标。流动比率指标又称营运资金比率指标，它是衡量保险人短期偿债能力，包括赔款能力的最通用的一项指标。流动比率的大小是由流动资产和流动负债的对比来表示的。从长期来看，一个保险公司可能具有偿付能力，但短期偿债能力很弱。如果是这样的情况，投保人也要格外小心才是。

（3）重视承保范围和能力的分析。几乎所有国家为了保障被保险人的利益，对保险公司承保范围和能力是有限制的。应当根据工程的规模大小选择与其承保能力相适应的保险公司。特别是大型项目，一旦发生事故损失而向保险公司索赔，其金额往往是很大的。如果这家公司的注册资本和付讫资本很小，就可能无力支付赔款，有的甚至宣布破产以逃避自己的责任。因此，应当审查保险公司的资金支付能力。可以要求保险公司出示其营业证书，核对其最大保险金额的限额；并要求提供该保险公司近几年承保工程的名称和金额情况，进行适当调查。国外有许多"保险公司"只不过是买空卖空的经纪人而已，他们承保一项工程后，往往全部通过再保险。对于大型项目是可以允许几家保险公司联合承保的，但是应当以一家大的保险公司为首来进行组织和牵头，这才能使保险获得牢靠保障。

（二）保险公司社会信誉的调查与评价

为了正确选择保险公司，投保人投保前应当认真调查和评价保险公司的社会信誉。

（1）承保能力。承保能力是指保险人扩展新业务的能力。保险人可以借用再保险等有效措施扩展新业务。但是，由于各个保险公司的规模、财力、业务范围的不同，它们所能得到的再保险也是不同的。投保人最好能够了解保险公司的自留额有多大，与这家保险公司有业务联系的再保险公司是哪一家，保险评估公司对这一家再保险公司的评估结果怎样。

（2）售后服务。保险是这样一种特殊的产业，它的产品质量有赖于财务状况、价格、合同条款、理赔实践、注销合同、承保能力和售后服务等诸多因素。其中最重要的两个因素就是财务状况和售后服务。在售后服务这个项目中，保险顾问的建议、保险公司的理赔，对被保险人来说又是最重要的服务。

（3）理赔实践。理赔实践是投保人需要了解保险人的又一个重要方面。在国外，投保人非常重视保险公司的理赔实践，在购买保险之前，他们通常从以下几个渠道获取有关保险公司理赔实践的信息。首先，向保险公司的管理部门咨询该公司受客户投诉的情况，但要注意，虽然客户的投诉不都是合情合理的，但是如果你所考虑的这一家保险公司在一段时间内所受投诉次数高于同期其他保险公司的平均数的话，你最好还是避免选择这一家保险公司。其次，从相关的报纸杂志上收集有关各个保险公司理赔实践的报道。再次，从保险顾问那里获取保险公司以往的理赔情况。最后，从朋友那里打听，他们的保险公司是如何对待他们的。

（4）防止受骗。有的保险公司可能提供给承包商一份营业执照，但其执照可能是过期的。有些国家为了客户的安全，规定每家保险公司的执照是按年发给，甚至有按季度发给的。如果这家保险公司在一年或一季度内承保的金额过大，或者发生过一两次严重的赔偿违约事件，有可能中止其保险业务。关于信誉的调查，除了在其同行业中调查了解外，最好是找该保险公司注册国家的保险署调查。我国某公司承包一项私人住房工程，经人介绍由一家主要从事农业火灾保险公司承保该私人业主的付款履约保证。后经调查，这家保险公司根本没有信誉和足够的支付能力。该项工程果然出了问题。该保险公司一再拖延抵赖不履行其赔偿责任。幸好我公司及时终止了合同，工程本身金额不大，损失轻微。

（三）保险合同的调查与评价

（1）价格。在购买保险产品时，价格不是唯一的决定因素，但至少是主要的因素。假定其他条件都是相同的，人们一般是不会从价格高的保险公司来购买保险的。但保险产品价格的比较可以说是一个很复杂的问题，它应当注意三个问题：产品本身要具有可比性；联系保险合同中的除外责任条款来进行价格的比较；考虑非价格因素，特别是公司的财务状况和服务质量。

（2）保障范围。虽然保险合同的基本原则是相同的，格式保单的内容相差不多，但如果投保人不要求，保险公司是不会主动扩展保险责任范围的。所以，投保人有必要提前聘请保险顾问，由其协助设计保险方案，然后与保险公司协商确认。

（3）注销合同。注销合同是指保险人或被保险人（但通常都是被保险人）依据合同的条款或双方的协议终止有效期内的合同。在购买保险之前，投保人应当了解，这家保险公司是否有注销条款，条款是怎样规定的，保险公司是否经常在被保险人发生第一次保险事故后，就注销合同或拒绝续保。根据国内外的保险实践，大部分保险公司都不会这样，但投保人也不能不提防某些保险公司这样做。投保人可以从保险管理机构、保险顾问、朋友等各种渠道获取这些信息。

（四）中国涉外工程投保的选择

应当优先考虑将国外承包的工程和国内的外资贷款工程的各类保险向中国人民保险公司投保。有些工程业主所在国家没有限制性规定，应争取在国内投保；对方限制十分严格的，可争取该国保险公司与中国人民保险公司联合承保，或由中国人民保险公司进行分保；还有一种是以所在国家的一家保险公司名义承保，而实际全部由中国人民保险公司承保，当地保险公司充当中国人民保险公司的前方代理，仅收取一定的佣金。

由中国人民保险公司承保，不仅可以使外汇保险金不至于外流，而且便于处理事故赔偿等问题，保险费率也可有一定优惠。特别是由中国人民保险公司与当地保险公司联合承保时，中国人民保险公司更可以承担赔偿责任，避免外国保险公司推卸责任。

三、聘请保险顾问

（一）保险顾问的概念

保险顾问又称保险经纪人。保险经纪人和保险代理人、保险公证人一起统称为保险中介人。与承包商投标报价活动关系最为密切的是保险经纪人。

1. 保险经纪人

保险经纪人是基于被保险人的利益，为投保人与保险人签订保险合同提供中介服务，并向保险人收取佣金的人。保险经纪人也被称作保险顾问，保险经纪人从保险人（保险公司）来看是中介人，从被保险人（客户）来看是保险顾问。本书认为保险经纪人与保险顾问之间存在差别，保险经纪人向保险人（保险公司）收费，而保险顾问则从投保人（客户）那里得到报酬。本书是从承包商企业的角度研究投标报价的，所以称其为保险顾问。

保险顾问既可以是个人，也可以是公司。保险顾问的基本职责是为投保人寻找保险人，协商或起草保险条件。除非投保人有特别授权，保险顾问并不代表投保人订立保险合同。保险顾问在进行保险合同洽谈时，必须运用其知识和技术，以最优惠的条件为投保人取得最充分的保险保障，维护他们的利益。国际上很多国家都规定，保险经纪人必须投保高额的职业责任险，一旦由于保险经纪人的过失，在服务中造成客户的损失，由其职业责任险赔偿。我国尚无详细规定，目前从业的保险顾问大多没有取得营业许可，也没有购买职业责任险。

保险顾问主要从事非寿险业务，寿险业务一般由代理人或寿险推销员开拓市场。由于我国工程保险开展得并不普遍，所以国内的承包商企业大多缺乏保险知识，和保险公司在保险条件和价格上讨价还价的能力相对较弱，所以应该聘请信誉良好的保险顾问，无保险业务时请其在企业内普及保险知识，有保险业务时委托其设计保险方案并与保险公司交涉。

2. 保险代理人

保险代理人是指接受保险人的委托，根据代理合同规定从事代办保险经营活动的人。其主要内容是开展保险展业宣传，接受保险业务，出立暂保单或保险单，代收保险费，代理保险人查勘出险案件，代理理赔等。保险代理人代表保险公司的利益。

3. 保证公证人

保险公证人是指根据委托，为保险人或被保险人办理有关保险标的的查勘、鉴定、估价或定损、理算等事情，并向委托人收取佣金的人。损失发生后被保险人通常更希望与独立的中间人交涉索赔问题，而不希望与保险公司直接交涉。最初保险公证人是为保险人服务的，但如果保险公司不委托保险公证人，或保险公司虽然委托了保险公证人，但被保险人对保险公司委托的保险公证人持不信任态度，被保险人自行委托保险公证人作为索赔代理的现象也很普遍。保险公证人也称保险公估人或保险理算师。

（二）保险顾问的作用

1. 保险顾问是保险市场成熟的条件之一

中国香港保险市场有两百多家保险公司、一百多家专业保险经纪公司和保险顾问公司、一百多家专职保险代理公司和众多的兼职保险代理公司。正是他们组成了成熟有序的保险市场，使香港保险市场为香港经济的稳定发展发挥了很大的作用，在国际保险市场上也占有一席之地。

我国的保险市场刚刚开始对外开放，尚未形成完善的保险经纪人制度。但许多有远见的境外保险顾问，为了占领日后广阔的保险市场，已经在国内设立了办事处，尽管他们还未取得在国内开展业务的许可，但承包商企业可以向他们咨询，请他们为企业普及保险知识。今后的几年，保险顾问的作用必将越来越重要。

2. 为客户提供全面服务

面对激烈竞争的保险市场，投保人往往为选择哪一家保险公司而疑惑，各家保险公司为了展业的需要都竭力宣传自己。由于国内大多数承包商企业的管理人员缺乏保险知识，容易片面地强调保费的经济性，却忽视了保险合同的保障范围、保险公司的信誉和赔偿能力等。一旦发生风险，往往给企业带来很大的损失。保险顾问不仅具有丰富的保险知识、投保和索赔经验，而且从保险公司角度来看，保险顾问代表了很多零散客户，手中握着大量的订单，是惹不起的大客户。由于专职保险顾问同时为许多个客户服务，向哪一家保险公司投保，客户往往听从保险顾问的意见，所以在保险公司面前，其讨价还价的力度大大高于零散客户。专职保险顾问可以为客户提供的服务主要有以下几个方面：①派风险管理工程师与客户一起就不同工程项目辨识、分析风险；②根据客户的具体情况量身设计保险方案，扩展保障范围；③向不同的保险公司询价，经分析比较后向客户提出报告，建议选择保费低、信誉好、赔偿能力强的保险公司；④向客户选择的保险公司投保，协助准备保单文件；⑤阶段性地对客户的保险计划和风险管理工作提出专业意见；⑥为客户讲解索赔程序，客户需要时协助客户索赔，代表客户向保险公司争取赔偿；⑦如果客户需要，随时提供保险方面的咨询。

3. 减轻保险公司的压力

随着外商对我国投资的增加，三资企业也成为我国保险市场中的重要客户，三资的外方管理人员习惯通过保险顾问来安排企业的保险业务。在他们心目中，保险公司是维护自身利益的，企业无法在保险知识上与保险公司抗衡，即使保险公司提供了一份非常公正的保单，收取非常合理的保费，他们仍然会怀疑保险公司是否诚实。而保险顾问既有丰富的专业知识和经验，又维护客户的利益，可以融洽客户与保险公司的关系。

从保险公司的角度来看，他们往往无法详细了解每个客户的管理水平和风险防范措施等。同样的保险标的，对不同的客户，保险公司提供的保障范围和收取的保费却有很大不同，这与客户的管理水平和风险防范措施有关。保险顾问既非常了解客户的情况又深得保险公司的依赖，可以打消保险公司的疑虑。

目前，国际上发达国家保险公司大多实行保险经纪人制度，保险经纪人活动方式仅仅是在签订一份保险合同后领取佣金，不需要保险公司支付日常各项费用，保险公司可以减轻管理负担，把更多的精力用于开发新的保险品种和保险金的投资经营上。世界上发达国家的保险业发展规律也说明，最初是由保险公司职工直接出售保单，然后是发展代理所，最终是依靠保险经纪人开展业务。

四、办理保险手续

（一）如实填报保险公司的调查报表

在办理保险手续时，保险公司为确定风险大小，要求承包商填报工程情况。这是一件严肃认真的事，绝不能为了争取降低保险费率而隐瞒情况。例如，调查表中有一栏为"工程中是否使用爆炸方法""工地是否贮存易燃化学物品"等，应当如实填报；否则，一旦发生这类事故，保险公司将全部或部分推卸其赔偿责任。

（二）认真审定保险条款

一般保险公司出具的保险单都附有保险条款，其中规定了保险范围、除外责任、保险期、保险金额、免赔额、赔偿限额、被保险人义务、索赔、赔款、争议和仲裁等。这些条款相当于保险公司与承包商之间的契约，双方都签字认可后才正式生效。

在条款方面的任何争议必须在签约之前讨论清楚，并逐条修正或补充，取得共同一致的意见。特别应当注意的是：

（1）应当审定保险范围和保险金额是否与工程承包合同一致。任何不一致的保险单都可能被业主拒绝而要求重新投保。特别是永久性工程和设备应与合同价格一致，至于暂设工程和施工机具设备的价格，则由承包商自行确定。有时，保险公司要求列出施工机具设备和其他财产的清单，可以如实填写并做出附件。如果保险金额小于工程的实际总价值，可能在事故赔偿时，只按投保金额与实际价值的比例进行赔偿。

（2）对于除外责任应逐条讨论。如果承包商要求增大保险公司的责任而取消某些"除外的责任"，这是可以协商的，但保险费可能要相应增大，承包商可以根据自己的意愿与保险公司商量。

（3）保险期应当略大于施工期。如果业主要求维修期也应当保险，则应在保险条款中列明维修期内的保险范围和责任。

（4）免赔额和赔偿限额要慎重确定。如果免赔额定得高一些，保险费率可能会降低一些，但实际发生事故赔偿时，承包商获得的赔偿额将会相应减少。对于业主的财产损失来说，他将按合同要求承包商恢复工程原样水平，这就意味着承包商可能要由自己来承担实际发生的赔偿差额。另外，还要注意到免赔额过高时，保险单可能会遭到业主的拒绝。因为，有些合同条件规定保险是以承包商和业主共同受益名义投保的。

（5）保险费率一般都是可以协商的。它同工程性质、危险程度、工程实施方案、工程地理环境、工期和免赔额高低等有关。同时，还可以利用众多的保险公司的竞争压低保险金额度。承包商可以请几家有资格的保险公司对投保内容报价，并进行择优。应当指出，保险费率的高低并不是选择保险公司的主要因素，更不是唯一因素，应当主要从保险公司的资金背景、国际信誉和保险条款等方面进行全面择优。

（6）保险金的支付方式也应当澄清，应争取分期支付，以节省工程初期的开支，降低周转资金的需求量。由于工程是逐步展开的，承包商得到的工程付款也是按月收到的，因此，保险公司一般可以接受分期支付保险金的办法。一般可以按季度或按半年支付的办法，可由承包商与保险公司商签专门条款。

除了保险金外，可能还有一些其他费用发生。例如，保险登记费、印花税等，这是属于当地政府的保险署和税务局征收的；如果是联合保险，主保险公司可能要收取一定的安排费和服务费用，这些往往是一次性支付的，所有发生的费用均应事先向保险公司了解清楚并商定收取方式。

（三）重视保险内容的变化和改办手续

任何保险内容的变化应当及时通知保险公司。如果认为必要，应当办理保险变更手续或签署补充文件，或由保险公司对变更内容予以书面确认。既然已进行了各类保险，就不应当保留任何险的空白，包括时间上和内容上的空白，否则，保险公司就可以寻找理由推卸赔偿责任。保险内容的变化包括了重要工程内容的调整变更、保险项目的变化、工程期限的延长和缩短以及保险金额的调整等。

第四节 保险索赔与理赔

在保险合同约定的范围内，保险事故发生时，投保方有请求保险方给付保险金的权利，保险方应承担受理索赔申请、给付保险金的义务，这一权利和义务的实现过程，称为保险赔偿处理，简称理赔。及时、迅速、合理的保险理赔是保险保障的兑现，体现了保险业的信誉与保障能力。

一、投保方索赔

在保险合同约定的时间及条件范围内，保险标的发生保险事故，投保方应提出索赔申请，这是保险人受理赔案的首要条件。

（一）投保人履行风险发生通知义务

投保人、被保险人与受益人在得知保险标的发生保险事故后，应及时通知保险人。及时通知的含义因各国保险法与合同条款约定而异，有的限定了通知时限，如风险发生 5 日内、1 个月内等，也有不限定通知时限而采取知悉风险发生后立即通知的方式。通知的方式可采取书面、口头、电话或电报通知等。有的合同条款还规定，若投保方未在通知时限内及时通知保险人，可视为其放弃索赔权利，保险人可免于承担处理赔案及给付保险金等义务。

（二）避免损失扩大

损失发生后，投保方应积极抢险救灾、控制灾情的扩展，将损失限制在最小的范围内，这也是提出索赔权利应满足的保证条件。

（三）保护损失现场

一般规定保险事故发生后，除避免损失扩大的救灾抢险行为外，投保方对于现场情形，在未经保险人勘定之前，不得变动。保护现场的规定目的在于保险人保损的客观性，此外也防止投保方隐瞒实情或对未损失部分私下处理，使保险人处于不利地位。

（四）提供索赔文件及证物

投保方在提出索赔申请的同时，应向保险人提供必要的索赔文件与证件，如有效的保险合同、索赔者与标的的利害关系文件证明、标的损失证明、被保险人死亡证明等等。

（五）在索赔时效内申请

投保方提出索赔申请有时限限定，即索赔时效。关于索赔时效的规定有自损失之日计算的也有自索赔者知悉风险发生之日计算的（应提供其未知悉证明），索赔有效期因各国法律规定而不同，为 1～2 年。超过法定有效时间，投保方则丧失索赔权利。

（六）不得放弃对第三者的索赔权

当非寿险标的的损失是因第三者行为引起的，该第三者依法应负赔偿责任时，投保方不得放弃该索赔权，并在保险理赔实现后将此索赔权完整转移给保险人，积极配合保险人共同向第三者索赔。

二、保险方理赔程序

当保险事故发生、投保方迅速通知保险人或其代理人并提出索赔要求时，保险方将进行一连串的处理赔案的工作。

（一）审核索赔单证

保险人受理投保方提出索赔申请的第一件事，是对投保方递交的索赔单证进行审查、核实，以确定是否承担保险责任。例如，保险单是否有效？保险期限是否届满？请求赔偿的人是否具备求偿权利？保险事故发生的地点是否在承保的范围之内等。

（二）调查保险索赔案事实

在确定保险人可能承担责任后，保险人应立即赶赴现场，调查了解并核实与理赔相关的事实。例如，已毁损标的是否即为承保标的？损害是否是因保险事故引起的？损害发生的时间、地点是否确在约定承保范围之内？有无他保情况？标的价值多少等。

（三）认定求偿权利

除索赔者与被损标的之间必须具备保险利益是求偿权利成立的要件外，还须查核投保方是否履行了风险增加、风险发生、标的使用性质变更等告知的义务？事故发生后投保方是否采取了积极救助措施？被保险人是否保护了现场？是否在索赔时效内行使索赔权？涉及第三者行为致使标的损害时，是否放弃了向第三者的求偿权等，这些都是足以使索赔者丧失索赔权利的要件。

（四）确定损害情况

导致标的损害的近因是否是保险责任事故？致使标的损害是否确属承保损害？是否全损？部分损害与伤残程度的估算等是保险人在处理赔案中必须确定的有关标的损害的具体问题。

（五）给付赔偿与保险金

人寿保险只要认定寿险单的有效性，索赔者的权利及保险事故的确发生，便可在约定的保险金额范围内给付保险金。非人寿保险则应考虑保单类别、保险分摊、施救费用、计赔方式等计算赔偿金后，再行给付。

（六）赔偿后事宜

在支付赔款后，还要完成以下几项工作：对第三者追偿的实现、委付及标的所有权代位的处理、对保险合同减少保额或终止手续的办理。

三、投保方索赔工作重点

（一）重视被保险人的义务

承包商应教育自己的全体职员重视被保险人的义务，特别是预防事故和防止事故损失的扩大。

对于保险金额较大的工程，保险公司可能定期或不定期到现场进行安全检查，并且提出防止灾害事故的措施。承包商可以就这些措施同保险公司代表进行认真讨论，对于合理的而且费用属于正常支出的则应付诸实施，对于保险公司代表提出的过于苛刻或开支费用很大的保证安全措施，应当通过讨论澄清其实施可能性。

无论发生什么事故，都应当立即通知保险公司，并努力保护事故现场，采取一切必要的措施将损失降低到最低限度。只要采取的措施是合理和有效的，其费用一般可得到保险公司的补偿。相反，如果既不通知保险公司，又不保护现场，其索赔一般将被保险公司拒绝。例如，我国某公司承包某国住宅工程时，曾有一台汽车吊因在工地操作不慎而倾覆，造成吊臂折断，底部旋转毁损。现场人员因根本不懂得保险业务，只顾拖运到维修间自行修理。后被地区办事处发现并报保险公司，由于时隔一个多月，保险公司派人检查时，出事现场已找不到半点痕迹，因而拒绝赔偿。后来经反复解释，保险公司才勉强补偿了一部分修复费用。

（二）及时报损和接受检查

只要被保险人及时向保险公司报告，保险公司一般会派人到事故现场进行调查。严重事故发生时，保险公司还将组织协同进行抢救活动。有些项目是向工程所在国境外保险公司投保的，他们一般也都会有指定的当地代理人，代理人的调查通常能被保险人接受。

调查报告主要内容除陈述事故经过、分析事故原因及调查被保险人的防范和抢救措施外，重点在于调查损失。损失的计算首先由被保险人提出，每项损失都要求提供必要的、有效的证明单据。

对于工程一切险，保险公司的赔款一般以恢复投保项目受损前的状态为限，其受损的残值应被扣除。承包商的利润损失和其他各项管理费的损失是不予赔偿的；同时还应扣除免赔额（通常每次赔偿按保险单中所列的免赔额与保险金额的比例扣除）。赔款可以用现款支付，也可以重置受损项目或予以修复代替。

对于其他各种保险的报损、调查和赔偿，应当根据各种保险单和保险协议条款处理，大致与上述工程一切险相似。但如果保险公司未亲自调查的，则须提供有关的旁证调查资料。例如，汽车保险的损失赔偿，可能需要交通管理部门的责任证明材料；人身意外险的赔偿需要有当地公交安全部门的证明材料；附加事故医疗保险的赔偿应有医院的证明资料及开支费用单据，所有的赔款都不超过原保险金额。这里特别需要强调，第三方责任险的事故损失，虽然是由投保人的责任造成但投保人及其代表不能轻易向受损方作任何承诺、出价、约定、付款或赔偿，而应当由保险公司处理，否则，保险公司将不承担承诺的责任。

（三）保险方理赔工作原则

由于理赔业务直接关系到保险公司及被保险人的切身利益，因此，进行理赔工作必须遵循一定的原则。

（1）重合同、守信用原则。重合同、守信用原则是理赔必须坚持的最高原则。保险合同是赔偿或者给付保险金的法律依据，按照保险合同，赔偿给付保险金是保险人应尽的义务，也是保险人履行保险合同的具体法律行为。如果保险人未遵循重合同、守信用原则进行补偿，保险公司的信誉必然遭受不良影响，而且，被保险人可根据保险合同起诉、请求法院帮助，从而获得保险合同所约定的保险保障。

（2）实事求是原则。由于具体的保险事故的情况多种多样，极其复杂，而人们可能对保险的认识不同，对保险合同的有关条款理解各异，被保险人所提出的索赔要求也就可能不合理。这就要求保险人按实事求是的原则，对保险事故所造成的损失不夸大、不缩小、不错赔、不滥赔，根据保险合同的约定进行赔偿。

（3）主动、迅速、准确、合理原则。理赔应主动、迅速、准确、合理，这是保险公司信誉的集中表现。主动，要求对索赔案件应主动受理；迅速，要求处理速度应快捷，及时理赔；准确，要求查勘、定责、定损应力求准确无误，不发生错赔、滥赔；合理就是要依据保险合同，合理分清责任，合理赔偿。

关键概念

保险合同　　建筑工程一切险　　安装工程一切险　　人身意外伤害险

复习思考题

1. 怎样理解国际工程承包保险的强制性和必要性？

2. 国际工程承包中常见的保险有哪几种？

3. 建筑工程一切险和安装工程一切险的标的是什么？二者有什么区别？

4. 怎样办理国际工程承包保险？

5. 投保方索赔工作重点是什么？

第九章　国际工程承包索赔

学习目标

认识国际工程承包索赔的必然性及其作用；熟悉国际工程承包索赔的基本条件、分类及主要内容；掌握国际工程承包索赔程序和索赔计算方法。

第一节　国际工程承包索赔概述

一、国际工程承包索赔的含义

（一）索赔的概念

索赔是当事人在合同实施过程中，根据法律、合同规定及惯例，对并非由于自己的过错，而是由于合同对方应承担责任的情况所造成的损失，向对方提出补偿要求的过程。

（二）国际工程承包索赔的概念

国际工程承包索赔是指承包商在合同实施过程中，根据合同及法律规定，对并非由于自己的过错，并且属于应由业主承担责任的情况所造成的实际损失，凭有关证据，按一定程序，向业主或其代理人提出给予补偿要求的过程。在工程建设的各个阶段，都有可能发生索赔，但施工阶段的索赔较多。

索赔具有广义和狭义两种解释：广义的索赔是指合同双方向对方提出的索赔，既包括承包商向业主的索赔，也包括业主向承包商的索赔；狭义的索赔仅指承包商向业主的索赔。

对施工合同双方来说，索赔是维护双方合法利益的权利，它同合同条件中双方的合同责任一样，构成严密的合同制约关系。

也有人从承包商的角度将索赔的定义概括为：承包商要求或申请其认为应当有的，但尚未达成协议的权利或付款。

　　尽管可以有不同的定义，但归纳起来，索赔具有如下的几点本质特征：①索赔是要求给予补偿（赔偿）的权利主张；②索赔的依据是合同文件及适用法律的规定；③承包商自己没有过错；④导致索赔事件发生的责任应由业主（包括其代理人，如工程师等）承担；⑤与合同标准比较，索赔时已经发生了实际损失，包括工期和费用损失；⑥必须有切实的证据；⑦协议尚未达成。

（三）国际工程承包索赔的两种补偿理论

　　在国际工程承包中，索赔是和工程承包合同及其实施过程同时存在的。索赔通常是指在经济合同的实施过程中，合同一方因对方不履行或未能正确履行合同所规定的义务而受到损失时，向对方提出赔偿要求。但在国际工程承包中，对承包商来说，索赔的外延更为广泛。一般的，只要不是由于承包商自身责任原因造成工期延长或成本增加，都有可能提出索赔。这主要包括两种情况，相应的，也就存在两种索赔补偿理论。

　　（1）业主违约，未履行合同责任，如未按合同规定及时交付设计图纸等，造成承包商工程拖延或费用损失，承包商可能提出赔偿要求。与这种情况相对应的补偿理论是业主违约理论，即对业主或其代理人违约而引起的承包商损失，承包商有权索取赔偿。以业主违约理论为基础的索赔，通常可称为损失索赔。

　　（2）业主并未违约，而是由于其他原因，如合同范围内的工程变更等造成承包商损失，承包商可提出补偿要求。对应于这种情况的补偿理论是合同变更理论，即根据合同规定，承包商有权为合同变更追加工作而取得额外费用补偿或延长工期。以合同变更理论为基础的索赔，可称为额外工作索赔。

　　上述两种情况虽然有些差别，但其处理过程和处理方法却是一致的。因此，从管理的角度可将它们都归为索赔。

二、国际工程承包索赔的必然性

　　索赔的存在和发生，总的来说，是由于合同基础条件的变化，使承包商遭受了额外损失的结果。

　　合同基础条件是指承包商在投标或签订合同时，作为其确定合同价格、工期和履行合同的基础条件。例如，合同文件中的规范（技术要求）、图纸、工程范围、工程量、场地移交日期、施工工期等，地质和天气等现场条件，所在国的法律法规，外汇汇率，材料价格，劳动力价格，业主提供的材料或设备，指定分承包商和供应商的按时履约等等。当合同基础条件发生变化，致使承包商遭受工期或费用损失时，承包商就应根据合同和有关法律，提出补偿要求，从而形成索赔。

在国际工程实施过程中，导致合同基础条件发生变化的风险因素常是客观存在和必然发生的，这是由国际工程承包的下述特点决定的：

（一）适用法律的冲突

由于国际工程承包的涉外因素，使得国际工程承包合同在法律适用上必然要涉及两个不同国家或地区之间的差异或冲突，必然要受到承包、发包国家对外承包的贸易政策、法令、措施以及外汇管理等条件的制约，从而使国际工程承包本身所涉及的问题远比国内工程承包复杂。

（二）差异性大

国际工程承包由于项目所在国家的地理位置不同、语言文字不同、社会制度不同、风俗习惯不同、自然条件不同、法律法规不同，加上工程项目自身的性质、规模、要求不同，施工条件、施工组织、施工方法也各有特色，所有这些不同都反映出国际工程承包差异性大的特点。

（三）综合性强

国际工程承包是一项系统工程，包含的内容繁多而且复杂，既涉及项目所在国社会、政治、经济、文化的影响，又涉及工程、技术、经济、金融、保险、贸易、管理、法律等领域，要求承包商有多方面的综合知识和能力。

（四）风险大

国际工程承包交易所涉及的工程数量大，技术要求高，因而合同金额也比较高。同时，承包商的设备、材料从出口国到进口国大多需要经过长途运输，有的还需使用各种运输方式。另外，项目所在国的政策和法律的变动以及政局的风云变幻，货币贬值时有发生，承包市场激烈竞争。所有这些都将影响承包商的盈亏，加大承包商的风险。

（五）多元性

虽然国际工程承包合同的签约人一般只有业主和承包商两方，但在合同实施过程中，还要涉及多方面的关系。国际工程承包合同除了承包的法律关系外，往往还要涉及购销、代理、雇佣、运输、技术、担保、信贷、税务、保险等国际经济法律关系和国际惯例，这种多元的经济法律关系错综复杂，稍有不慎，即会导致损失或引起纠纷，以致诉讼。

由以上的分析可以看出，国际工程的差异性大，风险高，其多元性与综合性极强，是一种协调面广、复杂度高、政策性强的社会复合系统，其系统内部状态的不确定性、利益的矛盾性和系统外界环境的随机性，决定了国际工程实施过程中构成其原始合同状态的基础条件不可避免地会发生变化和偏移，从而形成对工程实施的内外干扰，直接影响工期和成本。

面对国际工程承包系统的这种复杂性和不确定性，任何合同都不可能对所有的问题做出预见和规定，对所有的工程细节做出准确的说明，因而，都不可避免地存在缺陷和不足之处。另外，在合同执行过程中，也难免存在合同管理不善的问题。而且，在工程实施过程中，工程变更和计划改变很难不发生，对工程量的计量和计价的标准和结论不可能没有分歧，加之客观条件的制约，合同各方都难免有主观或客观未履行好合同义务的情况，对合同的解释也可能有多种异议。可以肯定地说，没有一个合同文本是尽善尽美的，能覆盖合同执行过程中所有可能发生的情况和变化，并对所有情况和变化导致的工期和费用损失提出各方都能接受的解决方案。因此，在国际工程实施过程中，索赔是一种不可避免的现象，是完全合理、正常、普遍的合同行为。

索赔的发生，不仅是一个索赔意识或合同观念的问题，从本质上讲，也是一种客观实在。

三、国际工程承包索赔的作用

索赔与反索赔，是国际建筑市场用以实现自身经济利益的重要手段，其作用和意义如下：

（一）保证建设工程施工合同的实施

建设工程施工合同一经签订，合同双方即产生权利义务关系，这种权利受法律保护，这种义务受法律制约。索赔是合同法律效力的具体表现，并且由合同的性质决定。如果没有索赔和关于索赔的法律规定，则合同形同虚设，对双方都难以形成约束，这样合同的实施得不到保证，不会有正常的社会经济秩序。索赔能对违约者起到警戒作用，使其考虑到违约的后果，尽力避免违约事件发生。所以，索赔有助于工程双方更紧密地合作，有助于合同目标的实现。

（二）落实和调整合同双方经济责任关系

在施工合同履行过程中，由于未履行或不履行合同规定的义务而侵害对方的权利时，应根据对方的索赔要求，承担相应的经济责任。离开索赔，施工合同当事人双方的权利、义务关系难以平衡。

（三）维护合同当事人正当权益

对于施工合同当事人双方来说，索赔是一种保护自己，维护自身正当权益，避免损失、增加利润的手段。在现代工程承包中，如果承包商不能进行有效的索赔，不精通索赔业务，往往使损失得不到合理、及时的补偿，不能进行正常的生产经营，甚至要倒闭。

（四）促使工程造价管理更加合理

施工索赔的正常开展，把原来打入工程造价的一些不可预见费用，改为按实际发生的损失支付，有助于降低工程报价，使工程造价更合理。

国际工程承包市场的变化，使索赔的意义更为突出。当前，不论是在非洲、中东，还是在东南亚，乃至在国内市场，竞争越来越激烈，报价越来越低，投标价格低于标底已成为普遍情况。在这种情况下，索赔更是承包商保护其利益的最基本的管理行为，是保本创收的一种必要手段。不少承包商在投标时已预见到索赔，并以此作为降低报价的依据。由此可见，为了减少和转移工程风险，避免亏损，获取利润，承包商就必须将索赔作为其经营策略之一。如果承包商索赔意识薄弱，不熟悉索赔业务，不能进行有效地索赔，往往要蒙受巨大的经济损失，有时甚至不能进行正常的生产经营活动。在国际上，很多有经验的承包商都善于利用索赔，以增加利润和提高竞争能力。据有关统计资料表明，在正常情况下，工程项目承包能取得的利润为工程造价的 3% ~ 5%，而在国外，许多工程项目通过索赔能使利润达到工程造价的 10% ~ 20%。

然而，我国承包商一直对索赔存在模糊甚至错误的认识以及惧怕的心理。一提起"索赔"，就很容易联想到争端的仲裁和诉讼等法律行为。哪怕在可以通过协商来解决争端的情况下，也有很多人认为索赔是一件棘手的事情、不好的事情，会影响乙方和业主之间的关系，会对今后的投标、中标产生不利的影响等。其实，这完全是一种误解，其根源在于对索赔概念缺乏正确的理解，没有认识到索赔是一种正当的权利要求，是在正确履行合同基础上争取得到合理的补偿，而不是无端的争利。况且，绝大部分索赔可以通过协商、谈判和调节来解决。只有在双方各持己见又无法达成妥协时，才会提交仲裁和诉诸法律手段解决争端。即使如此，也应当看成是遵法守约的正常行为。索赔同守约并不矛盾，恪守合同是业主和承包商共同的义务，坚持双方共同守约才能保证合同的正常执行。通过法律手段解决索赔引起的争端，正是将守约和维护合同权利置于法律的保护之下。

但是也应当强调指出，承包商单靠索赔的手段以获取利润并非正途。往往有一些承包商采取有意压低报价的手段以获得工程，为了弥补自己的损失，又试图靠索赔的方式来得到利润。从某种意义上讲，这种经营方式有很大的风险。能否得到这种索赔的机会是不确定的，其结果也不可靠，真正拿到付款的时间也相当长，得不偿失，而且业主或其代理人会采取措施防止这类投标者中标，很难相信采用这种策略的企业能维持长久。因而，承包商运用索赔手段来维护自身的利益，以求增加企业的利润和谋求自身的发展，应基于索赔概念的正确理解和全面认识之上，既不必畏惧索赔，也不可利用索赔搞投机钻营。

四、国际工程承包索赔的基本条件

（一）国际工程承包索赔的基本条件要求

索赔的根本目的在于保护自身利益，获得工期和费用补偿。但索赔要求的提出是有一定条件的。

（1）客观性。承包商在工程工期和成本上确实受到索赔事件的影响，且遭受了损失。

（2）合法性。索赔事件必须是非承包商自身责任原因引起的，而且按照合同条款和适用法律规定，对方应给予补偿。

（3）合理性。索赔值的计算必须采用合理的计算方法和计算基础，其计算结果必须符合实际情况。

在实际索赔中，只要承包商有良好的现场记录和索赔管理经验，索赔的客观性和合法性是不难证明的。但是，索赔的合理性由于没有统一的计算方法和计算基础，通常是难以证实的。因而，索赔值的计算往往是对方反索赔的攻击重点之一，而这恰好是索赔研究最薄弱的环节。

（二）国际工程承包索赔的基本条件内容

国际工程承包索赔的基本条件内容，见表9-1。

五、国际工程承包索赔的分类

索赔贯穿在整个承包工程实施过程中，可能发生的范围比较广泛，其分类随着划分的标准、角度、方法的不同而各异，大致有以下几种情况：

（一）按索赔的依据分类

（1）合同内索赔。它是指索赔所涉及的内容可以在合同条款中找到依据，并可根据合同规定明确划分责任。一般情况下，合同内索赔的处理

表 9-1　　　　　　　　国际工程承包索赔的基本条件内容

要　求	内　容
（1）客观性	①干扰事件确实存在 ②干扰事件的影响存在 ③造成工期拖延，承包商损失 ④有证据证明
（2）合法性	按合同、法律或惯例规定应予补偿
（3）合理性	①索赔要求符合合同规定 ②索赔要求符合实际情况 ③索赔值的计算符合以下几个方面 A. 符合合同规定的计算方法和计算基础 B. 符合公认的会计核算原则 C. 符合工程惯例 D. 干扰事件、责任、干扰事件的影响与索赔值之间有直接的因果关系，索赔要求符合逻辑

和解决相对要顺利些。

（2）合同外索赔。它是指索赔的内容和权力难于在合同条款中找到依据，但可从合同引申含义和合同适用法律或政府颁布的有关法规中找到索赔的根据。

（3）道义索赔。它是指承包商无论在合同内或合同外都找不到进行索赔的合同依据和法律依据，因而没有提出索赔的条件和理由，但承包商认为自己有要求补偿的道义基础，而对其遭受的损失提出具有优惠性质的补偿要求，即道义索赔。

业主在下面四种情况下，可能会同意并接受这种索赔。其一，若另找承包商，费用会更大；其二，为了树立自己的形象；其三，出于对承包商的同情和信任；其四，谋求与承包商更理想或更长久的合作。

（二）按索赔的目的分类

（1）工期索赔。它是指承包商对非自身责任原因造成的工期延误向业主提出的工期延长要求。

（2）费用索赔。它是指承包商对非自身责任原因造成的合同以外的额外费用支出向业主提出的费用补偿要求。

（三）按索赔的起因分类

（1）延误索赔。它是指由于业主或其工程师的原因，或由于双方不可控制因素的发生而引起延误，承包商因此受到损失而提出的索赔。

（2）现场条件变更索赔。它是指由于现场施工条件与预计情况严重不符，如现场地质条件的变化或天气异常恶劣等所引起的索赔。

（3）加速施工索赔。它是指由于业主要求提前竣工，或在由于业主的原因发生工程延误的情况下，业主要求按时竣工而引起承包商费用增加所产生的索赔。

（4）工程范围变更索赔。它是指由于业主变更工程范围，增加或减少合同工程量，引起承包商遭受损失而产生的索赔。

（5）工程终止索赔。它是指由于某种非承包商责任原因，如不可抗力因素影响，使工程在竣工前被迫停止，并不再继续进行，承包商因此蒙受损失而提出的索赔。

（6）其他原因索赔。这里是指其他如货币贬值、汇率变化、物价工资上涨、政策法规变化等原因引起的索赔。

（四）按索赔的合同类型分类

按所签合同的类型，索赔可分为总承包合同索赔、分承包合同索赔、联营合同索赔、劳务合同索赔等。

（五）按索赔的当事人分类

（1）总承包商向业主的索赔。它是指总承包商在履行合同过程中，因非乙方责任事件影响产生工程延误及额外支出后向业主提出的索赔。非乙方责任应理解为非总承包商及其分承包商责任。

（2）总承包商向其分承包商或分承包商之间的索赔。它是指总承包商与分包商或分包商之间，为合同实施过程中的相互干扰事件影响了其利益平衡而相互间发生的索赔。

（3）业主向承包商的索赔。它是指业主向不能按期、按质、按量完成合同任务的承包商提出的索赔。

（六）按索赔的处理方式分类

（1）单项索赔。它是针对干扰事件而言的，是指某一干扰事件发生对承包商造成工程延误或额外费用支出时，承包商在事件发生时或发生后立即进行责任分析和损失计算，并在合同规定的索赔有效期内提出的索赔。

单项索赔由于是在索赔事件发生时立即进行，其责任、原因的分析与索赔值的计算、论证，相对而言，比拖后处理更为容易。但也有些单项索赔金额很大，处理起来较为复杂。

（2）综合索赔。综合索赔又称一揽子索赔或总索赔。一般是指在工程竣工前，承包商将工程实施过程中未得到最终解决的多个单项索赔集中起来，综合提出一揽子方案解决索赔问题。

综合索赔中涉及的事件一般都是单项索赔中遗留下来的，双方对其责任的划分、费用的计算等往往意见分歧较大。有时是由于业主故意拖延对单项索赔的及时处理和解决，致使许多索赔问题集中起来。在国际工程承包中，很多业主常常就以拖延的办法对付承包商的索赔。

综合索赔由于不是在事件发生时立即进行，以致许多干扰事件交织在一起，其原因、责任错综复杂，使得证据资料的收集、整理和援引以及事件原因、责任和影响的分析等都变得更为艰难。而且，索赔额的积累也常造成索赔谈判与解决的困难。因此，在最终的解决过程中，承包商往往不得不做出较大的让步。

（七）按索赔的主动性分类

（1）索赔。它是指自觉地把索赔管理作为工程及合同管理的重要组成部分，成立专门机构认真总结索赔的经验，深入研究索赔的方法，不断提高索赔的成功率。从而，在工程实施过程中，能仔细分析合同缺陷，及时抓住对方的失误或过错，积极主动寻找索赔机会，为乙方争取应得的利益。

（2）反索赔。反索赔在索赔管理策略上表现为防止被索赔，不给对方留有能据以进行索赔的漏洞，使对方找不到索赔的机会。在工程管理中体现为签署严密连贯、责任明确的合同条款，并在合同实施过程中，避免乙方违约；在索赔解决过程中表现为，当对方提出索赔时，对其索赔的证据进行质疑，对索赔理由予以反驳，指出其索赔值计算的纰漏，以达到尽量减少索赔额度，甚至否定对方索赔要求的目的。

索赔和反索赔是相互依存、互为条件的，是一个问题的正、反两个方面。在实际工作中，要想进行有效的索赔管理，就必须同时对这两个方面予以高度的重视，培养和加强管理人员索赔与反索赔的意识。

（八）按索赔发生的时间分类

（1）合同签订前的索赔。它是指从投标到签订合同前的这段时间中产生的索赔。如投标抗议索赔。

（2）合同期间的索赔。它是指从签约后到合同终止这段时间中产生的索赔。

（3）合同终止后的索赔。它是指合同终止后进行的索赔。如非乙方责任引起合同终止产生的索赔。

（九）按索赔的合同状态分类

（1）合同正常实施索赔。它是指在合同工程正常实施过程中的索赔，尽管发生了各种违约、变更、不可预见因素、加速施工、政策变化等干扰事件，并对工程工期或成本产生了不利影响，但只要不足以引起合同暂停执行或解除，即可视为合同正常实施索赔。

（2）合同暂停执行索赔。它是指正在实施的合同工程因不可抗力、政府法令、资金或其他原因而必须中途停止一段时间，待干扰事件解除后再继续履行合同，这种情况导致的索赔即称为合同暂停执行索赔。

（3）合同解除索赔。它是指在因合同中的一方严重违约，致使合同无法正常履行的情况下，合同的另一方行使解除合同的权利所产生的索赔。

（十）按索赔的范围分类

（1）广义的索赔。它包括工程索赔、贸易索赔和保险索赔等。

（2）狭义的索赔。这里仅指工程索赔。

由于国际工程实施过程中发生的索赔涉及的内容是非常广泛的，按各种不同的角度、标准和方法对索赔进行分类，有助于承包商全面了解和准确领会索赔的概念，深入探讨各类索赔问题的规律及特点，以便在具体的工程项目中，尽早辨识索赔种类，准确地找出索赔的原因及其影响因素，进行全面而有效的索赔管理。

索赔的分类如图9-1所示。

六、国际工程承包索赔的管理

要使承包工程有良好的经济效益，必须重视索赔；要取得索赔的成功，必须进行有效的索赔管理。索赔管理作为工程项目管理的一部分，涉及面广，学问深邃，是承包商工程项目管理水平和能力的一种综合体现。因此，研究索赔及索赔管理就不能不研究索赔与项目管理的关系。

（一）索赔与合同管理

索赔是合同管理的一方面，是合同管理的继续，是解决双方合同纠纷的一种独特方法，是工程管理中的一个特殊程序。一个项目的执行，实际上是以合同为准绳的综合管理过程。索赔行为和成果是合同管理的一种体现。

合同是索赔的依据。签订一个有利合同是索赔成功的前提。若合同不利，则承包商的部分损失已根植或产生于合同签订过程中所确定的不利地位。这部分损失是索赔也无法挽回的。

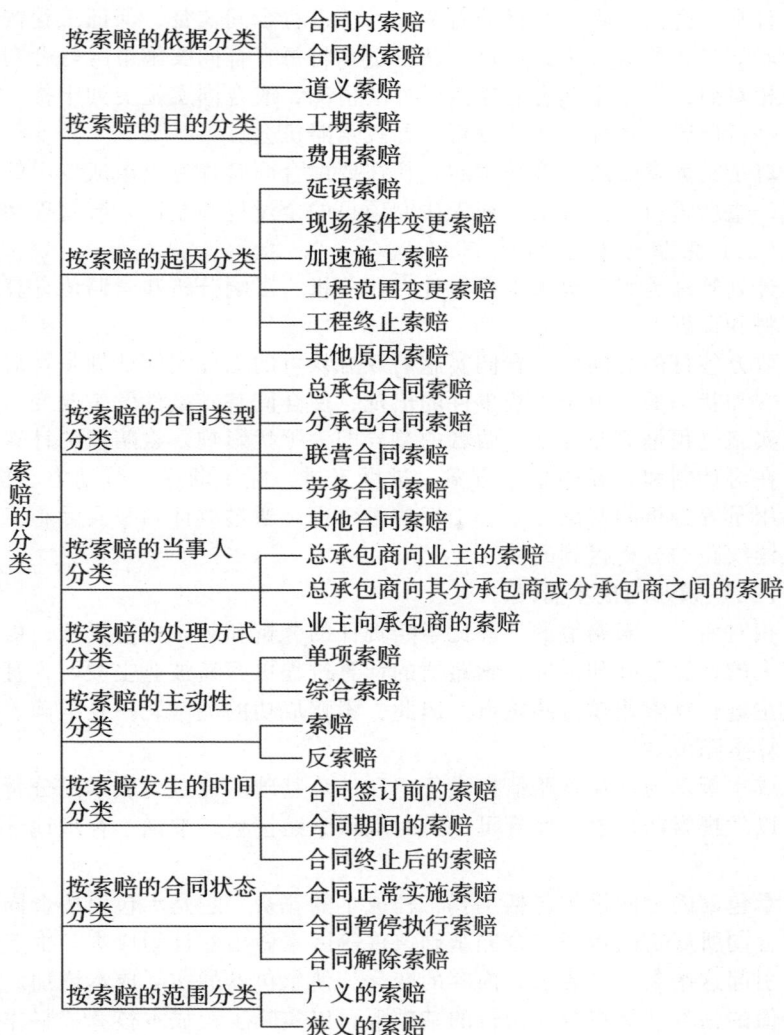

图 9-1　索赔的分类

　　自合同签订之日起，索赔在合同管理以及整个工程项目管理中占据十分重要的位置。日常的索赔工作主要由合同管理人员负责完成。他们进行合同分析，将合同所规定的双方责、权、利关系落实到具体工程实施的活动（事件）上，得到合同事件网络。合同管理人员掌握着合同事件网络，进行日常的合同管理，其目的有两个：①进行合同监督，保证工程按合同实施。②寻找机会，进行索赔。其方法是将每日合同实施情况与合同分析结果相对照，一旦出现合同规定以外的情况，或合同实施受到干扰，就应立即进行原因、责任和影响分析，寻找索赔机会。

对于重大索赔或一揽子索赔，往往要由合同管理专家组成专门的索赔小组，重新进行合同分析，深入研究项目的全过程和全部合同管理文件。

（二）索赔与计划管理

计划管理为索赔提供干扰事件责任分析、影响分析和索赔值计算的基础资料和证据。

双方签订的合同以及合同实施前双方认可的工程实施计划是针对原合同内容和状态的。由于干扰事件的出现，使合同基础条件发生改变，导致合同实施过程偏离原计划，两者的差异即为干扰影响。索赔值的计算就是建立在对计划和实际的施工方案、进度安排、施工顺序、劳动力、机械、材料用量等分析的基础之上。工期的索赔也是通过对计划和实际施工过程的关键线路的分析得到的。

（三）索赔与成本管理

相对而言，索赔值的计算比索赔责任的分析和确认更为复杂，由于没有统一的计算基础和标准，索赔值的计算过程更容易被业主驳回，且常常是业主进行反索赔攻击的重点。因此，索赔成功的关键之一是准确、合理地计算索赔值。

成本管理为计算索赔值提供证据和计算基础。通过对成本的分析，不仅可以发现索赔机会，而且可以及时取得索赔证据，准确、合理地计算索赔值。

承包商的合同报价包括主要工程成本的花费。它是承包商按合同工程量、合同所规定的责任、合同基础条件等因素做出的计划成本。由于干扰事件引起这些条件、要求、内容的变化，使承包商的实际成本增加。费用损失值的估算就是在合同报价的基础上，以实际工程成本核算资料作为依据和证据，分析实际成本和计划成本偏差得到的。

索赔是以赔偿实际损失为原则，索赔又必须要有证据。所以，承包商应建立完整的工程项目成本核算体系，及时、准确、完备地提供整个工程以及分项工程的成本核算资料。

（四）索赔与文档管理

索赔证据是构成索赔报告的一部分，证据不足或没有证据，索赔就不能成立。索赔的证据应是有法律证明效力的书面文件、票据等。

文档管理系统及时、准确、有条理地为索赔提供证据。在合同实施过程中，承包商应注重经济活动书面文件和证据的取得与整理，并建立有效的工程项目文档管理系统。对大型复杂的工程项目，计算机的应用能极大地提高工作效率。

除此之外，索赔管理与项目管理的其他方面也有密切的联系，它们也给索赔提供分析资料和证据。成功的索赔不仅靠合同管理人员和索赔小组的努力，而且依赖项目管理各职能人员的积极配合。

第二节　国际工程承包索赔内容

国际工程承包中的索赔包括两个方面，即商务索赔和工程索赔。

一、商务索赔

承包工程中的**商务索赔**，是指在承包商与供应商之间的商业往来中，由于数量的短缺、货物的损坏、质量不合要求和不能按期交货等而向供应商及其委托的运输部门和保险机构索取的赔偿。

承包工程中的商务索赔同商品进口索赔是同一性质的，都属于买方向卖方索赔。只是进口商品的买主是在本国境内，而承包商则在工程实施地点，不在其本国境内。

（一）索赔对象的责任范围

同商品进口索赔一样，承包工程中的商务索赔也涉及三个责任方，即供应商、运输公司和保险公司。因此，应首先明确作为索赔对象的三个责任方的各自责任范围。

1. 供应商的主要责任

这主要有：①数量不足；②质量与合同要求不符；③规格与合同要求不符；④包装不良使货物受损；⑤未按规定时间交货（对交货误期通常采取罚款办法，但并不排除索赔）。

2. 运输部门的主要责任

这主要有：①货物数量少于提货单所列数量，经运输部门负责人（如船长或大副）签认，并非由于托运人短装的；②货物在运输途中发生残损和潮湿。

3. 保险公司的主要责任

这主要有：①在保险范围内，由于自然灾害或意外事故发生的货物缺损；②在保险范围内，运输部门不予赔偿或赔偿不足的损失，应补偿给被保险人。

（二）向供应商索赔的动因

索赔必须有合法的动因，就是说，必须具有符合法律或契约规定的理由。

导致承包商向供应商索赔的动因可以有以下诸种：①供应商延误交货期或物资抵达误期；②已交款的订购物资数量短缺，质量不符合要求或在运输中出现不同程度的毁损；③退货或换货而导致承包商蒙受损失；④因卖方原因终止、撤销或解除契约而导致承包商蒙受损失；⑤卖方收取运费过多等。

（三）索赔依据

出现可向供货商索赔的动因时，承包商必须在有效时间内提交有说服力的单证和证明文件来证明索赔的有效性。证明文件必须具有以下作用：

第一，证明索赔人是有正当索赔权的。这类证明文件通常是提单，因为提单是物权凭证，提单所有人在目的港向船方提取货物，并在船方违反提单条款及提单所表示的运输契约条款时，取得合理的赔偿，买方和他的受让人能提出提单，就证明他能享有物主索偿权益的合法索赔权。

第二，证明赔偿人是索赔对象，应负赔偿责任。通常要求至少提供两种主要证明。一种是卸货时的残短签证。若是海运，要求提交残损单和溢短单；若是陆运或空运，则应提交由承运人签发的商务记录。另一种是由独立的公证鉴定机构经过检验鉴定签发的鉴定报告或残短证书、装箱单、大副收据以及发货人为取得清洁提单而向船方签具的保函、航行日志、海事报告等。

第三，证明残短物资的损失程度和赔偿范围。供货商对质次残损货物的责任范围大小，损失赔偿多少以及赔付的方式要根据科学的检验，合理地估计，做出符合实际的处理结论。例如，贬值降价处理的损失折扣比例，修理、整理的必要性、可能性及其合理的费用开支，由于货物残损引起的其他补救费用和检验费用等。由于承包商与供应商的地位和角度不同，在估计、计算和要求上的差异会很悬殊，而且承运人与国外保险人又往往不能参加残损货物所在地的现场检验，承包商单方面的要求又不足为信，因此只有委请公证鉴定人签发具有明确的损失估计和残损货物处理方式等证明内容的检验报告，作为承包商和供应商双方都能接受的证明。对有些重大的索赔费用，必要时应附有关单据和证明开支理由或实际支出的实证材料。

（四）索赔时效

索赔时效就是有关契约、章程、规章、公约或协定所规定的提出索赔的有效时限。这是一个具有法律约束的时间界限。超过索赔时效，违约方或责任方即完全免除了应负的一切赔偿责任，受害的一方也就完全丧失了取得损失补偿的权益，即使理由再充足，证据再充分的索赔都完全无效。因此，索赔时效是个法定的时间界限，不可逾越。

索赔时效分为索赔有效期、使用保证期和诉讼有效期。这几种时效都应以契约、条款、规章、规定中的文字规定为合法依据。此外，有些国家的国内法对于涉及合同权益的民事诉讼时效也有明文规定，必须充分了解并密切注意这些规定，抓紧办理进口到货的验收、取证，按期提出索赔，才不致因未及时提出索赔和超过起诉期限而丧失取得损失赔偿的经济权益。

索赔时效的种类、长短和计算方法，在不同国家、不同的索赔对象、不同的厂商、多种契约和有关规章中，规定各不相同。譬如对供货商的索赔有效期，一般商品有两种期限：因数量短少和残损问题的索赔有效期最短，只有 30～60 天；因品种规格不符的索赔期一般规定为 2～6 个月，机电产品还有使用保证期。在施工过程中，因甲方违约或履约不力而提出的索赔要求的有效时限又另有更为具体的规定；向保险公司和运输部门的索赔有效期限也各不相同。

关于索赔时效的起算时间和计算方法亦因索赔对象和索赔动因不同而各有差别。通常情况下，商品索赔自货物卸毕之日或卸货之日起算；但也有些国家有不同的规定，如规定"自货物进口之日起算"，"自到船之日起算"，甚至要求"自发货港装运之日起算"（自提单签发之日起算），"自联运列车到达售方国境车站之日起算"等。

提出索赔的日期，通常有两种算法：一种是看索赔要求函件发送邮局的邮戳日期，而不看索赔函件或检验证书的签发日期。在此情况下，挂号邮戳和信封上的邮戳，都是重要的凭证，不可遗失。另一种是亲自把索赔函件送给理赔单位，这种致函提出索赔日期以理赔部门出具的回执或收据日期为准。节假日如果赶在寄送索赔函件之日，可以顺延，但是在索赔期限届满之前已经过去了的节假日，不能作为顺延和扣除计算有效期限的根据。

在一定的条件下，索赔时效可以延长。延长的办法通常有两种，即要求延长索赔期和声明保留索赔权。

要求延长索赔期必须是已发现可导致索赔的动因，只是因为检验和调查需要过程和时间而要求延期，不能因办事拖拉或无正当理由而要求延期。延期要求必须在原定的索赔期或保证期逾期之前提出，否则延期要求无效。通常情况下，要求延期以一次为限，最长不得超过原定的时间周期。延长索赔期要求必须取得理赔方的函电确认，否则无效。

声明保留索赔权通常是在索赔动因业已明确，索赔对象已肯定无疑，只是索赔数额和理赔办法尚待最后复验确认的情况下提出的。声明保留索赔权也有两种做法：一种是先提出发现索赔动因，保留验毕举出证据后向责任方提出索赔的权利；另一种是提出初步检验报告和正式索赔要求，只是赔偿金额，待进一步检验、修理或拍卖后再最终确定。通常后一种做法比较有利。保留索赔权也必须在索赔时效未满之前提出，否则无效。

二、工程索赔

工程索赔系指承包商在履约期间因非自身过失蒙受损失而向有过失的一方（业主）或责任方（工程保险部门）索取赔偿或补偿。与商务索赔不同，工程索赔的对象是业主或保险部门。工程索赔除因对方违约或犯有过失给承包商造成损失而提出索赔外，还可因无法预料的自然或人为事件或其他制约导致工程实施受阻或已实施工程受到损失，由此而要求业主给予补偿。

工程索赔包括两方面内容：工期索赔和费用索赔。有时工期索赔中含有费用问题，费用索赔中含有工期问题。

（一）工期索赔

1. 工期的概念

工期是指建筑安装工程承包合同所规定的自开工时起计至工程竣工符合验收标准时止所经历的时间。合同工期是双方对建设项目所需施工时间的约定。

工程开工计算时间根据每个具体合同条件规定的不同而各异。但工程工期一般是从接到业主开工通知或称开工令之日起开始计算。

不同的国家对此也有不同的规定。例如，埃及建设部工程承包合同条件规定：工期从接到图纸、无障碍的工地或收到预付款开始算起，并按其中最后的日期开始计算。

因此，在计算合同工期时，一定要弄清合同条款对开工时间的规定，以便准确地计算工程的工期。

2. 工期与建设费用的关系

国际工程承包的合同协议条款中一般不仅明确规定了开工日期、竣工日期和总日历天数，而且也都会写明延期开工、暂停施工、工期延误及工期提前的责任条款。在工程招标文件中，往往业主都把完工工期作为投标条件之一。尽管如此，由于工程本身的复杂性及可能发生的各种干扰，在其实施过程中，经常发生不能按预定日期完成的延误事件。所以，在进行工期分析时，弄清工期与建设费用的关系，对合理划分延误责任、处理延误纠纷、维护工程承包合同履行的严肃性是不可缺少的。

国际工程造价的计算与国内工程不同。《建筑工程量计算原则（国际通用）》的"总则"中规定：除另有规定，工程项目单价应包括：人工及其有关费用；材料、货物及其一切有关费用；机械设备的提供；临时工程；准备工作费、管理费及利润等。其中前面三项属于直接费用，后面两项属于间接费用。工程总成本如图9-2所示。

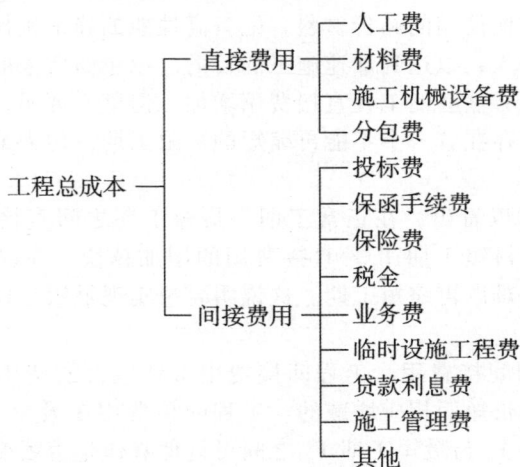

图9-2　工程总成本图

根据上述国际工程造价组成，下面从三方面说明工期与建设费用的关系，如图9-3所示。

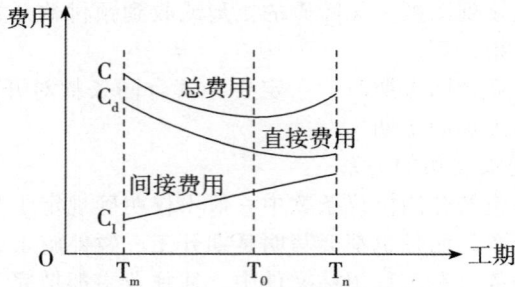

图 9-3　工期与建设费用关系图

（1）工期与直接费用。任何建筑施工过程都是由许多必要的作业工序组成的。这些作业工序一般都会因承包商的不同而采用不同的施工方案、施工技术措施，因而所耗用的劳动力、建筑材料及作业时间也不尽相同。但每一位承包商都会为达到工程成本最低的经济目的，而将上述因素在整个工程实施过程中尽量进行最佳组合。我们把承包商以工程直接费用最低为目标，进行生产要素最佳组合所需要的建设工期称为正常工期，即图 9-3 中的 T_n。当业主有代价地要求某工程项目以最快速度完成时，就存在这样的可能，即承包商以最短工期为目标，组织多班作业及加班加点的办法，采用方便使用的高价材料，配备高性能的施工机械设备，增加更多的技术熟练工人，以达到加速施工的目的。承包商所采取的上述可以缩短工期的措施，必然会使工程直接费用增加。但事实证明，无论采取何种措施，技术上都存在着一个不能再缩短的极限工期，称为最短工期，即图 9-3 中的 T_m。

从图 9-3 可以看出，在正常工期与最短工期之间直接费用的曲线呈凹型，越是接近最短工期 T_m，直接费用的增加越快，在极限工期点，直接费用骤增，已难以再缩短工期。这说明要想实现最短工期，必须付出高额代价。

（2）工期与间接费用。工程间接费用虽然包含的费用项目较多，但通常是随工期的长短而相应增减的。工程间接费用在最短工期 T_m 时为最低，在正常工期 T_n 与最短工期 T_m 之间可近似看作呈直线变化，如图 9-3 所示。

（3）最佳工期与合同工期。从上面的分析可知，若将直接费用 C_d 和间接费用 C_I 分别视为工期 T 的函数，即：

$$C_d = f_1（T）$$

$C_I = f_2 (T)$

则总建设费用：

$C = C_d + C_I = f_1 (T) + f_2 (T)$

令 $dC/dT = d [f_1 (T) + f_2 (T)] /dT = 0$

则得最佳工期 $T^* = T_0$，如图 9-3 所示。

将最短工期 T_m 和正常工期 T_n 区间中所对应的工程直接费用 C_d 和工程间接费用 C_I 进行叠加，得到图 9-3 中的总费用曲线。这条总费用曲线的最低点所对应的工期就是较为理想的最佳工期 T_0。在一般情况下，无论是业主还是承包商，选择这个最佳工期应该是合理、公平、易于接受的。

上述分析所得结论是建立在工程材料等费用不随时间延长而发生变化的基础上的。在实际工程承包合同中，业主与承包商双方所共同确定的开、竣工日期只是反映了双方对该工程一致认可的预测工期，事实上很难证明它是或不是最佳工期。合同中关于工期延误及工期提前的条款只是为保证合同工期所设置的约束条件，与最佳工期并没有太多的联系。

在活跃的市场经济条件及特定的国际工程承包环境下，业主和承包商都有可能根据自身形势，认为工期提前或滞后能使本方获得较好的综合利益，从而做出加速施工或拖后的决定。总的说来，有如下三种情形：

①当业主意识到工程提前完工交付使用所产生的市场利润大大高于他所支付给承包商加速施工的赶工费及收益分成时，他将会做出明确的加速施工指示。

②当承包商意识到为提前完工所增加的工程成本（直接费+间接费）大大低于可以从业主那里得到的提前奖金及提前交用收益分成，或者承包商急于将设备、人员等转移到新开工的工程项目上以取得更大的利润时，他将会自愿采取加速施工速度的措施。

③国际工程项目涉及面广，突变因素多，各种意想不到的情况随时都会出现，从而导致业主或承包商随时都有可能做出影响工期的决定。

3. 工程延误的分类及原因

工程延误是指工程实施过程中任何一项或多项工作实际完工日期迟于计划规定的完工日期，从而可能导致整个合同工期的延长。其中，按合同规定延长的工期亦作为合同规定日期的组成部分。

对业主来说，工程延误意味着工程不能如期投入使用，不仅可导致总建设费用增加，而且会迫使投产准备时间延长，投产物质准备资金占用时间增多，使市场利润受到损失。

对承包商来说，工程延误会使工程成本增加，生产效率降低，企业信誉受到影响等。

由此可见，工程延误的后果是形式上的时间损失，实质上的经济损失。无论是业主还是承包商，都不愿意无缘无故地承担由工程延误给自己带来的经济损失。因此，分析和识别各种原因造成的工程延误及相应经济责任就十分必要。

（1）按工程延误原因划分

① 业主及其代表原因引起的延误。业主及业主代表原因引起的工程延误一般可划分为两种情况：

第一，业主或业主代表自身原因引起的延误，包括：提供具备施工条件的场地延误；提交图纸延误，包括设计图纸、设计变更图纸延误；延迟支付工程预付款；拖期支付工程进度款；业主负责提供的材料、设备延误；业主指令延迟；业主提供的设计数据或工程数据延误；业主检查、检验延误；业主指定的分包商、供应商或其他由业主负责的第三方引起的工程延误；业主认可材料、设备样品延误；业主违约，承包商减缓工程进度引起的延误；业主下令其他承包商提供服务引起的延误；业主验收工程延误，如推迟办理验收交工手续；业主下令暂时停工导致的延误。

第二，合同变更原因引起的延误，包括：实施过程中的工程量增加；工程范围的变更（增大），如新增单项工程；重大设计变更。

显然，由业主或业主代表原因引起的工程延误可以得到延长工期的补偿。

② 承包商引起的延误。由承包商方面原因引起的延误往往是因其内部计划不周、组织协调不力、管理指挥不当等原因引起的。具体如下：施工组织不善，如出现窝工或停工待料现象；质量不符合技术规范要求而造成的返工；劳动力不足，如管理人员或工人不够，或者一时找不到合适的分包商等；机械设备不足或不配套，导致机械设备效率低下，或进场延误；开工延误；劳动生产率低；技术力量薄弱，管理水平低；承包商雇用的分包商或供货商引起的工程延误。

显然，以上这些延误难以得到业主的谅解，也不可能得到业主给予延长工期的补偿。若承包商想避免或减少工程延误的罚款及由此产生的损失，只有通过改进内部工作，加强管理，或采取加速施工的措施。

③ 由有关第三方原因引起的延误。这里，"有关第三方"应理解为与

业主或承包商有某种工程方面的合同、协议关系的单位或个人。当由有关第三方原因引起工程延误时，为了划清业主、承包商双方的责任，通常按业务关系进行划分，即与业主有关的第三方原因引起的延误后果由业主承担，与承包商有关的第三方原因引起的延误后果由承包商承担。

④　不可控制因素引起的延误。不可控制因素引起的延误是指非承包商过错或疏忽所引起，非承包商所能预见，并且非承包商能力所能控制的因素造成的工程延误，通常可分为下列类型：

第一，不可预见性障碍引起的延误。它是指工程实施过程中所出现的障碍是实施前无法发现的，而此障碍的处置难度及时间已构成对该工程的延误。如在工程现场或在挖方工程中，发现古迹、古文物、古化石而引起的停工等待处理或搬迁工地造成的延误。

第二，不确定性障碍引起的延误。它指承包商因条件所限，只能判断障碍存在，而无法预先确定处置此类障碍的措施及需要多少时间，一旦遇到此类非己方原因的麻烦，将会产生工期推延。如在土方工程中遇到异常恶劣的地质条件，以致影响工期。

第三，不可抗力引起的延误。它是指承包商无法控制的自然影响力迫使工程项目不能按计划正常进行实施而造成的延误。如遇地震、泥石流、龙卷风、山洪暴发等自然灾害时，任何承包商都没有能力改变或停止它们的发生，业主不应该要求承包商承担由此而产生的延期责任及工程经济损失。

第四，异常恶劣气候条件引起的延误。引起索赔的"异常恶劣气候"应理解为工程所在地区某季节中出现的特别不正常的气候，而不应该包括那个季节中正常出现的恶劣气候条件。在实际索赔分析中，要判断某地某时期内所发生的恶劣气候是正常性的恶劣气候还是异常性的恶劣气候，业主、承包商双方往往看法难以一致，为了合理公正处理这种分歧，一般根据当地气象部门真实气象资料，以过去 10 年的平均值（或认为更合理的可靠数据）作为比较和判别的基础，而且受异常恶劣气候影响的应是室外作业，不受气候影响的室内作业不能就气候问题提出工期索赔。

第五，特殊社会条件引起的延误。特殊社会条件是指工程所在国及所在地区在实施期间处于战争、叛乱、罢工、政变等不安定环境中。在这种社会条件下，工程实施必然会受到经济秩序混乱、生产不景气、交通运输受阻、职工情绪不佳等不良情况的影响，导致生产效率低下及工程延误。但只要这种特殊社会条件还没有导致工程合同的终止实施，承包商就应尽力继续履行合同责任。同样，由于国际上各国政府间经济贸易方面的抵制或禁运对某些工程实施构成延误的情况，也属于特殊社会条件所产生的问题。

由于特殊社会条件所产生的工程延误并非承包商的过错，业主一般会实事求是地认可承包商适当延长工期的合理要求。

（2）按索赔结果划分

在工程实施过程中发生的工程延误，按照承包商是否应该或能够通过索赔得到合理补偿而分为可索赔延误和不可索赔延误。

①可索赔延误。它是指非承包商原因引起的工程延误，包括业主的原因和双方不可控制的因素引起的延误，并且该延误工序或作业一般应在关键线路上。这种延误属于可索赔延误，当承包商提出补偿要求时，业主应考虑承包商由此而产生的损失，给予相应的合理补偿。根据补偿内容的不同，可索赔延误可进一步分为以下三种情况：

第一，可索赔工期的延误。它是指由业主和承包商双方都不可预料、无法控制的原因造成的延误，如不可抗力、异常恶劣气候条件、特殊社会条件、与业主有关的第三方原因等引起的延误。

对这种延误，一般合同规定，业主只给承包商延长工期，不给予费用损失的补偿。但在有些合同条件（FIDIC条件）中，对一些不可控制因素引起的延误，如"特殊风险"和"业主风险"的发生引起的延误，业主还应给予承包商损失补偿。

此处的费用补偿是针对因工程延误的时间因素所造成的费用损失，而不是指因工程变更、工程量增加、技术变更等其他因素导致的费用损失。

第二，只可索赔费用的延误。这是指由于业主的原因引起的延误，但发生延误的活动对总工期没有影响，而承包商却由于该延误负担了额外的费用损失。这种延误称为只可索赔费用的延误。在这种情况下，承包商必须能证明其受到了损失或发生了额外费用，如延误造成的人工费、材料费价格上涨、劳动生产率降低等。

第三，可索赔工期和费用的延误。按照正常情况，既然是可索赔延误，首先应得到延长工期的补偿，这是每一位承包商进行工期索赔时的首要要求。但有时，由于业主对工期要求的特殊性，即使在工程实施过程中所造成的延误都是由于业主及其代表的原因，业主也不批准任何工期的延长。在这种特殊情况下，业主可承担工期延迟的责任，却不希望延长总工期。业主这种做法事实上是要求承包商加速施工。由于加速施工所采取的各种措施而多支出的费用，就是承包商提出补偿费用的依据。除此之外，对工程延误期间的时间因素所造成的费用损失也可提出索赔要求。

②不可索赔延误。它是指因承包商原因构成延误事实，故得不到业主给予延长工期或追加付款的补偿。它包括承包商方面原因引起的延误及与承包商有关的第三方原因引起的延误。在这种情况下，承包商不应向业主提出任何索赔。

不可索赔的延误有时也可以转化为可索赔的延误，如由于非承包商原因引起的延误不发生在关键工序上时，一般为不可索赔延误，但延误超过该工序的自由时差时，则超过部分的延误，就称为可索赔的延误。

（3）按延误性质划分

①单一性延误。在某一延误事件从发生到终止的时间间隔内，没有其他延误事件发生，该延误事件称为单一性延误。

②同时性延误。当某两个或两个以上的延误事件从发生到终止的时间完全相同时，这些延误事件称为同时性延误。

同时性延误在国际工程中存在许多可能性，它使索赔管理中的补偿分析比单一性延误要复杂些。图9-4列出了同时性延误组合及其索赔补偿分析结果。

图9-4中需要特殊强调的是，由业主引起的或双方不可控制因素引起的延误与由承包商原因引起的延误同时发生时，即可索赔的延误与不可索赔的延误同时发生时，则可索赔延误就变成不可索赔的延误。这是国际工程索赔的惯例之一。

③交错性延误。当两个或两个以上的延误事件从发生到终止只有部分时间重合时，称为交错性延误。

由于国际工程往往都有工期长、规模大、技术复杂、影响因素多等特征，多种原因引起的延误常常交织在一起。因而，交错性延误在国际工程中更为常见，它的补偿分析也更为复杂，而同时性延误只是交错性延误的一种特殊情况。

（4）按延误发生时间分布划分

按延误发生时间分布划分，工程延误分关键线路延误和非关键线路延误。

①关键线路延误。这是指发生在工程网络计划关键线路上的延误。在网络计划的关键线路上，全部工序的总持续时间即为工程总工期，在这条线路上的每一个工序都没有任何机动时间，因而任何工序的拖延都会迫使

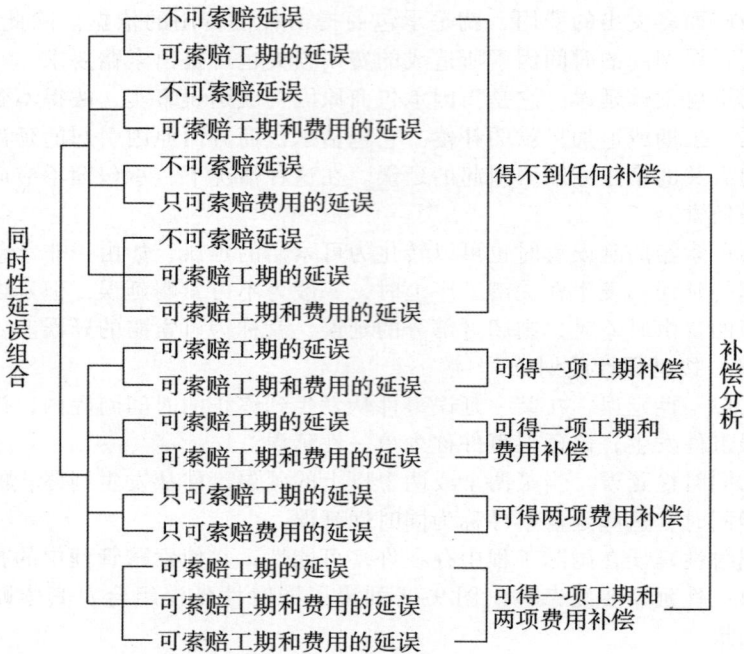

图 9-4　同时性延误组合及其补偿分析

总工期推迟。所以，非承包商原因引起的关键线路延误，必定是可索赔延误。

②非关键线路延误。这是指发生在工程网络计划非关键线路上的延误。在网络计划非关键线路上的工序往往或多或少都存在机动时间，因而，当由于非承包商原因发生非关键线路延误时，会出现下面两种可能性：

第一，延误时间不多于该工序的机动时间。在此种情况下，所发生的延误事件不会导致整个工程的工期延误，因而业主一般不会给予延长工期的补偿。但如有因时间因素而发生额外支出时，承包商是可以提出费用补偿要求的。

第二，延误时间多于该工序的机动时间。此时，非关键线路上延误会部分地转化为关键线路延误，从而成为可索赔延误。

归纳起来，工程延误分类如图 9-5 所示。

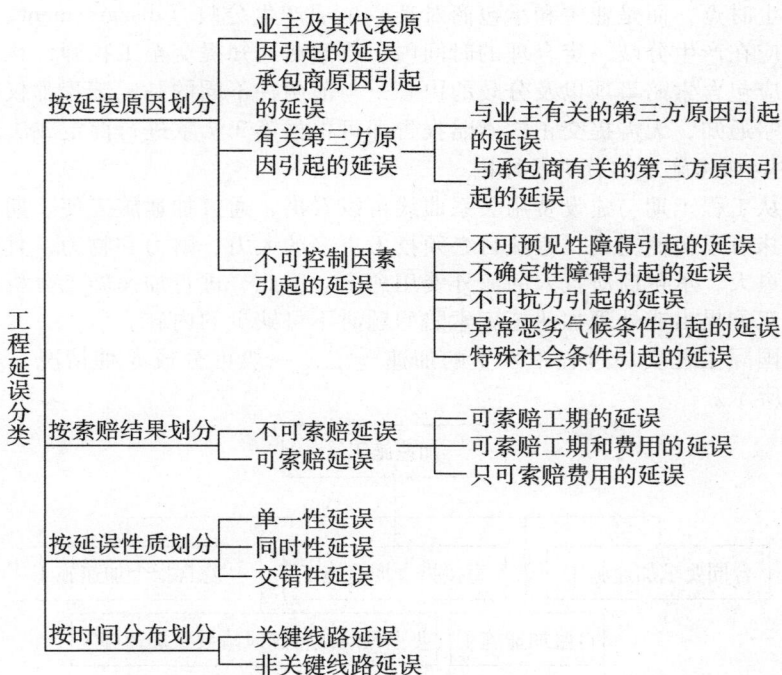

图 9-5　工程延误分类

（5）2017 版《土木工程施工合同条件》的索赔分类

2017 版《土木工程施工合同条件》将索赔明确分为三类。

第一类：业主关于额外费用增加（或合同价格扣减）和（或）缺陷通知期（defects notification period，DNP）延长的索赔。

第二类：承包商关于额外费用增加和（或）工期（extension of time，EOT）延长的索赔。第三类：合同一方向另一方要求或主张其他任何方面的权利或救济，包括对工程师（业主）给出的任何证书、决定、指示、通知、意见或估价等相关事宜的索赔，但不包含与上述第一类和第二类索赔有关的权利。

第三类索赔可以包括：对合同某一条款的解释；对已发现合同文件中模糊或矛盾地方的修改；索赔方提出的申诉；现场或工程实施所在地的进入；其他任何合同项下或与合同有关的权利，但不包括一方对另一方的支付和（或）EOT 或 DNP 的延长。第三类索赔起点并非为某一事件或情况的发生时点，而是业主和承包商对某一事项产生分歧（disagreement），索赔方应在产生分歧一定合理的时间内，将索赔通知提交至工程师，该索赔通知应包含索赔事项以及分歧的内容，与前两种不同的是，工程师仅依据该索赔通知，无需提交正式索赔报告即可根据第3.7款进行商定或决定。

4. 加速施工的分类及原因

从工程工期与建设费用关系曲线可以看出，通过加速施工使工期提前将意味着承包商完成工程项目必须投入更多的人力、财力和物力，且加速幅度愈大，承包商所投入的额外费用愈多。因此，进行加速施工分析，是合同双方提出或处理加速施工索赔问题时不可缺少的内容。

国际工程实施过程中发生的加速施工，一般可分成5种情况，如图9-6所示。

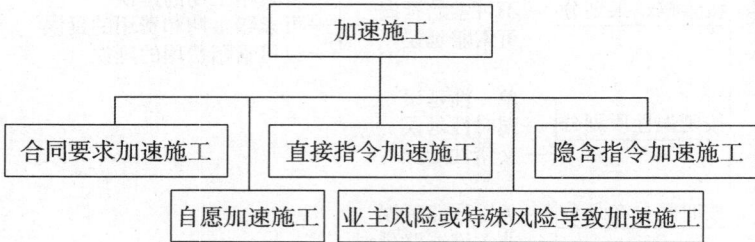

图9-6　加速施工分析

（1）合同要求加速施工。合同要求加速施工是指合同中工期天数明显少于正常情况下的最佳工期，或在合同条款中有业主明确要求承包商采取加速施工措施的文字记录。

一般来说，合同要求加速施工都有其特殊原因，如工程竣工日期因故不能推延，且施工时间已明显不足等，有时业主甚至在招标文件中明确要求以加速施工作为投标条件之一。

在这种情况下，承包商的对策较为简单，只需在签订合同时将加速施工费用的计算原则及支付要求明确写入有关条款。

（2）直接指令加速施工。直接指令加速施工是指由于某种原因，业主或业主代表明确指令承包商采取加速施工措施以促使工程提前竣工；或者由于非承包商原因引起工期延误而业主不同意推迟合同完工日期的情况。

这种直接指令应理解为一种合同变更，因而，承包商的对策应是要求业主以具有法律效力的书面指令或补充协议的形式将加速施工目标及相应的加速费用补偿原则和方法确定下来。

（3）隐含指令加速施工。隐含指令加速施工是指业主或其代表的行为已客观要求承包商采取加速施工的措施，但却没有给予承包商明确的加速指令的情况。

在这种情况下，业主或其代表的行为一般有下面三种表现形式：①对承包商与原定计划完全一致的顺利的工程进展反复表示不满；②要求承包商放弃已正常实施的原施工方案，而采用某种具有明显加速工程进度色彩的新方案；③对承包商延长工期的合理要求不予理睬。

业主或其代表的上述行为已构成隐含加速施工的要求，但由于它不像直接指令加速施工那样有明确的指令，承包商若处理不当，将会蒙受加速施工费用损失或误期罚款等。因而，为了维护自己的索赔权利，保护己方利益，承包商应采取如下对策：①用书面形式声明业主或其代表的行为已构成隐含指令加速施工的要求，并提供相关的确凿证据，以获得业主对隐含指令加速施工进行确认的事实，使隐含指令明确化，并形成相应的具有法律效力的规范性文件；②当隐含指令加速施工已逐步明确并构成事实后，承包商应及时整理加速施工的实际额外成本资料并递交业主。

（4）自愿加速施工。承包商一般会在下面两种情况下主动采取加速施工的措施，尽管这会使其负担额外的支出：①因自身原因导致工程延误，为了保证所承包的工程项目能够按合同工期顺利完成，以避免误期罚款及其他损失；②出于对全局利益的考虑，争取时间，把握更有利的机会，以追求整体效益最佳。

显然，承包商自愿加速施工一般不会得到业主对实际额外成本的补偿，而只能得到合同条款中规定的工期提前奖励及提前投入使用利益分成。

（5）业主风险或特殊风险导致加速施工。有时，承包商为了避免预期的业主风险或特殊风险，如战争、异常恶劣气候等威胁，而采取加速施工措施。

在这种情况下，承包商应有工程所在国政府的官方证明材料，并事先征得业主或其代表的书面认可；否则，若承包商只是凭自己的某种感觉或理解而采取加速措施，是难以获得业主任何补偿的。这样，实际上前一种做法已转化为直接指令加速施工，而后者往往只会被视为自愿加速施工。

（二） 费用索赔

1. 费用的概念

国际工程承包索赔中的费用，是指在工程价款之外，业主需要直接支付的开支和承包商应负担的开支。因此，**费用索赔**实质上包含了两个方面的含义：

（1） 承包方对发包方的索赔。索赔的目的在于，能在约定的工程价款之外再向发包方收取一定数额的金钱。因而从这一点来讲，承包方向发包方的费用索赔，乃是出效益、创利润的可行途径。

（2） 发包方向承包方的反索赔。反索赔的目的也很明确，就在于通过实现对承包方的费用索赔来减少支付工程价款，同样是在创造效益。

我们这里着重研究的是承包方对发包方的索赔。也就是说，这里的费用索赔是指承包商在由于业主的原因或双方不可控制的因素发生变化而遭受损失的条件下，向业主提出补偿其费用损失的要求。因而，索赔费用应是承包商根据合同条款的有关规定，向业主索取的合同价以外的费用。

费用索赔不应被视为承包商的意外收入，也不应被视为业主的不必要支出。实际上，费用索赔的存在是由于建立合同时还无法确定的某些应由业主承担的风险因素导致的结果。承包商的投标报价中一般不含有业主承担的风险对报价的影响，因而，一旦这类风险发生并影响承包商的工程成本时，承包商提出费用索赔是一种正常现象和合理行为。

费用索赔是工程索赔的重要组成部分，是承包商进行索赔的主要目标之一。同时，由于索赔费用的大小关系着承包商的盈亏，也影响着业主工程项目的建设成本，因而费用索赔常常是最困难也是双方分歧最大的索赔。特别是对于发生亏损或接近亏损的承包商和财务状况不佳的业主，情况更是如此。

2. 费用索赔的范围

费用索赔的范围是指哪些费用可予以索赔。传统索赔观念认为，由于索赔事件的发生造成的损失，可予以索赔。但对未造成损失之违约行为可否主张，应视情况而定。虽然未给对方造成经济损失，但应当根据法律规定或合同约定支付违约金。因此，建筑安装工程承包合同的当事人应当周密设定违约行为必须支付违约金的条款，并在对方存在违约行为时积极主张违约金索赔。如此，费用索赔由如下两部分构成：

（1） 违约金。订立合同时，违约金的比例应遵守法律规定或在法律允许的范围内约定，法律没有确定具体数额或者没有规定违约金比例范围的，可由当事人约定，但该约定不要订得太高以免有失合理。

（2）损失。损失分为直接损失和可得利益损失。直接损失实际上包括由于对方的违约行为给自己造成的损失和由于对方违约造成自己未能向第三方履约而被第三方索赔造成的损失。

在索赔的顺序上，有违约金的，应先索赔违约金，如果违约金已超过损失，只索赔违约金；如果违约金少于损失，应再索赔违约金与损失之间的差额。

3. 费用索赔的原因

引起费用索赔的原因是由于合同的基础条件发生变化使承包商遭受了额外损失。归纳起来，有下列几类原因：

①工程量增加。这主要包括：

第一，设计变更。在工程实施过程中，无论是完善型还是修改型设计变更都可能引起新增合同外工程、新增加单项工程或变更单项工程等，从而引起承包商工程量增加。

第二，指令性变更。它是指业主或其代表在合同规定的限度内指令增加工程量。

第三，推定性变更。它是指由于业主的规范缺陷、要求变更施工方法、过度检查等非正式的变更引起承包商工程量增加。

第四，不可预见性或不确定性障碍。由于对不可预见或不确定性障碍的处理往往不能预先准确地计算工程量，所以实施处理的结果常常引起工程量增加。

第五，合同规定的其他变更引起工程量增加。

②加速施工。通常情况下，承包商在合同要求加速施工以及在业主直接指令或隐含指令加速施工时，都可以提出费用索赔。

③可补偿费用的延误。引起可补偿费用延误的因素常常是：一是业主或与业主有直接关系的第三方原因；二是不可预见或不确定性障碍；三是异常恶劣的气候条件；四是特殊社会经济条件。

④与工期无关的业主违约。由于与工期有关的业主违约问题已包含在可补偿费用延误中，故此处仅指与工期无关的业主违约问题。

⑤终止或解除合同。终止或解除合同是指业主、承包商双方就特定的工程合同生效后，因某种原因使原合同不能继续履行或不必要履行时，当事人双方经过协商同意，或当事人一方行使合同解除权使合同停止履行的行为。一般有如下几种情况：

第一，承包商严重违约，业主解除合同。常见的承包商严重违约的情况有五种：一是未经业主同意，单方面将其承包的工程部分或全部转包给第三方；二是超过合同规定开工日期后，仍迟迟不能开工，且无正当理由；三是拒不更换严重失职或无能的工程管理人员；四是坚持使用不合格材料；五是对业主多次提出的质量警告纠正不力或纠正无效。

第二，业主严重违约，承包商解除合同。常见的业主严重违约的情况有五种：一是未经承包商同意，单方面转让合同，以致对承包商产生了严重不利后果；二是合同生效后，业主却无能力支付合同工程款项，致使承包商陷入困境；三是现场施工条件与业主承诺的情况严重不符，且长时间拖延而得不到解决；四是业主无理拒绝其委派现场代表所发布的正当指令，严重损害了承包商的正当利益，使工程无法继续进行；五是业主有条件却不按合同规定的时间和金额支付工程款。

第三，业主、承包商双方经过协商，一致同意解除合同。

第四，因双方不可控制因素造成工程停建或缓建，致使已经生效的合同不能继续履行。

⑥业主提前使用未完工程及在保修期间使用不当。

⑦合同有缺陷。

⑧国家政策、法规变更。

4. 索赔费用的分类

（1）按索赔起因划分

针对上述八类原因，索赔费用可作相应的种类划分，如图9-7所示。下面对上述分类的八种索赔费用分别说明如下：

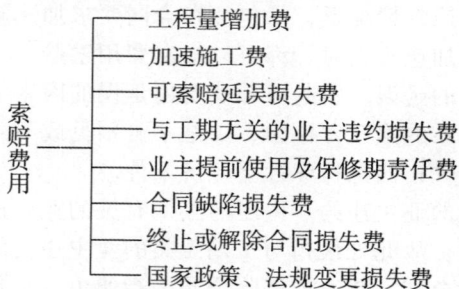

索赔费用
- 工程量增加费
- 加速施工费
- 可索赔延误损失费
- 与工期无关的业主违约损失费
- 业主提前使用及保修期责任费
- 合同缺陷损失费
- 终止或解除合同损失费
- 国家政策、法规变更损失费

图9-7 按索赔起因划分的索赔费用

①工程量增加费。这是指由于某些因素的影响致使工程量超过了原合同或图纸的规定而发生的费用。其数量是由所确认的工程增加量的直接费

用（人工费、材料费、机械费）、间接费用和其他费用构成，并按照工程价款确定的原则，或按照合同条款中规定的计算办法进行计算。

②加速施工费。加速施工费是指由于加速施工，而比正常进度状态下完成同等数量的工程量多付出的那部分费用。通常情况下，加速施工费的产生由以下几种原因造成：第一，采用的工资标准比正常情况下高，如多发奖金、加班费、超额作业津贴等；第二，配备比正常进度人力资源多的劳动力；第三，施工机械设备的配置增加，周转性材料大量增多；第四，采用先进价高的施工方法；第五，采用能减少现场工序的高质量、高性能的材料；第六，材料供应不能满足加速进度要求时，发生工人待工或高价采购材料；第七，加速施工中的各种交叉干扰进一步加大了加速作业的成本等。

上述费用的产生，会因工程情况的不同而千差万别，甚至会出现加速施工费用大幅度增加而加速效果却不明显的情况。

③可索赔延误损失费。它是指完全由于可索赔工程延误的时间因素给承包商造成的实际费用损失。这类费用与工程量增加费的性质几乎完全不同，它往往是由下列几种费用组合而成：一是工人停工待工损失费；二是施工机械闲置费；三是材料损失费及材料价格上涨费；四是异常恶劣气候条件及特殊社会经济条件造成的损失费。

④与工期无关的业主违约损失费。与工期无关的业主违约在实际工程中也是常常发生的。其费用构成较为复杂，但有一个共同的特点，即无工期补偿问题，又确实存在费用损失，如业主供应的材料设备过早进场、业主代表工作失误造成的损失费等。

⑤业主提前使用及保修期责任费。在规模较大、工期较长的工程项目建设过程中，若业主提前使用了正在施工的工程，无论是生产性还是商业性使用，都必然会给业主带来利益而对承包商的施工带来影响，即使没有影响整个工程和工期，也不可否认承包商为业主提前使用部分工程而创造条件及采取措施时已付出某些费用。

在工程全部完工并交付使用后的保修期期间，按照合同协议的规定，承包商有责任无偿对其交付使用工程的缺陷进行维修。但是，当保修期间发生的工程质量问题是由于业主使用不当或管理不善等原因引起时，业主应对其造成的一切损失负责。

⑥合同缺陷损失费。它是指由于合同文件不严密、不完备，致使合同双方对合同条款（如不可抗力、恶劣气候条件、现场条件变化等条款）

有不同解释、对图纸与规范有不同观点而造成的承包商额外损失。

⑦终止或解除合同损失费。合同的解除或终止并不影响当事人要求赔偿损失的权利，原合同条款对解除合同当事人之间有关结算、未尽义务、争议等问题的解决仍然有效。所以，业主、承包商双方在解除合同后，都可以对解除合同前已经发生的损失和解除合同后所产生的损失向对方提出索赔要求。

⑧国家政策、法规变更损失费。国家新的政策、法规颁布执行后，对合同工程是否会产生费用影响，主要在于具体的工程与法规是否相关。在提出索赔费用报告时，需要具体情况具体分析，有些政策对每个工程都有影响，有些则只对涉及的内容有影响。

（2）按索赔费用的构成性质划分

从本质上讲，承包商的费用索赔包括损失索赔费用和额外工作索赔费用。

损失索赔费用包括实际损失索赔费用和可得利益索赔费用。实际损失是指承包商多支出的额外成本；可行利益是指如果业主不违反合同，承包商本应取得的，但业主违约而丧失的利益。

额外工作索赔费用包括额外工作实际成本及其相应利润。对额外工作索赔，业主应以原合同中的适用价格为基础，或者以双方商定的价格或工程师确定的合理价格为基础给予补偿。实际上，进行合同变更、追加额外工作，相当于确立一种新的合同关系，常表现为原合同基础上的一种补充协议。

计算损失索赔和额外工作索赔的主要区别是：前者的计算基础是成本，而后者的计算基础是价格。

计算损失索赔要求比较一下计划合理成本（无违约事件发生）和实际合理成本（有违约事件发生）。此外，计划成本和实际成本不一定完全是指承包商投标成本和实际发生成本，但都必须是合理成本。业主应对两者之差给予补偿，这与各工作项目的价格毫不相干，原则上也不得包括额外成本的相应利润，除非承包商原合理预期利润的实现已经因此受到影响。这种情况一般当违约引起了整个工期的延长或完工前的合同解除时才会发生。

计算额外工作索赔则允许包括额外工作的相应利润，甚至在该工作可以顺利列入承包商的工作计划，不会引起总工期延长，从而事实上承包商并未遭受利润损失时也是如此。

在工程索赔中，承包商究竟可以就哪些损失提出索赔，取决于合同规定和有关适用法律。无论损失的金额有多大，也无论是什么原因引起的，合同规定都是这种损失是否可以得到补偿的最重要的依据。

按国际工程索赔惯例，一般有五种损失可以索赔：由索赔事项引起的直接额外成本；由于合同延期而带来的额外时间相关成本；由于合同延期而带来的利润损失；合同延期引起的总部管理费损失；由于干扰造成的生产率降低所引起的额外成本。

索赔费用按费用构成性质划分如图9-8所示。

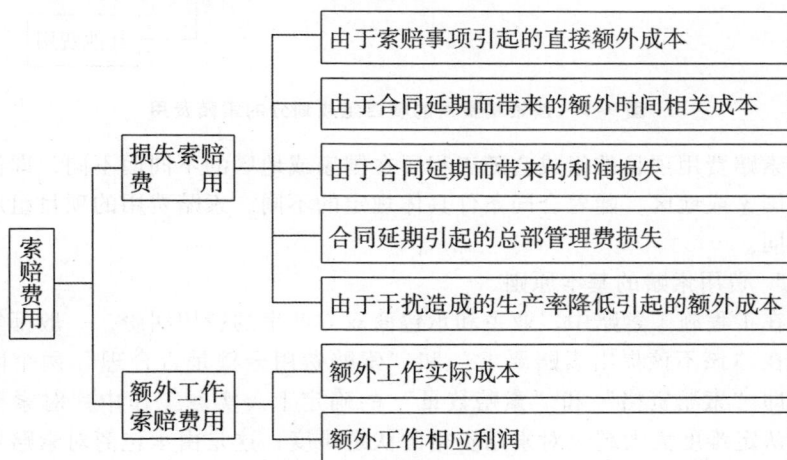

图9-8　按费用构成性质划分的索赔费用

（3）按索赔费用的项目组成划分

索赔费用按其项目组成可分为直接费用和间接费用。其中，直接费包括人工费、材料费、机械费和分包费；间接费包括管理费、利润、融资成本等，如图9-9所示。

索赔费用计算的基本方法就是按上述费用组成项目分别分析、计算，最后再汇总求出总的索赔费用。

按照国际惯例，承包商的索赔准备费用、索赔金额在索赔处理期间的利息、仲裁费用、诉讼费用等是不允许索赔的，因而不应将这些费用包含在索赔费用中。

美国工程索赔问题专家 J. J. Adrian 在其《工程索赔》一书中对四种类型索赔的费用组成，进行了详细分析（见表9-2）。

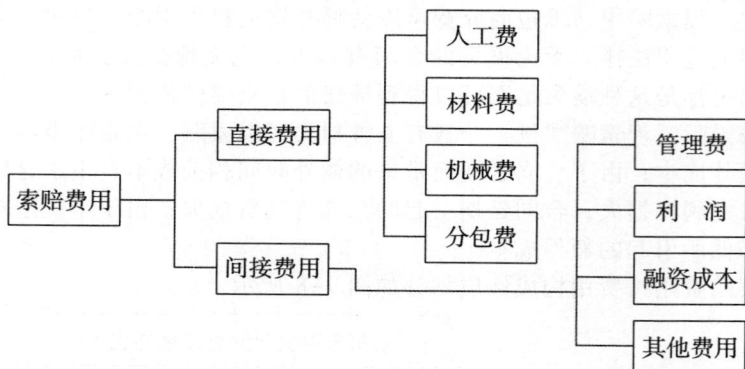

图 9-9　按索赔费用的项目组成划分的索赔费用

索赔费用项目的组成会随工程所在国家或地区的不同而不同，即使在同一国家或地区，随着合同条件具体规定的不同，索赔费用的项目组成也会不同。

5. 费用索赔的基本原则

在工程施工索赔中，业主和承包商双方产生的费用纠纷，一般都集中反映在"该不该提出索赔要求"和"索赔费用金额是否合理"两个问题上，即"索赔资格"和"索赔数量"的确定上。实际工作中，对索赔数量的认定难度大大超过对索赔资格的认定难度，这是由承包商对索赔事件的识别能力、对索赔事件的处理态度以及对证据资料收集的完整性等方面决定的。

事实上，承包商在提交索赔报告时，常常将索赔费用夸大数倍，把索赔原因与无关因素联系在一起，有时甚至曲解合同协议条款含义以证明其具有索赔权利，以致国际工程承包业界流行这样一句口头禅——投标在报价，赚钱在索赔。这虽不尽然，但也说明费用索赔无论对承包商还是业主都是至关重要的。

从国际上几种常用的土木工程合同条件及国际惯例来看，进行费用索赔应遵循如下几个原则：

（1）必要原则。这是指从索赔费用发生的必要性角度来看，索赔事件所引起的额外费用应该是承包商履行合同所必需的，即索赔费用应在所履行合同的规定范围之内，如果没有该费用支出，就无法合理履行合同，就无法使工程达到合同要求。

表 9-2   **索赔费用项目组成**

费用项目	索赔种类			
	延误索赔	工程范围变更索赔	加速施工索赔	现场条件变更索赔
人工工时增加费	×	√	×	√
生产率降低引起人工工时损失费	√	○	√	○
人工单价上涨费	√	○	√	○
材料用量增加费	×	√	○	○
材料单价上涨费	√	√	○	○
分包商工程量增加费	×	√	×	√
分包商单价上涨费	√	○	○	√
租赁机械费	○	√	√	√
自有机械使用费	√	√	○	√
自有机械台班率上涨费	○	×	○	○
现场管理费（可变）	√	√	√	√
现场管理费（固定）	√	×	×	○
总部管理费（可变）	√	√	○	○
总部管理费（固定）	√	○	×	○
融资成本（利息）	√	○	○	○
利润	○	√	○	√
机会利润损失	○	○	○	○

注：√为一般情况下应包含；×为不包含；○为可包含可不包含，视具体情况而定。

对于某一个确定的费用项目，若合同没有规定，或规定不准进行费用索赔，承包商就不得以任何理由提出索赔要求。如承包商在施工过程中发现自己在投标时工程预算有漏项错误，且合同条款中没有对此类情况进行补偿的根据，那么这种漏项将是承包商自身的一种损失，即使承包商提出索赔要求，业主也肯定会拒绝。业主的理由往往是：①承包商无法证明其漏项错误究竟是工作疏忽还是故意留有余地；②此处的漏项错误损失有可能被别处的重项错误所弥补；③漏项错误使承包商在投标竞争中处于有利地位，乃至获得了成功。

因而，在这种情况下，承包商无从让业主确信其索赔费用是履行合同必需的，也就无从索赔。

（2）赔偿原则。这是指从索赔费用的补偿数额角度看，索赔费用的确定应能使承包商的实际损失得到完全弥补，但也不应使其因索赔而额外受益。

承包商在履行合同过程中，对非自身原因引起的实际损失或额外费用向业主提出索赔要求，是承包商维护自身利益的权利。但是，承包商不能企图利用索赔机会弥补因经营管理不善造成的内部亏损，也不能利用索赔机会谋求不应获得的额外利益。总之，在实际损失获得全额补偿后，承包商应处于与假定未发生索赔事件情况下合同所确定的状态同等有利或不利的地位，即费用索赔是赔偿性质的，承包商不应因索赔事件的发生而额外受损或受益。换个角度来说，业主也不能因为承包商所遇到的不利问题而获得额外利益，特别是在产生问题的原因与业主或其代理人有关的情况下。

我国民法通则和涉外经济合同法都规定：①当事人一方违反合同的赔偿责任，应相当于另一方因此而受到的损失；②当事人可以在合同中约定，一方违反合同时应向对方支付一定数额的违约金；③双方也可以在合同中约定对于违反合同产生损失的赔偿额的计算方法。

由此可见，违约金虽然可能有不同的性质，但在建筑施工合同中一般是赔偿性的。在国际工程施工合同中除了通常约定的承包商延期完工需要向业主支付延误赔偿金外，大多没有其他的违约金约定，而是直接计算所发生的实际损失，并给予补偿，没有惩罚性质。

（3）最小原则。这是指从承包商对索赔事件的处理态度来看，一旦承包商意识到索赔事件的发生，应及时采取有效措施防止事态的扩大和损失的增加，以将损失费用控制在最低限度。如果没有及时采取适当措施而导致损失扩大，承包商无权就扩大的损失费用提出索赔要求。

按照一般的法律要求及合同条件，承包商负有采取措施将损失控制并减少到最低限度的义务。这种措施可能包括：保护未完工程、合理及时地重新采购器材、及时取消订货单、重新分配工程资源等。例如，某单位工程因业主原因暂停施工时，若承包商本可以将该工程的施工力量调往其他工程项目，但因承包商对索赔事件的处理态度消极，没有进行这样的资源优化调整，那么，承包商就不能针对闲置的人员和设备的费用损失进行索赔。当然，承包商可以要求业主对其采取减少损失措施本身产生的费用给予补偿。

（4）引证原则。承包商提出的每一项索赔费用都必须伴随有充分、合理的证明材料，以表明承包商对该项费用具有索赔资格且数额的计算方法和过程准确、合理。没有充分证据的费用索赔项目一般都会被业主视为无效而被驳回。

（5）时限原则。在国际上，几乎每一种土木工程合同条件都对索赔的提出时间有明确的要求。如 FIDIC 合同条件规定，承包商在索赔事件第一次发生之后的 28 天内，应将索赔意向通知工程师，同时向业主呈交一份索赔意向的副本。承包商应严格按照适用合同条件的要求或合同协议的规定，在适当时间内提出索赔要求，以免丧失索赔机会。

时限原则的另一层含意是指承包商对索赔事件的处理应是发现一件、提出一件、处理一件，而不应采取轻视或拖延的态度。索赔事件的及时处理，既能防止损失的扩大，又能使承包商及时得到费用补偿，这无论对业主还是承包商都是有利的。况且，单项索赔事件若得不到及时处理，常常会和相继发生的其他索赔事件交织在一起，不仅会使索赔事件难以辨识，更会大大增加索赔的处理难度。待工程完工后再进行一揽子索赔的策略往往会将承包商置于不利甚至尴尬的境地，对承包商而言是不可取的。

第三节 国际工程承包索赔程序

国际工程承包索赔程序，具体说是国际工程承包索赔解决的一般程序。

在工程实施过程中，承包商通常在索赔事件发生后，根据事件的复杂程度、延误时间及影响大小等确定是否向业主提出索赔意向通知。若决定提出索赔，承包商应先将索赔报告交业主委托的工程师检查、审核，再提交业主审查。一般情况下，业主及其工程师对承包商索赔报告中的索赔依据、合同条款的选用、证据的分析、数据的计算总要提出这样或那样的疑问或不同看法，进而全部或部分地否定索赔报告，由此便不可避免地出现索赔争执。在实际工程中，业主直接、完全认可索赔要求的情况是极少的，特别是在索赔事件原因比较复杂、时间持续较长、工程影响面广、索赔金额大的情况下，索赔争执的解决更是要花费大量的时间和财力，有时还不得不聘请索赔专家或委托咨询公司进行索赔管理。

索赔大致上分为三个阶段：

第一阶段，索赔准备。如上所述，索赔准备工作主要是收集与索赔有关的文件资料、认真进行索赔分析和制作索赔报告。

第二阶段，索赔谈判。谈判的重点在于"索"，承包商在索赔谈判中处于劣势，如不积极主动去"索"，发包方就不可能积极对待索赔要求。因此，索赔报告正式提出后，承包商应适时催促发包方或发包方所委托的监理机构予以答复。同时，索赔的承办人员应随时能就发包方可能提出的如下问题做出圆满的解释和说明：①索赔事件的发生应由哪一方承担责任，或者是否属于不可抗力的情况；②法律依据、合同依据和证明索赔事件属实的证据是否充分；③索赔是否在法律规定或合同约定的期限内提出；④承包方是否已经采取适当措施减少损失；⑤索赔数额的计算是否夸大。

对上述问题的圆满回答，有助于索赔判决的顺利进行。索赔谈判应遵循客观、合法、合理的原则，在谈判过程中，也可以邀请第三方进行调解。经过平等协商后，如能就索赔事项达成协议，应当以书面形式确认。

第三阶段，仲裁或诉讼。在索赔要求未能通过谈判得到解决的，可选择仲裁或诉讼的方式进行解决，仲裁裁决或法院的判决对双方都具有强制约束力。但应当认识到，为了保持良好的合作关系，索赔应着重使用调解、谈判，仲裁或诉讼的方式是不得已而采取的。

常见的索赔解决的一般过程如图9-10所示。

一、索赔的准备工作

索赔是一项复杂、细致的工作，当发现应进行索赔的问题后，应当在合同管理、工程技术人员及法律专业人员的指导或参与下，进行各项准备工作。

索赔事件发生后，索赔方应在合同规定的时间内向工程师发出索赔通知，并对索赔事件的处理做好同期记录。工程师有权在不承认业主有任何责任的前提下，随时检查承包商保存的同期记录。索赔方要向工程师提交完整详细的索赔报告，工程师要对索赔方提交的索赔报告给出回复意见。

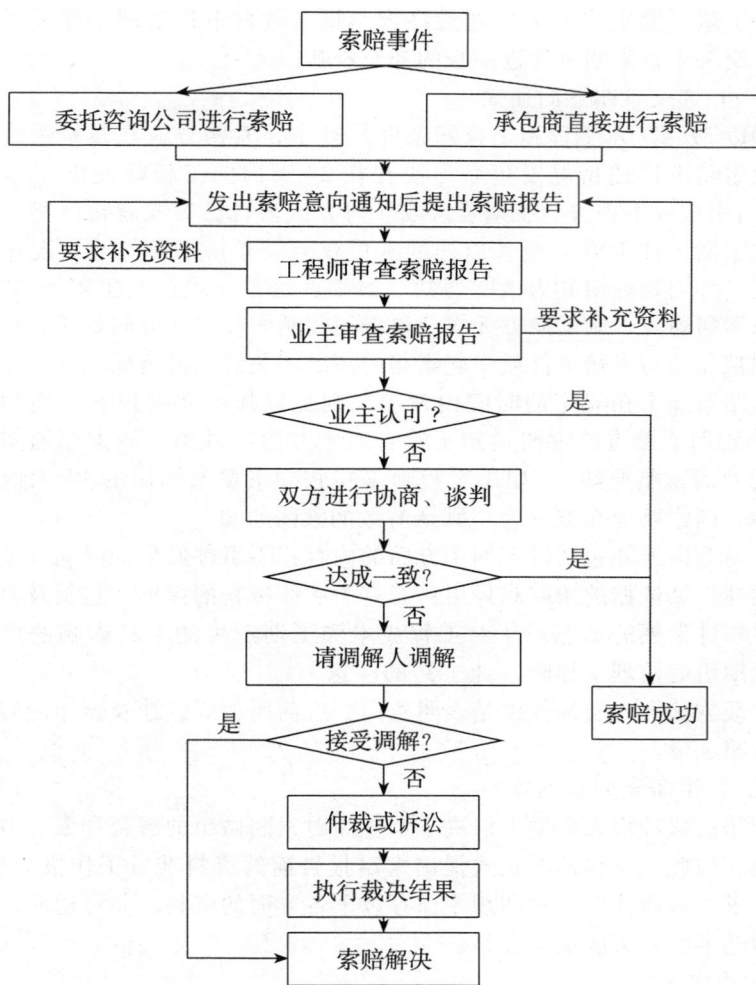

图 9-10　索赔解决的一般过程

如索赔事件有持续性的影响，索赔方不能在短期估计出事件对索赔方的全部影响，索赔方所提交的索赔报告被视为是期中索赔报告，索赔方还需每月按期提交新的期中索赔报告，将索赔事件新产生的影响写入新的期中索赔报告中。索赔方于索赔事件影响结束后的规定时间内提交最终完整详细的索赔报告。工程师在收到索赔方的最终索赔报告后，应根据 FIDIC2017

版第 3.7 款（商定或决定）对最终索赔报告进行审核处理，并可要求索赔方提交关于该索赔事件进一步的补充资料。

（一）递交索赔意向通知

2017 版《土木工程施工合同条件》规定，索赔方应在其察觉或本应已察觉索赔事件或情况发生后尽快并在 28 天内向工程师发出"索赔通知"，对引起成本损失、工期延误或任何方认为自己有权获得除额外费用补偿和工期（或 DNP）延长以外的其他权利或救济的事件或情况进行初步描述，并明确标明其为索赔通知。如果索赔方未能在上述 28 天期限内发出该索赔通知，则索赔方无权获得费用和利润补偿或时间延长，而被索赔方则被免除与索赔事件或引起索赔的情况相关的全部责任。如果工程师认为索赔通知未在规定的时间内发出，则工程师可在收到索赔通知后的 14 天内说明索赔方的索赔通知不符合时效并给出理由，该索赔通知被视为"无效的索赔通知"。如果工程师未在收到索赔通知后的 14 天内发出该通知，则索赔通知被视为"默认有效的索赔通知"

索赔意向通知包括以下四个方面的内容：①事件发生的时间和情况的简单描述；②依据的条款和理由；③有关后续资料的提供，包括及时记录和提供事件发展的动态；④对工程成本和工期产生的不利影响的严重程度，以期引起监理工程师（业主）的注意。

一般索赔意向通知仅仅是表明意向，应简明扼要，涉及索赔内容但不涉及索赔金额。

（二）准备索赔证据资料

索赔的成功很大程度上取决于承包商对索赔做出的解释和强有力的证明材料。因此，承包商在正式提出索赔报告前的资料准备工作极为重要，这就要求承包商注意记录和积累保存以下各方面的资料，并可随时从中索取与索赔事件有关的证据资料。

1. 法律文件

（1）工程所在国与工程索赔有关的各种法律，如民法、建筑法、合同法、诉讼法、采购法、招标法等。

（2）工程所在国与工程索赔有关的各项法规，如行政法、部门法规、地方法规等。

（3）国际上和工程所在国通用的与工程索赔有关的各种规范性文件。

2. 合同文件

在法律、法规、规章以及其他规范性文件没有规定或者规定不够具体、明确的情况下，合同约定的内容是索赔的依据。合同文件依据包括：①合同协议书；②合同条件；③双方签订的补充协议、会议纪要以及往来的函件；④中标通知书、招标文件和投标文件；⑤图纸、确定工程造价的预算说明书和工程量清单；⑥技术规范、标准与说明。

3. 原始证据

从证据的角度而言，施工记录当属原始、直接的证据，对证明索赔事实最具证据效力。收集施工记录应当按系统、完整的要求进行。

（1）工地管理交接记录。交接记录反映交接的时间及工地"三通一平"的情况。

（2）施工图纸及改变设计的指令等的交接清单。图纸交接清单可反映图纸交付的时间及份数等内容。

（3）施工日志。施工日志由派驻工地的管理人员所记录，能反映施工过程中发生的各种情况及相应的处理方法。

（4）会议纪要和备忘录。会议纪要和备忘录经双方有关人员签字，能反映施工过程中双方解决问题所持的观点或已经确认的某种事实。

（5）施工进度计划和实际施工进度报表，能反映承包方的施工进度是否符合合同要求。

（6）工程量报表。工程量报表一般由承包方按月或季度向发包方或发包方委托的监理公司报送，能反映阶段性工程量完成的情况和完成的时间，是认定发包方是否逾期付款的依据之一。

（7）工程款支付记录。工程款支付记录能反映工程款支付的时间、数额以及工程款开支的有关情况。

（8）地质资料。收集地质资料的作用在于，在施工过程中发现地质情况与原勘察的情况有异而影响施工时，可主张索赔。

（9）天气情况的记录。天气情况可影响工期，记录不全的，可到当地气象部门查询。

（10）停水、停电、交通中断情况的记录。二停一断是工期索赔和费用索赔的理由。

（11）不可抗力情况。不可抗力除了常见的台风、洪水、地震等自然灾害外，还可包括政府禁令、战争、社会暴乱、突发事件的阻碍等社会现象。

（12）工程检查和验收记录。它们能反映检查、验收的时间，对确认哪一方应对工程质量问题承担责任具有重要意义。

（13）工程音像资料，包括录像、照片等。音像资料的作用在于能真实地回顾施工过程的某些情况。

（14）工程核算资料，包括人工、材料、设备的配备使用台账，物价指数，税率，银行利率，通货膨胀指数等。这些是工程计价的重要依据。

（15）工程总包、分包的资料。实行总分包难免造成一些对施工不利的情况，收集总分包资料主要用以分清责任。

（16）工程技术和质量的检测、评定资料。工程的检测、质量等级的评定，均由法定机构进行，其所做出的检测结果和核验意见，最具权威性。

4. FIDIC 合同条款中可引用的索赔条款

FIDIC 合同文件中，承包商可引用的索赔条款见表 9-3。

表 9-3　FIDIC2017 版黄皮书中承包商向业主索赔可引用的明示条款

序号	条款主要内容	可调整的事项
1	业主要求中的错误	T+C+P
2	遵守法律	T+C+P
3	现场进入权	T+C+P
4	合作	T+C+P
5	整改措施，延迟和/或成本的商定或决定	T+C+P
6	延误和/或费用	T+C
7	进场道路	T+C
8	考古和地理发现	T+C
9	承包商试验	T+C+P
10	修补工作	T+C+P
11	竣工时间的延长	T
12	当局造成的延误	T
13	业主暂停的后果	T+C+P
14	延误的试验	T+C+P
15	部分工程的接收	C+P
16	对竣工试验的干扰	T+C+P

序号	条款主要内容	可调整的事项
17	接收后的进入权	C+P
18	承包商的调查	C+P
19	延误的试验	C+P
20	未能通过竣工后试验	C+P
21	要求提交建议书的变更	C
22	因法律改变的调整	T+C
23	业主自便终止合同	C+P
24	承包商暂停的权利	T+C+P
25	承包商的终止	
26	合同终止后承包商的义务	C+P
27	由承包商终止后的付款	C+P
28	工程照管的责任	T+C+P
29	知识和工业产权	C
30	例外事件的后果	T+C
31	自主选择终止	C+P
32	根据法律解除履约	C+P

注：T 表示承包商有权获得工期延长。C 表示承包商有权获得在施工现场内外正在发生或将要发生的全部开支，包括管理费和合理分摊的其他费用，但不包括任何利润补贴。P 表示承包商有权获得利润补贴。

（三）进行索赔分析

索赔分析是索赔准备工作中十分重要的环节，进行该项工作的目的在于正确认识索赔的性质、效果，为确定是否进行索赔以及制订索赔方案打下基础。分析阶段应在收集文件资料的基础上，正确剖析打算进行索赔的问题。主要考虑索赔是否成立，如果成立，双方分担责任的比例如何，以及通过何种途径索赔、索赔数额是多少、提出索赔的时机等问题。所作分析务必理由充分，数据准确。

另外还要重视索赔条件的规律性分析。

例如，在表 9-3 承包商可引用的 24 项条款内容中，有 8 项可索赔工期 T 和成本 C，有 6 项仅可索赔成本 C，有 10 项可索赔成本 C 和利润 P，由此可看出如下规律：

（1）可索赔工期的条款，一定可同时索赔成本。

（2）上述 24 项可引用的条款，均可据其索赔成本。

（3）可索赔利润的条款，一定可以同时索赔成本。可索赔利润的大部分条款，其费用的计算方法都与合同条件的有关规定相联系，即多以变更方式支付索赔的费用（C+P），且工程师必须为与此有关的工作发布指示。因此，在采用其他条款进行索赔时，必须确定涉及的工作内容是否构成变更，在构成变更的情况下，可引用合同条款索赔成本和利润。

（4）当合同文件含糊和有歧义时，应由工程师按合同文件的优先次序进行解释，必要时可发布书面指示加以解释和校正，承包商有权要求延长工期和索赔由此产生的增加成本。当工程师必须为此发布变更指示时，承包商可向业主索赔工期、成本和利润。

（四）编写索赔报告

索赔方需在其察觉或本应已察觉索赔事件或情况后的 84 天或其他约定的时间（该时间需由索赔方提议并征得工程师同意）内提交完整详细的索赔报告。其中包括索赔的合同或其他法律依据（statement of the contractual and/ or other legal basis of the Claim），可称为"索赔依据"。如果"索赔依据"未在规定的时间内发出，则工程师可在该时效期满后的 14 天内通知索赔方，原索赔通知被视为"无效的索赔通知"。如果工程师未在 14 天内发出该通知，则原索赔通知仍然被视为有效。（"默认有效的索赔通知"）由此规定可以看出，在索赔方按照第 20.2.4 款［完整详细的索赔报告］第一次提交的索赔报告中，索赔的合同或其他法律依据（"索赔依据"）显得格外重要。该索赔时效主要针对的是"索赔依据"而非整个完整详细的索赔报告，因为如果"索赔依据"不成立，说明索赔方没能论证自己具有索赔的权利，进而索赔报告中其他所有详细的索赔证据再完整也没有意义了。对于上述两种情况（发出索赔通知和第一次提交索赔报告）下的"默认有效的索赔通知"，如果被索赔方反对，则他应告知工程师并附详细的反对的理由说明。索赔方在收到工程师"无效的索赔通知"后，如果不同意该通知，并认为其晚发出通知或晚发出索赔报告是有原因的，索赔方应在其完整详细的索赔报告中说明他不同意并给出不同意的理由以及晚发索赔通知或晚交索赔报告（"索赔依据"）的原因。

索赔报告书的质量和水平，对索赔成败关系极为密切。对于重大的索赔事项，有必要聘请合同法专家或技术权威人士担任咨询人员，由有背景的资深人士参与活动，才能保证索赔成功。

1. 索赔报告内容

索赔报告的具体内容随索赔事项的性质和特点有所不同，但大致由四个部分组成：

（1）总述部分。概要论述索赔事项发生的日期和过程，承包商为该索赔事项付出的努力和附加开支，承包商具体索赔要求。

（2）合同的论证部分。论证部分是索赔报告的关键部分，其目的是说明自己有索赔权，是索赔能否成立的关键。立论的基础是合同文件并参照所在国法律，要善于在合同条款、技术规程、工程量表、往来函件中寻找索赔的法律依据，使索赔要求建立在合同、法律的基础上。如有类似情况索赔成功的具体事例，无论是发生在工程所在国的或其他国际工程项目上的，都可作为例证提出。

合同论证部分在写法上要按索赔事项发生、发展、处理的过程叙述，是业主历史地、逻辑地了解事项的始末及承包商在处理索赔事项上做出的努力、付出的代价。论述时应指明所引证资料的名称及编号，便于查阅。应客观地描述事实，避免用抱怨、夸张甚至刺激、指责的用词，以免使读者反感、怀疑。

（3）索赔款项（或工期）计算部分。如果说合同论证部分的任务是解决索赔权能否成立的问题，则款项计算是为解决能得多少款项的问题。前者定性，后者定量。

在写法上先写出计价结果（索赔总金额），然后再分条论述各部分的计算过程，引证的资料应有编号、名称。计算时切忌用笼统的计价方法和不实的开支款项，勿给人以漫天要价的印象。

（4）证据部分。要注意引用的每个证据的效力或可信程度，对重要的证据资料最好附以文字说明，或附以确认件。例如，对一个重要的电话记录或对方的口头命令，仅附上承包商自己的记录是不够有力的，最好附以经过对方签字的记录；或附上当时发给对方要求确认该电话记录或口头命令的函件，即使对方未复函确认或修改，亦说明责任在对方，按惯例应理解为他已默认。

证据选择可根据索赔内容的需要而定，例如，工程所在国的重大政治、经济、自然灾害的正式报道（罢工、动乱、地震、飓风、异常天气、税收、海关新规定、汇率变化、涉外经济法、工资和物价定期报道等）；施工现场记录及报表、往来信函及照片摄像等；工程项目的财务和物资的记录、报表等。根据合同论证、索赔款额计算中提出的问题，从上述证据清单中选用必要的材料，统一编号列入。

2. 编写索赔报告应注意的问题

（1）索赔报告的基本要求。第一，必须说明索赔的合同依据，即基于何种理由有资格提出索赔要求，即一种是要据合同某条款规定，承包商有资格因合同变更或追加额外工作而取得费用补偿和（或）延长工期；另一种是业主或其代理人任何违反合同规定给承包商造成损失，承包商有权索取补偿。第二，索赔报告中必须有详细准确的损失金额及时间的计算。第三，要证明客观事实与损失之间的因果关系，说明索赔前因后果的关联性，要以合同为依据，说明业主违约或合同变更与引起索赔的必然性联系。如果不能有理有据地说明因果关系，而仅在事件的严重性和损失巨大上花费过多的笔墨，对索赔的成功都无济于事。

（2）索赔报告必须准确。编写索赔报告是一项复杂的工作，需有一个专门的小组和各方的大力协助才能完成。索赔小组的人员应具有合同、法律、工程技术、施工组织计划、成本核算、财务管理、写作等方面的知识，进行深入的调查研究，对较大的、复杂的索赔需要请有关专家咨询，对索赔报告进行反复讨论和修改，写出的报告不仅有理有据，而且必须准确可靠。应特别强调以下几点：

①责任分析应清楚、准确。在报告中提出索赔的事件的责任是对方引起的。应把全部或主要责任推给对方，不能有责任含混不清和自我批评式的语言。要做到这一点，就必须强调事件的不可预见性，承包商对它不能有所准备，事发后尽管采取能够采取的措施也无法制止；指出索赔事件使承包商工期拖延，费用增加的严重性和索赔值之间的直接因果关系。

②索赔值的计算依据要正确，计算结果要准确。计算依据要用文字规定的公认合理的计算方法，并加以适当的分析。数字计算上下要有差额，一个小的计算错误可能影响到整个计算结果，容易给人在索赔的可信度上造成不好的印象。

③用词要婉转、恰当。在索赔报告中要避免使用强硬的不友好的、抗拒式的语言。不能因语言而伤害了和气及双方的感情。切记断章取义，牵强附会，夸大其辞。

（3）索赔报告的形式和内容。索赔报告简明扼要，条理清楚，便于对方由表及里、由浅入深地阅读和了解。注意索赔报告的形式和内容安排，一般可以考虑用金字塔的形式安排编写，如图 9-11 所示。

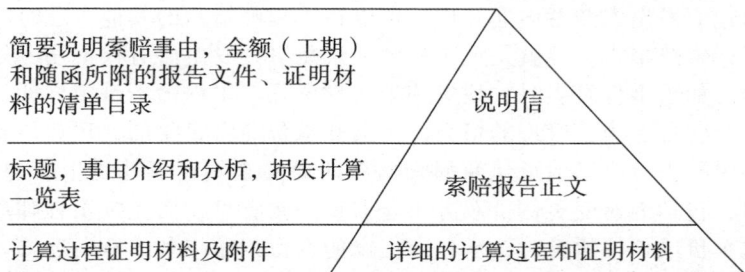

图 9-11　索赔报告的形式和内容

（五）工程师对索赔的审理

工程师应按 FIDIC2017 版第 3. 7 款的"审商理定或决定"对索赔进行审理。同时在第 20. 2. 7 款"索赔的一般要求"中规定工程师在审理最终索赔报告时，应综合考虑在整个索赔过程中，由于索赔方未遵守时效等相关规定，对工程师处理索赔事件带来的负面影响及对索赔方造成的损害。对于"默认有效的索赔通知"的索赔，工程师需同时考虑被索赔方提交的反对通知及理由说明。对于"无效的索赔通知"的索赔，工程师仍需对索赔方提交的索赔报告进行审理，但在审理过程中另需再次确定索赔通知是否为有效通知。此时，需对索赔方提交的理由说明并结合以下具体情况综合考虑：如果接受该迟交的索赔，是否会对被索赔方的利益造成损害，如果是，会造成多大程度的损害；就第 20. 2. 1 款"索赔通知"规定的时效而言，索赔方在其提交的索赔报告中是否包含支持证据，证明被索赔方此前已经获悉引起索赔的事件或情况；就第 20. 24 款"完整详细的索赔报告"规定的时效而言，索赔方在其提交的索赔报告中是否包含支持证据，以证明被索赔方此前已经知道了索赔的依据。

二、索赔的谈判工作

（一）递交索赔报告

索赔意向通知提交后的 28 天内，或工程师可能同意的其他合理时间内，承包商应递送正式的索赔报告，说明索赔款额和索赔的依据。如果索赔时间的影响持续存在，28 天内还不能算出索赔额和工期延展天数时，承包商应按工程师合理要求的时间间隔（一般为 28 天），定期陆续报出每一个时间段内的索赔证据资料和索赔要求。在该项索赔事件的影响结束后的 28 天内，报出最终详细报告，提出索赔论据资料和累计索赔额。

承包商发出索赔意向通知后，可以在工程师指示的其他合理时间内再报送正式索赔报告，也就是说工程师在索赔事件发生后有权不马上处理该项索赔。如果事件发生时，现场施工非常紧张，工程师不希望立即处理索赔而分散各方抓施工管理的精力，可通知承包商将索赔的处理留待施工不太紧张时再去解决。但承包商的索赔意向通知必须在事件发生后的 28 天内提出，包括因对变更估价双方不能取得一致意见，而先按工程师单方面决定的单价或价格执行时，承包商提出的保留索赔权利的意向通知。如果承包商未能按时间规定提出索赔意向和索赔报告，则他就失去了该事件请求补偿的索赔权利。此时，他所受到损害的补偿，将不超过工程师认为应主动给予的补偿额，或把该事件损害提交仲裁解决时，仲裁机构依据合同和同期记录可以证明的损害补偿额补偿。

索赔报告提交后，承包商不能被动等待，应隔一定的时间，主动向对方了解索赔处理的情况，根据所提出的问题进一步作资料方面的准备，或提供补充资料，尽量为监理工程师处理索赔提供帮助、支持和合作。

索赔的关键问题在于"索"，承包商不积极主动去"索"，业主没有任何义务去"赔"，因此，提交索赔报告本身就是"索"，但要让业主"赔"，提交索赔报告，还只是刚刚开始，承包商还有许多更艰难的工作。

（二）审核索赔报告

1. 工程师审核索赔报告

工程师在接到正式索赔报告后，应立即认真研究承包商报送的索赔资料，做好审核工作。

（1）客观地进行分析。在不确认责任归属的情况下，客观地分析事件发生的原因，重温合同的有关条款，研究承包商的索赔证据，并检查他的同期记录。

（2）划清责任界限。通过对事件的分析，工程师再依据合同条款划清责任界限，如果必要时还可以要求承包商进一步提供补充资料。尤其是对承包商与业主或工程师都负有一定责任的事件，更应划出各方应该承担合同责任的比例。

（3）审查补偿要求。审查承包商提出的索赔补偿要求，剔除其中的不合理部分，拟定自己计算的合理索赔款额和工期延展天数。

2. 工程师的质疑

工程师在审核工作中根据自己掌握的资料和处理索赔工作的经验，

可能就以下问题提出质疑：①索赔事件不属于业主和监理工程师的责任，而是第三方的责任；②事实和合同依据不符；③承包商未能遵守索赔意向通知的要求；④合同中的开脱责任条款已经免除了业主补偿的责任；⑤索赔是由不可抗力引起的，承包商没有划分和证明双方责任的大小；⑥承包商没有采取适当措施避免或减少损失；⑦承包商必须提供进一步的证据；⑧损失计算夸大；⑨承包商以前已明示或暗示放弃了此次索赔的要求等。

在评审过程中，承包商应对工程师提出的各种质疑做出圆满的答复。

3. 审核的时间要求

工程师收到承包商递交的索赔报告和有关资料后，应在 28 天内给予答复，或要求承包商进一步补充索赔理由和证据，如果在 28 天内既未予以答复，也未对承包商作进一步要求的话，则视为承包商提出的该项索赔要求已经认可。

（三）进行索赔谈判

1. 工程师与承包商的谈判

工程师核查后初步确定应予以补偿的额度，往往与承包商的索赔报告中要求的额度不一致，甚至差距较大，其原因大多为对承担事件损害责任的界限划分不一致；索赔证据不充分；索赔计算的依据和方法分歧较大等。因此，双方应就索赔的处理进行协商，通过协商达不成共识的话，承包商仅有权得到所提供的证据满足工程师认为索赔成立那部分的付款和工期延展。不论工程师通过协商与承包商达到一致，还是他单方面做出的处理决定，批准给予补偿的款额和延展工期的天数如果在授权范围之内，则可将此结果通知承包商，并抄送业主。补偿款将计入下月支付工程进度款的支付证书内，延展的工期加到原合同工期中去。如果批准的额度超过工程师权限，则应报请业主批准。

对于持续影响时间超过 28 天以上的工期延误事件，当工期索赔条件成立时，对承包商每隔 28 天报送的阶段索赔临时报告审查后，每次均做出批准临时延长工期的决定，并于事件影响结束后 28 天内承包人提出最终索赔报告后，批准延展工期总天数。应当注意的是，最终批准的总延展天数，不应少于以前各阶段已同意延展天数之和。规定承包商在事件影响期间必须每隔 28 天提出一次阶段索赔报告，使工程师能及时根据同期记录批准该阶段应予以延展工期的天数，避免事件影响时间太长而不能准确确定索赔值。

2. 工程师的索赔处理

在经过认真分析研究，并与承包商、业主广泛讨论后，工程师应该向业主和承包商提出自己的索赔处理决定。工程师收到承包商送交的索赔报告和有关资料后，于28天内给予答复，或要求承包商进一步补充索赔理由和证据。工程师在28天内未予答复或未对承包商做出进一步要求，则视为已经认可该项索赔。

工程师在索赔处理决定中应该简明地叙述索赔事件、理由和建议给予补偿的金额及（或）延长的工期。索赔评价报告则是作为该决定的附件提供的，它根据工程师所掌握的实际情况详细叙述索赔的事实依据、合同及法律依据，论述承包商索赔的合理方面及不合理方面，详细计算应给予的补偿。索赔评价报告是工程师站在公正的立场上独立编制的。

工程师在拟就索赔处理决定时，应该考虑到发出索赔处理决定之后可能出现的情况，在索赔处理决定和索赔评价报告中可能需要有意保留某些情况，防止一开始就把所有的情况告诉承包商而可能带来被动局面。

通常，工程师的处理决定不是终局性的，对业主和承包商都不具有强制性的约束力。在收到工程师的索赔处理决定后，无论业主还是承包商，如果认为该处理不公正，可以在合同规定的时间内提请工程师重新考虑，工程师不得无理拒绝这种要求。一般来说，对工程师的处理决定，业主不满意的情况较少，而承包商不满意的情况较多。承包商如果持有异议，他应该提供进一步的证明材料，向工程师进一步表明为什么其决定是不合理的。有时甚至需要重新提交索赔申请报告，对原报告做一些修正、补充或做一些让步。如果工程师仍然坚持原来的决定，或承包商对工程师的新决定仍然不满意，则可以按合同中的仲裁条款提交仲裁机构仲裁（或向法院提起诉讼）。

3. 业主审查索赔处理

当工程师确定的索赔超过其权限范围时，必须报请业主批准。业主首先根据事件发生的原因、责任范围、合同条款，审核承包商的索赔申请和工程师的处理报告，再依据工程建设的目的，投资控制、竣工投产日期要求以及针对承包商在施工中的缺陷或违反合同规定等的有关情况，决定是否批准工程师的处理意见，而不能超越合同条款的约定范围。例如，承包商某项索赔理由成立，工程师根据相应条款规定，即同意给予一定的费用补偿，也批准延展相应的工期。但业主权衡了施工的实际情况和外部条件的要求后，可能不同意延展工期，而宁可给承包商增加费用补偿额，要求他采取赶工措施，按期或提前完工，这样的决定只有业主才有权做出。索赔报告经业主批准后，工程师即可签发有关证书。

三、索赔的仲裁或诉讼

在国际承包工程中，业主和承包商来自不同的国家，索赔争执的解决相应地也就更为复杂。通常有如下几种方法：

（一）协商

当纠纷发生后，合同双方直接接触、磋商、谈判，本着合作和解决问题的诚意，互相谅解、互相让步，以达到解决争议、消除分歧的目的。这种方法的程序是：在工程师的调解下，双方认真协商，互相做出适当让步，以便找到双方都可以接受的解决纠纷的措施。

这种方法用以解决纠纷是最为理想的，既可节省费用，又能保持友好气氛，有利于双方的继续合作。在国际工程中，绝大多数争执都通过协商解决。但是，这种方法达成的协议对双方都缺乏约束力，需双方自觉接受。

（二）调解

双方共同推举国际承包工程方面和法律方面的专家名流对纠纷进行调解，使之得到解决。不少国家都重视合同纠纷的调解工作，往往还设有合同调解委员会，该调解委员会在合同生效后的一个月内成立，由合同双方推派人选参加。当发生争议时，由合同调解委员会指定专家对此进行调解。

由于这种方法能节省费用和缩短处理纠纷的时间，因而合同双方也乐意采用。但是，调解的结果无法律约束力，不具备强制性。若合同一方对调解结果不满，可按合同关于争执解决的规定，在限定期限内提请仲裁。

（三）仲裁

仲裁往往是在前两种方法均告失败，而且纠纷涉及的费用巨大或后果严重，双方都不肯做出让步时采用的。

所谓仲裁，是指这样一种解决争执的方法，即双方在争执发生之前或之后，达成一个书面协议，自愿把争执交给双方都同意的仲裁机构或仲裁员做出裁决，而且双方都承认这个裁决对双方具有约束力，都有义务来执行裁决结果。但是，提交仲裁有严格的程序，而且由于仲裁机构受理案件的管辖权来自仲裁协议，因而，双方还必须缔结提交仲裁的协议。它是进行仲裁的先决条件，是仲裁机构受理争议案件的依据。

　　仲裁协议通常写入合同条款中，也可以在发生争议后，由双方临时签署。不过，将仲裁条款纳入合同之中的做法较为稳妥。仲裁协议主要包括下列内容：

　　1. 仲裁地点

　　由于有法律适用地问题，故仲裁地点的确定颇受重视，它往往是双方当事人谈判的焦点所在，双方都会力争选择对自己有利的仲裁地点（如本国）。然而，项目所在国一般都强制规定仲裁地点，承包商就此问题的选择余地并不大。一般来说，仲裁地点选在哪国，就要使用该国的仲裁程序或规则。国际上常见的选择仲裁地点的方法主要有以下三种：①争取在本国仲裁。如我国承包商应争取在中国国际贸易促进委员会对外经济贸易仲裁委员会进行仲裁。②规定在被诉人所在国进行仲裁。③如果双方当事人对上述两种方法都不能达成一致意见，则可以选择在法律健全的第三方中立国进行仲裁。

　　2. 仲裁机构

　　要写明具体的仲裁机构。国际上主要的国际商事仲裁机构及仲裁规则有：

　　（1）国际商会（ICC）。国际商会包括来自世界80多个国家（地区）的成员，总部设在法国巴黎。国际商会下设一个仲裁院来具体执行对国家商事纠纷的仲裁。其仲裁规则是"调解与仲裁规则"，包括"供选择的调解规则"及"仲裁规则"两部分，该规则在国际上影响较大。但由于中国目前还不是巴黎的国际商会（ICC）仲裁院的正式成员，我国对外承包商不宜在合同中使用（ICC）调解和仲裁规则。

　　（2）联合国国际贸易法委员会的仲裁规则。1976年4月26日由联合国第三十一次大会正式通过的这一规则，对各国并不具有强制性约束力，而是仅供双方当事人自愿约定。联合国安理会在1976年12月通过决议推荐，在解决国际贸易关系过程中的争端时，特别当涉及经济合同的时候，应该尽量采用这一仲裁规则。1978年3月，国际商事仲裁委员会在墨西哥举行的第六次国际仲裁会议建议，如果当事人选择了该项规则，各国的仲裁机构应同意按该规则进行仲裁。目前，这一规则在国际上已产生了较大影响。

　　（3）美国仲裁协会。该协会是非营利性的机构，有专门针对工程纠纷的建筑业仲裁规则。相对每年受理的大量国内案件而言，其受理的国际案件较少。

（4）伦敦仲裁院。它是英国伦敦商会的一个常设仲裁机构，其目的主要是解决英国、北爱尔兰和海外国际商事争议。仲裁院有一份仲裁员名单，除非当事人另有约定，仲裁院一般指定一名仲裁员来进行仲裁。

（5）其他仲裁机构。除上面的仲裁机构之外，其他还有瑞士苏黎世商会仲裁院、瑞士斯德哥尔摩商会仲裁院、日本商事仲裁协会等。

3. 仲裁程序

通常，每个仲裁机构都有自己的仲裁程序，但也可以采用联合国国际贸易法委员会公布的国际仲裁程序和规则进行仲裁。

仲裁协议或条款是国际工程承包合同非常重要的一个组成部分，且具有一定的独立性，即使合同由于某种原因终止或失效，仲裁条款仍具有效力，当事人还可以根据仲裁条款的规定对有关争议问题提交仲裁。因此，仲裁条款必须明确、完整和详细，任何有关仲裁地点、仲裁机构、仲裁程序等方面的含糊或矛盾，都可能导致仲裁条款无效，以致仲裁机构无法受理争议案件。仲裁协议或条款主要具有以下几个方面的作用：①它是仲裁机构受理争议案件的依据，是进行仲裁的先决条件。②当事人只能将仲裁协议下的争议事项提交仲裁，而不能向法院提起诉讼，从而排除法院对争议的管辖权。③它是仲裁裁决对双方当事人具有强制性约束力的主要前提。

（四）诉讼

诉讼是指向法院起诉。如果双方当事人发生争执后经过协商和调解不能达成一致，而合同中又没有写入仲裁条款，则双方当事人中的任何一方均可以向有管辖权的法院起诉，申请法院给予判决。这种诉讼多在合同执行所在国家的法院进行，双方当事人都没有任意选择法院或法官的权力，更不能选择适用法律。

需要说明的是，仲裁和诉讼二者不能同时兼用，只能从中择一采用。如《中华人民共和国经济合同仲裁条例》规定："一方向仲裁机关申请仲裁，另一方向人民法院起诉的案件，仲裁机关不予受理。"

在上述的四种方法中，仲裁是国际上解决工程承包合同中重大争议时比较普遍采用的一种方法。它介于协商、调解与诉讼之间，具有以下特点：

（1）仲裁不同于协商和调解。它不像协商和调解那么友好、完全自愿，而是通过仲裁机构，按既定的仲裁程序和规则，由仲裁员对双方争议的事项做出裁决。

（2）仲裁员的裁决是具有约束力的。虽然仲裁机构本身并不具备强制能力，但依据当事人的约定，国际承包合同的仲裁裁决通常是终局，对双方当事人都具有强制约束力，任何一方不得向法院或其他机构提出变更裁决的要求，当事人必须在规定的期限内自觉执行裁决，如果逾期没有执行，另一方可以向有管辖权的法院请求依法强制执行。

（3）仲裁比诉讼有更大的灵活性。它不像司法诉讼那么严肃、当事人完全没有自主权，而通过约定，双方可以对仲裁员、仲裁程序和规则自由选择。仲裁过程的严肃程度取决于适用法律的规定、仲裁规则的规定以及当事人的意愿。

（4）仲裁比诉讼手续简便、费用低廉。仲裁费用一般可由败诉方承担，或由双方按比例分摊。具体办法可由双方当事人约定，也可由仲裁庭根据仲裁规则确定。

（5）仲裁员多为资深专家，处理问题比法院迅速。

第四节　国际工程承包索赔计算

国际工程承包索赔计算，主要包括工期索赔计算和费用索赔计算两大部分。

一、索赔计算的依据

（一）建筑师的指令

建筑师的指令通常是指明、决定和指示承包商要做某一子项或单项工程，指令内容一般不说明工程数量和单价。但对某一特定的子项或单项工程，有时也附加说明工程数量或单价。在这种情况下，承包商如接受建筑师指令中的工程数量或单价（价格），就应执行该项指令，实施某一子项或单项工程；如果承包商不同意、不愿接受该项指令中的工程数量或单价（价格），可以书面向建筑师陈述自己的理由，并提出拟改变的工程数量或单价（价格），但与此同时承包商必须执行指令，实施指令中所指明的工程。

（二）业主或建筑师的信函

指令和信函的区别在于指令对承包商具有较强的约束力，一般情况下承包商必须执行；信函着重阐述、通知、要求承包商做某一事项，承包商并非一定要做，承包商也可以说明自己的意见。指令是单向的，只能是业主或咨询建筑师向承包商签发；信函是双向的，可以在业主、建筑师和承包商及分包商之间相互签发。如果业主、咨询建筑师及其他工程师在其签发的信函中阐明了工程量或单价（价格），承包商可以暂不执行。

（三）设计变更后的图纸

有些变更工程属新增加的，在招标文件中没有相对应的工程量。在这种情况下，承包商只能根据业主、咨询工程师提供的变更图纸，自行测算出新增工资的工程量，再参照投标文件里的有关单价，向业主提出索赔报价。

（四）分包商的有关函件

在国际工程项目的施工过程中，分包商写给总承包商的信函，绝大部分都涉及工程量、工期、设计变更和施工进度计划等，少数信函也会涉及单价（价格）。对于分包商的信函，只要是经过业主咨询建筑师或其他咨询工程师的确认批准，承包商即可以凭此分包商的信函中所列的工程量或单价计算将要索赔的相关工程量和费用。

（五）承包商的投标单价

对某一子项工程或单项工程的索赔价格的计算，通常都是以承包商的原投标单价和价格为基本依据。即使需要改动索赔工程的单价（价格），也只能在承包商的原投标价的基础上作合理的调整，而且承包商必须提出令业主及其咨询工程师信服的变更原投标价的理由。

（六）设计变更后的当地市场价格

有些规模较大或因业主方面的种种原因而导致工期延误的，可能会使一个建筑工程项目的实际完工时间延长。一般在 2～3 年内，项目所在国的市场（各种）价格都有可能发生较大波动。对那些超过原合同工期、在原工期以后所发生的各项关于工程的索赔，其费用计算均可参照当地当时市场的公认价格，合理调整原投标价（单价或价格）。对此，不论原招标文件有无规定，只要是因业主方面的原因而造成原工期延误或暂停施工的，承包商均可以要求业主按当地当时的市场价格调整原报价，用调整后的单价（价格）作为计算索赔费用的依据。

二、工期索赔的计算

（一）工期索赔原因

在施工过程中，由于各种因素的影响，承包商不能在合同规定的工期内完成工程，造成工程拖期。一般造成拖期的原因有以下几个方面：

（1）非承包商原因。由于下列非承包商原因造成的工程拖期，承包商有权获得工期延长：①合同文件含义模糊或有歧义。②工程师未在合同规定的时间内颁发图纸和指示。③承包商遇到一个有经验的承包商无法合理预见的障碍或条件。④处理现场发掘出具有地质或考古价值的遗迹或物品。⑤工程师指示进行合同中未规定的检验。⑥工程师指示暂时停工。⑦业主未能按合同规定的时间提供施工所需的现场和道路。⑧业主违约。⑨工程变更。⑩异常恶劣的气候条件。

上述原因可归结为三大类，即业主的原因、工程师的原因和不可抗力原因。

（2）承包商原因。承包商在施工过程中可能由于下列原因造成工程延误：①对施工条件估计不充分，制订的进度计划过于乐观。②施工组织不当。③其他承包商自身的原因。

（二）工期拖期的分类及处理

（1）工程延误。由于承包商的原因造成的工程拖期，称为工程延误，承包商必须向业主支付误期损害赔偿费。工程延误也称为不可原谅的工程拖期，在这种情况下，承包商无权获得工期延长。

（2）工程延期。由于非承包商原因造成的工程拖期，称为工程延期。在这种情况下，承包商有权要求业主给予工期延长。工程延期也称为可原谅的工程拖期，它是由于业主、工程师或其他客观因素造成的，承包商有权获得工期延长，但能否获得经济补偿要视具体情况而定。因此，可原谅的工程拖期又可分为可原谅并给予补偿的拖期和可原谅但不给予补偿的拖期。前者拖期的责任者是业主或工程师，而后者往往是由客观因素造成的。

上述两种情况下的工期索赔可按表9-4的原则处理。

（3）共同延误。承包商、工程师或业主，或某些客观因素均可造成工程拖期，但在实际施工中，工程拖期经常是由上述两种以上的原因共同作用产生的，称为共同延误。共同延误下工期索赔的有效期处理，要具体看哪一种情况延误是有效的，即承包商可以得到工期延长，或既可延长工期，又可得到经济补偿。在确定拖期索赔的有效期时，可依据下述原则：

①首先判别拖期的哪一种原因是最先发生的，即确定"初始延误"者，它应对工程拖期负责。在初始延误发生作用期间，其他并发的延误者不承担拖期责任。

表 9-4　　　　　　　　　　　**工期索赔处理原则**

索赔原因	是否可原谅	拖期原因	责任者	处理原则	索赔结果
工程进度拖延	可原谅的工程拖期	(1) 修改设计 (2) 施工条件变化 (3) 业主原因拖期 (4) 工程师原因拖期	业主/工程师	可给予工程延期,可补偿经济损失	工期+经济补偿
		(1) 异常恶劣气候条件 (2) 工人罢工 (3) 天灾	客观原因	可给予工程延期,不补偿经济损失	工期
	不可原谅的工程拖期	(1) 工效不高 (2) 施工组织不好 (3) 设备材料供应不及时	承包商	不延长工期,不补偿经济损失。向业主支付误期损害赔偿费	索赔失败,无权索赔

②如果初始延误者是业主,则在业主造成的延误期内,承包商既可得到工期延长,也可得到经济补偿。

③如果初始延误者是客观因素,则在客观因素发生影响的时间段内,承包商可以得到工期延长,但很难得到经济补偿。

(三) 工期索赔计算方法

工期索赔的计算有网络分析法、比例计算法和算术计算法三种。

(1) 网络分析法。网络分析法是利用进度计划的网络图,分析其关键线路。如果延误的工作是非关键工作,当该工作由于延误超过时差限制而成为关键工作时,可以索赔延误时间与时差的差值;若该工作延误后仍为非关键工作,则不存在工期索赔问题。

可以看出,网络分析要求承包商切实使用网络技术进行进度控制,依据网络计划提出工期索赔。按照网络分析得出的工期索赔值是科学合理的,容易得到认可。

(2) 比例计算法。比例计算法的公式为:

①对于已知部分工程延期的时间:

$$工期索赔值 = \frac{受干扰部分工程的合同价}{原合同总价} \times 该受干扰部分工期拖延时间$$

②对于已知额外增加工程量的价格:

$$工期索赔值 = \frac{额外增加的工程量的价格}{原合同价格} \times 原合同总工期$$

比例计算法简单方便，但有时不符合实际情况。比例计算法不适用于变更施工顺序、加速施工、删减工程量等事件的索赔。

（3）算术计算法。算术计算法的计算等式简单明了。例如，某综合楼工程，合同工期为 730 日历天，开工日期为 2017 年 6 月 1 日。由于发包方提高装饰档次，由一般装饰提高到高级装饰，工期相应增加 112 天，在施工过程中又停水、停电 13 天，发包方因资金不到位被迫中途停工 40 天。则经索赔后：

应予顺延的天数 = 112+10+13+40 = 175（天）

工程竣工允许天数 = 730+175 = 905（天）

换言之，承包商本应于 2019 年 5 月 31 日前完成施工任务，经索赔后，工期得以顺延 175 天，施工工期顺延至 2019 年 11 月 25 日。承包商只要在此日期之前完工，就没有违约。

（四）工期索赔应当注意的问题

（1）承包商应当注意，在计算应予顺延的施工天数时，除了统计已实际发生延误的天数外，对于造成延误的原因，要区别对待，如对于改变设计、中途停工情况，还要另计重新准备到进入正常施工所需要的时间，这部分时间一并索赔。

（2）在考虑某项延误是否用以作为提出工期索赔的事由时，应先分析该项延误应由哪一方承担责任。如果属于双方共同的责任或者不属于任何一方的责任，要考虑索赔的比例。

（3）正确掌握提出索赔的时机。一般而言，工期索赔应在索赔事件发生后尽早提出，越早越好。这样做的目的是防止时过境迁、记录不全、知情人已脱离岗位等障碍带来的索赔难度增大；同时，还可以避免各种错综复杂的因素交织在一起，给责任的确认带来困难。

三、费用索赔的计算

（一）可索赔费用的组成

承包工程项目的四项基本费用为：人工费、材料费、设备费和分包费。其他费用包括：保险费、保证金、管理费、工程贷款利息和利润等。只要各种施工资料和会计资料齐全，承包人在上述各项费用方面遭受的损失均可通过索赔得到补偿。

（1）人工费。人工费在工程费用中占很大比重，人工费的索赔是施工索赔中数额最大者之一。如发生以下情况，承包商有权提出人工费索赔：

①由于业主增加了合同以外的工程内容，或由于业主方面的原因而造成工期延误，致使承包人多用了人工或延长了工作时间，则承包人有权向业主要求补偿人工费的损失。

②当地政府为了推行社会保险计划和劳动福利计划而向建筑公司征收工资薪金税，承包人为此可向业主提出索赔，这种索赔几乎都能成功。

③由于业主对工程的干扰而打乱了承包商的施工计划并延误了工期，导致承包商投入的人工没有发挥出应有的生产效率，使承包商受到工效损失。按目前承包业已有的营业原则，承包商有权向业主提出工效损失索赔。

④由于法规变化，例如，劳动法规缩短法定工作时间导致加班费增加，承包商有权要求补偿。

（2）材料费。由于业主修改工程内容，使工程材料数量增加，则承包商可向业主提出索赔。计算材料增加的数量比较容易，只要把原设计需要的材料数量与实际使用的材料的订货单、发货单或其他有关材料的单据加以比较，就可求出材料增加的数量。

（3）设备费。除人工费外，设备费是另一大索赔项目。计算设备费索赔的第一个步骤是计算所增加的设备工作时间。设备工作时间的增加有三种情况：原有设备比原计划增加的工作时间；设备数量增加时造成工作时间增加；前述两类情况的结合。

（4）分包费。由于业主方面的原因而使合同工程费用增加时，分包商可以提出索赔。但分包工程费用的增加，除了业主的原因外，往往与总包商的协调和配合也有关系。因此分包商在考虑索赔时应先向总包商提出索赔方案，总包商对分包商的索赔方案有检查和修改的权利，经检查修改后由分包商与总包商共同向业主提出索赔。

（5）保险费。当业主要求增加工程内容，而且增加的工程量使工期延长时，承包人必须办理所增加工程的各项保险。对于这部分增加的保险费用，承包商向业主提出索赔后，肯定能得到补偿。

（6）保证金。当业主临时取消部分工程内容，导致合同总额减少时，承包商应得到上述保证金的回扣。回扣额按合同总额减少的数额计算。同理，若工程量加大，保证金的数额自然也增加了，由此而导致保证金及相应的手续费加大，增加的手续费亦可索赔。

（7）管理费。任何工程项目的管理费都包括两个方面，即现场管理费和总部管理费。当承包商就某一工程的直接费（人工、材料、设备和分包等费用）向业主提出索赔时，可同时提出上述直接费用应产生的管理费的索赔。

（8）利息。利息的索赔额通常是根据利息的本金、种类和利率以及发生利息的时间确定的。在合同履行过程中，如发生下列情况，承包商均可向业主提出利息索赔：①业主推迟按工程合同规定时间支付工程款额；②业主推迟退还工程保留金；③承包商借款建造业主变更的工程或被业主延误的工程；④承包商动用自己的资金来建造业主变更的工程或被业主延误的工程，但承包商提出索赔要求后，如索赔成功，则索赔款额本身的利息不应计算。

（9）利润。大多数情况下，索赔内容都包括法定利润，尤其是因工程变更。可索赔的利润按投标报价中考虑的百分比计取。当然有些情况下，如工期索赔或纯管理费索赔，是不能计取利润的。按照国际惯例，凡包括直接费用的索赔均包括利润部分。

（二）费用索赔的计算方法

从理论上讲，索赔的目的是取得赔偿和补偿，弥补因索赔事件而造成的时间和经济上的损失，也就是时间和成本的损失。然而，谁也不能否认，索赔是赢取利润的最重要手段之一。国际承包商几乎一致赞成"夺标靠报价，赢利靠索赔"的说法，由此可见索赔绝不能仅以获取损失赔偿为目标。索赔计价原则就是既不能违背索赔的宗旨，同时又要充分利用索赔以扩大利润。根据这一原则，国际工程承包实践中产生了目前已为世界公认的计价方式和方法。

1. 参照投标单价法

在索赔事件所导致的费用增减不超过合同价±15%（有些合同规定为±20%）的情况下，凡报价中已列明单价的项目变更量，必须按投标报价乘以变更工程量；超过增减限额情况，双方协商另行计价。

多数索赔事件是按照这种方式计价的。根据这种计价原则，承包商的原始报价对索赔成果至关重要。如果承包商在报价时比较准确地预测到某些工程内容将来可能要追加工程量，因而按不平衡报价法有意将这些项目的单价抬高，索赔时即可很顺利获取明显的好处。相反，如果承包商对这些工程内容报价过低甚至明显失误，在变更工程额不超过合同极限的情况下，追加部分的工程也只能按其原来的尽管很低的报价计算。例如，某承包商在仓库工程的报价中，对工程量表中规定的 145 立方米挖方工程报价为 0.83 英镑/立方米，该挖方的实际价格应为 2.83 英镑/立方米。后来发现工程量表中列出的 145 立方米应为 1 450 立方米，因打字时漏了一个 0 而导致追加 1 305 立方米。承包商要求按 2.83 英镑/立方米计算追加部分的价款，但遭业主拒绝。因此，合同报价失误同样对索赔收益产生不利影响。

2. 参考备用报价法

投标报价时，发包人通常要求投标人对拟建项目中未定的内容，即在施工过程中有可能发生的事项提出报价。例如，基础开挖工程中可能的爆破、道路工程中可能的排除地雷或其他特殊故障。由于这些工作内容仅仅是有可能发生，招标时无法确定其工程量，因此投标人的报价仅作备用，将来发生此类事项时，即按此单价结算工程款。

鉴于备用价没有工程量，评标时不予考虑，因而不影响投标的竞争力，投标人完全可以放开报价。这样，万一将来施工过程中实施了这些工程，即可按备用价计算索赔值。例如，某承包商在投标一项新建公路项目，业主要求承包商对排除地雷报出备用价，该承包商对这一项报价达 100 万美元，后来施工中果真出现排雷工作，承包商仅花 20 多万美元将排雷任务分包给专业公司，从而很轻松地赚取了近 80 万美元。

3. 现开价法

它是指在没有前两种价格供参照的情况下，由承包商另行提出新的报价。通常人们所讲的索赔报价即指这种情况的报价。

现开价的原则应是：在理由充足、证据确凿的前提下，按国际惯例取高限，也就是在可能的情况下越高越好，甚至可以说是漫天要价，而且在开口要价时要考虑对方的反索赔。现开价的具体情况有：

（1）施工项目的索赔计价。施工项目的索赔计价包括四项内容：

①材料费：采取较高材料消耗系数和较高的材料单价。

②劳务费：报价时应尽可能提高，尤其是技工工资，索赔时应按产值计算，不能按净收入计算。

③设备费：报价时每个台班单价应略高于市场上的临时租用设备的价格。

④综合费用：一是管理费，包括总部管理费和现场管理费，按投标时报价分类汇总表中列出的比例。二是材料贮存管理费，占材料费 4.5%。三是材料耗损费，占材料费 5%。四是资金使用的利息支出，按商业贷款同期同等利息，另加手续费计。五是利润，按分类汇总表中

所列比例计。

通常情况下，这项综合费用一般为直接费的 35%，最高可达 45%。

（2）设计项目的索赔计价。设计项目的一般费用包括三个部分：

①工程师工资：一般可按月工资 2 000 美元左右计算，但在具体索赔时应以当地的相同等级的工程师的工资为标准，乘以一定的增加系数，以达到与产值持平或略高。

②出图效率：可参照当地工程师的工作效率适当提高。

③管理费和利润：通常情况下为 30% 左右。

4. 总费用法和修正的总费用法

总费用法又称总成本法，就是计算出该项工程的总费用，再从这个已实际开支的总费用中减去投标报价时的成本费用，即为要求补偿的索赔费用额。

总费用法并不十分科学，但仍被经常采用，原因是对于某些索赔事件，难于精确地确定它们导致的各项费用增加额。

一般认为在具备以下条件时采用总费用法是合理的：①已开支的实际总费用经过审核，认为是比较合理的；②承包商的原始报价是比较合理的；③费用的增加是由对方原因造成的，其中没有承包商管理不善的责任；④由于该项索赔事件的性质以及现场记录的不足，难于采用更精确的计算方法。

修正总费用法是指对难于用实际总费用进行审核的，可以考虑是否能计算出与索赔事件有关的单项工程的实际总费用和该单项工程的投标报价。若可行，可按其单项工程的实际费用与报价的差值来计算其索赔的金额。

总费用法的基本思路是把固定总价合同转化为成本加酬金合同，将索赔值按成本加酬金的计算方法进行计算，即以承包商的额外成本为基础，加上管理费，有时还加上利润。一般地，总费用法可用如下公式表达：

索赔值＝总成本增加量＋管理费＋利润

式中：管理费＝总成本增加量×管理费费率；利润＝（总成本增加量＋管理费）×利润率。

5. 模糊估测法

模糊估测法不仅可用于生产率降低损失索赔的分析和计算，还可用于综合费用索赔的计算。由于国际工程承包项目往往规模很大，在合同实施过程中新增工程项目是常有的事情，在这种情况下，最适宜采用模糊估测法。

模糊估测法具有计算简便、结果可靠、精确度高、适用性广等特点。它的应用需满足以下几个条件：

（1）必须有同预估工程项目类似的典型工程项目的成本、要素投入、结构特征等资料数据，而且典型工程项目数量应足够多，一般至少应有5～7个。

（2）典型工程项目的建造地点、时间应尽量与预估工程接近。若时间差异较大，应选用动态估测模型。

另外，模糊估测法有很强的应用灵活性，不仅可以用来估测费用，也可以用来估测工程量。有时，还可以根据工程具体情况和费用索赔计算的要求，将索赔工程分解成与已知典型工程更为相似的单项或分项工程，分别进行估测。

6. 分项计算法

分项计算法是按照每个（或每类）引起损失的干扰事件以及这些事件造成的损失费用项目，根据单个索赔费用项目的计算原则和方法，分别进行分析、计算，最后汇总求出综合索赔费用。

分项法虽然计算复杂，处理起来比较困难，但是它不仅能切实反映实际情况，计算过程合理，而且为索赔报告的分析、评价，乃至索赔的最终谈判和解决都提供了方便，所以，综合费用索赔的计算通常都采用分项法。分项法是综合费用索赔计算的最基本的方法，其步骤为：①分析每个（或每类）干扰事件所影响的费用项目，即干扰事件引起哪些项目的费用损失。②计算各索赔费用项目的损失值。③将各费用项目的计算值列表汇总，得到总费用索赔值。

下面，对几个主要费用项目索赔的计算方法分别予以介绍。

（1）人工费索赔计算。人工费索赔包括额外雇用劳务人员加班工作、工资上涨、人员闲置和劳动生产率降低的费用。

人工费中的各项费率取值分别为：

加班费费率＝人工单价×法定加班系数

对于额外雇用劳务人员加班工作，用投标时的人工单价乘以法定加班系数再乘以工时数即可。

人工闲置费费率＝工程量表中适当折减后的人工单价

人工闲置费用一般折算为人工单价的 0.75。

$$\frac{人工费价格}{上涨费率} = \frac{最新颁布的最低}{基本工资率} - \frac{提交投标书截止日期前}{第28天最低基本工资率}$$

这里的工资上涨是指由于工程变更，使承包商的大量人力资源的使用从前期推到后期，而后期工资水平上调，因此应得到相应的补偿。

有时工程师指定使用计日工，则人工费按计日工表中的人工单价计算。

劳动生产率降低的索赔额。对于劳动生产率降低导致的人工费索赔，一般可用如下方法计算：

第一，实际成本与预算成本比较法：

$$\frac{劳动生产率}{降低索赔额} = \left(\frac{该项工作实际}{支出工时} - \frac{该项工作}{计划工时}\right) \times \frac{人工}{单价}$$

这种方法是对受干扰影响工作的实际成本与合同中的预算成本进行比较，索赔其差额。这种方法需要有正确合理的估价体系和详细的施工记录。如某工程的现场混凝土模板制作，原计划为20 000平方米，估计人工为2 000工时，直接人工成本32 000美元。因业主未及时提供现场施工的场地占有权，使承包商被迫在雨季进行该项工作，实际人工为24 000工时，人工成本38 400美元，造成承包商生产率降低的损失为6 400美元。这种索赔，只要预算成本和实际成本计算合理，成本的增加确属业主的原因，其索赔成功的把握是很大的。

第二，正常施工期与受影响期比较法：

$$\frac{劳动生产率}{降低索赔额} = \frac{计划}{台班} \times \frac{劳动生产率降低值}{预期劳动生产率} \times \frac{台班}{单价}$$

这种方法是在承包商的正常施工受到干扰，生产率下降，通过比较正常条件下的生产率和干扰状态下的生产率，得出生产率降低值，以此为基础进行索赔。

如某工程吊装浇注混凝土，前5天工作正常，第6天起业主架设临时电线，共有6天时间使吊车不能在正常角度下工作，导致吊运混凝土的方量减少。承包商有未受干扰时正常施工记录和受干扰时施工记录，见表9-5和表9-6。

表9-5　　　　　　　未受干扰时正常施工记录　　　　单位：立方米/小时

时间（天）	1	2	3	4	5	平均值
平均劳动生产率	7	6	6.5	8	6	6.7

表9-6　　　　　　　　　受干扰时施工记录　　　　　单位：立方米/小时

时间（天）	1	2	3	4	5	6	平均值
平均劳动生产率	5	5	4.5	6	4	4.75	

通过以上记录施工比较，劳动生产率降低值为：

6.7–4.75 = 1.95（立方米/小时）

（2）材料费用索赔计算。材料费用的索赔包括两方面：实际用量超过计划用量部分的费用（额外材料的费用）索赔和材料价格上涨费用索赔。在材料费用索赔计算中，要考虑材料运输费、仓储费，研究合理损耗费用。其中几个公式为：

①额外材料使用费 =（实际用量–计划用量）×材料价格

②增加的材料运杂费、材料采购及保管费按实际发生的费用与报价费用的差值计算。

③某种材料价格上涨费用 =（现行价格–基本价格）×材料用量

FIDIC 条款中规定，基本价格是指在递交投标书截止日期以前第 28 天该种材料的价格；现行价格是指在递交投标书截止日期前第 28 天后的任何日期通行的该种材料的价格；材料用量是指在现行价格有效期内所购的该种材料的数量。

（3）施工机械使用费索赔计算。机械费索赔包括增加台班数量、机械闲置或工作效率降低、台班费率上涨等费用。

台班费率按照有关定额和标准手册取值。对于工作效率降低，应参考劳动生产率降低的人工索赔的计算方法。台班量的计算数据来自机械使用记录。对于租赁的机械，取费标准按租赁合同计算。

对于机械闲置费，有两种计算方法：一是按公布的行业标准租赁费率进行折减计算；二是按定额标准的计算方法，一般建议将其中的不变费用和可变费用分别扣除一定的百分比进行计算。

对于工程师指令采用计日工的，按计日工表中的费率计算。

①机械闲置费 = 计日工表中机械单价×闲置持续时间

②增加的机械使用费 = 计日工表或租赁机械单价×持续时间

③ 机械作业效率降低费 = 机械作业发生的实际费用 – 投标报价的计划费用

（4）现场管理费索赔计算。现场管理费是某单个合同发生的，为该合同的整体实施提供支持和服务，且一般不能直接归类于任何具体合同工作项目的工程成本因素。工程管理人员、项目经理、供热、供水、供电、仓库、卫生设施、现场办公用品、现场电话、小型工具、保险、摄影、门卫及保安、现场标志牌、徽章、工人上下班交通、宿舍、现场办公室、停车场、急救、会计核算、资料管理、邮件等费用都是现场管理费的组成部分。它一般占工程总成本的 5% ~ 15% 。

①常用的一般方法。现场管理费索赔计算的方法一般为：

现场管理费索赔值=索赔的直接成本费用×现场管理费费率

现场管理费费率的确定选用下面的方法：一是合同百分比法，即管理费比率在合同中的规定。二是行业平均水平法，即采用公开认可的行业标准费率。三是原始估价法，即采用投标报价时确定的费率。四是历史数据法，即采用以往相似工程的管理费费率。

②根据计算出的索赔直接费用款额计算现场管理费索赔值，即：

$$增加的现场管理费=\frac{现场管理费总额}{工程直接费用总额}×直接费用索赔总额$$

③根据工期延长值计算现场管理费索赔值，即：

$$每周现场管理费=\frac{投标时计算出的现场管理费总额}{要求工期（周）}$$

现场管理费索赔值=每周现场管理费×工期延长周数

其中，要求工期是指合同中工程师最后批准的项目工期。

（5）总部管理费索赔计算。总部管理费是承包商公司总部发生的，为整个公司的经营运作提供总体支持和服务，且一般不能直接归类于各具体工程的管理费用。它包括总部职工工资、办公楼及办公用品费用、会计核算、通信费用、捐赠及广告费、差旅费及其他管理费用，一般占公司总营业额的 3% ~ 10% 。

①可索赔延期总部管理费。可索赔延期总部管理费是指因索赔事项引起的工程延误期间发生的总部管理费。它是一种时间相关成本，应按合同工程延误时间计算。

总部管理费用在承包商的营业额中是一个相对固定的部分，如职工工资、办公设备等在很大程度上是一种时间相关成本，而在合同工程延误期间，由于工程工期的延长，承包商的工程管理机构就丧失了从其他工程项目获取总部管理费补偿的机会，致使部分总部管理费由于直接成本总数的减少而无法摊销，由此便产生了总部管理费损失。因而，在工程延期费用索赔中一般都应包括延期总部管理费索赔。与受工程直接成本的影响相比，总部管理费受时间因素的影响更大，故时间因素在计算延期总部管理费中是非常重要的。目前国际上应用最广泛的计算方法是 Eichleay 公式法和 Hudson 公式法。

第一，Eichleay 公式法。Eichleay 公式源于美国历史上的一桩建筑工程索赔案。1960 年，美国"军工合同纠纷仲裁团"（The Armed Board of

Contract Appeals）首先采用该公式。自此，Eichleay 公式以其计算简单、意义清晰、便于理解等优点而得到了广泛的应用。到目前为止，Eichleay 公式可以说是国际工程索赔中采用最多的一个公式。

对于工程范围变更索赔和工期延误索赔，Eichleay 公式相应地有两种不同的形式：一种形式是为了计算合同工程范围变更中直接费用增加导致的总部管理费损失，另一种形式是为了计算工期延误导致总部管理费损失。下面对工期延误索赔的 Eichleay 公式进行说明。

对于已获延期索赔的 Eichleay 公式根据日费率分摊的办法，其计算步骤如下：

$$延期的合同应分摊的管理费（A）=\frac{被延期合同原价}{同期公司所有合同价之和}\times 同期公司计划总部管理费$$

$$单位时间（日或周）总部管理费费率（B）=\frac{（A）}{计划合同工期（日或周）}$$

$$总部管理费索赔值（C）=（B）\times 工程延期索赔（日或周）$$

【例 9-1】某承包商承包一工程，原计划合同期为 240 天，在实施过程中拖期 60 天，即实际工期为 300 天。原计划的 240 天内，承包商的经营状况见表 9-7。

表 9-7　　　　　　　　　　承包商的经营状况表　　　　　　单位：元

	拖期合同	其他合同	总计
合同额	200 000	400 000	600 000
直接成本	180 000	320 000	500 000
总部管理费			60 000

$A=200\,000\div600\,000\times60\,000=20\,000$（元）

$B=A\div240=20\,000\div240=83.3$

$C=B\times60=20\,000\div240\times60=5\,000$（元）

若用合同的直接成本来代替合同额，则：

$A_1=180\,000\div500\,000\times60\,000=21\,600$（元）

$B_1=A_1\div240=21\,600\div240=90$

$C_1=B_1\times60=21\,600\div240\times60=5\,400$（元）

Eichleay 公式在工程拖期后总部的管理费索赔的前提条件是：若工程延期，就相当于该工程占用了调往其他工程合同的施工力量，这样就损失了在该工程合同中应得的总部管理费。也就是说，由于该工程拖期，影响了总部在这一时期内从其他合同中获得收入，总部管理费应该在延期项目中得到补偿。

第二，Hudson 公式法。国际工程索赔中另一个最为人们熟知的公式是 Hudson 公式。它源于英国，在 1970 年出版的《哈德森论建筑合同》（*Hudson's Building contracts*）第 10 版中首次被提出来。Hudson 公式的理论基础和性质与 Eichleay 公式相同，计算方法也基本一致，所不同的是 Hudson 公式没有明确如何确定计算所用的总部管理费百分比，而只是基于承包商在投标书中所确定的总部管理费费率。

Hudson 公式的具体形式如下：

$$C = R \cdot \frac{V}{T} \cdot t$$

式中：C 为应索赔的延期总部管理费；R 为承包商在投标书中所确定的总部管理费费率；V 为被延期合同工程的合同价值；T 为该合同工期；t 为可索赔的延期时间。

②已获工程直接成本索赔的总部管理费。对于已获得工程直接成本索赔的总部管理费的计算也可用 Eichleay 公式计算：

$$\text{被索赔合同应分摊总部管理费 }(A_1) = \frac{\text{被索赔合同原计划直接成本}}{\text{合同所有直接成本总和}} \times \text{同期公司计划总部管理费}$$

$$\text{每元直接成本包含的总部管理费用 }(B_1) = \frac{(A_1)}{\text{被索赔合同计划直接成本}}$$

$$\text{应索赔总部管理费 }(C_1) = (B_1) \times \text{工程直接成本索赔值}$$

③Eichleay 公式与 Hudson 公式的有效性。Eichleay 公式与 Hudson 公式是国际工程索赔中计算总部管理费时最常采用的两个方法，尽管如此，很多承包商在实际应用过程中并没有清楚地认识到这两种方法的局限性和适用条件。

第一，Eichleay 公式的适用前提。Eichleay 公式并不是适合于所有的工程索赔，在有些情况下，特别是对同时出现多项索赔事件的情况，Eichleay 公式难以应用，有时甚至会产生不合理或错误的结果。所以承包商只有在不能将总部管理费按索赔涉及的具体工程项目进行分离时，才可以采用 Eichleay 公式。

在延期总部管理费索赔中，Eichleay 公式仅用于整个合同工程的暂时停顿，而对于由变更通知等引起的间歇式的停工，该公式不适用。利用 Eichleay 公式计算总部管理费的原理是：在停工期间承包商没有活可干，以致总部管理费无法摊销。然而，实际上变更通知常常会导致承包商增加更多的工作项目，以分摊总部管理费。在这种情况下，若仍然采用

Eichleay 公式就等于向承包商补偿了并没有发生的费用，因而是不合理的。

Eichleay 公式的应用必须满足下面两个条件：一是能提供有力的证据说明索赔事项的发生的确导致了总部管理费的增加；二是无法获得其他工程项目以分摊增加的总部管理费。

在国际上，当业主对 Eichleay 公式的应用提不出有力的反驳理由，且没有其他更合理的计算方法时，法官或仲裁员一般都允许并接受承包商采用 Eichleay 公式计算总部管理费。

第二，Hudson 公式的适用前提。与 Eichleay 公式类似，Hudson 公式也有其适用条件：一是可索赔延误事件发生前，承包商的总部管理费可在其工作中得到补偿；二是计算中采用的总部管理费费率取值合理；三是延误期间，同样取费水平的总部管理费本可以继续在工作中得到补偿。

Eichleay 公式和 Hudson 公式的应用除需满足上述条件之外，还必须有详细、合理的会计记录予以证明。

④计算总部管理费的其他方法及各自的局限性。

第一，费用分离法。从理论上讲，量化和证实总部管理费的最好方法是分类记录各个工作项目的管理费用，并及时分离出索赔项目的总部管理费，即所谓费用分离法。这种方法要求承包商及时辨识索赔并分离管理费。

普通的会计体系不要求总部管理费按各个具体工程项目进行分类记录。但是，一旦辨识了索赔的发生，承包商应尽可能按索赔涉及的各个具体工程项目将总部管理费分离，以便确定索赔工程项目本身实际发生的管理费到底是多少。这样得到的总部管理费索赔值可能与用 Eichleay 或 Hudson 公式得出的结果不同，但都比 Eichleay 或 Hudson 公式更为可信。

尽管如此，费用分离法有其自身的局限性。

首先，费用分离法对承包商的索赔经验、辨识能力及管理水平要求很高，一旦索赔事件发生，承包商必须能及时辨识并做好管理费的分离工作。但实际上，承包商发现和辨识索赔往往存在较长一段滞后时间，而且一般财务人员意识不到索赔管理费用分离的重要性、意义和作用。

其次，某些总部管理费很难甚至完全不可能分离或划分到具体的工程项目上去。如公司办公楼租赁费不能也不应划归到某一具体的工程项目上，这类费用的发生是为所有的工作提供服务，而不是针对某一具体的工程项目。正是诸如此类真正面向全公司的费用支出使费用分离法难以付诸实施。

第二，初始预算法。此方法是完全按照承包商在进行投标报价或作预算时规定的总部管理费费率进行计算，这种方法的使用条件是承包商在投标预算中采用了某一固定的总部管理费费率。例如，承包商在投标预算中规定属于工程范围变更的总部管理费费率为8％，那么，在发生工程变更索赔时，可采用该费率8％计算总部管理费。

一般而言，采用这种方法双方争议较少，解决问题快。但是，其缺点是计算结果小，对承包商不利。这是由于投标时竞争激烈，该费率一般都定得比较低，以致计算所得的总部管理费常常低于实际成本。

第三，行业水准法。世界上许多国家、机构或公司，如美国的罗伯特·莫里斯联合会（Robert Morris Associates，RMA），定期发布全行业范围内各种类型工程承包商的平均经济指数，其中也包括总部管理费的平均费率。所谓行业水准法是指采用这种行业平均总部管理费费率进行计算。

以 RMA 为例，行业平均值法存在如下特点：一是每一种平均值法采用的分类方法是不同的，如 RMA 采用的分类标准为"标准行业分类"（standard industrial classification，SIC）；二是每一类型工程承包商数据的收集是有限的，不可能完全包括行业范围该类型的每一个承包公司的全部有关数据；三是尽管是同一行业，每一位承包商所采用的经营、施工方法常是不同的。基于此，行业水准法只能作为一种参考，而不能视为行业准则。

当承包商出于对商业秘密的考虑，而不愿披露其在投标报价中采用的方法，或者当其投标报价中的方法计算出来的结果大大低于行业水准法时，承包商常乐于采用行业水准法。对此，业主的反驳立场是：首先，提出索赔的承包商公司不能被视为整个行业水准的典型代表；其次，行业平均值包含了各种类型的承包公司和工程，不适于特定的索赔项目。业主对行业水准法的这些认识削弱了其应用的有效性。

第四，合同固定费率法。由于业主和承包商对总部管理费的计算常存在较大争议，难以很快达成一致，业主有时倾向于在合同中规定一个固定的总部管理费率来计算索赔额。

这种方法大大简化了总部管理费索赔的计算和处理，但是这种固定费率一般都定得较低，其计算所得的总部管理费往往比实际发生额要小。对此，承包商不能要求业主追加管理费不足部分。因为合同一旦确定，其条款对双方都有约束力，而且业主可以认为承包商已将这种低费率风险因素考虑进其投标报价之中。

从目前的倾向看，国际上越来越多的业主，尤其是政府等公共投资部门，已愈来愈频繁地采用这种方法。

（6）分包费索赔计算。与国内工程类似，在国际工程实施过程中，承包商在经业主同意后，可将工程的某个部分转包给专业承包商（称分包商）。有时，业主直接指定一个分包商，即所谓业主指定分包商。由于业主的原因或指定分包商原因造成分包工程费用增加时，包括工程量增加和分包单价增加，分包商可就分包工程增加费用提出索赔。

一般说来，分包商在进行索赔时，应首先向承包商提出其索赔要求和方案。总承包商在和分包商协商后，对索赔方案进行审查和修改。最后由总承包商和分包商一起，以总承包商的名义向业主提出分包工程增加费及相应管理费用索赔，有时视情况可包含相应利润。

$$C_s = C_{s1} + C_{s2}$$

式中：C_s 为索赔的分包费；C_{s1} 为分包工程增加费用；C_{s2} 为分包工程增加费用的相应管理费，有时可含相应利润。

（7）融资成本（利息）索赔计算。融资成本又称资金成本，是企业取得和使用资金所付出的代价，其中最主要的是支付给资金供应者的利息。对承包商而言，由于其索赔补偿的取得只能在索赔事件完结之后较长一段时间内才能实现，因而承包商不得不先从银行贷款或以自己的资金垫付支出，由此便不可避免地产生了融资成本问题。

融资成本主要有两种：额外贷款的利息支出和使用自有资金带来的机会损失。

利息支出在国际工程承包中占有相当大的比重，尤其是在亏损项目中，利息带来的损失更为突出。如果由于业主违约或其他合法索赔事项，承包商为保证合同项目的顺利实施，不得不增加额外银行贷款来满足工程现金流量的需要，只要承包商能证明：①额外贷款是因业主违约或其他合法索赔事项直接引起的；②索赔的利息数是由于上述额外贷款直接产生的。那么，承包商就有权就相关的利息支出提出索赔。

利息的索赔额通常是根据额外贷款的本金、利率和利息发生时间的周期数，利用复利计算法确定的：

$$C_r = A \times (1+i)^t$$

式中：C_r 为索赔利息额；A 为本金；i 为利率；t 为利息发生时间的周期数。利率一般按承包商在正常情况下的贷款利率计算。

如果承包商自有资金充足，在索赔事件发生时，可以不向金融机构贷款，而是动用自己的资金来弥补合法索赔事件所引起的现金流量缺口，在这种情况下，承包商的利息索赔数有两种确定方法。其一，参照有关金融机构的利率标准，运用上述公式进行计算；其二，假定承包商可以或原计划将这些资金用于其他工程，则以其获得的收益作为利息索赔数。在这种情况下，承包商必须证明他原计划将该项资金用于其他项目，并能够从中获利。

一般地，承包商可在发生下列索赔事件的情况下，按相应的处理原则，向业主提出利息索赔：

①业主拖延或拒绝支付各种工程款，推迟退还工程保留金或超过合同规定数量扣保留金。这种情况一般都在合同中有明确的规定，其利息支出按合同中约定的利率进行计算。

②若合同中没有明确规定，只要合同适用法律许可，同样可提出利息索赔。如我国经济合同法规定，违约金、赔偿金应在明确责任后 10 天内偿付，否则按逾期付款处理；我国涉外经济合同法规定，若当事人一方未按期支付合同规定的应付金额或者与合同有关的其他应付款，另一方有权收取延迟支付金额的利息。利息计算方法可以由双方在合同中约定。

③由于业主资金未及时到位，承包商贷款或利用自有资金完成业主的新增工程、变更工程或被业主延误的工程，这种情况下的利息索赔应以事实和诚实信用原则为基础。特别是承包商利用自有资金的情况，其索赔费用实质上是一种机会损失，承包商需提出有力的证据。

（8）利润索赔计算。一般在下列三种情况下承包商可以进行利润索赔。

①合同变更或额外成本支出引起计划利润损失。合同变更部分的计价是以合同价格为基础的，其中必然含有利润因素。对于合同变更，按照国际惯例，只要合同中有可以适用的价格，就应该套用。即使合同价格不完全适用合同变更情况，也应该在套用的合同价格基础上附加成本差额，即将原报价中相应工作项目的合理成本与实际变更工作项目的合理成本之间的差额加到费率表的相应价格中去。换言之，对承包商来说，合同变更工作的利润率完全取决于其在投标报价中将自己置于何种有利或不利境地的

立场，如图 9-12 所示。假设图中 A 为原合同工作的合理成本，A′为变更后工作的合理成本，C_1 为承包商的低报价（亏本报价），C_2 为承包商的高报价（盈利报价），那么，无论承包商的实际报价是 C_1 还是 C_2，业主对变更后工作的付款都只能是在原报价的基础上加上（A′-A）得到 $C_1′$或 $C_2′$，作为新的适用单价。如果原费率表中的价格是较高（可盈利）或较低（亏本）的，则相应变更工作的价格也同样是较高（可盈利）或较低（亏本）的，反之亦然。

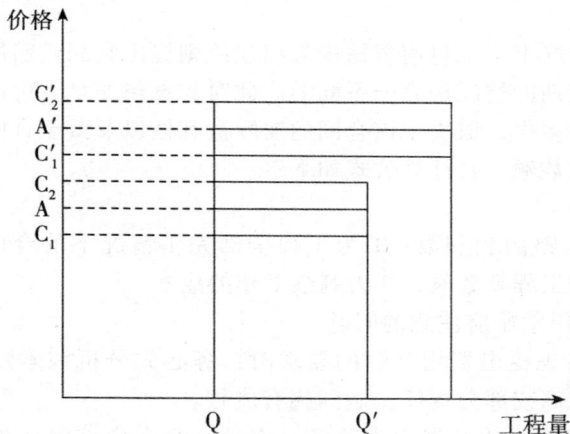

图 9-12　合同变更工作的价格确定

　　基于上述分析，承包商有理由提出变更工作或额外成本支出的利润索赔。其计算如下：

$$C_p = (C_d + C_o) \times R_p$$

式中：C_p 为利润索赔额；C_d 为索赔的直接费；C_o 为索赔的管理费；R_p 为承包商在投标报价时所采用的利润率。有时，R_p 也可按当地机构公布的建筑承包公司各类型工程的平均利润率计算，或根据合同中规定的利润率进行计算。

　　②合同延期导致机会利润损失。如果由于业主原因引起合同延期，从而导致承包商丧失了本来可以承揽其他新工程而取得利润的机会，承包商可就此而遭受的损失即机会利润损失，向业主提出索赔。在这种情况下，由于合同延期，承包商不得不继续在本合同项目保留原已安排用于其他工程的人员、设备和流动资金等——所有这些一起构成了相当于盈利机会的工程合同机构。承包商的延期利润索赔数即为其工程合同机构本可以在合

同按期完工后在其他工程项目上取得的利润。

承包商的延期利润索赔不是以其额外工作的数量或直接损失的程度为依据，而是以其工程合同机构的潜在盈利能力为依据。它直接受合同延期的时间长短、合同机构的潜在盈利能力和工程承包市场状况等因素影响，而与被延期合同的盈利性没有直接关系。

③合同终止带来预期利润损失。如果由于业主原因导致合同提前终止或解除，承包商有权就预期利润，即剩余未完合同工作的利润损失，提出索赔。

在这种情况下，承包商根据损失赔偿原则提出利润索赔所依据的理论基础与合同延期的情况是完全不同的。此时，承包商是否可以提出利润索赔及其数量的多少，取决于该合同的实际盈利性以及截至合同终止时对已完工程的付款数额。其计算公式如下：

$$C_p = T - M - N$$

式中：C_p 为索赔的利润数；T 为工程全部完工情况下的合同总价值；M 为业主支付的工程款数额；N 为剩余工作的成本。

（三）费用索赔应注意的问题

（1）在考虑提出费用索赔的要求时，务必先分析该索赔事件是否应由对方承担全部或部分责任，做到胸有成竹。

（2）据以索赔的证据力求确实、充分，行文应该简明扼要、条理清楚，语调应平和中肯，具有说服力。

（3）在确定索赔数额时，一是不能漏项，也不能随意添加；二是各种费用的计算应力求准确无误；三是不要漫天要价，适可而止，以使对方易于接受。

（4）索赔要求应以书面形式提出，并在合同规定的期限内提交。不论对方是否认可，均应提请其签收（作为提起诉讼或者申请仲裁的证据）。

关键概念

国际工程承包索赔　商务索赔　工程索赔　费用索赔

复习思考题

1. 怎样理解国际工程承包索赔的客观必然性？
2. 国际工程承包索赔有哪几种分类？

3. 国际工程承包索赔的主要内容是什么？
4. 国际工程索赔的一般程序是什么？
5. 怎样进行工期索赔的计算？
6. 费用索赔应遵循的基本原则是什么？
7. 怎样进行费用索赔的计算？

主要参考文献

［1］ 王兆俊. 国际建筑工程项目索赔案例详解 ［M］. 北京：海洋出版社，2007.

［2］ 刘尔烈. 国际工程投标报价 ［M］. 北京：化学工业出版社，2006.

［3］ 戴树和. 工程风险分析技术 ［M］. 北京：化学工业出版社，2007.

［4］ 赵修卫. 国际工程承包管理 ［M］. 武汉：武汉大学出版社，2005.

［5］ 许高峰. 国际招投标 ［M］. 北京：人民交通出版社，2001.

［6］ 汤礼智. 国际工程承包总论 ［M］. 北京：中国建筑工业出版社，1997.

［7］ 何伯森. 国际工程承包 ［M］. 北京：中国建筑工业出版社，2000.

［8］ 雷胜强. 简明建设工程招标承包工作手册 ［M］. 北京：中国建筑工业出版社，1997.

［9］ 国家计委. 招标投标法操作实务 ［M］. 北京：法律出版社，2000.

［10］ 中国工程咨询协会. FIDIC招标程序 ［M］. 北京：中国计划出版社，1998.

［11］ 中国机械工业教育协会. 建设工程招标投标与合同管理 ［M］. 北京：机械工业出版社，2001.

［12］ 全国人大法工委经济法室. 招标投标法通论及适用指南 ［M］. 北京：中国建材工业出版社，1999.

［13］ 全国人大法工委研究室. 招标投标法释义 ［M］. 北京：人民法院出版社，1999.

［14］ 李洁. 建筑工程承包商的投标策略 ［M］. 北京：中国物价出版

社，2000.

［15］陈慧玲，马太建．建筑工程招标投标指南［M］．南京：江苏科学技术出版社，2000.

［16］谷学良，孙波．工程招标投标与合同［M］．哈尔滨：黑龙江科学技术出版社，2000.

［17］郭辉煌，王亚平．工程索赔管理［M］．北京：中国铁道出版社，1999.

［18］许晓峰，林晓言．最新现代保险实用知识问答［M］．北京：中华工商联合出版社，1999.